自由自在問題集

中学入試 社会

受験研究社

この本の特長と使い方

本書は,『小学高学年 自由自在 社会』に準拠しています。おもに小学5・6年の学習内容を網羅し,なおかつ基本から発展レベルの問題まで収載した万能型の問題集です。

ステップ1 まとめノート

『自由自在』に準拠した"まとめノート"です。
基本レベルの空所補充問題で,まずは各単元の学習内容を理解しましょう。

中項目ごとにつけられた★は,入試重要度を示しています(3つが最重要)

補足説明が必要な文や語句に対しても,簡潔な解説を入れました。

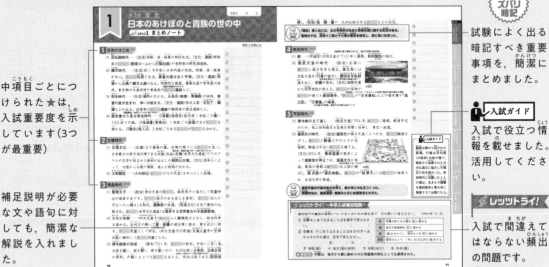

ズバリ暗記
試験によく出る暗記すべき重要事項を,簡潔にまとめました。

入試ガイド
入試で役立つ情報を載せました。活用してください。

レッツトライ!
入試で間違えてはならない頻出の問題です。
★ポイントを読みながら挑戦してみましょう。

ステップ2 実力問題

基本〜標準レベルの入試問題で構成しました。確実に解けるように実力をつけましょう。

ココがねらわれる
入試でねらわれやすいポイントを3つ示しました。

得点アップ
問題のヒントや参考事項・注意事項です。

チェック!自由自在
問題との関連事項を『自由自在』で調べる"調べ学習"のコーナーです。調査結果例は解答編にあります。

重要
入試頻出の重要な問題を示しています。

ステップ3 発展問題

標準〜発展レベルの問題で構成しました。実際の入試問題を解いて実力をグンと高め,難問を解くための応用力をつけましょう。

独創的
きわめて類題が少なく独創的な問題を示しています。

難問
特に難易度が高い問題を示しています。

思考力/記述問題に挑戦！

数単元ごとや章末に設けました。分析力・判断力・推理力などが試される問題や記述問題で構成しました。

■着眼点
問題を解く手がかりとなる解説を設けました。

中学入試予想問題

問題中に配点や出典校を載せないなど，入試の構成を再現しました（配点は解答編にあります）。

中学入試対策 テーマ別・出題形式別問題

公立中高一貫校 適性検査対策問題

テーマ別・分野別の問題で構成されています。適性検査対策問題では良問を厳選し，独特な適性検査に十分対応できるようにしました。

精選 図解チェック＆資料集

精選された図表や写真で，章の重要事項を総復習できます。

解答編

解説は，わかりやすく充実した内容で，解答編を読むだけでも学力がつくようにしました。

① ココに注意
間違えやすいことがらをまとめました。

なるほど！資料
社会は図表や写真の理解が大切です。何度もチェックできるように，解答編にも重要な図表・写真を設けました。

中学入試
自由自在問題集
社会

もくじ

写真提供　青森観光コンベンション協会，秋田市，朝日新聞社，石川県立歴史博物館，石川文洋，AC フォト，共同通信社，京都市，宮内庁三の丸尚蔵館，宮内庁正倉院事務所，玄福寺，神戸市立博物館 Photo:Kobe City Museum/DNP artcom，国土交通省 京浜河川事務所，国文学研究資料館，国立教育政策研究所，国立国会図書館，埼玉県立さきたま史跡の博物館，佐賀県，時事通信社，慈照寺，真正極楽寺，高崎市かみつけの里博物館，中尊寺，天童市，東京国立博物館 Image:TNM Image Archives，徳川美術館イメージアーカイブ/DNPartcom，長崎歴史文化博物館，南部鉄器協同組合，ピクスタ，平等院，毎日新聞社，宮城県観光課，山形県花笠協議会，山口県立山口博物館，ほか

💻 本書に関する最新情報は，当社ホームページにある**本書の「サポート情報」**をご覧ください。
（開設していない場合もございます。）

中学入試 自由自在問題集 社会

第1章
地 理

考える力を
のばそう！

1 世界と日本

ステップ1 まとめノート

解答 → 別冊p.1

1 地球のすがたと世界地図 ★★★

(1) **地球のすがた**……〈地球〉ほぼ球形で，赤道の全周は約4万km。海洋と陸地の**割合**は約7：3。〈三大洋〉①_____・**大西洋・インド洋**。〈六大陸〉②_____・**アフリカ・北アメリカ・南アメリカ・オーストラリア・南極**の各大陸。

(2) **緯度と経度**……〈緯度〉③_____を0度として**南北に90度**。〈経度〉**本初子午線**を0度として**東西に180度**。
└イギリスのロンドン近郊の旧グリニッジ天文台あとを通る経線┘
〈時差〉**経度15度につき1時間の時差**。日本標準時子午線は兵庫県④_____を通る東経135度の経線。

(3) **世界地図**……〈メルカトル図法〉**経線と緯線が直角に交わる図法**。〈正距方位図法〉**地図の中心からのきょりと方位が正しい図法**。
└航海図に利用される┘　　　　　　　　　　　└航空図に利用される┘
〈モルワイデ図法〉**面積を正しく表す図法**。
└中心以外からの2地点間のきょり，方位は正しくない┘
└分布図などに利用される┘

2 世界の自然と国々 ★★

(1) **世界の地形**……〈造山帯〉⑤_____と**アルプス-ヒマラヤ造山帯**。
└大地の動きがさかんで，火山の噴火や地震の活動が活発な地域┘
〈河川〉世界一長い⑥_____。世界一流域面積が広い**アマゾン川**。
　　　　　　　　　　　　　　　└南アメリカ大陸を西から東へ流れる┘

(2) **世界の国々**……〈国の数〉2020年4月現在，世界には197の独立国。
└日本と北朝鮮をふくむ┘
〈面積〉最も広い国は⑦_____。最もせまい国は⑧_____。〈人口〉2019年現在，世界の**総人口**は約77億人。最も人口が多い国は⑨_____。2番目はインド。人口の約60%がアジアに集中。

3 日本のすがた ★★★

(1) **日本の領域**……〈領域〉**領土・領海・領空**からなる。領海は海岸線から12海里までの範囲。**排他的経済水域**は海岸線から⑩_____までの範囲のうち，領海を除いた海域。〈日本の端〉東の端は⑪_____，西の端は**与那国島**，南の端は⑫_____，北の端は**択捉島**。〈領土問題〉**択捉島・国後島・色丹島・歯舞群島**の北方領土は⑦_____が，⑬_____は**韓国**が不法占拠。⑭_____は**中国**が領有権を主張。
└台湾も領有権を主張┘

① _____
② _____
③ _____
④ _____
⑤ _____
⑥ _____
⑦ _____
⑧ _____
⑨ _____
⑩ _____
⑪ _____
⑫ _____
⑬ _____
⑭ _____

○日本の排他的経済水域〈領海をふくむ〉

択捉島（北海道）
北端 北緯45度33分
東経148度45分

⑦
⑨
北方領土
北朝鮮
⑬
韓国
⑭
⑪（東京都）
東端 北緯24度16分
東経153度59分

西端
与那国島（沖縄県）
北緯24度26分
東経122度56分

⑫（東京都）
南端 北緯20度25分
東経136度4分

フィリピン
130°　　140°　　150°
0　　1000km

▲日本の領域

入試ガイド

日本の東西南北の端の島の名まえ，特に，北の端の択捉島は北方領土問題と関連させてよく出題される。また，韓国が不法占拠している竹島，中国が領有権を主張している尖閣諸島の位置を問う問題も出題されている。

地理

1 世界と日本

2 日本の自然と特色のある地域

3 日本の農業・水産業と食料生産

4 日本の工業

5 日本の運輸・貿易と情報産業

6 国土の環境保全

思考力／記述問題

7 九州、中国・四国地方

8 近畿、中部地方

9 関東、北海道・東北地方

思考力／記述問題

(2) **日本の国土面積**……〈国土面積〉北方領土をふくめて約⑮〔　　〕万km²。〈日本列島〉南北に弓なりに連なり，約3000kmにわたる。**本州・北海道・九州・四国**の4つの大きな島と周辺の約14000余りの小さな島々からなる。

(3) **日本の地域区分**……〈地方区分〉北海道，東北，関東，中部，近畿，中国・四国，九州の7地方などに分ける。〈政治上の区分〉1都1道2府43県。
└中国・四国地方を中国地方と四国地方に分けて8地方とすることもある。これ以外にもいろいろな分け方がある┘

(4) **日本の人口**……〈人口の変化〉日本の人口は約1.27億人（2019年）。**少子化**と**高齢化**が同時に進行し，⑯〔　　〕社会となっている。人口ピラミッドは**富士山型**からつりがね型，つぼ型へと変化。〈人口分布〉東京・大阪・名古屋の三大都市圏に人口の約47%（2018年）が集中。一定の地域に人口や産業が集中しすぎている状態を⑰〔　　〕，一定の地域の人口が著しく減少している状態を⑱〔　　〕という。〈大都市〉昼間人口が多く，郊外は夜間人口が多い。〈地方〉人口の流出で，学校や交通機関の廃止など社会生活の維持が困難な地域が増加している。

ズバリ暗記 北端は択捉島，南端は沖ノ鳥島，東端は南鳥島，西端は与那国島である。大都市では過密化，山間部や離島では過疎化が進んでいる。

⑮〔　　　　〕
⑯〔　　　　〕
⑰〔　　　　〕
⑱〔　　　　〕
⑲〔　　　　〕
⑳〔　　　　〕
㉑〔　　　　〕
㉒〔　　　　〕
㉓〔　　　　〕
㉔〔　　　　〕
㉕〔　　　　〕
㉖〔　　　　〕
㉗〔　　　　〕
㉘〔　　　　〕
㉙〔　　　　〕
㉚〔　　　　〕

4 地形図の見方 ★★★

(1) **地形図のきまり**……〈方位〉通常は上が北。〈縮尺〉実際のきょりを縮めた割合。実際のきょり＝地形図上の長さ×縮尺の分母。〈地図記号〉施設や土地利用を示す記号。〈等高線〉**海面から同じ高さの地点を結んだ線。**等高線の間隔がせまいほど傾斜は㉗〔　　〕，広いほど傾斜は㉘〔　　〕。

◎ 市　役　所 東京都の区役所	卍 神 社
〇 町・村役場 政令指定都市の区役所	卍 寺 院
⊗ 警 察 署	風車（風力発電所）
X 交 番	城 あ と
⑲〔　　〕	史 跡
⊕ 郵 便 局	温 泉
⑳〔　　〕	▲52.6 三角点 □21.7 水準点
発電所・変電所	道路
文 小・中学校	橋
⊗ 高等学校	鉄道（JR線） 単線 駅 複線以上
博物館・美術館	その他の鉄道 単線 駅 複線以上
⑳〔　　〕老人ホーム	トンネル
自然災害伝承碑	

田

㉒〔　　〕
㉓〔　　〕
㉔〔　　〕 くわ畑
茶畑
㉕〔　　〕
㉖〔　　〕 あれ地

▲おもな地図記号

(2) **地形**……〈山から平地〉上流から運ばれてきた土砂がおうぎ形に積もって㉙〔　　〕を形成。〈河口付近〉土砂が積もって㉚〔　　〕を形成。

入試ガイド

地形図をもとに，方位や地図記号などを読み取る問題，等高線から地図の縮尺や山の高さ，土地のかたむきなどを問う問題，ある地域の新旧の地形図から，昔から現在への変化を問う問題もよく出題される。

レッツトライ！〜中学入試頻出問題〜

インドの標準時子午線は東経82.5度，アメリカ合衆国の西部の標準時子午線は西経120度である。インドとアメリカ西部の時差は何時間何分か求めなさい。　〔　　　　　〕［麗澤中一改］

★**ポイント** 経度15度につき，1時間の時差が生じる。

ステップ2 実力問題

ココがねらわれる
- ●世界の三大洋と六大陸
- ●日本の領土の端の島と領土問題
- ●地形図の読み取り

解答 → 別冊p.1

1 右の地図を見て，次の問いに答えなさい。　〔甲南女子中―改〕

(1) 経線 **A**〜**C** の経度を次の**ア**〜**エ**からそれぞれ選び，記号で答えなさい。

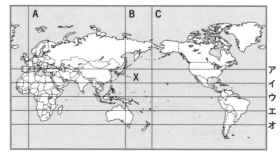

A[　　　　]

B[　　　　]

C[　　　　]

ア 0度　　**イ** 東経135度　　**ウ** 東経140度　　**エ** 180度

(2) 経線 **A** が通る旧グリニッジ天文台がある国の名まえを答えなさい。

[　　　　　　　　]

▶重要 (3) 赤道を示す緯線を地図中の**ア**〜**オ**から1つ選び，記号で答えなさい。

[　　　　　　　　]

(4) 地図中に示されていない大陸を答えなさい。　[　　　　　　　　]

▶重要 (5) 日本は，地図中の **X** の国と，たがいに自国の領土と主張している場所がある。その領土を何というか答えなさい。　[　　　　　　　　]

2 次の文を読んで，あとの問いに答えなさい。　〔神戸女学院中―改〕

> 領土の海岸線から　**A**　海里までの海を領海といい，領土と領海の上空を領空と呼ぶ。日本は，北海道・本州・四国・九州の4つの大きな島と周辺の約　**B**　余りの島々で成り立つ。その北端にある島々は　**C**　と呼ばれ，現在，**D**　が不法占拠を続けている。その北端にある　**E**　島から，日本の西端にある　**F**　島までを直線で結んだきょりは約3000kmにもなる。右の写真は　**G**　に属する　**H**　島で，周囲をコンクリートブロックで固められ，岩が波でけずり取られないようにしている。
>
>

(1) 空欄 **A**・**B** に入る数字を次の**ア**〜**カ**からそれぞれ選び，記号で答えなさい。　A[　　　] B[　　　]

ア 12　　**イ** 120　　**ウ** 200　　**エ** 12000
オ 14000　**カ** 16000

(2) 空欄 **C**・**D**・**G** に入る語句をそれぞれ答えなさい。

C[　　　　　　] D[　　　　　　] G[　　　　　　]

▶重要 (3) 空欄 **E**・**F**・**H** に入る島の名まえをそれぞれ答えなさい。

E[　　　　] F[　　　　] H[　　　　]

得点アップ

1(1)東経135度の経線は，兵庫県明石市を通る日本の標準時子午線である。

(3)赤道は，南アメリカ大陸の北部，アフリカ大陸の中央部などを通っている。

✔チェック!自由自在①
日本と近隣諸国との領土をめぐる問題について，関連する島が3つある。それぞれの島の名まえと相手国について調べてみよう。

2(3)Hは，日本の南の端となる島で，海中にしずんでしまうことで排他的経済水域が失われないように，コンクリートによる護岸工事が行われた。

✔チェック!自由自在②
領海と公海の間にある排他的経済水域について，どのような権利があるのか調べてみよう。

地理

1 世界と日本

2 日本の自然と特色のある地域

3 日本の農業・水産業と食料生産

4 日本の工業

5 日本の運輸・貿易と情報産業

6 国土の環境保全

7 思考力／記述問題

7 九州、中国・四国地方

8 近畿、中部地方

9 関東、東北、北海道地方

思考力／記述問題

3 日本の人口について，次の問いに答えなさい。　〔同志社女子中─改〕

(1) 少子化，高齢化，人口減少について述べた文として誤っているものを次のア～エから1つ選び，記号で答えなさい。　　［　　　］

ア 少子化が，高齢化の原因の1つとなっている。

イ 高齢化が進むと，医療など社会保障の維持が難しくなってくる。

ウ 少子化が，人口減少の原因の1つとなっている。

エ 世界全体でも少子化，高齢化，人口減少が進んでいる。

(2) 右のA～Cは，日本のある年の人口ピラミッドである。A～Cにあてはまる年を次のア～ウからそれぞれ選び，記号で答えなさい。

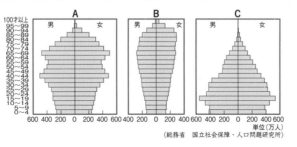

（総務省　国立社会保障・人口問題研究所）

A［　　　］　B［　　　］　C［　　　］

ア 1965年　　イ 2015年　　ウ 2065年(推計)

4 Tさんがつくった右の地図1と地図2を見て，次の問いに答えなさい。なお，等高線は10mごとに引かれている。　〔関西大第一中─改〕

(1) Tさんは，地図1中の川にかかる橋を1kmあたり12分の速度で歩いた。橋のきょりは地図上で1cmあった。Tさんは橋をわたるのに，何分かかったか求めなさい。　［　　　］

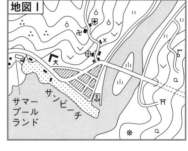

地図1

サマープールランド　サンビーチ

重要 (2) 地図1から読み取れることとして誤っているものを次のア～エから1つ選び，記号で答えなさい。　［　　　］

ア 山に登る坂道の途中に交番がある。

イ 南向きの山の斜面には，果樹園や茶畑が見られる。

ウ 港を見下ろす岬の高台には，灯台が見られる。

エ 2つに分かれた川の中の島には水田が見られる。

地図2

駐車場　スノーパーク

(3) Tさんが地図2中のスノーパークの駐車場に行き，周辺を観察したときに見ることのできなかったものを次のア～エから1つ選び，記号で答えなさい。　　　　　　　［　　　］

ア 学校の校庭　　イ 郵便局の建物

ウ 水田A　　エ リフトの終点付近のB

3 (1)少子化は子どもの数が減少していくこと，高齢化は65才以上の割合が増加していく現象である。

(2)日本の場合，人口ピラミッドは，富士山型からつりがね型，つぼ型へと変化してきている。

4 (1)等高線が10mごとに引かれているのは，縮尺2万5千分の1の地図である。

(2)地図では通常，上が北の方位となる。

✓チェック!自由自在③
縮尺と等高線の間隔の関係について調べてみよう。

(3)駐車場から見たとき，駐車場との間に標高が高い場所があるものは，見ることができない。

ステップ3 発展問題

解答 → 別冊p.2

1 右の**地図1**と**地図2**を見て，次の問いに答えなさい。　　　　〔西武学園文理中─改〕

(1) **地図1**中の**A**国と同じ国を**地図2**中の**ア～エ**から1つ選び，記号で答えなさい。[　　　]

(2) **地図1**中に**カ～ケ**で示した緯線から，実際の長さが最も長いものを1つ選び，記号で答えなさい。ただし，緯線**カ～ケ**はすべて経度10度分の長さを示している。[　　　]

地図1

地図2

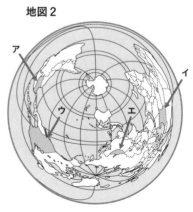

(3) **地図2**は「正距方位図法」と呼ばれる図法である。この図法について，次の文**X・Y**の正誤の組み合わせとして正しいものをあとの**ア～エ**から1つ選び，記号で答えなさい。[　　　]

X きょりや方位が正しく表されるため，航海図として広く利用されている。

Y これと同じ方法で作成された地図が，国連の旗にえがかれている。

ア X─正　**Y**─正　　**イ X**─正　**Y**─誤　　**ウ X**─誤　**Y**─正　　**エ X**─誤　**Y**─誤

2 右の**図1**は，緯線と経線の上に，日本の領土の端となる島の位置に印をして，北海道までかいたものである。これを見て，次の問いに答えなさい。　　　　〔ノートルダム清心中─改〕

独創的 (1) **図1**に四国をかきこんだときの大きさとして最も適当なものを**図2**の**ア～エ**から1つ選び，記号で答えなさい。[　　　]

(2) **図1**中の与那国島と南鳥島について述べた文として最も適当なものを次の**ア～エ**から1つ選び，記号で答えなさい。[　　　]

ア 与那国島は，長崎県に属する。

イ 与那国島には，定住している人がいない。

ウ 南鳥島は，1年中暖かい気候である。

エ 南鳥島の領土をめぐって，日本とアメリカ合衆国が対立している。

(3) 地球の全周を約4万kmと考えたとき，**図1**中の**X**と沖ノ鳥島との直線きょりとして最も適当なものを次の**ア～エ**から1つ選び，記号で答えなさい。[　　　]

ア 約560km　　イ 約1550km　　ウ 約2220km　　エ 約3770km

難問 (4) **図1**中の**Y**に見られる島はどこの国の領土か，国の名まえを答えなさい。[　　　　]

図1

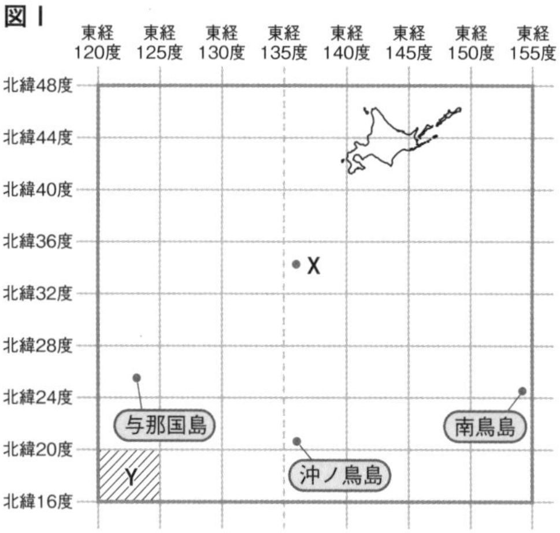

| 東経120度 | 東経125度 | 東経130度 | 東経135度 | 東経140度 | 東経145度 | 東経150度 | 東経155度 |

北緯48度
北緯44度
北緯40度
北緯36度
北緯32度　　　　　・X
北緯28度
北緯24度
北緯20度
北緯16度

与那国島　　　沖ノ鳥島　　　南鳥島
Y

図2

ア　　イ　　ウ　　エ

3 人口と人口問題について，次の問いに答えなさい。

(1) 2015年現在の日本の人口は約1億2700万人で，前の年と比べて約23万人(約0.18％)減少した。これ以降も，毎年人口が0.18％ずつ減少していくと仮定したとき，これから先の日本の人口を表したグラフとして最も適当なものを右の図1のア〜ウから1つ選び，記号で答えなさい。　　　　　　　　　　　［　　　］〔サレジオ学院中〕

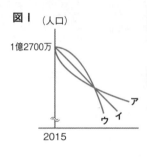

図1 (人口)
1億2700万
ア
イ
ウ
2015

(2) 少子高齢化と過疎化の進行にともない，各地で市町村の合併が進んだ。右の図2中の●は公共サービスの位置を示し，A・Bはある町の市町村合併前，合併後の同じ地区を表す。図2から考えられる，この地区の問題点を，「高齢者」という語句を使って答えなさい。　〔西武学園文理中―改〕

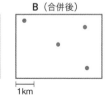

図2
A（合併前）　　　B（合併後）
1km

[   ]

4 次の2つの地図は，ある地域の1966年(左)と2012年(右)の地形図(縮尺はいずれも2万5千分の1)である。これについて，あとの問いに答えなさい。　〔洛星中―改〕

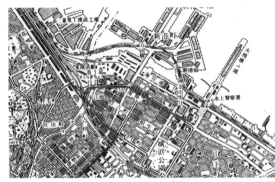

（紙面の都合で原図を70％縮小して掲載）

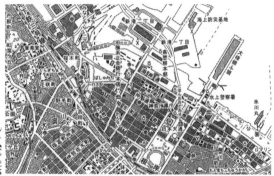

（紙面の都合で原図を70％縮小して掲載）

(1) 2つの地図から読み取れる変化について述べた次の文X・Yの正誤の組み合わせとして正しいものをあとのア〜エから1つ選び，記号で答えなさい。　　　　　　　　　　　　　［　　　］
　X　貨物輸送の中心がトラックに変化したために，鉄道の線路が減っている。
　Y　海につき出した大桟橋ふ頭は，工事によって広がっている。
　ア X―正　Y―正　　イ X―正　Y―誤　　ウ X―誤　Y―正　　エ X―誤　Y―誤

(2) 地図中の▲点から●点までの道筋について述べた次の文中の空欄　A　〜　C　に入るものをあとのア〜エからそれぞれ選び，記号で答えなさい。A［　　　　］　B［　　　　］　C［　　　　］

　　　▲点にある「かんない」駅を出て，JRの線路に沿って　A　方向に進み，2つ目の交差点を右に曲がって進むと左手に　B　がある。その少し先の交差点を左に曲がり，道に沿ってしばらく進むと，およそ　C　m(原寸の地図上で約3cm)で●点に着いた。

A　ア　北西　　　　イ　北東　　　　ウ　南東　　　　エ　南西
B　ア　高等学校　　イ　市役所　　　ウ　裁判所　　　エ　博物館
C　ア　200　　　　イ　400　　　　ウ　800　　　　エ　1200

地理
1 世界と日本
2 日本の自然と特色のある地域
3 産業と食料生産・水
4 日本の工業
5 貿易と情報産業・日本の運輸
6 国土の環境保全
思考力／記述問題
7 九州・中国・四国地方
8 近畿・中部地方
9 関東・東北・北海道地方
思考力／記述問題

2 第1章 地理
日本の自然と特色のある地域
ステップ1 まとめノート

解答 → 別冊p.2

1 日本の地形 ★★

(1) **日本の地形のしくみ**……〈特色〉日本列島は**環太平洋造山帯**の上に位置し，火山の噴火や地震などの災害を受けることが多い。〈構造線〉本州の中央部には，① 　　　　という大地溝帯が南北に横断している。
　　　糸魚川市と静岡市を結ぶ線を糸魚川-静岡構造線という
　　　東北日本と西南日本に分けている

(2) **日本の山地**……〈特色〉山地と丘陵地で国土面積の約② 　　　をしめ，火山が多い。〈おもな山脈〉東北地方の中央部に③ 　　　，中央高地には，飛驒山脈・④ 　　　・赤石山脈の3つの山脈が連なり「**日本アルプス**」と呼ばれる。〈火山〉熊本県にある⑤ 　　　は世界最大級の⑥ 　　　をもつ。
　　　北アルプス　　中央アルプス　　南アルプス　　日本最長の山脈

(3) **日本の川と湖**……〈特色〉外国(大陸)の川と比べ長さが**短く**，**流れが急**。⑦ 　　　・富士川・球磨川が三大急流。〈おもな川〉日本一長い⑧ 　　　，日本一流域面積の広い⑨ 　　　。〈おもな湖〉日本最大の湖は⑩ 　　　。
　　　滋賀県の面積の約6分の1をしめる

(4) **日本の平地**……〈特色〉川が運んできた土や砂が積もってできた沖積平野が多い。〈おもな平地〉⑦ 流域に⑪ 　　　平野，⑧ 流域に⑫ 　　　平野が広がる。⑨ 流域には，日本最大の⑬ 　　　平野が広がる。

(5) **日本の海岸**……〈特色〉多くの湾や半島などがあり，複雑な海岸線。〈いろいろな海岸〉山地が海にしずんでできた海岸地形を⑭ 　　　という。**若狭湾岸**，東北地方の⑮ 　　　などが有名。**九十九里浜**は砂浜海岸。
　　　志摩半島でも見られる　　　砂や小石が積もってできた遠浅の海岸

> **ズバリ暗記**
> 日本は山がちで，国土の約4分の3(75%)を山地・丘陵地がしめている。
> 日本で最も長い川は**信濃川**，最も流域面積が広い川は**利根川**。

①
②
③
④
⑤
⑥
⑦
⑧
⑨
⑩
⑪
⑫
⑬
⑭
⑮

2 日本の気候 ★★★

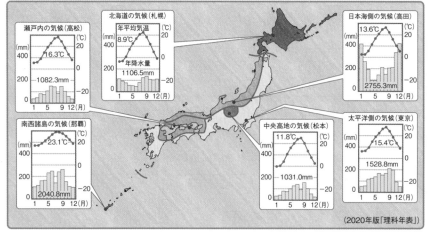

▲日本の気候区分

〈入試ガイド〉

雨温図にあてはまる都市や，ある都市の雨温図を問う問題が多く出題される。各気候帯に位置する都市の雨温図の特徴を理解しておく必要がある。降水量が多い季節，降水量が多いか少ないかなどから判断できるようにしておこう。

(1) **気候の特色**……〈特色〉日本の大部分は⑯____に属し，**四季**の区別が明確。⑰____（モンスーン）や近海を流れる海流の影響を強く受ける。〈海流〉太平洋側を流れる暖流の⑱____は沿岸の気候を温暖にし，夏の太平洋側に雨をもたらす。寒流の⑲____の上を⑳____と呼ばれる北東風が長くふくと，農作物に被害をあたえる**冷害**をおこすことがある。暖流の㉑____が冬の⑰____に水蒸気をあたえ，日本海側に多くの雪を降らせる。
（北海道や東北地方の太平洋側でおこりやすい）

(2) **季節風と降水量**……〈季節風〉夏は㉒____，冬は㉓____からふきこみ，山にあたって雨や雪を降らせる。〈降水量〉６月中ごろ～７月中ごろにかけての㉔____，８月後半～９月ごろに接近・上陸する㉕____は日本に大量の雨をもたらす。

(3) **６つの気候区**……〈北海道の気候〉夏は短く，冬は長くて寒さが厳しい。㉔____や㉕____の影響が少ない。〈太平洋側の気候〉**夏に雨が多く**，冬は晴れた日が多い。〈日本海側の気候〉**冬に雨や雪が多く**，夏には気温が異常に上がる㉖____が見られる。〈中央高地の気候〉１年を通じて降水量が少なく，夏と冬，昼と夜の気温差が大きい。〈瀬戸内の気候〉１年を通じて降水量が少なく温暖。〈南西諸島の気候〉１年を通じて気温が高く雨が多い。
（冷帯（亜寒帯））
（亜熱帯。沖縄，奄美大島，小笠原諸島など）

3 特色のある地域 ★

(1) **高い地方・低い地方**……〈高い地方〉**野辺山原**では，すずしい気候を利用したキャベツやレタスなどの㉗____栽培。〈低い地方〉**木曽三川**の河口地域では，水害を防ぐため，周りを堤防で囲んだ㉘____が見られる。
（長野県・山梨県の県境にある八ヶ岳のふもと）
（木曽川・長良川・揖斐川）

▲㉘____の断面図

(2) **暖かい地方・雪の多い地方・寒い地方**……〈暖かい地方〉沖縄県では，台風から家を守る㉙____や**石垣**などのくふう。〈雪の多い地方〉雪対策として，**消雪パイプ**や除雪車，かたむきが急な屋根，雪下ろし。〈寒い地方〉北海道の家は二重窓や断熱材を利用。**オホーツク海沿岸**では１月～３月にかけて**流氷**。**根釧台地**では乳製品をつくる㉚____がさかん。

| ⑯ |
| ⑰ |
| ⑱ |
| ⑲ |
| ⑳ |
| ㉑ |
| ㉒ |
| ㉓ |
| ㉔ |
| ㉕ |
| ㉖ |
| ㉗ |
| ㉘ |
| ㉙ |
| ㉚ |

地理

1 世界と日本

2 日本の自然と特色のある地域

3 日本の農業・水産業と食料生産

4 日本の工業

5 日本の運輸・貿易と情報産業

6 国土の環境保全

思考力／記述問題

7 九州・中国・四国地方

8 近畿・中部地方

9 関東，東北，北海道地方

思考力／記述問題

入試ガイド

特色のある地域の気候や地形と農業などを組み合わせて出題されることが多い。各地域で見られる生活のくふうとともに，それぞれの気候に適した農業や工業を理解しておこう。

レッツトライ！〜中学入試頻出問題〜

右の地図中の **X** の平野について，次の問いに答えなさい。[東京純心女子中一改]
① 四国地方のある県に位置するこの平野名を答えなさい。

〔　　　　　　〕

② この平野には，水不足を補うための多くの池が見られるが，それらの池は特に何と呼ばれているか答えなさい。 〔　　　　　　〕

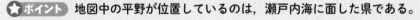

★ **ポイント** 地図中の平野が位置しているのは，瀬戸内海に面した県である。

13

● 日本のおもな山地と川・平野
● 日本の気候区分
● 特色のある地域のくらしと産業

■■ ステップ2 実力問題

解答 → 別冊p.3

1 右の地図を見て，次の問いに答えなさい。

(1) X〜Z の平野名，山脈名，河川名をそれぞれ答えなさい。　〔青雲中—改〕

X [　　　　　　　]

Y [　　　　　　　]

Z [　　　　　　　]

★重要 (2) A〜D の都市の雨温図を示しているものを次のア〜エからそれぞれ選び，記号で答えなさい。

〔横浜女学院中—改〕

A [　　] 　 B [　　] 　 C [　　] 　 D [　　]

ア
降水量(mm) / 気温(℃)
年平均気温 11.8℃
年間降水量 1031.0mm

イ
降水量(mm) / 気温(℃)
年平均気温 17.0℃
年間降水量 2547.5mm

ウ
降水量(mm) / 気温(℃)
年平均気温 16.3℃
年間降水量 1082.3mm

エ
降水量(mm) / 気温(℃)
年平均気温 14.6℃
年間降水量 2398.9mm

(2020年版「理科年表」)

2 右の地図中の A〜E の地域の説明として正しいものを次のア〜オからすべて選び，記号で答えなさい。

〔東京学芸大附属世田谷中—改〕

[　　　　　　　]

ア A の地域は，夏は海から霧が流れこみ，気温が上がりにくい。冬は，沿岸に流氷がおし寄せてくる。

イ B の沿岸部の地域は，リアス海岸で，2011年，巨大地震とそれにともなう津波で深刻な被害を受けた。

ウ C の地域は，標高1000メートル程度のなだらかな山が連なり，日本アルプスと呼ばれている。

エ D の地域は，多くの小島が点在する静かな内海である。降水量が少ないことから，かんがい用のため池が多く見られる。

オ E の地域は，阿蘇山があり，その周辺には，火山の噴火物によりつくられたシラス台地が広がっている。

得点アップ

1 (1) X は北海道有数の稲作地帯となっている。Y は国内で最も長い山脈である。Z は国内で最も長い河川である。

(2) A は日本海側に，B は中央高地に，C は瀬戸内に，D は太平洋側に位置している都市である。

✓チェック!自由自在①
日本の6つの気候区分にはそれぞれ，気温と降水量でどのような特徴があるのか調べてみよう。

2 複雑な海岸線をもつリアス海岸は，津波の被害を受けやすい地形でもある。日本アルプスは，北から飛騨山脈，木曽山脈，赤石山脈が連なっている。阿蘇山は熊本県にある活火山である。

重要 **3** 日本の気候の特色に関する説明として誤っているものを次の**ア〜エ**から１つ選び，記号で答えなさい。　　[　　　]〔栄東中─改〕

ア 北海道は冷帯(亜寒帯)に属し，冬は厳しい寒さが続く。年間を通して降水量は少なく，明確な梅雨の現象も見られない。

イ 太平洋側では夏は南東の季節風がふき，雨が多く蒸し暑い。特に，台風の影響を受けやすい紀伊半島や四国の南部では，6〜9月に雨が非常に多い。冬は北西の季節風が山脈をこえてかわいた空気を送りこむため，乾燥した晴れの日が多い。

ウ 日本海側では夏は晴天が多く気温も高いが，東北地方では「やませ」と呼ばれる西からの冷たくしめった風がふき，農作物の生長に影響をあたえることもある。冬は大陸からの季節風が，日本海で湿気をふくんでふくため，雪が多くなる。

エ 瀬戸内は，中国山地と四国山地が季節風をさえぎるため，年間を通して降水量が少ない。そのため，夏に干ばつがおきやすいため，古くから乾燥地特有のくふうがなされてきた。

4 次の文を読んで，あとの問いに答えなさい。〔和洋九段女子中─改〕

> 日本の国土のおよそ　　　％が山地で，しばしば土砂災害が発生する。また，a台風や集中豪雨とそれによる河川の氾らん，冬のb大雪による被害を受けることも多い。

(1) 空欄　　　にあてはまる数字を答えなさい。　　[　　　]

(2) 下線部**a**について，台風被害を少なくするためのくふうが見られる家を次の**ア〜ウ**から１つ選び，記号で答えなさい。　　[　　　]

ア　　　　　　　　**イ**　　　　　　　　**ウ**

(3) 下線部**b**について，冬に雪が多く降る地域のくらし・産業について述べた文として誤っているものを次の**ア〜エ**から１つ選び，記号で答えなさい。　　[　　　]

ア 冬の寒さを生かした野菜の抑制栽培がさかんである。

イ 農家の冬の副業として行われていた伝統工業が発展している。

ウ 以前は冬の季節になると大都市に出かせぎに行く人々も見られた。

エ 過疎化・高齢化にともない，雪かきや屋根の雪下ろしが困難になってきている。

地理
1 世界と日本
2 日本の自然と特色のある地域
3 産業と食料生産
4 日本の工業
5 日本の運輸・貿易と情報産業
6 国土の環境保全
思考力／記述問題
7 九州，中国・四国地方
8 近畿，中部地方
9 関東，北海道，東北地方
思考力／記述問題

3 日本の大部分は温帯に属しているが，北海道は冷帯(亜寒帯)，南西諸島などは亜熱帯気候となっている。日本にふく季節風は，夏は南東，冬は北西からふき，夏は太平洋側に雨，冬は日本海側に雪を降らせる。

4(2)台風による強風に備え，家のまわりを石垣で囲んだり，防風林を植えるなどのくふうが見られる。

(3)抑制栽培は，夏でもすずしい気候を生かして野菜などを育てることで，普通の地域よりも出荷時期をおそくする栽培方法である。

ステップ3 発展問題

解答 → 別冊p.3

1 右の地図を見て，次の問いに答えなさい。

(1) 海底火山の噴火活動により2013年11月に西之島付近に陸地が出現した。伊豆・小笠原海溝沿いの西之島は，フィリピン海プレートと，どのプレートとの境に位置しているか，そのプレートを次の**ア〜エ**から1つ選び，記号で答えなさい。 [　　　] 〔明治大付属明治中―改〕

ア 北アメリカプレート　　イ 太平洋プレート

ウ 南アメリカプレート　　エ ユーラシアプレート

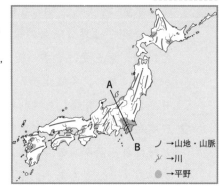

ノ →山地・山脈
∦ →川
● →平野

独創的 (2) 地図を参考にして，地形の名称が，北から南の順に正しく並んでいるものを次の**ア〜オ**からすべて選び，記号で答えなさい。 [　　　] 〔女子聖学院中―改〕

ア 陸奥湾→秋田平野→能登半島→佐渡島　　イ 越後山脈→若狭湾→筑後川→大隅半島

ウ 知床半島→黒部川→庄内平野→濃尾平野　　エ 最上川→琵琶湖→淡路島→土佐湾

オ 男鹿半島→下北半島→関東平野→四万十川

(3) 地図中の**A—B**の線について，次の問いに答えなさい。 〔お茶の水女子大附中―改〕

① 日本列島を東日本と西日本に分ける**A—B**の地溝帯を何というか，カタカナで答えなさい。

[　　　　　　　]

難問 ② **A—B**で切った断面図として最も適当なものを次の**ア〜エ**から1つ選び，記号で答えなさい。 [　　　]

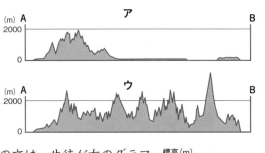

(4) 次の文は，生徒が右のグラフを見て，考察した結果をまとめたものである。文中の空欄[　]にあてはまる内容を5字以上10字以内で答えなさい。 〔東京都市大等々力中―改〕

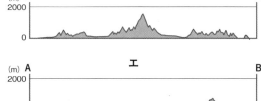

標高(m)　河口からの距離(km)　（国土交通省）

　日本の河川は，外国の河川と比べてかたむきが急であるため，雨で降った水が[　　　]しまう。そのため降水量が多くても水資源は少なくなってしまうのではないだろうか。

16

2 右下の地図は，気候の特徴をもとに日本列島を6つの地域に分けたものである。地図とその説明文を読んで，あとの問いに答えなさい。

〔洛星中—改〕

北海道の気候……　**A**　が高いため，夏はすずしく，冬の寒さは厳しい。　**B**　や台風の影響をほとんど受けないため，年間を通じて降水量は少ない。

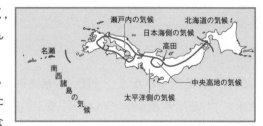

日本海側の気候……夏は晴天が多く気温が高いが，冬は大陸からふく　**C**　の季節風が日本海をわたるときに大量の水蒸気をふくむため，雪が多くなる。

太平洋側の気候……夏は海から　**D**　の季節風がふき，雨が多く蒸し暑い。冬は　**C**　の季節風が列島の山脈をこえてかわいた空気を送りこみ，乾燥して晴れの日が多い。

中央高地の気候……夏と冬，昼と夜の気温の差が　**E**　。a年間の降水量は少ない。

瀬戸内の気候……北の　**F**　山地と南の　**G**　山地が季節風をさえぎるため，年間を通じて降水量が少なく，夏にb水不足がおきやすい。

南西諸島の気候……　**A**　が低いため，年間を通じて気温が高く霜や雪はほとんど見られない。年間を通じて降水量は多い。

(1) 地図中の高田(上越市)と名瀬(奄美市)の位置する県を次のア～カからそれぞれ選び，記号で答えなさい。　　　　　　　　　　　　　　　　　　　　高田[　　　] 名瀬[　　　]

ア 石川県　　イ 沖縄県　　ウ 鹿児島県　　エ 富山県　　オ 新潟県　　カ 宮崎県

(2) 説明文の空欄　**A**　～　**G**　に入る語句を，それぞれ答えなさい。

A[　　　　　] B[　　　　　] C[　　　　　] D[　　　　　]

E[　　　　　] F[　　　　　] G[　　　　　]

(3) 説明文の下線部 **a** について，「中央高地の気候」で年間の降水量が少なくなる理由を答えなさい。

[　　　　　　　　　　　　　　　　　　　　　　　　　　　　　　　　]

(4) 説明文の下線部 **b** に備えてつくられた，「瀬戸内の気候」の地域で多く見られるものは何か答えなさい。　　　　　　　　　　　　　　　　　　　　　　　　　[　　　　　　　]

3 右のグラフ中の **A**～**C** は地図中の **X**・**Y**・**Z** の県の県庁所在地の，1月と7月の平均気温と平均降水量を示したものである。それぞれの県とグラフの正しい組み合わせを次のア～カから1つ選び，記号で答えなさい。

[　　　　] 〔巣鴨中〕

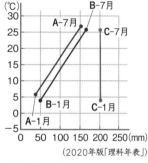

(2020年版「理科年表」)

ア X—A Y—B Z—C　　イ X—A Y—C Z—B　　ウ X—B Y—A Z—C

エ X—B Y—C Z—A　　オ X—C Y—A Z—B　　カ X—C Y—B Z—A

地理

1 世界と日本

2 日本の自然と特色のある地域

3 日本の農業・水産業と食料生産

4 日本の工業

5 日本の運輸・貿易と情報産業

6 国土の環境保全

7 思考力／記述問題

7 九州，中国・四国地方

8 近畿，中部地方

9 関東，東北，北海道地方

思考力／記述問題

3

第1章 地理
日本の農業・水産業と食料生産
■ ステップ1 まとめノート

解答 → 別冊p.4

1 日本の農業 ★★★

(1) **日本の農業のすがた**……〈特色〉農業従事者１人あたりの耕地面積が
せまく，経営規模が小さいため，多くの肥料や農薬を使って最大限の
収穫を得ようとする① ▢ を行う。〈課題〉農家全体の戸数，販売を
目的とする**販売農家**が減少。高齢化の進行，**耕作放棄地**が増加。
└荒れ地になった土地

(2) **米づくり**……〈特色〉雨が多く温暖な気候が米づくりに適する。政府
が② ▢ **制度**で保護。〈おもな生産地〉③ ▢ **地方**は全国の生産量の
約４分の１をしめ，④ ▢ と呼ばれる。**北海道**や北陸地方の**新潟県**
は有数の生産地。〈生産量の変化〉1960年代から米が余るようにな
った。政府は，**休耕**や**転作**などの生産調整（⑤ ▢ ）を実施。1995
└奨励金を出して田を一時休ませる　　└米からほかの作物にかえる
年に②**制度**は廃止され，**新食糧法**が施行された。**コシヒカリ**などの
　　　　　　　　　　└2018年産から廃止された
ブランド米の産地間の競争が激しくなっている。

(3) **野菜づくり**……〈大都市周辺〉**茨城県・千葉県**などでは⑥ ▢ がさか
ん。〈遠隔地〉時期をずらして出荷する**輸送園芸農業**がさかん。**高知平**
野や**宮崎平野**などでは，冬でも暖かい気候を利用してピーマンなどを
つくる⑦ ▢ **栽培**がさかん。**長野県**や**群馬県**では，夏でもすずしい
└千葉県の房総半島や愛知県の渥美半島などでもさかん
気候を利用してレタスなどの**高原野菜**の⑧ ▢ **栽培**がさかん。〈課
題〉外国からの輸入の増加に加え，産地間での競争が激しくなってい
る。豊作で値段が安くなる**豊作びんぼう**。

(4) **果物づくり**……〈おもな産地〉⑨ ▢ …**青森県・長野県**などすずしい
地域。⑩ ▢ …**和歌山県・静岡県・愛媛県**など暖かい地域。⑪ ▢ ・
もも…**山梨県**の⑫ ▢ **盆地**で栽培がさかん。

▢ ① _____
▢ ② _____
▢ ③ _____
▢ ④ _____
▢ ⑤ _____
▢ ⑥ _____
▢ ⑦ _____
▢ ⑧ _____
▢ ⑨ _____
▢ ⑩ _____
▢ ⑪ _____
▢ ⑫ _____
▢ ⑬ _____
▢ ⑭ _____
▢ ⑮ _____

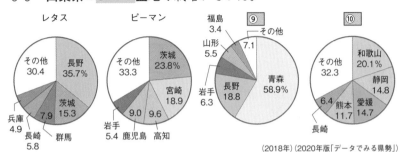

レタス
長野 35.7%
茨城 15.3
兵庫 4.9
長崎 5.8
群馬 7.9
その他 30.4

ピーマン
茨城 23.8%
宮崎 18.9
岩手 5.4
鹿児島 9.0
高知 9.6
その他 33.3

9
青森 58.9%
長野 18.8
岩手 6.3
山形 5.5
福島 3.4
その他 7.1

10
和歌山 20.1%
静岡 14.8
愛媛 14.7
熊本 11.7
長崎 6.4
その他 32.3

(2018年)(2020年版「データでみる県勢」)

▲野菜・果物の生産割合

(5) **その他の作物の生産**……〈いも類〉じゃがいもは**北海道**，さつまいもは
鹿児島県。〈工芸作物〉**茶**…⑬ ▢ ・**鹿児島県**。砂糖の原料の**さとう**
きび…**沖縄県**，⑭ ▢ …**北海道**。たたみ表の原料の⑮ ▢ …**熊本県**。
└加工や製造によって製品となる作物　　└さとうだいこん，ビートともいう

■ 入試ガイド

米づくりがさかんな平野，米が余ってきたことに対する生産調整に関する出題が多い。野菜づくりでは促成栽培や抑制栽培のさかんな地域やその長所，果物づくりではみかん・りんご・ぶどうの生産県の出題が多く見られる。

(6) 畜産……〈畜産のようす〉1991年の牛肉の輸入自由化以降，牛肉の自給率は低下。飼料はほとんどを輸入にたよる。〈さかんな地域〉北海道や，栃木県・群馬県などの大都市近郊で ⑯ ＿＿＿＿，北海道や鹿児島県・宮崎県で ⑰ ＿＿＿＿，鹿児島県・宮崎県や関東地方でぶたの飼育がさかん。

（根釧台地で酪農がさかん）
（シラス台地で畜産がさかん）

ズバリ暗記 米の生産量が上位の都道府県…新潟県・北海道・秋田県
大都市周辺では近郊農業，遠隔地では促成栽培・抑制栽培がさかん。

2 日本の水産業 ★★

(1) 日本の水産業のすがた……〈さかんな理由〉周りが海。親潮と黒潮の出合う三陸沖はプランクトンが豊富な ⑱ ＿＿＿。東シナ海には傾斜がゆるやかな ⑲ ＿＿＿が広がる。〈水産物の輸入〉さけ・ますや ⑳ ＿＿＿の輸入が多い。〈漁業の種類〉沿岸漁業，㉑ ＿＿，㉒ ＿＿。〈漁法〉長いなわにさんまなどのえさをつける ㉓ ＿＿，海底にあみを張る ㉔ ＿＿。〈おもな漁港〉北海道の釧路，青森県の八戸，千葉県の ㉕ ＿＿，静岡県の ㉖ ＿＿など。

（潮境ともいう）
（ベトナムなどから輸入）
（おもにまぐろをとる）

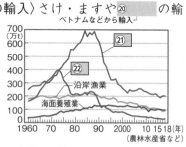

▲漁業別漁獲量

(2) 漁獲量の変化……日本の漁獲量は減少傾向。㉒ は，石油危機による船の燃料費の値上がりと ㉗ ＿＿の設定によって衰退。

（第4次中東戦争をきっかけにおこった）

(3) 育てる漁業……〈養殖業〉広島湾で ㉘ ＿＿，サロマ湖でほたて貝など。〈栽培漁業〉魚介類を稚魚・稚貝まで育てて放流し，成長してからとる漁業。

3 日本の食料生産 ★★★

(1) 輸入にたよる食料……食料の多くを輸入にたよっており，食料自給率は38％（2017年）。自給率を上げることにもつながるため，地元の食料を地元で消費する ㉙ ＿＿に対する期待が高まりつつある。

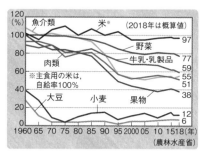

▲食料自給率の変化

(2) 食の安全……有機農業や食品の生産などの情報をさかのぼって調べることができる ㉚ ＿＿。

（農薬や化学肥料を使わずたい肥などを肥料として使う農業）

入試ガイド

水産業では，漁獲量の推移を示すグラフから，漁業の種類を問う問題，また遠洋漁業の漁獲量が減少した理由を書かせる記述式問題が多く出題されている。

レッツトライ！～中学入試頻出問題～

右の図は，日本の沿岸漁業，沖合漁業，遠洋漁業の漁獲量の推移を示したものである。遠洋漁業を示しているものを A～C から1つ選び，記号で答えなさい。　〔　　〕［立命館中］

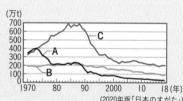
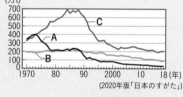

（2020年版「日本のすがた」）

★**ポイント** 遠洋漁業は石油危機や排他的経済水域の設定で衰退。

⑯
⑰
⑱
⑲
⑳
㉑
㉒
㉓
㉔
㉕
㉖
㉗
㉘
㉙
㉚

地理
1 世界と日本
2 日本の自然と特色のある地域
3 日本の農業・産業と食料生産・水
4 日本の工業
5 日本の運輸・貿易と情報産業
6 国土の環境保全
思考力／記述問題
7 九州、中国・四国地方
8 近畿、中部地方
9 関東、東北、北海道地方
思考力／記述問題

ここが
ねらわれる
● 都道府県別の主要な農業統計
● 畜産がさかんな地域
● 漁業種類別の漁獲量の推移とおもな漁港

解答 → 別冊p.4

1 日本の農業に関する次の問いに答えなさい。

(1) 東北地方は米づくりがさかんに行われ,「日本の米ぐら」と呼ばれている。最上川の流域に広がる,米づくりがさかんな平野の名まえを答えなさい。　　　　　　　　　[　　　　　　　]〔西大和学園中一改〕

(2) 山の斜面につくられ,農村の美しさもあらわれているような田を何というか答えなさい。　　　　　　　[　　　　　　　]〔西大和学園中一改〕

(3) 次の文を読んで,あとの問いに答えなさい。　　　　〔滝中一改〕

> ┌───┐
> │　A　栽培は,温暖な地域で冬でも暖かい気候を利用し,普通の地域よ │
> │りも出荷時期を　B　する栽培方法である。また　C　栽培は,冷涼な地 │
> │域で,夏のすずしい気候を利用し,高原野菜を育てることで,普通の地域 │
> │よりも出荷時期を　D　する栽培方法である。近年,a外国から輸入され │
> │る野菜が増える一方,b身近な地域で生産される野菜を見直し,大切にす │
> │る動きも各地に広がっている。 │
> └───┘

●重要 ① 空欄　A　~　D　にあてはまる語句を答えなさい。

A [　　　　　] B [　　　　　] C [　　　　　] D [　　　　　]

② 下線部aについて,現在,日本が野菜を最も多く輸入している国を次のア~エから1つ選び,記号で答えなさい。　　[　　　　]
ア アメリカ合衆国　イ ブラジル　ウ タイ　エ 中国

●重要 ③ 下線部bについて,このような取り組みを何というか,漢字で答えなさい。　　　　　　　　　　　　　[　　　　　　　]

(4) 次の表は,日本で生産されるおもな果実のうち,生産量上位5県を示したもので,ア~エは,日本なし,ぶどう,もも,りんごのいずれかである。あとの問いに答えなさい。　　　　〔東京都市大付中一改〕

ア		イ		ウ		エ	
青森	58.9%	B	13.1%	山梨	23.9%	山梨	34.8%
A	18.8	茨城	10.3	A	17.8	福島	21.4
岩手	6.3	栃木	8.8	山形	9.2	A	11.7
山形	5.5	福島	7.4	岡山	8.8	山形	7.1
福島	3.4	鳥取	6.9	福岡	4.2	和歌山	6.6
生産量 75.6 万 t		生産量 23.2 万 t		生産量 17.5 万 t		生産量 11.3 万 t	

(2018 年)　　　　　　　　　　　　　　(2020 年版「データでみる県勢」)

① 空欄　A　・　B　にあてはまる都道府県名を漢字で答えなさい。

A [　　　　　　　] B [　　　　　　　]

●重要 ② ぶどうの生産量にあてはまるものを表のア~エから1つ選び,記号で答えなさい。　　　　　　　　　　　　[　　　　]

得点アップ

1(2)山の斜面を利用した畑を段々畑という。

(3)③国内の食料自給率を高める1つの方法として期待されている。

(4)① Aは中央高地に,Bは関東地方に位置している。

②りんごは冷涼な地域,みかんは温暖な地域,ぶどうやももは扇状地が見られる盆地でさかんに栽培されている。

✓チェック!自由自在①
稲作がさかんな平野とその平野を流れる川について調べてみよう。

✓チェック!自由自在②
輸入量が多い果物のおもな輸入相手国について調べてみよう。

2 日本の畜産業について述べた文として誤っているものを次のア〜エから1つ選び，記号で答えなさい。[　　　　]〔ノートルダム清心中―改〕

ア 酪農家の戸数も，乳牛の飼育頭数も増えてきている。

イ 生乳の生産だけでなく，加工・販売まで行う農家が増えている。

ウ 大量の家畜のふんを燃料にして発電する動きが見られる。

エ 家畜が感染力の強い伝染病にかからないように，飼育施設の衛生管理に注意がはらわれている。

3 右下のグラフは日本の漁業の種類別漁獲量を表している。これを見て，次の問いに答えなさい。
〔同志社女子中―改〕

(1) グラフに示された漁業の種類のうち，10t未満の船や定置あみなどを使って行う漁業は何と呼ばれるか，漢字で答えなさい。[　　　　]

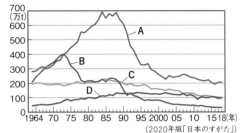
(2020年版「日本のすがた」)

(2) 漁業には「とる漁業」だけでなく，「つくり育てる漁業」もある。「つくり育てる漁業」のうち，栽培漁業とはどのような漁業か答えなさい。
[　　　　　　　　　　　　　　　　　　　　　　　　　　　　　]

(3) 「つくり育てる漁業」を示すグラフをA〜Dから1つ選び，記号で答えなさい。[　　　]

(4) Bのグラフが1970年代ごろから大きく減少している理由として最も適当なものを次のア〜エから1つ選び，記号で答えなさい。[　　]

ア 海外から輸入される量が増えた。

イ 魚を食べる人が少なくなった。

ウ 水質汚染のため，魚を食べる量が制限された。

エ 外国の近海での漁業が制限されるようになった。

(5) 漁業の方法にもさまざまなものがあるが，次の①〜③が示すのはそれぞれ何と呼ばれるか。正しい組み合わせを右のア〜エから1つ選び，記号で答えなさい。[　　]

	①	②	③
ア	地引きあみ	底引きあみ	定置あみ
イ	定置あみ	まきあみ	底引きあみ
ウ	底引きあみ	地引きあみ	まきあみ
エ	まきあみ	定置あみ	地引きあみ

① 海底に固定した垣根状のあみで魚を一定の場所に導いてとる。

② 大きなあみを円をえがくように広げて，中に入った魚をとる。2せきの船で行われることも多い。

③ ふくろ状になったあみを船で引っ張り，海底付近の魚などをとる。

2 1991年に牛肉の輸入が完全に自由化され，それ以降，外国から安い肉の輸入が増えているなど，畜産農家は厳しい競争に直面している。

3 (3)つくり育てる漁業には，湖や海面で人工的に育てる養殖業と栽培漁業がある。

(4) 1970年代には，各国が沿岸から200海里の排他的経済水域を設定するようになった。また，第四次中東戦争によりおこった石油危機で船の燃料代が高くなった。

(5)おもにまぐろをとるはえなわ漁法などもある。

✔チェック!自由自在③

養殖業がさかんな地域と，生産がさかんな水産物について調べてみよう。

地理

1 世界と日本

2 日本の自然と特色のある地域

3 日本の農業・水産業と食料生産

4 日本の工業

5 日本の運輸・貿易と情報産業

6 国土の環境保全

思考力／記述問題

7 九州，中国・四国地方

8 近畿，中部地方

9 関東，東北，北海道地方

思考力／記述問題

■■ **ステップ3 発展問題**

解答 → 別冊p.5

1 次の**A**〜**C**の文は，日本のいずれかの県について説明したものである。これを読んで，あとの問いに答えなさい。

> **A** 沖合には日本海流が流れており，温暖な気候を利用して平野部ではきゅうりやピーマンなどの野菜を栽培している。南西部のシラス台地では，a畜産業がさかんである。
>
> **B** 太平洋に面した２つの半島をもち，東側の半島ではbきくやキャベツの栽培がさかんである。この県の都市を中心に工業地帯が広がり，都道府県別の工業生産額は日本一である。
>
> **C** 日本最長の川の河口に広がる平野ではc米づくりがさかんで，ブランド米の「コシヒカリ」の生産がさかんである。

(1) 下線部**a**に関連して，次の表は都道府県の全国にしめる家畜飼育数の割合を多い順に示したものである。**X**〜**Z**にあてはまる家畜の組み合わせとして正しいものを右の**ア**〜**カ**から１つ選び，記号で答えなさい。　　　　　　　　　[　　　]〔中央大附属横浜中〕

X	
北海道	59.6%
栃木	3.9
熊本	3.2
岩手	3.2

(2018 年 2 月 1 日現在)

Y	
鹿児島	13.8%
宮崎	8.9
北海道	6.8
千葉	6.7

Z	
茨城	7.6%
千葉	6.8
鹿児島	5.9
岡山	5.8

(2019/20 年版「日本国勢図会」)

	X	Y	Z
ア	ぶた	乳牛	採卵鶏
イ	ぶた	採卵鶏	乳牛
ウ	乳牛	ぶた	採卵鶏
エ	乳牛	採卵鶏	ぶた
オ	採卵鶏	ぶた	乳牛
カ	採卵鶏	乳牛	ぶた

(2) 下線部**b**について，この地域でつくられているきくやキャベツについて説明した文として正しいものを次の**ア**〜**エ**から１つ選び，記号で答えなさい。　　　　　[　　　]〔中央大附属横浜中〕

ア 夏のすずしい気候を利用して，収穫時期をずらす抑制栽培でキャベツをつくっている。

イ 水はけのよい扇状地を利用して，なだらかな斜面でキャベツをつくっている。

ウ 土地の養分のおとろえを防ぐため，きくとキャベツを組み合わせた輪作が行われている。

エ 施設の中で照明をあてて明るくして，開花時期をおくらせてきくを栽培している。

(3) 下線部**c**について，米づくりを行っている人たちは食の安全性を考えたり，効率よく生産したりするためにさまざまなくふうを行っている。そのくふうについて説明した文として誤っているものを次の**ア**〜**エ**から１つ選び，記号で答えなさい。　　　　[　　　]〔中央大附属横浜中〕

ア 化学肥料にたよらず，牛やぶたのふんやわらなどを混ぜて発酵させたたい肥を肥料として使っている。

イ 広い耕地を数個に分割し，小型の農業機械を複数台使用できるように農地を整理している。

ウ トラクターや稲刈り機などの農業機械を取り入れ，手作業で行うよりも作業時間を短くしている。

エ 農薬を使用せず，あいがもを水田に放ち，害虫や雑草を取り除いている。

地理

1 世界と日本

2 日本の自然と特色のある地域

3 日本の農業・産業と食料生産・水

4 日本の工業

5 日本の運輸・貿易と情報産業

6 国土の環境保全

思考力／記述問題

7 九州、中国・四国地方

8 近畿、中部地方

9 関東、東北、北海道地方

思考力／記述問題

割的 **(4)** 日本の農家の耕地面積はせまいため，機械を導入（どうにゅう）して大規模化（きぼ）をはかる農家も見られるが，大規模化だけではなく，日本の農家が農地がせまくても機械を導入しなければならなかった理由を，右の**表1**・**表2**を参考にして答えなさい。 〔森村学園中〕

表1 年齢階層別に見た農業就業人口

年齢階層	実数（千人）			割合（%）		
	2000年	2010年	2015年	2000年	2010年	2015年
15～29才	247	90	64	6.3	3.5	3.1
30～39才	192	87	77	4.9	3.3	3.7
40～49才	365	147	110	9.4	5.6	5.2
50～59才	523	358	234	13.4	13.7	11.2
60～64才	507	319	280	13.0	12.2	13.4
65才以上	2058	1605	1331	52.9	61.6	63.5
計	3891	2606	2096	100.0	100.0	100.0

（農林水産省）

表2 農家世帯員と農業従事者の推移 （単位：千人）

	1970年	1980年	1990年	2000年	2010年	2015年
農家世帯員数	26282	21366	13878	10467	6979	4880
農業就業人口	10252	6973	4819	3891	2606	2097

（農林水産省）

2 次の問いに答えなさい。 〔甲南女子中—改〕

割的 **(1)** 右下の表は漁獲高（ぎょかく）上位5位（2016年）までの港を示している。これらの港がある都道府県のうち，世界文化遺産（いさん）（2020年現在）がある都道府県を**ア～オ**から1つ選び，記号で答えなさい。 [ ]

(2) 右のグラフは，日本の漁業部門別生産量を示している。これについて説明したものとして正しいものを次の**ア～エ**から1つ選び，記号で答えなさい。 [ ]

	漁港	漁獲高（千t）
ア	銚子（ちょうし）	276
イ	焼津（やいづ）	151
ウ	釧路（くしろ）	114
エ	八戸（はちのへ）	99
オ	境（さかい）	95

（2019/20年版「日本国勢図会」）

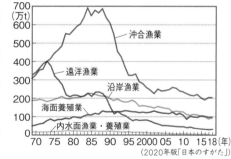

（2020年版「日本のすがた」）

ア 1995年の漁業生産量の合計は，900万tをこえている。

イ 2018年の沖合漁業の生産量はピーク時と比（くら）べ，4分の1以下に減少（げんしょう）している。

ウ 海面養殖業の2010年の生産量は，1985年の生産量とほぼ同じである。

エ ピーク時と比べ，沿岸（えんがん）漁業の漁業生産量が減（へ）っている割合は，遠洋漁業の減っている割合より大きい。

3 日本における食料自給率（りつ）を示した右の図を見て，次の問いに答えなさい。 〔大妻多摩中—改〕

問 **(1)** 図中の**ア～エ**は，米，大豆，とり肉，牛肉のいずれかを表している。大豆および牛肉にあてはまるものを**ア～エ**からそれぞれ選び，記号で答えなさい。

大豆[ ] 牛肉[ ]

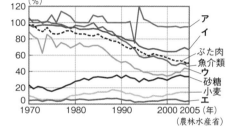

（農林水産省）

問 **(2)** 日本が大豆をいちばん多く輸入（ゆにゅう）している国を答えなさい。 [ ]

的 **(3)** 大豆からつくられ，「赤」や「白」の色があり，和食に欠かせない調味料をひらがなで答えなさい。 [ ]

4 日本の工業

ステップ1 まとめノート

解答 → 別冊p.5

1 さまざまな工業★★

(1) **工業の種類**……〈**重化学工業**〉**金属工業**…原料となる鉄鉱石や石炭の多くを輸入にたよる①[　]の工場は臨海部に集中。**機械工業**…1990年代から，人件費の安いアジアに工場を移す企業が増えている。〔働いた人に対する賃金などの費用〕

化学工業…石油化学工業では，原料の原油の輸入に便利な臨海部に，関連する工場が**パイプライン**〔天然ガスや石油などを運ぶための管をつないだ設備〕で結ばれた②[　]と呼ばれる工場群を形成。

▲おもな製鉄所がある都市

▲② があるおもな都市

（2019年7月1日現在）
（2020年版「日本のすがた」）

（2019年7月現在）
（2020年版「日本のすがた」）

＊1大竹市などにもまたがっている。＊2堺市にもまたがっている。

〈**軽工業**〉③[　]…戦前まで，日本の工業の中心だったが，現在，その割合は大きく低下。④[　]…軽工業の中で最も割合が高く，農畜産物，水産物を加工して食料品を生産。**セメント工業**…石灰石を原料にセメントを生産。〔原料の石灰岩は国内だけで自給できる〕**製紙・パルプ工業**…木材チップから紙の原料となるパルプをつくったり，パルプや古紙から紙を生産。

(2) **自動車工業**……〈**特色**〉機械工業の中心。1970年代ごろから，アメリカ合衆国との間で⑤[　]がおきたため，自動車会社は輸出の自主規制や⑥[　]を行うようになった。〈**生産工程**〉⑦[　]で流れ作業を行う。プレス→⑧[　]→**塗装**→**組み立て**→**検査**。部品は⑨[　]でつくられ，必要な量を必要なときに納入する⑩[　]の方式。〔日本の輸出台数は世界第3位（2016年現在）〕〔危険な工程ではロボットが使われる〕〈**環境問題への対応**〉ガソリンエンジンと電気モーターを組み合わせた⑪[　]や**電気自動車**，水素を使い水しか排出しない⑫[　]**自動車**などを開発。

(3) **伝統工業**……〈**特色**〉天然の原材料での手づくり。原料の不足や後継者不足が課題。〈**焼き物**〉佐賀県の**有田焼**，岡山県の**備前焼**，京都府の清水焼など。〈**織物・染め物**〉京都府の⑬[　]や京友禅，新潟県の小千谷ちぢみ。〈**漆器**〉石川県の⑭[　]，青森県の津軽塗。〈**その他**〉⑮[　]の**南部鉄器**，宮城県の伝統こけし，広島県の熊野筆など。

①
②
③
④
⑤
⑥
⑦
⑧
⑨
⑩
⑪
⑫
⑬
⑭
⑮

入試ガイド

近年，日本の工場のアジアなどへの進出が増加している理由が記述式で出題されることが多い。アジアは日本と比べて賃金が安いことに注目する。自動車工業では生産工程の順序，伝統工業では，おもな伝統的工芸品の名まえと生産地を問う出題が多く見られる。

2 日本の工業の特色 ★★★

(1) **工場の特色**……〈大工場と中小工場〉中小工場…従業員数が ⑯〔　　　〕人
未満の工場。**全工場数の約99％をしめる。**大工場の ⑰〔　　　〕が多く，
景気の影響を受けやすい。**工場数や働く人の数は大工場より多いが，**
生産額は大工場より少ない。

(2) **工業地帯と工業地域**……多
くの工場が集まり，工業が
発達した地域。⑱〔　　　〕に
集中している。

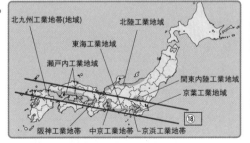

▲工業地帯・工業地域の分布

(3) **日本の工業地帯**……〈京浜
工業地帯〉周辺地域に工場
が移転し，生産割合は低下。首都の東京は情報が集まりやすいため，
⑲〔　　　〕がさかん。〈中京工業地帯〉生産額は全国一。⑳〔　　　〕市を中心に自
動車工業が発達。瀬戸市・多治見市で ㉑〔　　　〕，㉒〔　　　〕市で石油化学工業
がさかん。　└瀬戸焼で有名　〈阪神工業地帯〉金属工業の割合が比較的高く，機械部品な
どをつくる ㉓〔　　　〕が多い。〈北九州工業地帯(地域)〉明治時代に建設さ
　　　　　　└東大阪市などに多い　　└近年は自動車工業が進出
れた ㉔〔　　　〕を中心に発達。出荷額は，ほかの工業地帯の中で最も低い。

(4) **日本の工業地域**……〈瀬戸内工業地域〉水陸の輸送に便利で，広い工業
用地があったことから発達。鉄鋼業・石油化学工業・造船業などが発
達。岡山県 ㉕〔　　　〕市が中心。〈東海工業地域〉㉖〔　　　〕の太平洋側に広
がり，㉗〔　　　〕市の楽器・オートバイ，富士市・富士宮市の ㉘〔　　　〕など。
〈北陸工業地域〉冬の副業として発達した**伝統工業**や**地場産業**がさかん。
　　　　　　　　└鯖江市のめがねフレーム，三条市の金物，燕市の洋食器など┘
〈京葉工業地域〉㉙〔　　　〕の割合が特に高い。〈関東内陸工業地域〉かつ
ては製糸業，絹織物業がさかんであったが，高速道路が整備され，
　└生糸を生産
㉚〔　　　〕が建設される。自動車などの機械工業が中心。

⑯〔　　　〕
⑰〔　　　〕
⑱〔　　　〕
⑲〔　　　〕
⑳〔　　　〕
㉑〔　　　〕
㉒〔　　　〕
㉓〔　　　〕
㉔〔　　　〕
㉕〔　　　〕
㉖〔　　　〕
㉗〔　　　〕
㉘〔　　　〕
㉙〔　　　〕
㉚〔　　　〕

ズバリ暗記
工業がさかんな工業地帯や工業地域は太平洋ベルトに集中している。
中京工業地帯は豊田市を中心に自動車工業がさかん。

レッツトライ！ ～中学入試頻出問題～

ある一定の地域に，特定の業種の中小企業が集まる場合がある。これらの産業は，江戸時代からの
伝統産業を背景とするものや，明治・大正以降の工業化によって発展したものなどがある。次の問
いに答えなさい。
［開成中—改］

① このような産業を何というか，「〜産業」の形に合わせて漢字で答えなさい。〔　　　産業〕

② ①の産業の地域と産業の組み合わせとして誤っているものを次のア〜エから1つ選び，記号で
答えなさい。　　　　　　　　　　　　　　　　　　　　　　　　　〔　　　〕

ア 今治—タオル　　**イ** 堺—自転車部品　　**ウ** 鯖江—洋食器　　**エ** 丸亀—うちわ

★**ポイント** 規模は小さいが，生産高の全国にしめる割合は高いものが多い。

地理
1 世界と日本
2 日本の自然と特色のある地域
3 産業と食料生産・水
4 日本の工業
5 日本の運輸・貿易と情報産業
6 国土の環境保全
思考力／記述問題
7 九州，中国，四国地方
8 近畿，中部地方
9 関東，北海道地方
思考力／記述問題

■ ステップ**2** 実力問題

- ●各工業地帯・地域の特色
- ●自動車工業の特色と工場の分布図
- ●伝統産業と伝統的工芸品

解答 → 別冊p.6

1 日本の工業に関する次の問いに答えなさい。

●重要 (1) 日本の工業について説明した文として正しいものを次の**ア〜エ**から１つ選び，記号で答えなさい。　　　　　　　[　　　　] 〔吉祥女子中〕

ア アルミニウム工業は，原料のボーキサイトからの精製が容易であるため，日本各地でさかんである。

イ 自動車工業は機械工業の中で最大の生産額をほこり，生産された製品はアメリカ合衆国などへ多く輸出されている。

ウ セメント工業は，原料の石灰石のほとんどを輸入に依存しているため，臨海部に立地することが多い。

エ せんい工業は，綿・絹・毛を原料とする天然せんいの生産が大部分をしめており，化学せんいはほとんど生産されていない。

(2) 右のグラフは，日本の工業における製造品出荷額構成の推移を示したものである。**B・E**にあてはまるものを次の**ア〜オ**から選び，記号で答えなさい。　〔東京都市大付中〕

B [　　　　] E [　　　　]

ア 化学　　**イ** 機械　　**ウ** 金属　　**エ** せんい　　**オ** 食料品

	A	B	C	D	E	その他
1960年	18.8%	25.8	11.1	13.1	12.3	18.9
1980年	17.1%	31.8	15.5	10.5	5.2	19.9
2016年	12.9%	45.9	12.8	12.6	1.3	14.5

(2019/20年版「日本国勢図会」)

●重要 (3) 右の地図のように工場が分布している工業を次の**ア〜エ**から１つ選び，記号で答えなさい。

[　　　　] 〔芝浦工業大柏中〕

ア 鉄鋼　　　**イ** 自動車
ウ 半導体　　**エ** せんい

(2019年現在)　(2020年版「日本のすがた」)

●重要 (4) 右の表は，輸送用機械器具の出荷額が多い上位５県について，その出荷額などを示したものである。表中の**A〜C**には，神奈川，愛知，群馬のいずれかの県が入る。**A〜C**にあてはまる県に形成されている工業地帯・地域の名まえを答えなさい。

〔サレジオ学院中―改〕

A [　　　　　　　　]
B [　　　　　　　] C [　　　　　　　]

	輸送用機械器具		製造品出荷額合計
	出荷額	製造品出荷額にしめる割合	
	(億円)	(%)	(億円)
A	264951	56.1	472303
静岡	43249	25.6	169119
B	41002	22.7	180845
C	36794	40.4	90985
広島	36226	35.4	102356

(2017年)　(2020年版「データでみる県勢」)

得点アップ

1 (1) 50年ほど前から化学せんいが普及したため，天然せんいの生産は減少している。

(3) 東北地方や九州地方の内陸部にも多く分布している。

✔チェック!自由自在①
鉄鋼・IC・石油化学・自動車の各工場の分布の特色を調べてみよう。

(4) 群馬県は自動車工業を中心に電気機器などの生産がさかん。神奈川県は，自動車工業のほかにも，石油化学工業や鉄鋼業もさかんであることから判断する。

2 右の地図を見て，次の問いに答えなさい。 〔同志社中一改〕

(1) 地図中の〓〓は，工業生産額(2017年)が10兆円以上の府県を示している。その数を算用数字で答えなさい。 [　　　]

自動車

(2) 地図中の■の都市で生産がさかんな工業製品を次のア～エから1つ選び，記号で答えなさい。 [　　　]
　ア 鉄鋼　　イ カメラ　　ウ ピアノ　　エ 船舶（せんぱく）

(3) 地図中の自動車生産がさかんな地域について説明した文として誤（あやま）っているものを次のア～エから1つ選び，記号で答えなさい。 [　　　]
　ア 日本の自動車の生産額は愛知県が最も多く，特に豊田（とよた）市やその周辺では自動車に関連する製品を多くつくっている。
　イ 自動車工場は，余分（よぶん）な部品をもたず，関連工場から必要な部品を必要なときに必要な量だけ取り寄せるようにしている。
　ウ 自動車工場の敷地（しきち）には，プレス・溶接（ようせつ）・塗装（とそう）・組み立てなどさまざまな作業を行う工場が集まっている。
　エ 溶接（ようせつ）のように危険（きけん）な工程（こうてい）に加え，メーターやランプの取りつけや検査（けんさ）など，すべての作業を産業ロボットにまかせている。

(4) 地図中の●で見られる，石油精製工場を中心に多くの工場が集まっているものを何というか答えなさい。 [　　　　　　　　　]

要 3 日本の中小工場と大工場を比較（かく）した右の表からわかることを次のア～エから1つ選び，記号で答えなさい。
[　　　]〔広島大附中一改〕

	合計	中小工場	大工場
工場数	35万7754	99％	1％
従業者数	803.0万人	68％	32％
出荷額	322.1兆円	47％	53％

(2018年6月1日現在。出荷額は2017年)
(2020年版「日本のすがた」)

　ア 工場の総数が，中小工場の全体より大工場の全体の方が多い。
　イ 従業者（じゅうぎょう）の総数は，中小工場の全体より大工場の全体の方が多い。
　ウ 工場でつくる製品の価格（かかく）は，中小工場の方が大工場より高い。
　エ 従業者1人あたりの出荷額は，中小工場の方が大工場より小さい。

要 4 次の伝統（でんとう）的工芸品が生産されている場所を地図中のア～クから選び，記号で答えなさい。 〔立命館中〕
　a 有田焼（ありたやき）　　a [　　　]
　b 輪島塗（わじまぬり）　　b [　　　]
　c 南部鉄器（なんぶ）　　c [　　　]

地理
1 世界と日本
2 日本の自然と特色のある地域
3 産業と食料生産・日本の農業・水
4 日本の工業
5 日本の運輸・貿易と情報産業
6 国土の環境保全
思考力／記述問題
7 九州，中国・四国地方
8 近畿，中部地方
9 関東，東北，北海道地方
思考力／記述問題

2 (2)地図中の■の都市はオートバイの生産もさかんで，市の南西部に位置する浜名（はまな）湖ではうなぎの養殖（ようしょく）がさかんである。

(3)自動車は数万点の部品が必要であり，金属工業(鉄)やよう業(ガラス)・化学工業(ゴムやプラスチック)，せんい工業(布（ぬの）)など，さまざまな工業が総合（そうごう）的にかかわっている工業製品である。

3 日本の中小工場には，世界で大きなシェアをしめる製品をつくったり，独自（どくじ）のすぐれた技術をもっているところがたくさんある。

✔チェック！自由自在②
大工場と比較した場合の中小工場の特色について調べてみよう。

✔チェック！自由自在③
おもな伝統的工芸品とその生産地について調べてみよう。

ステップ3 発展問題

解答 → 別冊p.6

1 右の表は，重化学工業がさかんな都市についてまとめたものである。これを見て，次の問いに答えなさい。

工業の種類	さかんな都市
a自動車	豊田・広島・太田・鈴鹿など
b鉄鋼	川崎・c千葉・大分・室蘭・福山など
石油化学	倉敷・四日市・市原・周南など

(1) 下線部aについて，1980年代の自動車の輸出増加にともなっておきた貿易摩擦に対し，日本の企業はどのような対策をとったか答えなさい。

[　　　　　　　　　　　　　　　　　　　　　　　　　　　　　　　　　　　]

(2) 下線部bについて，日本と世界の鉄鋼業の特色について述べた文として誤っているものを次のア〜エから1つ選び，記号で答えなさい。　　　　　　[　　]〔久留米大附中—改〕

ア　鉄鋼の原料の1つである石灰石は，国内で完全に自給できている。

イ　日本は，鉄鉱石・石炭ともに，オーストラリアから最も多く輸入している。

ウ　鉄鋼の生産量は中国が世界第1位で，世界生産の半分近くをしめている。

エ　日本国内の製鉄所の大部分は太平洋ベルト地帯にあり，それ以外の地域には見られない。

(3) 下線部cについて，右の表は，千葉市が位置する京葉工業地域および，関東内陸工業地域，瀬戸内工業地域，東海工業地域のいずれかの製造品出荷額割合を示している。京葉工業地域にあてはまるものを表中のア〜エから1つ選び，記号で答えなさい。また，そう判断した理由を答えなさい。

〔愛知淑徳中—改〕

(単位：%)

	金属	機械	化学	食料品	その他
ア	11.1	46.4	9.3	15.5	17.7
イ	7.9	50.6	10.8	14.5	16.2
ウ	20.3	13.9	38.6	16.9	10.3
エ	17.3	36.8	20.6	8.4	16.9

(2016年)　　(2019/20年版「日本国勢図会」)

記号[　　]　理由[　　　　　　　　　　　　　　　　　　　　　　]

2 いずれかの都府県の工業について述べた次の文を読んで，あとの問いに答えなさい。

A この都府県ではせんい産業がさかんである。また，この都府県には，国内のめがねフレーム生産量の90％以上を生産している都市がある。この都府県は，漆器の生産で有名な県や，薬の生産で有名な県などとともに，　①　工業地域にふくまれる。

B この都府県は，a自動車などを製造する機械工業がさかんで，特に　②　市は自動車の一大生産地になっており，日本最大の工業生産額をほこる工業地帯を形成している。

C この都府県は，早くからせんい工業を中心とする軽工業がさかんであったが，高度経済成長期には臨海地区を中心に，b鉄鋼や造船，機械などの重化学工業が発達した。しかし，高度経済成長の終わりとともに衰退し，かわって内陸地区で電器産業が発達してきた。

(1) 空欄　①・②　にあてはまる語句をそれぞれ漢字2字で答えなさい。　　〔愛光中〕

①[　　　　]　②[　　　　]

(2) A〜Cの各文が示す都府県の名まえをそれぞれ答えなさい。　　〔愛光中—改〕

A[　　　]　B[　　　]　C[　　　]

地理

1 世界と日本

2 特色のある地域 日本の自然と

3 日本の農業・水 産業と食料生産

4 日本の工業

5 日本の運輸・ 貿易と情報産業

6 国土の環境保全

7 思考力／記述問題

7 中国・四国地方 九州、

8 近畿、中部地方

9 関東、東北、 北海道地方

思考力／記述問題

(3) 下線部 **a** に関連して，次の問いに答えなさい。 〔東大寺学園中〕

① 自動車の開発と生産において，社会や消費者のニーズに対応して行われているくふうについて述べた文として誤っているものを次の**ア〜エ**から１つ選び，記号で答えなさい。 [　　　]

ア ハイブリッドカーの中には，家庭用の電源から充電できるものもある。

イ クリーンディーゼル車は，走行中，水だけが排出される。

ウ シートに座ったまま乗り降りでき，手だけで運転できる乗用車が製作されている。

エ 自動運転技術には，自動車メーカーだけでなく IT 関連企業も開発にかかわっている。

独創的
難問

② 右の図は，自動車と電気洗濯機について，日本の生産台

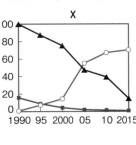
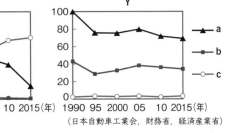

	自動車	輸出台数
ア	X	a
イ	X	b
ウ	X	c
エ	Y	a
オ	Y	b
カ	Y	c

（日本自動車工業会，財務省，経済産業省）

数・輸出台数・輸入台数の推移を，それぞれの図における最大値が１００となるようにつくられており，**a〜c** の記号は両図で共通している。自動車にあてはまる図と，輸出台数にあてはまる記号の組み合わせとして正しいものを表の**ア〜カ**から１つ選び，記号で答えなさい。 [　　　]

(4) 下線部 **b** に関連して，右の表は，2018 年の日本の鉄鉱石の輸入先上位５か国の，輸入量の合計にしめる割合を示したものである。表中の空欄 **I** 〜 **III** にあてはまる国を次の**ア〜エ**からそれぞれ選び，記号で答えなさい。 〔愛光中─改〕

	国名	割合（%）
1位	I	58.2
2位	II	26.9
3位	III	4.9
4位	南アフリカ共和国	3.3
5位	インド	1.5

（2019/20 年版「日本国勢図会」）

I [　　　]　II [　　　]　III [　　　]

ア カナダ　**イ** ブラジル　**ウ** オーストラリア　**エ** ロシア

3 右の表は，おもな伝統的工芸品を都道府県別にまとめたものである。これを見て，次の問いに答えなさい。 〔神戸女学院中〕

都道府県	おもな伝統的工芸品		
京都府	京くみひも	京友禅	西陣織
X	本場大島つむぎ	川辺仏壇	A
Y	小田原漆器	箱根寄木細工	B
Z	熊野筆	備後かすり	C

(1) 空欄 **X** 〜 **Z** にあてはまる最も適当な都道府県名を漢字で答えなさい。

X [　　　　　]

Y [　　　　　]　Z [　　　　　]

(2) 空欄 **A** 〜 **C** にあてはまる最も適当な伝統的工芸品を次の**ア〜キ**からそれぞれ選び，記号で答えなさい。 A [　　]　B [　　]　C [　　]

ア 福山琴　**イ** 石見焼　**ウ** 薩摩焼　**エ** 萩焼

オ 鎌倉彫　**カ** 大内塗　**キ** 琉球びんがた

解答 → 別冊p.7

1 エネルギーと運輸 ★★★

(1) **さまざまなエネルギー**……〈エネルギー〉1960年代に ① により石炭から石油や天然ガスへ変化。〈新エネルギー〉石油などの化石燃料の利用は ② の原因。太陽光・風力・地熱（火山の地中から取り出した蒸気を利用）や，とうもろこしなどからつくる ③ などの ④ 可能エネルギー（新エネルギー）の開発・利用が進む。〈電力〉水力から火力・原子力が中心へ。2011年の**東日本大震災**で福島第一原子力発電所が ⑤ もれ事故をおこす。〈鉱産資源〉多くの地下資源は外国からの輸入にたよる。 ⑥ は自給（セメントの原料）。埋蔵量が少なく貴重な ⑦（希少金属ともいわれ，電子工業などで使われる） の開発が日本近海で進む。

	水力 11.2%	火力 65.0	原子力 0.2
1990年			23.6
2000年	8.9%	61.3	0.3 29.5
2010年	7.8%	66.7	0.6 24.9
2017年	8.9%	85.5	新エネルギー2.4 3.1

※合計が100%になるように調整していない。

(2020年版「日本のすがた」)

▲日本の発電割合の変化

(2) **運輸のはたらき**……〈国内輸送の変化〉旅客輸送では鉄道，貨物輸送では海運から，旅客・貨物ともに自動車輸送が中心へ。〈鉄道〉大量輸送ができ，時間が正確だが，線路がある地域しか運べない。環境面から，トラックの荷物を途中で鉄道に積みかえる ⑧ も進む。〈自動車〉 ⑨ 網の整備や自動車の普及で輸送の中心になる。小荷物輸送の ⑩ も発達。〈船舶〉時間がかかるが，大量（フェリーは大型トラックや冷凍車を運んで長きょり輸送に利用される）の荷物を安く運べるため貨物輸送の割合が高い。原油を運ぶ ⑪ や貨物を金属製の一定の大きさの巨大な容器で運ぶ ⑫ など。〈航空〉遠いきょりを短時間で移動できるが，輸送費が高く，大型のものは運べない。小さくて軽く高価な ⑬ や鮮度が大切な魚介類などの食料品や花などを輸送。乗りかえや貨物の積みかえのための拠点となる空港を ⑭ という。

(旅客)

1965年度 3825 億人キロ	鉄道 66.8%	自動車 31.6	航空機 0.7 船 0.9
2017年度 14401 億人キロ	30.4%	62.8	6.6 0.2

※人キロ＝運んだ人数×運んだきょり

(貨物)

1965年度 1863 億トンキロ	鉄道 30.7%	自動車 26.0	内航海運 43.3
2017年度 4162 億トンキロ	5.2%	51.1	43.5 航空機 0.2

※トンキロ＝運んだトン数×運んだきょり

(「数字でみる日本の100年」改訂第6版など)

▲日本の輸送手段の変化

2 日本の商業・貿易 ★★★

(1) **流通と商業**……〈流通〉生産者→卸売業→小売業→消費者という流れ。〈流通と価格〉流通が複雑になると価格は上がる。商品が市場で売買される市場価格は ⑮ と**供給量**で決まる。

① ____
② ____
③ ____
④ ____
⑤ ____
⑥ ____
⑦ ____
⑧ ____
⑨ ____
⑩ ____
⑪ ____
⑫ ____
⑬ ____
⑭ ____
⑮ ____

入試ガイド

各電力の発電量の内訳，および発電所の分布の出題が多いので，各電力のしめる割合，東日本大震災後の原子力発電のようすなどを理解しておこう。また，運輸では種類別の輸送量の変化を示すグラフがよく出題される。

地理

1 世界と日本

2 日本の自然と特色のある地域

3 日本の農業・水産業と食料生産

4 日本の工業

5 日本の運輸・貿易と情報産業

6 国土の環境保全

思考力／記述問題

7 九州、中国・四国地方

8 近畿、中部地方

9 関東、東北、北海道地方

思考力／記述問題

(2) **日本の貿易の特色**……原料を輸入し，製品を輸出する⑯＿＿＿＿が中心だった。企業の海外進出が増え，_{賃金の安いアジアへの進出が多い}現在は**機械類の輸入が増加**。その一方で，国内の生産や雇用がおとろえる⑰＿＿＿＿がおこった。〈輸出〉戦前は**せんい品**，戦後は**鉄鋼→自動車**。1980年代，貿易黒字が続き⑱＿＿＿＿がおこる。_{輸出額が輸入額よりも多い状態のこと}〈輸入〉原料・燃料を輸入にたよる。農畜産物の**輸入自由化**で⑲＿＿＿＿が低下。_{その国で消費された食料のうち，国内で生産された割合}

(3) **おもな貿易相手国**……〈アジア〉⑳＿＿＿＿が最大の貿易相手国で機械類や野菜，**衣類**などを輸入。_{韓国との貿易額も多い}**サウジアラビア**など西アジアからは㉑＿＿＿＿を輸入。〈南北アメリカ〉⑳に次ぐ貿易相手国の㉒＿＿＿＿からはとうもろこし・航空機などを輸入。㉓＿＿＿＿からは鉄鉱石・肉類・コーヒーなどを輸入。〈オセアニア〉㉔＿＿＿＿からは石炭・液化天然ガス・鉄鉱石・小麦などを輸入。

(4) **おもな貿易港**……㉕＿＿＿＿の貿易総額が日本最大。**集積回路**などの貿易品が多い。_{電子部品を小さな基板に組みこんだ電子回路でICとも呼ばれる}**名古屋港・横浜港**は㉖＿＿＿＿の輸出が多い。東京港・大阪港は大消費地が近いことから衣類や食料品の輸入が多い。

▲日本の輸出入品の移り変わり

金属製品2.3
精密機械 3.0
その他 31.5
機械類 32.1
輸出 1934〜36年平均 せんい品 57.6%
2018年 37.6%
鉄鋼2.6
魚と貝2.9
機械類3.1
プラスチック 3.1
自動車 15.1
鉄鋼4.2
自動車部品4.9

その他 32.6
せんい原料 39.8%
その他 42.0
機械類 24.5%
輸入 1934〜36年平均
2018年
大豆 2.1
精密機械 2.6
石油 13.3
パルプ 2.2
6.2
生ゴム 2.4
石油 6.2
液化ガス 6.6
機械類 3.0
鉄鉱石4.5
石炭3.4
衣類4.0
鉄くず 3.1
肥料 4.1
医薬品3.6

(2020年版「日本のすがた」)

⑯
⑰
⑱
⑲
⑳
㉑
㉒
㉓
㉔
㉕
㉖
㉗
㉘
㉙
㉚

ズバリ暗記
日本では工業製品の輸入が増え，**加工貿易**の形がくずれてきている。日本の最大の貿易相手国は**中国**，国内最大の貿易港は**成田国際空港**。

3 情報産業と情報ネットワーク ★

(1) **情報機器と情報産業**……〈情報機器〉㉗＿＿＿＿の普及で固定電話は減少。コンピューターの世界的ネットワークシステムを㉘＿＿＿＿といい，多くの情報をやりとりできるようになった。〈情報産業〉不特定多数の人々に情報を伝える手段を㉙＿＿＿＿，情報を伝達することを㉚＿＿＿＿という。

(2) **情報ネットワーク**……情報機器をつなぎ情報のやりとりが行えるしくみで，防災や防犯，買い物などに利用。**医療ネットワーク**により，**遠隔医療**や**在宅医療**が可能に。情報を活用して発展している産業も多い。_{販売業，運輸業，観光業など}

入試ガイド

日本の貿易は，加工貿易中心から，輸出入とも機械類が最も多くなっていること，輸入増加の原因と産業の空洞化が関連づけて出題される。情報分野では，情報の送受信に際して注意することを理解しておこう。

レッツトライ！〜中学入試頻出問題〜

右の表は，日本の主要な港の輸出額と輸入額の順位(2018年)を示している。表中の**A・B**にあてはまる港をそれぞれ答えなさい。

[広島大附中一改]

A〔　　　　　　　〕 B〔　　　　　　　〕

順位	輸出額	輸入額
1	名古屋港	A
2	A	名古屋港
3	B	東京港
4	東京港	B

(2020年版「日本のすがた」)

★**ポイント** Aは日本最大の貿易港，Bは自動車の輸出が多い港である。

ステップ2 実力問題

解答 → 別冊p.7

1 日本の発電について、次の問いに答えなさい。　〔成城学園中〕

重要 (1) 右のグラフは日本の発電エネルギー源の割合の変化を示している。水力発電を表すものを**ア〜エ**から１つ選び、記号で答えなさい。　[　　　]

1950年	81.7	18.3
1980年	15.9　69.6　14.3	-0.2
2010年	-7.8　66.7　24.9	-0.6
2017年	-8.9　85.5	-2.4 / -3.1

□ **ア** □ **イ** ■ **ウ** □ **エ**
※合計が100%になるように調整していない。
（2020年版「日本のすがた」）

(2) 新エネルギーについて説明した文として誤っているものを次の**ア〜エ**から１つ選び、記号で答えなさい。　[　　　]

ア 二酸化炭素を出さず、ウランなどを核分裂させて発電する。

イ ソーラーパネルで集めた光エネルギーを使って発電する。

ウ 自然にふく風の力を利用して風車を回すことで発電する。

エ 廃材、生活ごみなど生物由来の資源を利用して発電する。

得点アップ

1 (1)現在の日本の発電の中心は火力発電である。

✓チェック!自由自在①
各発電方法の長所と短所について調べてみよう。

2 日本の貿易に関する次の文を読んで、あとの問いに答えなさい。

日本は資源が少なく、a原料や資源の大部分を輸入にたよっている。かつて日本の工業は、これらの原料などから自動車などの工業製品をつくって輸出するという形で発達してきた。このような貿易の形態を　**b**　貿易という。しかし、近年は、アジアの国々からの工業製品の輸入が増えている。

これらの原料や資源は、タンカーや貨物船などで運ばれ、輸入された原料や資源は、船や自動車を使って工場まで運ばれ、工業製品が生産される。できあがった製品は、cコンテナ船などで海外へ運ばれる。

重要 (1) 下線部 **a** について、次の**ア〜エ**は、原油・石炭・鉄鉱石・木材の輸入先を示している。鉄鉱石と木材にあてはまるものを**ア〜エ**からそれぞれ選び、記号で答えなさい。　鉄鉱石[　　　]　木材[　　　]〔滝中〕

ア

国名	%
オーストラリア	61.6
インドネシア	12.4
ロシア	9.4
アメリカ合衆国	7.0
その他	9.6

（2018年。金額円による百分比。）

イ

国名	%
カナダ	27.8
アメリカ合衆国	18.7
ロシア	12.2
フィンランド	8.0
その他	33.3

ウ

国名	%
オーストラリア	49.6
ブラジル	31.1
カナダ	6.6
南アフリカ共和国	3.7
その他	9.0

エ

国名	%
サウジアラビア	38.7
アラブ首長国連邦	25.6
カタール	7.9
クウェート	7.5
その他	20.3

（2019/20 年版「日本国勢図会」）

(2) 空欄　**b**　にあてはまる語句を漢字で答えなさい。　[　　　]〔滝中〕

(3) 下線部 **c** のコンテナを使う利点について、「鉄道やトラック」という語句を使って簡潔に答えなさい。　〔滝中〕

[　　　]

✓チェック!自由自在②
アジアからの工業製品が増えている理由について調べてみよう。

2 (1)石炭と鉄鉱石はオーストラリアからの輸入が最も多い。木材は森林が多く見られる国から輸入している。

(3)輸出品はコンテナ船で運ばれたのち、港から鉄道やトラックで各地に運ばれていくことに注目する。

要 (4) 右下の4つのグラフは，1960年と2018年の日本のおもな輸出品と
輸入品を示している。①～③にあてはまる品目の組み合わせとして正し
いものを次の表の**ア～カ**から1つ選び，記号で答えなさい。〔関西大第一中〕

[　　　　]

	ア	イ	ウ
①	せんい品	せんい品	機械類
②	機械類	石油	せんい品
③	石油	機械類	石油
	エ	オ	カ
①	機械類	石油	石油
②	石油	せんい品	せんい品
③	せんい品	機械類	せんい品

（2019/20年版「日本国勢図会」）

(5) 右下の表は，自動車，鉄道，航空，
船による旅客と貨物の平均輸送き
ょり(旅客1人・貨物1tあたりのきょり)を
示したもので，**X～Z**は自動車，鉄道，航空の
いずれかである。表中の**X～Z**にあてはまる
ものの組み合わせとして正しいものを次の表
の**ア～カ**から1つ選び，記号で答えなさい。

[　　　　]〔慶應義塾湘南藤沢中〕

旅客と貨物の平均輸送
きょり(km)

	旅客輸送	貨物輸送
X	924.9	1066.7
Y	17.5	479.6
Z	13.0	47.1
船※	37.4*	502.4

※旅客船または国内輸送
(2017年度。＊は2016年度)
（2019/20年版「日本国勢図会」）

	ア	イ	ウ	エ	オ	カ
X	自動車	自動車	鉄道	鉄道	航空	航空
Y	鉄道	航空	自動車	航空	自動車	鉄道
Z	航空	鉄道	航空	自動車	鉄道	自動車

3 情報産業について，次の問いに答えなさい。

(1) 右のグラフの**ア～エ**は，インターネット，
新聞，テレビ，ラジオの広告費の推移を
示している。新聞にあてはまるものを**ア
～エ**から1つ選び，記号で答えなさい。

[　　　　]〔奈良教育大附中〕

（2019/20年版「日本国勢図会」）

要 (2) メディアの活用について述べた文として
誤っているものを次の**ア～エ**から1つ
選び，記号で答えなさい。

[　　　　]〔東海中―改〕

ア インターネットは，災害時には停電などで使えないこともある。
イ SNSにおける情報交換では，個人情報の流出に注意する。
ウ メディアが発信する情報は常に正確で信用できるものである。
エ 必要な情報を上手に活用するメディアリテラシーが必要である。

(4)日本の工業は，軽
工業から重化学工業
へ移り変わったこと
に注目する。

✔チェック！自由自在③
自動車・鉄道・船
舶・航空機の輸送
における長所と短
所について調べて
みよう。

3(1)1990年代後半
からインターネット
が普及しはじめた。
現在，最も利用され
ている割合が高いメ
ディアはテレビであ
る。

✔チェック！自由自在④
インターネットを
使う場合の問題点
について調べてみ
よう。

地理
1 世界と日本
2 日本の自然と特色のある地域
3 日本の農業・水産業と食料生産
4 日本の工業
5 日本の運輸・貿易と情報産業
6 国土の環境保全
思考力／記述問題
7 九州・中国・四国地方
8 近畿・中部地方
9 関東・東北・北海道地方
思考力／記述問題

■■ ステップ3 発展問題

解答 → 別冊p.8

1 次の問いに答えなさい。　　　　　　　　　〔和洋国府台女子中―改〕

(1) 右の図の●と■は，日本のおもな火力発電所と水力発電所のいずれかの分布を示したものである。火力発電所は●と■のうちどちらか，そのように判断した理由をふくめて簡潔に答えなさい。

独創的 (2) 次の表は，各発電方法の特徴をまとめたもの，グラフは，おもな資源の可採年数を示したものである。これらの表やグラフから読み取れることとして誤っているものをあとのア～エから１つ選び，記号で答えなさい。　　　　　　[　　　　　]

発電方法		CO_2（二酸化炭素）の排出量（１kWh あたり）※	発電にかかる費用（１kWh あたり）
太陽光		38	29.4 円
風力		25	21.6 円
水力		11	11.0 円
火力	（石油）	738	30.6～43.4 円
	（石炭）	943	12.3 円
	（天然ガス）	599	13.7 円
原子力		19	10.1 円～

※CO_2（二酸化炭素）の排出量は，原料採掘，建設・輸送もふくむ。　　　（関西電力）

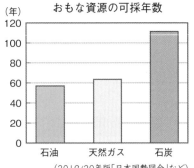

おもな資源の可採年数

（2019/20年版「日本国勢図会」など）

ア　火力発電は，ほかのどの方法よりも二酸化炭素を多く排出する。

イ　太陽光発電は，火力発電のように資源をとりすぎて発電ができなくなるおそれはない。

ウ　石炭火力は，石油火力に比べて発電にかかる費用は安いが，二酸化炭素を多く排出する。

エ　太陽光や風力は，ほかのどの発電方法よりも発電にかかる費用が高い。

2 日本の運輸について，次の問いに答えなさい。

(1) 現在，日本では，貨物輸送を中心に，自動車輸送を鉄道輸送に切りかえる「モーダルシフト輸送」の導入が進められている。それは，鉄道輸送が自動車輸送に比べてすぐれた点があるためである。それはどのような点か，右の資料を参考に答えなさい。　　　〔晃華学園中〕

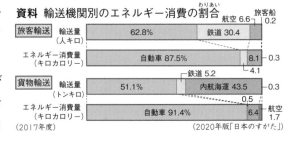

資料 輸送機関別のエネルギー消費の割合

（2017年度）　　　　　　　　　　（2020年版「日本のすがた」）

1 世界と日本

2 日本の自然と特色のある地域

3 日本の農業・水産業と食料生産

4 日本の工業

5 日本の運輸・貿易と情報産業

6 国土の環境保全

思考力/記述問題

7 九州・中国・四国地方

8 近畿・中部地方

9 関東・東北・北海道地方

思考力/記述問題

的問 (2) 食料輸送にともなう環境への影響をはかる指標に,「輸送される食料の重量(t)×輸送きょり(km)」で表される「フードマイレージ」というものがある。次の表は,日本,ドイツ,フランス,アメリカ合衆国,韓国の食料輸入にともなう1年間のフードマイレージを表したものである。表中の**A～C**にあてはまる国を,それぞれ答えなさい。 〔大阪星光学院中一改〕

A [　　　　　　] B [　　　　　　] C [　　　　　　]

2001 年	単位	日本	ドイツ	A	B	C
食料輸入量	千 t	58469	45289	24847	45979	29004
人口1人あたりの食料輸入量	kg/ 人	461	551	520	163	483
平均輸送きょり	km	15396	3792	12765	6434	3600
フードマイレージ	百万 t・km	900208	171751	317169	295821	104407

中田哲也(「食料の総輸入量・距離(フードマイレージ)とその環境に及ぼす負荷に関する考察」)

的問 3 右の表中の**A～E**は,日本と貿易を行っている国々である。また,次の**ア～オ**は,**A～E**の国について述べたものである。**A～E**の国にあてはまるものを**ア～オ**からそれぞれ選び,記号で答えなさい。 〔滝中一改〕

日本と貿易を行っている国々と貿易のようす

	輸出額(十億円)(日本→相手国)	輸入額(十億円)(相手国→日本)	主要輸入品と輸入額にしめる割合(%)
A	15470	9015	機械類28　航空機類5　医薬品5　科学光学機器5
B	15898	19194	機械類46　衣類10　金属製品4　家具2　がん具2
C	5793	3550	機械類27　石油製品15　鉄鋼10　有機化合物5
D	454	3733	原油92　石油製品3　有機化合物2　液化石油ガス2
E	442	761	鉄鉱石42　肉類12　コーヒー6　有機化合物5

(2018年)　(2019/20 年版「日本国勢図会」)

A [　　] B [　　] C [　　] D [　　] E [　　]

ア この国は,かつてポルトガルの植民地で,20世紀初めには多くの日本人が移住した。

イ この国は,政治や経済・文化などの分野で絶大な影響を世界にあたえている。

ウ この国には,イスラム教の聖地メッカがあり,礼拝時にはコーランが読み上げられる。

エ この国の経済特区と呼ばれる地区には,外国企業がたくさん進出している。

オ この国では,人々が儒教の教えを大切にし,親や年上の人を敬っている。

4 日本の情報ネットワークについて述べた文として正しいものを次の**ア～エ**から1つ選び,記号で答えなさい。 [　　　　] 〔大阪星光学院中〕

ア 病院は,患者が他人に知られたくない病気など個人的な情報をあつかうため,病院間を情報ネットワークでつなげてはならない。

イ 自然災害が発生してしまうと,光ファイバーケーブルが切れてしまうため,防災には情報ネットワークは役に立たない。

ウ インターネットでは,個人が他人の手を介さずに直接情報を発信することができるため,インターネット上にまちがった情報が出回ってしまうことはない。

エ 名まえなどの個人情報は,悪用される可能性があるため,インターネット上の掲示板に書きこむべきではない。

6 国土の環境保全

ステップ1 まとめノート

解答 → 別冊p.9

1 自然災害の防止と森林のはたらき ★★

(1) **自然災害の防止**……〈自然災害〉プレートの境目で発生する**地震**。海底で発生した地震によって ① ┌リアス海岸が被害を受けやすい┐ の被害がおこりやすい。火山の噴火による**火砕流**。8～9月 ┌火山灰や溶岩が火山ガスとともに一気に流れ出す現象┐ に接近・上陸することが多い**台風**による土砂災害や**洪水**。東北地方の太平洋側で ┌2019年の台風19号では, 河川の氾濫による甚大な被害が出た┐ **やませ**がもたらす ② 。雨が少なく農作物に被害が出る ③ 。〈自然災害の備え〉地震の際の**緊急地震速報**。自然災害でおこる被害を予測した ④ の作成。

▲④

(2) **日本の森林と林業**……〈日本の森林〉国土の約3分の2を森林がしめる。〈森林の役割〉大雨などによる土砂くずれなどの防止。二酸化炭素を取り入れ, 酸素を出すことによって**地球温暖化**を防止。雨水をたくわえる ⑤ の役割。〈林業の仕事〉苗木づくり→植林→下草がり→枝打ち→ ⑥ →伐採。林業従事者の減少や高齢化が進み, 手入れ ┌節のない木材にする┘ └日光がよくあたるようにする┘ が行き届かず, あれている森林も少なくない。

2 公害・環境問題 ★★

(1) **公害**……〈歴史〉明治時代におきた ⑦ の鉱毒事件が始まり。**田中正造**がその解決に向けて力をつくす。〈典型7公害〉工場のけむりや自動車の排出ガスなどによる**大気汚染**, 工場などから出る排水による**水質汚濁**, 有害物質などによる**土壌汚染**・ ⑧ ・振動・地盤沈下・悪臭に分類。⑧ の苦情件数が最も多い。〈四大公害病〉熊本県の八 ┌患者たちが裁判をおこし, 患者たち原告が全面勝訴┐ 代海沿岸でおきた ⑨ を原因物質とする ⑩ , 三重県**四日市市**でおきた ⑪ などを原因物質とする ⑫ , 富山県の**神通川**流域でおきた ⑬ を原因物質とする ⑭ , 新潟県の ⑮ 流域でおきた ⑨ を原因物質とする新潟 ⑩ 。

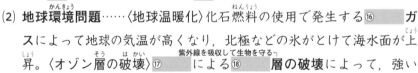

▲四大公害病発生地

(2) **地球環境問題**……〈地球温暖化〉化石燃料の使用で発生する ⑯ ガスによって地球の気温が高くなり, 北極などの氷がとけて海水面が上昇。〈オゾン層の破壊〉 ⑰ ┌紫外線を吸収して生物を守る┐ による ⑱ 層の破壊によって, 強い

① _____
② _____
③ _____
④ _____
⑤ _____
⑥ _____
⑦ _____
⑧ _____
⑨ _____
⑩ _____
⑪ _____
⑫ _____
⑬ _____
⑭ _____
⑮ _____
⑯ _____
⑰ _____
⑱ _____

入試ガイド

林業の作業名と順序を理解しておこう。また, さまざまな自然災害の名称が問われることも多い。ハザードマップを答えさせる問題や内容についての記述問題もよく出題される。

紫外線が地上に届くようになり，生物に悪影響をおよぼす。〈酸性雨〉
_{└皮膚がんの増加など}
自動車や工場が排出する物質が雨にとけ，植物がかれたり，大理石や
銅像がとけるなどの被害。〈熱帯林の減少〉地球温暖化が進むことにつ
ながる。〈砂漠化〉家畜の飼いすぎや樹木の切りすぎなどによって砂漠
化が進む。

ズバリ暗記
四大公害…水俣病・イタイイタイ病・四日市ぜんそく・新潟水俣病
地球環境問題…温暖化・オゾン層の破壊・酸性雨・砂漠化・熱帯林の減少

⑲
⑳
㉑
㉒
㉓
㉔
㉕
㉖
㉗
㉘
㉙
㉚

3 公害・環境問題への取り組み ★★

(1) 公害防止の取り組み……〈国〉1967年に⑲　　　を制定し，1971年
に⑳　　　を設置。1993年にあらゆる環境問題に対応するため⑲を
廃止し，㉑　　　を制定。また，大規模な開発をする前には環境への影響
の調査を義務づける㉒　　　も制定。2001年に⑳は**環境省**に。〈地方
自治体〉公害防止条例を定める。〈工場〉公害を出さない製品づくり。

(2) 自然環境を守る取り組み……〈国際会議〉1972年に，スウェーデン
の㉓　　　で「**かけがえのない地球**」を合いことばに㉔　　　を開催。
1992年，ブラジルの㉕　　　で㉖　　　が開催され，気候変動枠組条
約や生物多様性条約を調印。1997年には，㉗　　　によって⑯　　　ガス
の排出を削減することを約束。さらに，2015年に，地球温暖化対
策の国際的な枠組みとして**パリ協定**が採択された。〈環境保護活動〉水
鳥の生息地を守るための㉘　　　条約。世界的に貴重な自然や建造物
を守る㉙　　　。住民らが土地を買い取って保護する㉚　　　。〈循環型
_{└和歌山県の天神崎が始まりとされる}
社会〉資源のむだ使いをなくし，環境への負担を少なくする社会。家
_{└リデュース・リユース・リサイクルの3つを合わせて3Rという}
電リサイクル法などが定められ，**リデュース・リユース・リサ**
_{└ごみの発生をおさえる　　　　　　　└くり返し使う　　└再利用して使う}
イクルの取り組み。

ズバリ暗記
「かけがえのない地球」を合いことばに，ストックホルムで国連人間環境会議，
リオデジャネイロで「地球サミット」を開催。京都で「京都議定書」を採択。

入試ガイド

四大公害病の名まえと
発生場所，原因物質が
地図とともに出題され
ることが多い。地球環
境問題が発生している
場所の地図とともに問
われることが多い。

レッツトライ！〜中学入試頻出問題〜

筑後川は「日本三大暴れ川」の1つに数えられ，洪水などの災害で人々を困らせることもあった。
次の問いに答えなさい。　　　　　　　　　　　　　　　　　　　　[ノートルダム清心中一改]

① 下線部について，災害に関する情報をのせた地図を何といいますか。〔　　　　　　　　〕

② 洪水に関して，①にのっていない情報を次のア〜エから1つ選び，記号で答えなさい。
　　　　　　　　　　　　　　　　　　　　　　　　　　　　　　　〔　　　　〕

　ア 避難経路や避難場所　　　イ 浸水の予想地域
　ウ 液状化現象の発生予想地域　エ 土砂災害の発生予想地域

★ポイント　洪水がおきたときに発生する災害としてどのようなものがあるかを考える。

地理
1 世界と日本
2 日本の自然と特色のある地域
3 日本の農業・水産業と食料生産
4 日本の工業
5 日本の運輸・貿易と情報産業
6 国土の環境保全
思考力／記述問題
7 九州・中国・四国地方
8 近畿・中部地方
9 関東・東北・北海道地方
思考力／記述問題

ステップ2 実力問題

解答 → 別冊p.10

得点アップ

1 森林と林業について，次の問いに答えなさい。　　〔ノートルダム清心中〕

(1) 日本の森林に関して述べた文として誤っているものを次の**ア〜エ**から1つ選び，記号で答えなさい。　　　　　　　　　　[　　　]

ア 日本の森林面積は，国土の約3分の2をしめている。

イ 日本の森林面積にしめる割合は，天然林より人工林の方が大きい。

ウ 日本の天然林にしめる割合は，針葉樹林より広葉樹林の方が大きい。

エ 日本の人工林には，生長の早いスギやマツなどの樹木が多い。

♥重要 (2) 林業の作業の中で，樹木を健康で大きく育てるために，弱った木や余分な木を切りたおすことを何というか答えなさい。　　　　[　　　]

♥重要 **2** 右の表は，1973年，1977年，1993年，2017年

	A	大気汚染	B	悪臭	C	その他
1973 年	28632	14234	—	19674	15726	8511
1977 年	24215	10697	2593	15987	10509	5728
1993 年	16553	8837	8320	9978	7570	28059
2017 年	17574	14450	9076	9063	6161	11791

(2019/20 年版「日本国勢図会」など)

の公害苦情受理件数をまとめたものである。**A〜C**にあてはまる公害の組み合わせとして正しいものを次の**ア〜カ**から1つ選び，記号で答えなさい。ただし，**B**は1977年から件数の調査が始まった。

[　　　]〔大阪星光学院中〕

ア **A**—廃棄物の投棄　**B**—騒音・振動　**C**—水質汚濁

イ **A**—廃棄物の投棄　**B**—水質汚濁　**C**—騒音・振動

ウ **A**—騒音・振動　**B**—廃棄物の投棄　**C**—水質汚濁

エ **A**—騒音・振動　**B**—水質汚濁　**C**—廃棄物の投棄

オ **A**—水質汚濁　**B**—騒音・振動　**C**—廃棄物の投棄

カ **A**—水質汚濁　**B**—廃棄物の投棄　**C**—騒音・振動

3 次の **A〜C** の文を読んで，あとの問いに答えなさい。　〔神戸女学院中〕

A 1922年ごろから，　**X**　県を流れるa川の下流でb骨がもろくなって折れやすくなり，激しい痛みをうったえる人が出はじめた。

B 1956年，　**Y**　県のある市でc公害病が確認された。この公害病は，工場の排水にふくまれていた有害な物質が原因でおこった。

C 1959年，　**Z**　県のある市で，石油化学コンビナートでの生産が本格的に始まると，のどの痛みをうったえ，息をするのも苦しくなる発作に見まわれる人が増えた。

得点アップ

1(1)苗づくりから始まるすべての作業で人の手が加えられた森林が人工林，主として自然の力によって成り立っているものが天然林。
(2)林業の作業は，苗木づくり→植林→下草がり→枝打ち→間伐→伐採の順で行われる。

2公害の中で，騒音・大気汚染・悪臭・振動・土壌汚染・水質汚濁・地盤沈下が典型的な7つの公害である。廃棄物の不法投棄は，自然環境や地域の景観を損なうだけでなく，土壌汚染・水質汚濁などを発生させる原因ともなるため，法律で禁止されている。

3A. 上流の岐阜県にある神岡鉱山から有害物質をふくんだ排水を河川に流したことにより下流域で発生した。B. 八代海沿岸で発生した。C. 中京工業地帯に位置する。

38

(1) 空欄 **X** 〜 **Z** にあてはまる県名をそれぞれ答えなさい。

X [　　　　　] Y [　　　　] Z [　　　　]

(2) 下線部 **a** の川の名まえを答えなさい。 [　　　　]

重要 (3) 下線部 **b** の原因である有害物質を答えなさい。 [　　　　]

(4) 下線部 **c** の公害病と同様の病気が，1964 年ごろから別の県のある川の下流域でおこった。その川の名まえを答えなさい。[　　　　]

重要 (5) **A**・**B** の文にあてはまる公害病の名まえをそれぞれ答えなさい。

A [　　　　　] B [　　　　]

✅チェック!自由自在①
四大公害病の発生場所や原因物質，その症状について調べてみよう。

4 次の文を読んで，あとの問いに答えなさい。

> 世界的な環境問題に対処するため，1972 年にはスウェーデンで，さらに，1992 年には a ブラジルで，国際会議が開かれた。こうして b 地球温暖化や森林の減少などの問題に対して，「持続可能な開発」ということばが世界的に認識されるようになった。地球にくらすすべての人々が c 環境に負担をかけないように生活し，次世代に悪影響をおよぼさないことが求められる。

✅チェック!自由自在②
地球環境問題と，その問題がおきている地域について調べてみよう。

重要 (1) 下線部 **a** について，この会議が開かれたブラジルの都市はどこか答えなさい。

[　　　　　]〔明治大付属中野中〕

(2) 下線部 **b** について，地球温暖化によって国土が水没の危機にある国を地図中の **A〜D** から 1 つ選び，記号で答えなさい。また，1990 年〜2010 年にか

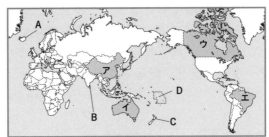

けて，森林面積の減少が最も大きかった国を地図中の **ア〜エ** から 1 つ選び，記号で答えなさい。　　　　[　　 ・ 　　]

(3) 下線部 **c** について，現在行われている環境への取り組みとして誤っているものを次の **ア〜エ** から 1 つ選び，記号で答えなさい。

[　　　]〔洛南中〕

ア 水資源の少ないところでは，おがくずなどを使って水を使わずに処理をするバイオトイレの利用が拡大している。

イ 日本では，二酸化炭素の排出を減らすために，輸送手段をトラックなどから鉄道や船に切りかえることが推進されている。

ウ 大分県の西部にある八丁原では，環境への負荷が小さく年間を通じて安定して電力を得られる太陽光発電がさかんである。

エ 京都では，川で洗っていた京友禅を，水質保全のために工場で洗うようになった。

地理

1 世界と日本

2 日本の自然と特色のある地域

3 日本の農業・産業と食料生産・水

4 日本の工業

5 日本の運輸・貿易と情報産業

6 国土の環境保全

7 九州、中国・四国地方

8 近畿、中部地方

9 関東、北海道地方、東北

思考力／記述問題

思考力／記述問題

4(1)この都市では，2016 年にオリンピック・パラリンピックが開かれた。

(2)アマゾン川流域では，森林伐採による開発が急速に進められた。

(3)イはモーダルシフトといわれるものである。ウの大分県は，全国有数の温泉がわき出ているところである。

ステップ3 発展問題

解答 → 別冊p.10

独創的 **1** 右の図は，自然災害（さいがい）による国内の死者・行方不明者数（ゆくえ）を年ごとに表したもので，ふきだしの中はその年におこった被害（ひがい）の大きな自然災害（死者・行方不明者1000人以上）を示（しめ）している。図を見て，次の問いに答えなさい。〔広島学院中〕

図　自然災害による死者・行方不明者の推移（人）

三河地震
福井地震
南紀豪雨
洞爺丸台風
伊勢湾台風
東日本大震災
X

6062
4897
1504
1950
975
1210
1291
489
3212
2920
727
765
1515
1515
2120
5868
526
902
1381
575
307
578
607
1183
1163
1350
2524
301
1199
148
83
96
85
324
4213
4273
1208
532
1148
1199
93
223
190
39
6482
84
71
109
141
76
190
48
39
627
177
153
39
115
189
1192
1173
2365
22106

1945　　1955　　1965　　1975　　1985　　1995　　2005　（年）

（平成27年度版「防災白書」など）

(1) 空欄（くうらん） **X** にあてはまる災害名を答えなさい。[　　　　　　　]

難問 (2) 1960年ごろを境（さかい）に見られる，日本の自然災害による被害の変化について，その理由として考えられることと関連づけて答えなさい。

[　　　　　　　　　　　　　　　　　　　　　　　　　　　　　　　　　　]

独創的 **2** 2016年の地震（じしん）で多くの被害を受けた熊本市ではさまざまな防災対策（ぼうさいたいさく）がとられている。次の**ア〜ウ**は，右の地図をもとにつくられた，熊本市西部における洪水（こうずい）・津波（つなみ）・土砂災（どしゃ）害のいずれかのハザードマップで，災害がおこりやすいところを黒色で示している。それぞれの災害にあてはまるハザードマップを**ア〜ウ**から選び，記号で答えなさい。〔洛南中―改〕

（国土交通省）

ア

イ

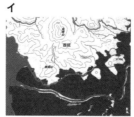

ウ

（国土交通省）

洪水[　　　　　]
津波[　　　　　]
土砂災害[　　　　　]

3 四大公害について説明した次の**Ⅰ〜Ⅲ**の文の正誤（せいご）を判断（はんだん）し，その組み合わせとして正しいものをあとの**ア〜カ**から1つ選び，記号で答えなさい。　[　　　　]〔西大和学園中―改〕

Ⅰ 新潟県や富山県で問題となった水俣病（みなまた）は，工場排水中（はいすい）の有機水銀が原因となった。

Ⅱ 四日市市（よっかいち）では，コンビナートから排出される有害物質（ぶっしつ）によりぜんそく患者（かんじゃ）を出した。

Ⅲ 四大公害をめぐる訴訟（そしょう）は，いずれも20世紀（せいき）中に解決（かいけつ）し，21世紀に入ると訴訟で争われることはなくなった。

ア Ⅰ―正　Ⅱ―正　Ⅲ―誤　　　**イ** Ⅰ―正　Ⅱ―誤　Ⅲ―正

ウ Ⅰ―正　Ⅱ―誤　Ⅲ―誤　　　**エ** Ⅰ―誤　Ⅱ―正　Ⅲ―正

オ Ⅰ―誤　Ⅱ―正　Ⅲ―誤　　　**カ** Ⅰ―誤　Ⅱ―誤　Ⅲ―正

4 次の文を読んで，あとの問いに答えなさい。

世界には数多くの民族が存在し，それぞれに独自の文化をもっている。北海道に居住しているアイヌもその1つである。アイヌの人々は，独自の文化を守るためにさまざまな働きかけをしている。例えば，平取町二風谷ではアイヌの人々を中心に，a大切な自然を保護するために山を買い取っている。中世にアイヌの人々の居住地だったb厚岸湖も，原始的な自然が残っており環境の保全が進んでいる。また，アイヌの伝統的な踊りであるアイヌ古式舞踊は，c無形文化遺産として登録されている。多様な民族が存在する中で，わたしたちは日々変化し続ける社会問題やd環境問題に積極的に取り組んでいく必要がある。

(1) 下線部 a のような運動を何というか，カタカナで答えなさい。
[   ]〔聖園女学院中〕

(2) 下線部 b について，厚岸湖は水鳥などが集まる国際的に重要な湿地として，ある条約に登録されている。この条約を何というか答えなさい。 [   ]〔聖園女学院中一改〕

(3) 下線部 c について，世界遺産の登録と保護の活動を行っている国際連合の専門機関を何というか，カタカナ4字で答えなさい。 [   ]〔聖園女学院中一改〕

(4) 下線部 d について，次の問いに答えなさい。

① 環境への負荷を減らすために，わたしたち消費者にできる取り組みとして誤っているものを次のア〜エから1つ選び，記号で答えなさい。 [   ]〔日本大豊山女子中〕
ア 使い捨ての商品ではなく，長く使えるものを選んで購入する。
イ 環境問題に熱心に取り組み，情報を公開しているメーカーや店を選ぶ。
ウ 化学物質による環境汚染と健康への影響の少ないものを選んで購入する。
エ マイバッグを持参して買い物をするのではなく，できるだけレジ袋を利用する。

② 環境への負荷を減らす取り組みに3Rと呼ばれるものがある。次のA〜Cの目的にあてはまる語句をそれぞれカタカナで答えなさい。 〔日本大豊山女子中一改〕
A[   ] B[   ] C[   ]
A ごみを減らす B くり返し使う C 再生して使う

難問 ③ 環境問題について説明した文として誤っているものを次のア〜エから1つ選び，記号で答えなさい。 [   ]〔湘南白百合学園中一改〕
ア 地球環境の問題に対する国際的な取り組みは，1972年の「かけがえのない地球」をテーマにした国連人間環境会議から始まり，この会議では人間環境宣言が採択された。
イ 1992年に開催された国連環境開発会議(地球サミット)では，先進国に対して，温室効果ガスの総排出量の削減目標が定められ，国別に具体的な削減目標が定められた。
ウ 日本は，公害対策基本法にかわって環境基本法を1993年に制定した。これにより，温暖化防止などのさまざまな環境保全に取り組むことが決まった。
エ 国連の気候変動会議で採択されたパリ協定は，2020年以降の地球温暖化を食い止めるための画期的な国際ルールである。パリ協定の採択により，二酸化炭素の排出を減らそうと電気自動車などの開発が世界的に加速しはじめている。

地理
1 世界と日本
2 日本の自然と特色のある地域
3 日本の農業・水産業と食料生産
4 日本の工業
5 日本の運輸・貿易と情報産業
6 国土の環境保全
思考力／記述問題
7 九州・中国・四国地方
8 近畿・中部地方
9 関東・東北・北海道地方
思考力／記述問題

思考力/記述問題に挑戦！

本書の出題範囲　p.6～41

解答 → 別冊p.11

1 次の文を読んで，あとの問いに答えなさい。

> 卸売市場では，国内で生産された a農産物や b水産物のほか，c世界中から輸入される食材なども取り引きされ，消費者に届けられる。これらの流通のしくみは，d輸送手段の発達などによって支えられているが，その反面，エネルギー消費量が増え，e地球温暖化への影響も心配されている。

🔍難問　(1) 下線部 a について，次の問いに答えなさい。

① 右の**地図**の**ア～エ**は，2018年の米の生産量，ぶたの飼育頭数，じゃがいもとぶどうの生産量のいずれかの上位３位までの都道府県を示している。米とぶたにあてはまるものを**ア～エ**からそれぞれ選び，記号で答えなさい。

〔お茶の水女子大附中〕

地図

（2020年版「データでみる県勢」）

グラフ　東京へのピーマンの平均価格と出荷量

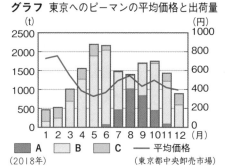

（2018年）　　　　　　　　（東京都中央卸売市場）

米[　　　　] ぶた[　　　　]

② 右の**グラフ**は，高知県，岩手県，茨城県から東京に輸送されたピーマンの平均価格と出荷量を示す。**C**は高知県を示しているが，そう判断できる理由を簡潔に答えなさい。〔広尾学園中〕

[　　　　　　　　　　　　　　　　　　　　　　　]

(2) 下線部 b について，次の文中の下線部の１か所だけ誤っている語句について，正しく直した語句を答えなさい。[　　　　　　　]〔自修館中—改〕

> 遠洋で行うまぐろ漁は，大型漁船に冷凍庫を備え，世界の海にまたがって長期間漁をする。はえなわ漁と呼ばれる漁法を取り入れ，平成30年にまぐろの漁獲量が最も多かったのは高知県である。

(3) 下線部 c について，日本における牛肉と小麦の最大輸入相手国を次の**ア～オ**からそれぞれ選び，記号で答えなさい。〔江戸川女子中—改〕

牛肉[　　　　] 小麦[　　　　]

ア 中国　　**イ** アメリカ合衆国　　**ウ** ブラジル

エ インド　　**オ** オーストラリア

着眼点

1農業では，どのような農業がどんな地域で行われているかを地図とともにおさえておきたい。水産業では漁獲量の推移と減少理由は必須である。

(1)①米は東北・北陸・北海道，畜産は北海道・九州南部でさかん。

②高知県でさかんな野菜の栽培方法に注目する。

(2)遠洋漁業がさかんな漁港には，釧路港，焼津港，枕崎港などがある。

(3)野菜・牛肉・小麦・とうもろこしなどのおもな輸入相手国を確認しておこう。

(4) 下線部**d**について，右のグラフは，日本をふくむ４か国の国内貨物輸送における輸送手段の割合を示している。**A**・**B**にあてはまる輸送手段を次の**ア〜エ**からそれぞれ選び，記号で答えなさい。A[　　　] B[　　　] 〔市川中─改〕

ドイツ	A 23.1%	B 59.4	C 0.2─D13.4

パイプライン 3.9

イギリス	A ─7.4%	B 61.9	C 0.0─ D 26.4

パイプライン 4.3

アメリカ合衆国	A 38.5%	B 31.4	C 0.4 D15.0 14.7

パイプライン

日本	A 3.9%	B 63.9	C 0.2─ D 32.0

パイプライン 0.0

(2019年版「データブック オブ・ザ・ワールド」)

ア 鉄道　　**イ** 水運　　**ウ** 航空　　**エ** 自動車

(5) 下線部**e**について，2015年に採択されたパリ協定に関する次の文**X**・**Y**の正誤の組み合わせとして正しいものを右の**ア〜エ**から１つ選び，記号で答えなさい。[　　　] 〔市川中─改〕

X 京都議定書では温室効果ガスの削減義務がなかった中国やインドも，パリ協定には参加した。

Y 温室効果ガス排出量が世界最大のアメリカ合衆国は，パリ協定からの離脱を正式に通告した。

	X	Y
ア	正	正
イ	正	誤
ウ	誤	正
エ	誤	誤

2 次の問いに答えなさい。

(1) 右の図は，日本のおもな貿易相手国の輸出額と輸入額を示している。点**A〜C**にあてはまる国を次の**ア〜ウ**からそれぞれ選び，記号で答えなさい。〔早稲田大高等学院中〕

A[　　　] B[　　　]
C[　　　]

ア オーストラリア　　**イ** 中国
ウ アメリカ合衆国

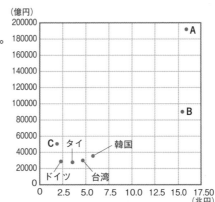

※縦軸と横軸のどちらが輸入額か輸出額かは記していない。
(2018年)　　(2019/20年版「日本国勢図会」)

(2) 次の説明文**Ⅰ〜Ⅲ**にあてはまる工業地域名を答えなさい。「工業地域」は書かなくてよい。〔江戸川女子中─改〕

Ⅰ[　　　　　] Ⅱ[　　　　　] Ⅲ[　　　　　]

Ⅰ 市原市は石油化学工業，君津市は鉄鋼業がさかんである。
Ⅱ 浜松市は楽器・オートバイの生産がさかんである。
Ⅲ 福山市は鉄鋼業，呉市は造船業がさかんである。

3 円高が進むとなぜ産業の空洞化が進むのか，簡潔に答えなさい。〔江戸川女子中─改〕

[　　　　　　　　　　　　　　　　　　　　　　　　　　　　　]

地理

1 世界と日本

2 日本の自然と特色のある地域

3 日本の農業・水産業と食料生産

4 日本の工業

5 日本の運輸・貿易と情報産業

6 国土の環境保全

思考力／記述問題

7 九州，中国・四国地方

8 近畿，中部地方

9 関東，東北，北海道地方

思考力／記述問題

(4)日本における輸送手段に注目するとよい。

(5)パリ協定は，発展途上国をふくむすべての参加国に，排出削減の努力を求める枠組みである。

2日本の工業では，工業地帯・地域の場所と生産額割合のグラフが頻出。また，電力エネルギー，貿易相手国，おもな貿易港，輸送手段などを関連づけて理解しておくことが大事である。

(1)日本にとって中国は，最大の貿易相手国である。

3円高は，輸入と輸出のどちらが有利になるかを考える。

解答 → 別冊p.12

1 九州地方 ★★

(1) **自然**……〈地形〉高くて険しい**九州山地**。低くなだらかな**筑紫山地**。世界有数の①_____をもつ**阿蘇山**，**雲仙岳**など火山も多い。〈世界自然遺産〉鹿児島県の②_____が（└1990年に発生した火砕流で大きな被害をもたらした）1993年に**世界自然遺産**に登録。〈気候〉全体的に温暖な気候だが，沖縄県などは南西諸島の気候。

北九州工業地帯（地域）
④_____平野
筑紫山地
有明海
阿蘇山
雲仙岳
八代海
御岳（桜島）
薩摩半島
⑤_____平野
笠野原
大隅半島
種子島
（琉球王国に関連する史跡）②_____
▲九州地方

(2) **農林水産業**……〈農業〉③_____と呼ばれる水路が広がる④_____**平野**では稲作，⑤_____**平野**ではビニールハウスを利用したピーマンなどの⑥_____**栽培**，鹿児島県から宮崎県にかけて広がる火山灰土の⑦_____では牛・ぶた・にわとりなどの**畜産**がさかん。鹿児島県の笠野原では**茶**，熊本県の八代平野では⑧_____（└たたみ表の原料となる）などの工芸作物の栽培もさかん。〈水産業〉東シナ海に広がる⑨_____は好漁場。⑩_____県は漁獲量が全国有数。有明海では**のり**，鹿児島県では**うなぎ**などの**養殖**がさかん。

(3) **工業・交通**……〈工業〉明治時代につくられた⑪_____を中心に鉄鋼業が発達し**北九州工業地帯（地域）**を形成。近年は機械工業の割合が高い。1970年代以降，九州地方に**集積回路**の工場が進出したことから，アメリカ合衆国のシリコンバレーにちなんで⑫_____と呼ばれた。〈公害〉かつて八代海沿岸では，有機水銀が原因の⑬_____が発生。（└四大公害病の1つ）〈伝統工業〉福岡県の博多人形，佐賀県の**有田焼（伊万里焼）**など。〈交通〉**博多駅**は山陽新幹線と九州新幹線の発着駅。

(4) **沖縄県**……〈産業〉⑭_____やパイナップル，花などの栽培がさかん。（└砂糖の原料）日本にある⑮_____の**4分の3**が沖縄県に集中。観光業を中心に**第三次産業**に従事する人の割合が高い。

(5) **世界文化遺産**……琉球王国のグスクおよび関連遺産群（首里城など），（└2019年正殿などを焼失）明治日本の産業革命遺産，「神宿る島」宗像・沖ノ島と関連遺産群，長崎と天草地方の潜伏キリシタン関連遺産が世界文化遺産に登録。

① _____
② _____
③ _____
④ _____
⑤ _____
⑥ _____
⑦ _____
⑧ _____
⑨ _____
⑩ _____
⑪ _____
⑫ _____
⑬ _____
⑭ _____
⑮ _____

ズバリ暗記
宮崎平野では野菜の**促成栽培**，シラス台地では**畜産業**がさかん。沖縄県にはアメリカ軍用地が多く，**第三次産業**に従事する人の割合が高い。

入試ガイド

九州地方の農業では，宮崎平野の促成栽培，シラス台地での畜産業の出題が多い。工業では，北九州工業地帯（地域）の発達と現在の状況，水俣病の発生などが問われる。また，沖縄県に関する出題も多く見られる。

地理

1 世界と日本

2 日本の自然と特色のある地域

3 日本の農業・水産業と食料生産

4 日本の工業

5 日本の運輸・貿易と情報産業

6 国土の環境保全

思考力／記述問題

7 九州、中国、四国地方

8 近畿、中部地方

9 関東、北海道、東北地方

思考力／記述問題

2 中国・四国地方 ★★★

(1) **自然**……〈地方〉日本海側の⑯_____地方，太平洋側の**南四国**，その間の**瀬戸内地方**。〈地形〉なだらかな**中国山地**，険しい**四国山地**。本州と四国の間の⑰_____には小さな島が点在。「最後の清流」といわれる⑱_____川，「四国三郎」とも呼ばれる**吉野川**。秋吉台は**カルスト地**

石灰岩などでできた大地が水にとかされてできた地形┘

形。島根県の⑲_____は現在，韓国が不法占拠。〈気候〉⑯_____地方は日本海側の気候，瀬戸内地方周辺は瀬戸内の気候，南四国は太平洋側の気候。

▲中国・四国地方

(2) **農林水産業**……〈農業〉**鳥取砂丘**周辺ではらっきょう・すいか，**讃岐平野**では，古くからつくられた⑳_____や吉野川からの㉑_____で水不足対策。**高知平野**はピーマン・なすの㉒_____栽培，**愛媛県**は山の斜面を利用した㉓_____の栽培がさかん。
日あたりがよい┘
〈水産業〉**鳥取県**の㉔_____港は日本有数の水あげ量。広島湾では㉕_____，**愛媛県**の宇和海では真珠・

沿岸にはリアス海岸が発達┘

まだい・ぶり類の養殖がさかん。

(3) **工業・交通**……〈工業〉交通の便がよいことや工業用地にめぐまれたことなどから㉖_____が発展。〈工業都市〉㉗_____市の**水島地区**で石油化学・鉄鋼業。**呉市**で造船，**福山市**で鉄鋼業，**広島市**で自動車工業。**周南市**で石油化学工業，**宇部市**でセメント工業。〈交通〉本州と四国を結

岡山県と香川県を結ぶ┐

ぶ**本州四国連絡橋**。**児島―坂出ルート**には㉘_____，**神戸―鳴門ルー**

兵庫県と徳島県を結ぶ┘

トには㉙_____など，**尾道―今治ルート**には複数の橋で結ばれた

広島県と愛媛県を結ぶ┘

㉚_____が開通。

(4) **世界文化遺産**……原爆ドームなどが世界文化遺産に登録。

ズバリ暗記
瀬戸内工業地域の中心は倉敷の水島地区で石油化学，鉄鋼業がさかん。
神戸―鳴門ルートには明石海峡大橋，児島―坂出ルートには瀬戸大橋。

⑯_____
⑰_____
⑱_____
⑲_____
⑳_____
㉑_____
㉒_____
㉓_____
㉔_____
㉕_____
㉖_____
㉗_____
㉘_____
㉙_____
㉚_____

入試ガイド

中国・四国地方では，各地域の気候や過疎問題，瀬戸内工業地域の特色や工業都市の分布，本州四国連絡橋に関する出題が多い。

レッツトライ！ ～中学入試頻出問題～

右の地図を見て，次の問いに答えなさい。　[西大和学園中―改]

① 地図中■は，西から**呉・福山・倉敷**を示している。これらの都市に共通してさかんな工業を次の**ア～エ**から１つ選び，記号で答えなさい。　　〔　　　〕

ア 造船業　　**イ** 製紙業　　**ウ** 鉄鋼業　　**エ** セメント工業

② 地図中の**A～C**の本州と四国を結ぶルートのうち最も新しく開通したルートの四国側の都市名を答えなさい。

〔　　　〕

⭐ **ポイント** ３つのルートは，神戸―鳴門ルート，児島―坂出ルート，尾道―今治ルートである。

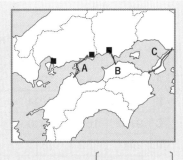

ステップ2 実力問題

ココがねらわれる
● 九州地方の農業と工業
● 中国・四国地方の農業・水産業
● 瀬戸内工業地域の特色

解答 → 別冊p.12

1 次の文を読んで，あとの問いに答えなさい。

　九州地方は，全体的にa温暖な気候である。また，梅雨や台風の影響を受けb降水量が多い。そのため，九州地方は豊かな自然にめぐまれている。中でも，　X　は大隅半島の南に位置し，樹齢1000年以上のすぎが生育し，1993年に世界自然遺産に登録されている。一方で，九州地方の工業は，明治時代後期につくられた　Y　を中心に発展してきたが，第二次世界大戦後，大きく地位が低下した。現在は苅田町を中心に自動車産業が発達して，博多港などから中国などに自動車を輸出している。

(1) 空欄　X　にあてはまる語句を漢字で答えなさい。　〔大宮開成中〕

[　　　　　　　　　　　]

●重要 (2) 空欄　Y　にあてはまる官営の製鉄所を答えなさい。　〔大宮開成中〕

[　　　　　　　　　　　]

●重要 (3) 下線部 a について，九州地方で行われている，ビニールハウスを利用して，ほかの地域よりも早い時期に出荷する栽培方法を何栽培というか答えなさい。　[　　　　　　　]　〔大宮開成中〕

●重要 (4) 下線部 b について，沖縄県は日本の中でも降水量が多い県であるが，水不足に備えて，右の写真のような「タンク」を屋根に取りつけて，水をたくわえている家が多く見られる。その理由を簡潔に答えなさい。　〔大宮開成中〕

[
　
]

(5) 次の表は，九州地方にある4県の統計である。A～Dにあてはまる県名をあとのア～エからそれぞれ選び，記号で答えなさい。　〔法政大中〕

A [　　　] B [　　　] C [　　　] D [　　　]

	面積 (km²)	人口 (万人)	農業産出額 (億円)	製造品出荷額 (億円)	産業別人口構成（％）		
					第一次産業	第二次産業	第三次産業
A	2281	145	1005	4929	4.0	15.4	80.7
B	4987	511	2194	98040	2.8	21.4	75.8
C	9187	161	5000	20990	8.1	19.7	72.2
D	2441	82	1311	18790	8.4	24.9	66.7

(2017年。面積・人口は2018年)　　　　　　(2020年版「データでみる県勢」)

ア 福岡県　　イ 佐賀県　　ウ 鹿児島県　　エ 沖縄県

2 右の地図を見て，次の問いに答えなさい。

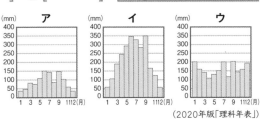

(1) 右下の**ア**〜**ウ**のグラフは，地図中の**X**〜**Z**のいずれかの都市の降水量を示している。**X**〜**Z**にあてはまるものを**ア**〜**ウ**からそれぞれ選び，記号で答えなさい。〔西大和学園中—改〕

X [　　　　] Y [　　　　] Z [　　　　]

(2) 瀬戸内海（せとないかい）では，プランクトンが異常（いじょう）に増（ふ）えて海の色が変わり，水産業に被害（ひがい）が出ることがある。この現象（げんしょう）を何というか答えなさい。[　　　　]〔西大和学園中〕

(400 / 350 / 300 / 250 / 200 / 150 / 100 / 50 (mm) ア / イ / ウ　1 3 5 7 9 1112(月))

（2020年版「理科年表」）

(3) 地図中の**P**・**Q**の海域でさかんな養殖業（ようしょくぎょう）の組み合わせとして正しいものを右の**ア**〜**カ**から1つ選び，記号で答えなさい。[　　　　]〔西大和学園中〕

	P	Q
ア	かき	真珠（しんじゅ）
イ	かき	ほたて
ウ	真珠	かき
エ	真珠	ほたて
オ	ほたて	かき
カ	ほたて	真珠

(4) 地図中の**A**県の宇部市（うべし）や山陽小野田市（さんようおのだし）などでさかんな工業を次の**ア**〜**エ**から1つ選び，記号で答えなさい。[　　　　]〔高輪中—改〕

ア 鉄鋼業（てっこうぎょう）　**イ** 石油化学工業　**ウ** セメント工業　**エ** 自動車工業

(5) 地図中**A**〜**E**の県と，その県に属（ぞく）する都市の組み合わせとして正しいものを次の**ア**〜**オ**から1つ選び，記号で答えなさい。[　　　　]〔高輪中〕

ア A—今治市（いまばりし）　**イ** B—境港市（さかいみなとし）　**ウ** C—倉敷市（くらしきし）
エ D—呉市（くれし）　**オ** E—坂出市（さかいでし）

(6) 地図中の**F**県の平野部で行われている野菜の早づくりと同じ栽培方法で野菜を栽培している地域を次の**ア**〜**エ**から1つ選び，記号で答えなさい。[　　　　]〔高輪中—改〕

ア 讃岐平野（さぬきへいや）　**イ** 根釧台地（こんせんだいち）　**ウ** 渥美半島（あつみはんとう）　**エ** 嬬恋村（つまごいむら）

(7) 下の表は，地図中の**A**・**C**・**D**・**E**・**G**の各県の業種別工業製品出荷額を示している。**C**と**E**の県にあてはまるものを**ア**〜**オ**からそれぞれ選び，記号で答えなさい。C[　　　　] E[　　　　]

県名	製造品全出荷額（億円）	せんい（億円）	パルプ・紙・紙加工品（億円）	化学（億円）	鉄鋼（億円）	輸送用機械器具（億円）
ア	26106	444	1301	1614	458	2203
イ	42008	1927	5748	3125	1185	4024
ウ	61307	573	1028	18752	6319	9807
エ	76409	2214	1125	10666	9579	9174
オ	102356	1292	1113	4417	13978	36226

(2017年)　　　　　　　（2020年版「データでみる県勢」）

2(1) X は日本海側の気候，Y は瀬戸内の気候，Z は太平洋側の気候となる。それぞれの季節の降水量の特徴（とくちょう）をおさえておこう。

(3) P は仙台湾（せんだいわん），Q は志摩半島（しまはんとう）の英虞湾（あごわん）などと同じ養殖業がさかんである。

✔チェック！自由自在②
瀬戸内工業地域の特色について調べてみよう。

✔チェック！自由自在③
中国地方と四国地方の都市を結ぶ本州四国連絡橋（れんらく）の3つのルートについて調べてみよう。

(7) C は広島県，E は愛媛県である。それぞれの県でさかんな工業に注目する。

地理

1 世界と日本

2 日本の自然と特色のある地域

3 日本の農業・水産業と食料生産

4 日本の工業

5 日本の運輸・貿易と情報産業

6 国土の環境保全

思考力／記述問題

7 九州，中国・四国地方

8 近畿，中部地方

9 関東，北海道地方

思考力／記述問題

ステップ3　発展問題

解答 → 別冊p.13

1 右の地図を見て，次の問いに答えなさい。　〔明治大付属中野中―改〕

(1) 地図中の A を流れる海流の名まえを漢字で答えなさい。

[　　　　　　　]

独創的 (2) 地図中の B の海では，干拓（かんたく）が行われてきた。その干拓地のおもな用途（ようと）として正しいものを次の**ア**〜**エ**から１つ選び，記号で答えなさい。　[　　　　　　　]

ア 空港　　**イ** 農地　　**ウ** 養殖（ようしょく）池　　**エ** 工業用地

(3) 世界最大級のカルデラがある地図中の C の火山名を漢字で答えなさい。　[　　　　　　　]

(4) 地図中の D には，ある発電方法としては日本で最大級をほこる発電所がある。その発電方法を答えなさい。 [　　　　　　　]

(5) 右の表は，地図中の①〜④の県の農業産出額とその品目別の割（わり）合（ごう）を示している。④の県にあてはまるものを表中の**ア**〜**エ**から１つ選び，記号で答えなさい。

[　　　　　]

	農業産出額	米	野菜	果実	花き	畜産	その他
ア	5000 億円	4.4%	13.1%	1.9%	2.5%	63.2%	14.9%
イ	3423 億円	11.1%	36.4%	9.3%	2.9%	33.5%	6.8%
ウ	3524 億円	5.1%	19.8%	3.7%	2.0%	64.1%	5.3%
エ	1311 億円	21.3%	27.8%	15.6%	2.5%	25.7%	7.1%

(2017 年)　　　　　　　　　　　　　（2020 年版「データでみる県勢」）

独創的 2 右の資料（しりょう）や地図を見て，次の問いに答えなさい。　〔法政大中〕

難問 (1) **資料１**のグラフ中の X が示す製品（せいひん）を次の**ア**〜**エ**から１つ選び，記号で答えなさい。　[　　　　　]

ア 鉄鋼（てっこう）　　**イ** 自動車
ウ 映像（えいぞう）機器　　**エ** 船舶（せんぱく）

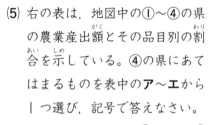

資料１ 九州地方の主要輸出品

輸出額（億円）

(九州経済産業局)

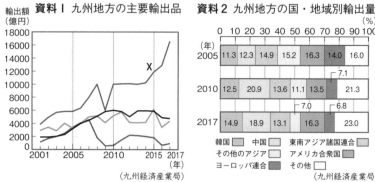

資料2 九州地方の国・地域別輸出量

(年)							
2005	11.3	12.3	14.9	15.2	16.3	14.0	16.0
2010	12.5	20.9	13.6	11.1	13.5	7.1	21.3
2017	14.9	18.9	13.1	7.0	16.3	6.8	23.0

韓国　　中国　　東南アジア諸国連合
その他のアジア　　アメリカ合衆国
ヨーロッパ連合　　その他

(九州経済産業局)

(2) **地図**中に示した●は，(1)の製品の工場のある場所を示している。これらの場所にはどのような特徴（とくちょう）があるか，**地図**を参考に答えなさい。

[　　　　　　　　　　　　　　　　　　　　　　　　　　　　]

難問 (3) **資料１・資料2**と**地図**を用いて，福岡県に(1)の生産の関連工場が多い理由を答えなさい。

[　　　　　　　　　　　　　　　　　　　　　　　　]

地図 福岡県とその周辺

──── おもな高速道路
━━━ 新幹線
⊕ 空港

地理

1 世界と日本

2 日本の自然と特色のある地域

3 日本の農業・水産業と食料生産

4 日本の工業

5 日本の運輸・貿易と情報産業

6 国土の環境保全

思考力／記述問題

7 九州・中国・四国地方

8 近畿・中部地方

9 関東・東北・北海道地方

思考力／記述問題

3 右の地図を見て，次の問いに答えなさい。

(1) 地図中の **X** の地域で見られる，石灰岩でできた特殊な地形を何というか，答えなさい。　　　　[　　　　　　　　]

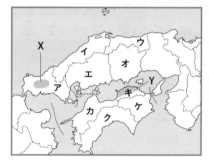

(2) 地図中の **Y** の平野は降水量が少ないため，水を利用するためにさまざまな取り組みが行われてきた。その取り組みを示した次の文を読んで，あとの問いに答えなさい。

> 　この平野は，降水量が少なく渇水になやまされることも多い。そのため，古くから満濃池など多くのため池がつくられ，効率的な水利用がされてきた。しかし，増え続ける水需要をまかなうため，隣接する　a　県を流れる　b　川から取水する　c　用水が建設された。

① 文中の空欄　**a**　〜　**c**　にあてはまる語句をそれぞれ答えなさい。

a [　　　　　　　] b [　　　　　　　] c [　　　　　　　]

② 地図中の **Y** の平野の名まえを答えなさい。

[　　　　　　　　　　　]

(3) 右のグラフは，京浜，中京の２つの工業地帯と，関東内陸，京葉，瀬戸内の３つの工業地域の製造品の出荷額の割合を示している。瀬戸内工業地域にあてはまるものを**ア**〜**オ**から１つ選び，記号で答えなさい。[　　　　　]

金属8.3%　　　　　　　　　　　　　食料品　せんい0.5　その他
ア | 機械 50.9 | 化学16.6 | 11.1 | 12.6
　　　　　　　　　　　　　　　　　　　　　　0.2
イ | 20.3% | 13.9 | 38.6 | 16.9 | 10.1
　　　　　　　　　　　　　　　　　　　　2.2
ウ | 17.3% | 36.8 | 20.6 | 8.4 | 14.7
　　　　　　　　　　　　　　　　　　0.7
エ | 11.1% | 46.4 | 9.3 | 15.5 | 17.0
　　　　　　　　　　　　　　4.8　0.8
オ | 9.1% | 69.2 | 6.1 | 10.0

(2016年)　　　　　　　　　　　　　（2019/20年版「日本国勢図会」）

(4) 次の **A**〜**F** は，地図中の**ア**〜**ケ**のいずれかの県の農水産業について説明したものである。**A**〜**F** にあてはまる県を地図中の**ア**〜**ケ**からそれぞれ選び，記号で答えなさい。

A [　　　] B [　　　] C [　　　]
D [　　　] E [　　　] F [　　　]

A 農業では米づくりが中心だが，ぶどう，ももの栽培もさかんである。北部の高原ではジャージー牛の飼育も行われている。

B 森林が多く耕地は少ないが，米・みかんが農業の中心である。沿岸を暖流が流れるため，冬でも暖かく，夏みかんが生産されている。かつての遠洋・沖合漁業の基地もある。

C 農業では米や果樹栽培がさかんだが，収穫量は多くない。水産業では，海水と淡水が混じり合う湖でとれるしじみの漁獲量が日本有数である。

D 米・果樹・野菜・畜産のバランスのとれた生産が特色である。特に，なしは日本有数の産地である。沿岸の砂丘地帯では，らっきょうや長いもの栽培もさかんである。

E 大都市向けに，野菜類を中心とした園芸農業がさかんである。れんこん・さつまいも・にんじんは全国的な産地となっている。古くからわかめが有名だが，現在は養殖が多い。

F 米と園芸作物の組み合わせ栽培がさかんである。また，この県の特産品の原料として，小麦も生産されている。沖合の島では，オリーブも栽培されている。

8 近畿，中部地方

ステップ1 まとめノート

解答 → 別冊p.14

1 近畿地方 ★★

(1) **自然**……〈地形〉① ［　　］は日本最大の湖。太平洋につき出た**紀伊半島**には，険しい② ［　　］。**若狭湾**，**志摩半島**にはリアス海岸が発達。〈気候〉北部は日本海側の気候，中部の海岸沿いは瀬戸内の気候，南部は太平洋側の気候，盆地は内陸性の気候に近い。
└夏と冬，昼と夜の気温差が大きい

▲近畿地方

図中ラベル：丹波高地，京都盆地，大阪平野，淡路島，淀川，天神崎，紀伊半島，鈴鹿山脈，奈良盆地，志摩半島（三重県）

(2) **農林水産業**……〈農業〉大阪や神戸などの大都市が近いため③ ［　　］がさかん。特に，**淡路島**のたまねぎ。**和歌山県**は④ ［　　］・もも・うめ・かきの生産がさかん。**宇治市**など京都府南部で茶の栽培。〈水産業〉志摩半島の**英虞湾**などで**真珠**の養殖。〈林業〉②で林業がさかん。**吉野すぎ**・**尾鷲ひのき**などの人工の美林。

(3) **工業・交通**……〈工業〉⑤ ［　　］は，大阪湾沿岸の大阪府・兵庫県を中心に発達した工業地帯。ほかの工業地帯・地域と比べて，⑥ ［　　］**工場**が多い。〈伝統工業〉**信楽焼**（滋賀県），**清水焼**（京都府）・**西陣織**（京都府）など。〈交通・貿易〉山陽新幹線，名神高速道路，山陽自動車道などが整備。泉州沖につくられた⑦ ［　　］は24時間離発着可能な海上空港。**大阪港・神戸港**は日本有数の貿易港で，衣類などの日用品の輸入が多い。

ズバリ暗記　紀伊半島でさかんな産業は，奈良県の吉野すぎ，和歌山県のみかん。阪神工業地帯はほかの工業地帯・地域と比べて，中小工場が多い。

2 中部地方 ★★★

(1) **自然**……〈地方区分〉日本海側を⑧ ［　　］（新潟県，富山県，石川県，福井県），内陸部を**中央高地**（長野県，山梨県，岐阜県北部），太平洋側を⑨ ［　　］（静岡県，愛知県，岐阜県南部，三重県）という。〈地形〉国内最長の⑩ ［　　］の下流に⑪ ［　　］が広がる。福井県の⑫ ［　　］にはリアス海岸が発達。中央高地には**飛驒山脈**・**木曽山脈**・**赤石山脈**が連なり，これら3つの山脈を総称して⑬ ［　　］と呼ぶ。**木曽川**・**揖斐川**・**長良川**流域の⑭ ［　　］には，水害を防ぐために家や畑のまわりを堤防で囲んだ⑮ ［　　］が見られる。〈気候〉⑧は日本海側の気候で，冬に雨や雪が多い。⑨は太平洋側の気候，中央高地は内陸性の気候。

① ____
② ____
③ ____
④ ____
⑤ ____
⑥ ____
⑦ ____
⑧ ____
⑨ ____
⑩ ____
⑪ ____
⑫ ____
⑬ ____
⑭ ____
⑮ ____

入試ガイド

近畿地方のリアス海岸，若狭湾の原子力発電所，志摩半島の真珠の養殖の出題が多い。また，阪神工業地帯は中小工場が多いことや，大阪港や神戸港と名古屋港の貿易品目の特色のちがいもよく出題される。

地理

1 世界と日本

2 日本の自然と特色のある地域

3 日本の農業・水産業と食料生産

4 日本の工業

5 日本の運輸・貿易と情報産業

6 国土の環境保全

思考力／記述問題

7 九州、中国・四国地方

8 近畿、中部地方

9 関東、東北、北海道地方

思考力／記述問題

(2) 農林水産業……〈農業〉⑧　　　は水田単作
雪のために裏作ができず、1年に1回だけ稲作を行っている地域

地帯。新潟県は米の生産量が日本有数。
中央高地では，山梨県の⑯　　　でぶど
扇状地が果樹園として利用されている
う・ももの生産，長野県は⑰　　　の生
青森県に次いで生産量第2位

産が全国有数。長野県の野辺山原では
のべやまはら

高原野菜の⑱　　　を行う。愛知・明
めい

治・豊川用水が引かれた知多半島・岡
じ　とよがわ　　　　　　　　　　　　　　ちた　　　おか

崎平野・渥美半島では近郊農業。渥美
ざき　　　あつみ　　　　きんこう

半島では⑲　　　や温室メロンを生産。

富山平野　⑪

能登半島　⑩

阿賀野川

神通川

中京工業地帯

飛騨山脈

越後山脈

木曽山脈

赤石山脈

野辺山原

富士宮市

⑫

⑭

⑯

富士市

⑯

⑱　　市

牧ノ原

⑳　　市

㉓　　市　㉖　　市　東海工業地域

▲中部地方

静岡県は牧ノ原を中心に⑳　　　の生産量が全国一，みかんの生産も
上位。〈林業〉木曽ひのきは日本三大美林の1つ，天竜すぎは人工の
てんりゅう

美林。〈水産業〉静岡県の㉑　　　港は遠洋漁業の基地。㉒　　　ではう
き ち

なぎの養殖。

(3) 工業・交通……〈中京工業地帯〉工業出荷額は全国一。㉓　　　市の自
しゅっかがく　　　　　　　　　　　　　愛知県

動車工業が中心。瀬戸市や多治見市でよう業が，㉔　　　市では石油化
せ と　　　　た じ み　　　　　　　　　　　　　　じ

学工業がさかん。〈東海工業地域〉静岡県の太平洋側に発達。富士市・
愛知県　　　岐阜県　　　　　三重県

富士宮市で㉕　　　が発達。㉖　　　市で楽器，オートバイの生産。〈北
ふ じのみや

陸工業地帯〉燕市の洋食器，富山市の製薬，鯖江市のめがねフレームな
りく　　　　つばめ　　　　　　　　　　　　　　せいやく　　さばえ

どの㉗　　　が発達。〈中央高地の工業〉長野県では，かつては製糸業
新潟県　　　　　　　　　　　　　福井県　　　　　　　　　　　せいし

がさかんだったが，現在は精密機械や電子部品が中心。〈伝統工業〉新
げんざい　せいみつ

潟県の小千谷ちぢみ，石川県の九谷焼，輪島塗などの伝統工業もさか
お ぢ や　　　　　　くたにやき　わじまぬり

ん。〈電力〉富山平野を流れる河川の上流に㉘　　　，福井県の⑫　　　沿岸
か せん

に㉙　　　が集中。〈交通〉東海道・上越・北陸新幹線などが整備。名
じょうえつ　　　　　　　　　せいび

古屋港は日本有数の貿易港で，愛知県常滑沖には㉚　　　がある。
とこなめ

自動車の輸出が多い

⑯　　　

⑰　　　

⑱　　　

⑲　　　

⑳　　　

㉑　　　

㉒　　　

㉓　　　

㉔　　　

㉕　　　

㉖　　　

㉗　　　

㉘　　　

㉙　　　

㉚　　　

バリ暗記 長野県の野辺山原では抑制栽培，愛知県では近郊農業がさかん。
よくせい

中京工業地帯の工業出荷額は全国一で，愛知県の豊田市が中心。
とよた

入試ガイド

中部地方の3つの地方の地形・農業・工業の特色をおさえておく。伝統工業もよく出題される。

レッツトライ！ ～中学入試頻出問題～

次のA～Eの説明文にあてはまる府県の位置を地図中のア～キからそれぞ
れ選び，記号で答えなさい。
[桐蔭学園中—改]

A　近畿地方の府県の中で最も人口が多い。〔　　　〕

B　世界遺産に登録された城がある。〔　　　〕
い さん

C　平安京が置かれ，歴史的な町並みが現在も残っている。〔　　　〕
へいあんきょう　　　　　　　れきし　　　な

D　日本最大の面積をもつ湖があり，その面積はこの府県の約6分の1を
しめる。〔　　　〕

E　温暖な気候で降水量が多く，みかん・うめなどの果実栽培がさかんである。〔　　　〕
おんだん　　　　こうすい

ア　イ　ウ

エ　カ　キ

オ

※川や湖の一部が省略されている。

★ポイント　A～Eの説明文にない府県は，奈良県と三重県である。

● 山地・山脈・半島などの地形
● 工業地帯・地域と港別貿易統計
● 中部地方の農業の特色

解答 → 別冊p.14

1 右の地図を見て、次の問いに答えなさい。

京都市

(1) X と Y の半島名を答えなさい。〔桐蔭学園中〕

X [   ]

Y [   ]

●重要 (2) X の半島の沖を流れる暖流の名まえを答えなさい。 [   ]〔桐蔭学園中〕

(3) Y の半島の特色として誤っているものを次のア〜エから1つ選び、記号で答えなさい。 [   ]〔桐蔭学園中〕

ア 海岸線の出入りが多いリアス海岸と呼ばれる地形となっている。

イ 潮の流れが岬でさえぎられ、湾内はおだやかな波となっている。

ウ 湾内は、津波の際の漁船の避難場所となっている。

エ 波が静かなことを利用した、魚介類の養殖がさかんである。

●重要 (4) 地図中に示した京都市の歴史的な町並みの残る地区では条例によって建物の高さや色などを制限している。建物の高さや色などの制限以外にどのような整備がされているか。上の資料1と資料2を比べて、共通して読み取れることを「景観」という語句を使って答えなさい。〔桐蔭学園中〕

資料1

整備前

資料2

整備後

[   ]

●重要 (5) Z には、海上につくられた空港がある。近年新たに開港した空港には、海を埋め立ててつくられたものが多い。これには、土地を確保すること以外にどのような理由があると考えられるか、答えなさい。〔洛星中〕

[   ]

(6) 右の表は、地図中の A〜D のいずれかの府県の宿泊施設の宿泊者数を示している。B の府県にあてはまるものを表中のア〜エから1つ選び、記号で答えなさい。

	出張・業務での宿泊者数(千人)	県内からの延べ宿泊者数(千人)	県外からの延べ宿泊者数(千人)	外国人延べ宿泊者数(千人)
ア	473	294	2223	439
イ	704	3274	9767	1260
ウ	1891	1952	17729	6268
エ	3146	5638	32528	15124

(2018年) (2020年版「データでみる県勢」)

[   ]〔東京農業大第一中─改〕

得点アップ

1(1) X の半島にある紀伊山地、滋賀県にある琵琶湖やそこから流れ出し、大阪湾に流れ出る淀川なども重要。

(4)整備前にはあったが、整備後にはなくなっているものがある。

✔チェック!自由自在①
古都京都には多くの文化遺産がある。近畿地方の世界文化遺産について調べてみよう。

✔チェック!自由自在②
おもな貿易港の輸出入品目について調べてみよう。

(6)大阪は会社などの本社が多く、関西国際空港があること、京都は観光地が多いことから判断する。

2 右の地図を見て、次の問いに答えなさい。

(1) 地図中に**X**で示した新幹線の名称を答えなさい。[　　　　　]〔日本大藤沢中―改〕

(重要) (2) 地図中の**A～C**の地域について、次の問いに答えなさい。〔日本大藤沢中―改〕

① この地域で大雪が降る理由を、「季節風」、「日本海」という語句を使って答えなさい。

[

]

② **A～C**について説明したものを次の**ア～ウ**からそれぞれ選び、記号で答えなさい。　**A**[　　　]　**B**[　　　]　**C**[　　　]

ア この県の輪島市は漆器や朝市で知られ、多くの観光客が訪れる。

イ 2017年の米の収穫量は全国一。苗場などにスキー場がある。

ウ この県の南部にある伝統的な家屋は世界文化遺産に登録された。北部は平野が広がり、チューリップで有名なところもある。

(3) 地図中の**Y**の都市の気温と降水量を示したグラフを次の**ア～エ**から1つ選び、記号で答えなさい。[　　　　]〔青山学院横浜英和中〕

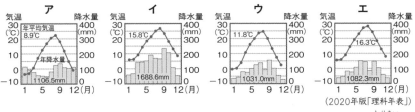

（2020年版「理科年表」）

(要) (4) 次の**ア～エ**のグラフは、レタス、りんご、ぶどう、ももの生産量割合を示し、グラフ中の**D**は地図中の**D**の県である。ももにあてはまるものを**ア～エ**から1つ選び、記号で答えなさい。[　　　　]〔日本大藤沢中〕

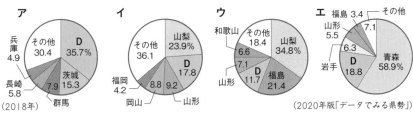

（2020年版「データでみる県勢」）

(5) 右の**ア～ウ**のグラフは、地図中の**E～G**の県の製造品出荷額の割合を示したものである。**E～G**にあてはまるものを**ア～ウ**からそれぞれ選び、記号で答えなさい。

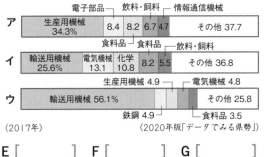

（2017年）　　　　　（2020年版「データでみる県勢」）

E[　　　]　**F**[　　　]　**G**[　　　]

地理
1 世界と日本
2 日本の自然と特色のある地域
3 産業と食料生産・水
4 日本の工業
5 日本の運輸・貿易と情報産業
6 国土の環境保全
思考力／記述問題
7 九州、中国・四国地方
8 近畿、中部地方
9 関東、東北、北海道地方
思考力／記述問題

2 (1) 1997年10月に高崎～長野間が開通、2015年3月に長野～金沢間が開通した。

(2)① 季節風は海上で何を多くふくむかに注目する。

(3) **Y**は中央高地の気候で、1年を通して降水量が少なく、昼と夜、夏と冬の気温差が大きいことが特色。

(4) レタスは抑制栽培で生産されるものも多い。りんごは冷涼な地域での栽培に適し、盆地の扇状地は、ぶどうやももなどの果樹栽培に利用されることが多い。

✔チェック！自由自在③
中部地方の3つの地方の農業について調べてみよう。

(5) **E**は中京工業地帯の中心、**F**には東海工業地域が形成されている。

学習日　　月　　日

解答 → 別冊p.15

1 近畿地方についてまとめた次の表と地図を見て，あとの問いに答えなさい。

自然環境	北部と南部は a山地で，そこから多くの河川が流れ出す。b琵琶湖は「近畿地方の水がめ」とも呼ばれる。
農水産業	稲作や近郊農業がさかんである。北部や南部の沿岸では水産業が活発で，c養殖もさかんに行われている。
工業	d阪神工業地帯が広がっている。また，伝統的工芸品として，信楽焼や西陣織，紀州漆器などが生産されている。
交通	将来，東京と大阪はリニア新幹線で結ばれる予定である。

(1) 下線部 a について，地図中の X の山地名を答えなさい。　[　　　　]〔明治大付属中野中〕

独創的 (2) 下線部 b について，琵琶湖のほとりには，右の写真のような，あるものを回収して琵琶湖の生態系を守るための箱が多く見られる。あるものとは何か，漢字 3 字で答えなさい。　[　　　　]〔明治大付属中野中〕

難問 (3) 下線部 c について，近畿大学は 2002 年に従来養殖が難しいとされていたある魚の完全養殖に成功した。その魚を次の**ア**～**エ**から 1 つ選び，記号で答えなさい。　[　　　　]〔明治大付属中野中〕

　ア さけ　　**イ** たい　　**ウ** ぶり　　**エ** まぐろ

(4) 下線部 d について，次の問いに答えなさい。

① 右の表は，2016 年の京浜・阪神・北九州・中京工業地帯における，製造品出荷額の内訳を示したものである。阪神工業地帯にあてはまるものを表中の**ア**～**エ**から 1 つ選び，記号で答えなさい。　[　　　　]〔明治大付属中野中〕

	ア	イ	ウ	エ
食品	17.0%	11.1%	11.6%	4.8%
化学	5.6%	16.6%	17.2%	6.1%
鉄鋼・金属	16.0%	8.3%	20.0%	9.1%
電気機械	3.1%	5.8%	1.9%	4.8%
輸送用機械	34.4%	23.2%	8.6%	50.4%
その他	23.9%	35.0%	40.7%	24.8%

(2019/20 年版「日本国勢図会」)

難問 ② 右のグラフは，大阪府・兵庫県・和歌山県の製造品出荷額の割合を示したものである。グラフから読み取れることとして適切なものを次の**ア**～**エ**から 1 つ選び，記号で答えなさい。

　[　　　　]〔大阪教育大附属平野中─改〕

大阪 17.3兆円：金属製品 化学 11.2%　9.2　石油・石炭製品 8.8　8.3　輸送用機械 8.3　その他 54.2

兵庫 15.8兆円：化学 13.1%　鉄鋼 12.4　食料品 10.7　生産用機械 9.9　輸送用機械 9.6　電気機械　その他 44.3

和歌山 2.7兆円：石油・石炭製品 鉄鋼 25.3%　17.7　はん用機械 化学 13.9　11.0　食料品 6.7　その他 25.4

(2017年)　　　(2020年版「データでみる県勢」)

　ア 大阪府の金属製品の出荷額は，2 兆円をこえている。

　イ 大阪府の化学の出荷額が，兵庫県の化学の出荷額のおよそ 1.5 倍になっている。

　ウ 大阪府の石油・石炭製品の出荷額は，和歌山県の石油・石炭製品の出荷額のおよそ 4 倍になっている。

　エ 兵庫県の鉄鋼の出荷額は，和歌山県の鉄鋼の出荷額のおよそ 3 倍になっている。

2 右の地図を見て，次の問いに答えなさい。

(1) 地図中の **X** の都市でさかんな地場産業を次の**ア〜エ**から１つ選び，記号で答えなさい。　　　　　　　　　　　　[　　　]

ア 洋食器　　イ タオル　　ウ めがねフレーム　　エ 金物

(2) **A** の県について，次の問いに答えなさい。

独創的 ① **A** が，昔「信濃」と呼ばれていたように，現在の都道府県と昔の国の領域がほぼ一致している組み合わせとして正しいものを次の**ア〜エ**から１つ選び，記号で答えなさい。　　　　　　　[　　　]〔大阪星光学院中―改〕

ア 越後―山形県　駿河―愛知県　　イ 越後―山形県　駿河―静岡県

ウ 越後―新潟県　駿河―静岡県　　エ 越後―新潟県　駿河―愛知県

② 産地別レタスの出荷量を示した右の**資料**で，**A** の県を示すものを**ア〜ウ**から１つ選び，そう判断した理由をふくめて答えなさい。〔筑波大附中―改〕

[

]

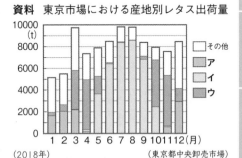

資料 東京市場における産地別レタス出荷量

（2018年）　　　　　　　　　　（東京都中央卸売市場）

調 (3) 右下の表は，**B〜D** の県，および三重県の人口に関する統計である。**D** の県にあてはまるものを表中の**ア〜エ**から１つ選び，記号で答えなさい。〔実践女子学園中―改〕

[　　　]

	県全体の人口	第１位の都市の人口	第２位の都市の人口
ア	199.7 万人	41.2 万人	16.2 万人
イ	753.7 万人	228.8 万人	42.5 万人
ウ	365.9 万人	80.7 万人	70.6 万人
エ	179.1 万人	31.2 万人	28.1 万人

（2018 年）　　　　　（2019/20 年版「日本国勢図会」）

(4) 地図中の △ 付近に多く見られる堤防よりも低い土地の名称を答えなさい。　　　　　　[　　　]〔実践女子学園中〕

(5) 地図中の **Y** の半島でさかんな近郊農業について，次の問いに答えなさい。

① 近郊農業とはどのような農業か，簡潔に答えなさい。〔実践女子学園中〕

[　　　　　　　　　　　　　　　　　　　　　　　　　　　]

独創的
難問 ② 右のグラフ**a・b**は，次の**ア・イ**で説明した花の東京都中央卸売市場における 2018 年の月別取扱本数を示す。**a・b**にあてはまる花を**ア・イ**からそれぞれ選び，記号で答えなさい。　a[　　]　b[　　]〔渋谷教育学園渋谷中―改〕

ア 常に日があたっている環境を好むが，高温をきらう。花ことばに「愛情」などがある。

イ 地図中の **Y** の半島では，人工的に光をあて開花をおくらせる栽培が行われている。

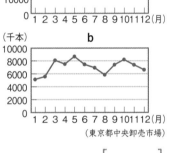

（東京都中央卸売市場）

(6) 地図中の **Z** の都市で生産がさかんな工業製品を次の**ア〜エ**から１つ選び，記号で答えなさい。　　　　　　[　　　]

ア 鉄鋼　　イ オートバイ　　ウ 自動車　　エ 時計

地理

1 世界と日本

2 日本の自然と特色のある地域

3 日本の農業・水産業と食料生産

4 日本の工業

5 日本の運輸・貿易と情報産業

6 国土の環境保全

思考力／記述問題

7 九州，中国・四国地方

8 近畿，中部地方

9 関東，北海道・東北地方

思考力／記述問題

9 関東，東北，北海道地方

ステップ1 まとめノート

解答 → 別冊p.16

1 関東地方 ★★★

(1) **自然**……〈地形〉日本一広い ① が大部分をしめ，流域面積が日本最大の ② が流れる。③ と関東山地が中部地方との境。④ は千葉県の大部分をしめ，九十九里浜はなだらかな砂浜海岸。〈気候〉全体として太平洋側の気候。冬に冷たく乾燥したからっ風が ① にふきおろす。

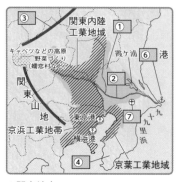
▲関東地方

(2) **農林水産業**……〈農業〉② 下流の**水郷**地帯は**早場米**の産地。千葉県や茨城県では都心向けの ⑤ がさかん。**嬬恋村**ではキャベツの**抑制栽培**。〈水産業〉千葉県の ⑥ 港の水あげ量は全国一(2016年)。

(3) **工業・交通**……〈京浜工業地帯〉首都の東京があり，多くの情報が集まるため特に**印刷業**がさかん。〈関東内陸工業地域〉高速道路沿いに工業団地が建設され発達。機械工業が中心。〈京葉工業地域〉化学工業の割合が高い。〈交通〉⑦ は空の玄関口で**貿易額は日本最大**。東京港・横浜港も日本有数の貿易港。

ズバリ暗記
京浜工業地帯は印刷業が発達，京葉工業地域は化学工業の割合が高い。千葉・茨城では近郊農業，群馬県嬬恋村では抑制栽培がさかん。

① _____
② _____
③ _____
④ _____
⑤ _____
⑥ _____
⑦ _____
⑧ _____
⑨ _____
⑩ _____
⑪ _____
⑫ _____
⑬ _____
⑭ _____
⑮ _____

2 東北地方 ★★

(1) **自然**……〈地形〉⑧ が中央部を南北に走る。日本海側には**津軽平野・秋田平野**，日本三大急流の ⑨ の下流に ⑩ ，太平洋側の ⑪ に**リアス海岸**が発達。**北上川・阿武隈川**の下流に ⑫ 。青森・秋田県境に位置する ⑬ には，世界最大級のぶなの原生林が広がり，**世界自然遺産**に登録。〈気候〉太平洋側は初夏〜夏に ⑭ がふき，**冷害**の原因となる。日本海側は冬に雨や雪が多い。日本海側や内陸の盆地では，夏に気温が上がる ⑮ がおこりやすい。

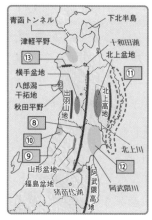
▲東北地方

入試ガイド

関東地方では，各工業地帯・地域の特色と出荷額のグラフを関連づけて確認しておこう。また，過密問題に関する出題も多い。東北地方は農業を中心に稲作，果物の生産地の統計に関連づけた問題が多く出題されている。

地理

1 世界と日本

2 日本の自然と特色のある地域

3 日本の農業・産業と食料生産・水

4 日本の工業

5 日本の運輸・貿易と情報産業

6 国土の環境保全

思考力／記述問題

7 九州・中国・四国地方

8 近畿・中部地方

9 関東、北海道、東北地方

思考力／記述問題

(2) 農林水産業……〈農業〉米の生産量は全国の約4分の1をしめる。津軽平野で⑯　　　，山形盆地で⑰　　　の果樹栽培。岩手県は畜産業が─全国のおよそ75％をしめる─さかん。〈林業〉青森ひばと秋田すぎは日本三大美林。〈水産業〉⑪　　　の沖は暖流と寒流が出合う⑱　　　で好漁場。
└親潮（千島海流）┘
└黒潮（日本海流）┘

(3) 工業・交通……〈工業〉高速道路や空港の周辺に電子部品工場が進出。東北自動車道沿いは⑲　　　と呼ばれる。〈電力〉福島県の太平洋岸沿いに⑳　　　，⑧　　　沿いに地熱発電所が多い。〈伝統工業〉青森県の津軽
└東日本大震災の際に放射能もれの事故をおこした┘
塗，岩手県の㉑　　　など。〈交通〉東北新幹線が新青森まで開通。津軽海峡には，北海道と鉄道で結ぶ青函トンネルが通る。

| ⑯ |
| ⑰ |
| ⑱ |
| ⑲ |
| ⑳ |
| ㉑ |
| ㉒ |
| ㉓ |
| ㉔ |
| ㉕ |
| ㉖ |
| ㉗ |
| ㉘ |
| ㉙ |

3 北海道地方 ★★

(1) 自然……〈地形〉南部に㉒　　　。石狩川の中・下流に㉓　　　，十勝川の中・下流に㉔　　　が広がる。東部には㉕　　　。オホーツク海沿岸では春先に㉖　　　が見られる。〈気候〉冷帯（亜寒帯）に属し，梅雨や台風の影響が少なく，1年を通じて降水量は少ない。

サロマ湖
知床
北見山地
釧路湿原
天塩山地
上川盆地
石狩川
▲大雪山
石狩山地
夕張山地
㉓
㉕
㉔
択捉島
苫小牧市
新千歳空港
国後島
室蘭市
㉒
色丹島
歯舞群島

▲北海道地方

(2) 産業……〈農業〉泥炭地だった㉓　　　は㉗　　　によって稲作地帯に，火山灰土の㉔　　　は畑作。㉕　　　はパイロットファームなどがつくられ㉘　　　がさかん。〈水産業〉釧路などで遠洋漁業がさかんであったが，200海里規制などでおとろえる。
└排他的経済水域┘
さけ・ます類の㉙　　　，サロマ湖でほたて貝などの養殖。〈工業〉食料品工業，製紙・パルプ工業がさかん。室蘭で鉄鋼業，苫小牧で石油精製。

ズバリ暗記
東北地方の太平洋岸では，夏にやませによる冷害がおこることがある。石狩平野は稲作，十勝平野は畑作，根釧台地は酪農がさかん。

入試ガイド

北海道の稲作，畑作，酪農がさかんな場所を確認しておこう。北海道が主要な生産地となっている農産物や肉牛，乳牛などの畜産物の統計も出題が多い。

レッツトライ！〜中学入試頻出問題〜

東北地方に関する次の問いに答えなさい。　　　　　　　　　　　　［神奈川大附中］

① 東北地方の太平洋岸に初夏にふき，しばしば冷害の原因となる風を何というか答えなさい。　　　　〔　　　　　〕

② 右のA〜Dは，東北地方，北海道地方，北陸地方，近畿地方の農業産出額の割合と農業産出額を示している。東北地方にあてはまるものをA〜Dから1つ選び，記号で答えなさい。　　〔　　　　　〕

	米	野菜	畜産	その他	農業産出額
A	10.0%	16.6	57.0	16.4	1兆2762億円
B	25.4%	24.8	20.2	29.6	5030億円
C	31.8%	17.6	32.8	17.8	1兆4001億円
D	58.9%	14.4	18.0	8.7	4171億円

(2017年)　　　　　　　　（2019/20年版「日本国勢図会」）

★ポイント　北海道では酪農がさかんであること，北陸地方は米の単作地帯であることなどをもとに判断。

ステップ**2** 実力問題

ココが
ねらわれる
● 関東地方の人口と工業
● 東北地方の地形と伝統工業
● 北海道の農業の特色

解答 → 別冊p.16

1 右の地図は，関東地方の５つの県の境界（きょうかい）が集まっている地域（しめ）を示す。これを見て，次の問いに答えなさい。

〔慶應義塾湘南藤沢中―改〕

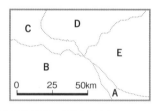

0　25　50km

(1) 地図中の**B**の南部には東京への通勤・通学（つうきん）者が多い。右の表は，関東地方の３つの県の昼夜間人口を示す。**B**にあてはまるものを表中の**ア～ウ**から１つ選び，記号で答えなさい。[　　　]

	昼間人口（万人）	夜間人口（万人）
ア	197	197
イ	284	292
ウ	646	727

(2015年) (2020年版「データでみる県勢」)

重要 (2) 地図中の**C**県は高速道路沿いに工場が進出し，内陸の工業団地（ちいき）（だんち）が形成された。**C**県の製造品出荷額（せいぞう）（しゅっかがく）の割合（わりあい）を示した右のグラフ中の**X**にあたるものを次の**ア～エ**から１つ選び，記号で答えなさい。　　[　　　]

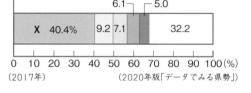

6.1　5.0
X 40.4%　9.2　7.1　32.2
0 10 20 30 40 50 60 70 80 90 100(%)
(2017年) (2020年版「データでみる県勢」)

ア 精密機械（せいみつ）　**イ** 輸送用機械（ゆそう）　**ウ** 石油・石炭製品　**エ** 電子部品

(3) 地図中を北西から南東に向かって流れ，太平洋に注ぐ河川（かせん）の説明として正しいものには○，誤（あやま）っているものには×と答えなさい。
　① 江戸時代（えど）に工事されるまでは，東京湾（わん）に河口があった。[　　　]
　② 日本で最も長く，流域面積も最大である。[　　　]
　③ 東京の水源（すいげん）として重要な役割を果たしている。[　　　]

2 右の地図を見て，次の問いに答えなさい。

〔日本大第三中―改〕

重要 (1) 地図中**A～C**の山脈名（さんみゃく），平野名，河川名を答えなさい。
　　　　　　　　A [　　　　　　　]
　　B [　　　　　　　] **C** [　　　　　　　]

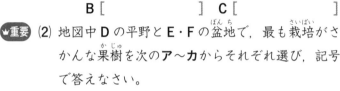

重要 (2) 地図中**D**の平野と**E**・**F**の盆地（ぼんち）で，最も栽培（さいばい）がさかんな果樹（かじゅ）を次の**ア～カ**からそれぞれ選び，記号で答えなさい。

　　　　D [　　　] **E** [　　　] **F** [　　　]
ア みかん　**イ** おうとう　**ウ** かき
エ りんご　**オ** びわ　　**カ** もも

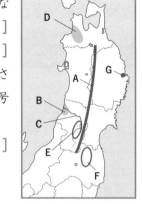

(3) 地図中の**G**では，1993年７月の平均気温（へいきん）が16.6度となり，平年よりも３度以上低かった。この原因（げんいん）となった北東の冷たい風を何というか答えなさい。[　　　　　　　　　]

得点アップ

1 地図中の**A**は千葉県，**B**は埼玉県である。

(1)東京への通勤・通学者が多い県は，夜間人口より昼間人口の方が少ない。

✔ チェック!自由自在①
関東地方の工業地帯・地域の工業の特色について調べてみよう。

(3)群馬県北部を水源とし，関東平野を流れ，千葉県の銚子市（ちょうし）で太平洋に注ぐ川である。

2(2)**D**は津軽平野（つがる），**E**は山形盆地，**F**は福島盆地を示している。

(3)初夏～夏に東北地方の太平洋岸にふく，冷たい北東の風で，冷害の原因ともなる。

重要 (4) 東北地方の伝統的工芸品を次のア～カからすべて選び，記号で答えなさい。 [　　　　]

ア 南部鉄器　イ 有田焼　ウ 会津塗　エ 美濃和紙
オ 西陣織　カ 加賀友禅

(5) 東北地方について説明した文として誤っているものを次のア～エから1つ選び，記号で答えなさい。 [　　　]

ア 三陸海岸の南部では入り江の多いリアス海岸が発達している。
イ 東北地方のすべての県を新幹線が通っている。
ウ 日本海側の平野部には地熱発電所が集中している。
エ 太平洋岸の沖合には潮目(潮境)があり好漁場となっている。

3 右の地図を見て，次の問いに答えなさい。 〔中央大附属横浜中—改〕

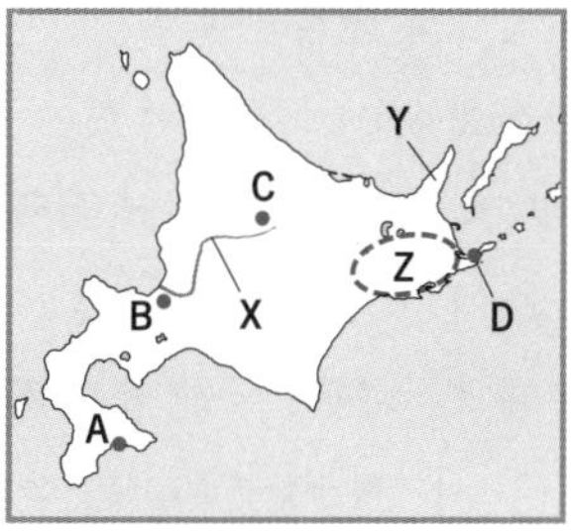

Y
C
Z
B
X
D
A

(1) 地図中Xの河川名，Yの半島名を答えなさい。

X [　　　　　] Y [　　　　　]

(2) 地図中のA～Dの都市について説明したものを次のア～エからそれぞれ選び，記号で答えなさい。 A [　　] B [　　] C [　　] D [　　]

ア 道庁所在地であり，北海道で最も人口の多い都市である。
イ ほかの3つの都市と比べて，夏と冬の気温の差が大きい。
ウ 古くから，客船や漁船などたくさんの船が集まる港がある。
エ 冬になると流氷が海岸に流れ着くことで有名である。

(3) 右のグラフは，北海道，栃木県，神奈川県，岡山県の工業製品出荷額割合を示している。北海道のものをア～エから1つ選び，記号で答えなさい。[　　]

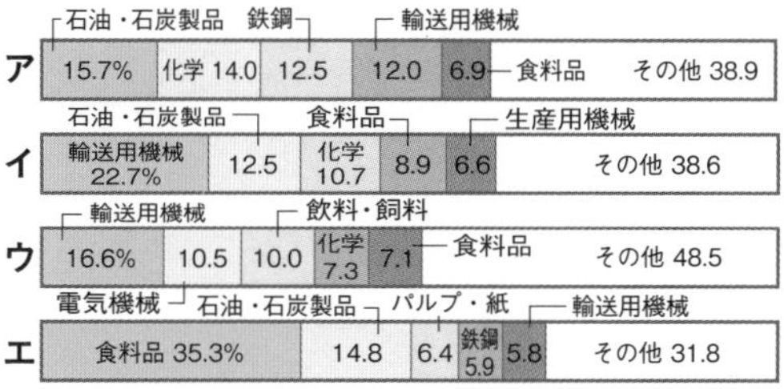

石油・石炭製品　鉄鋼　輸送用機械
ア 15.7%　化学 14.0　12.5　12.0　6.9　食料品　その他 38.9
石油・石炭製品　食料品　生産用機械
イ 輸送用機械 22.7%　12.5　化学 10.7　8.9　6.6　その他 38.6
輸送用機械　飲料・飼料
ウ 16.6%　10.5　10.0　化学 7.3　7.1　食料品　その他 48.5
電気機械　石油・石炭製品　パルプ・紙　輸送用機械
エ 食料品 35.3%　14.8　6.4　鉄鋼 5.9　5.8　その他 31.8

(2017年)　(2020年版「データでみる県勢」)

重要 (4) Zで示した地域について，次の問いに答えなさい。

① この地域でさかんな，牛の乳を得るために乳牛を飼育する農業を何というか答えなさい。 [　　　　]

② 東京のスーパーなどで売られているチーズやバターは北海道でつくられたものが多いが，牛乳は東京に近い地域の工場で生産されることが多い。その理由を「賞味期限」という語句を使って答えなさい。

[　　　　　　　　　　　　　　　　　　　　]

✔チェック!自由自在② 東北地方の各県の伝統的工芸品について調べてみよう。

3(2) Aは函館市，Bは札幌市，Cは旭川市，Dは根室市を示している。

(3)北海道では，重化学工業があまり発達していない。

(4)②牛乳の賞味期限は約1週間ほどで，長期間の保存ができないことから考える。

✔チェック!自由自在③ 北海道の農業の特色について調べてみよう。

解答 → 別冊p.17

1 地図，表，グラフを見て，次の問いに答えなさい。

(1) 右の地図中の①～⑥にあてはまる地域について説明したものを次の
ア～カからそれぞれ選び，記号で答えなさい。

①[　　　]　②[　　　]　③[　　　]

④[　　　]　⑤[　　　]　⑥[　　　]

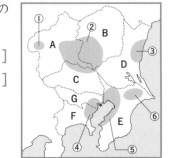

ア らっかせいの生産がさかんである。

イ キャベツなどの高原野菜の抑制栽培がさかんである。

ウ 化学工業がさかんな工業地域がある。

エ 養蚕業は衰退し機械工業が発達した。

オ 印刷業がさかんな工業地帯がある。

カ 日本初の原子力発電所がつくられた。

(2) 右の表は，地図中のA～Eの県の耕地面積と農業産出額を示す。Dの県にあたるものを表中のア～オから1つ選び，記号で答えなさい。[　　　]〔慶應義塾湘南藤沢中〕

	耕地面積（千ha）	米（億円）	野菜（億円）	畜産（億円）	その他（億円）	総額（億円）
ア	75	392	968	294	326	1980
イ	68	163	997	1123	267	2550
ウ	123	641	876	1055	256	2828
エ	125	732	1829	1432	707	4700
オ	166	868	2071	1336	692	4967

（2017年。耕地面積は2018年7月15日現在）　（2020年版「データでみる県勢」）

⚙難問 (3) 右のグラフは，地図中のCとE～Gの都県の製造品出荷額等の割合を示す。WとZにあてはまる品目を次のア～エからそれぞれ選び，記号で答えなさい。

〔神奈川大附中―改〕

W[　　　]　Z[　　　]

ア 印刷　　イ 石油・石炭製品

ウ 鉄鋼　　エ 輸送用機械

金属製品

| C | W 18.4% | 食料品 13.8 | 化学 12.4 | 5.6 | Z 5.4 | その他 44.4 |

金属製品

| E | X 20.8% | 化学 19.1 | Y 13.8 | 食料品 12.7 | 5.3 | その他 28.3 |

生産用機械

| F | W 22.7% | X 12.5 | 化学 10.7 | 食料品 8.9 | 6.6 | その他 38.6 |

電気機械　　　食料品

| G | W 20.1% | Z 10.3 | 9.6 | 9.2 | 7.3 | その他 43.5 |

情報通信機械

（2017年）　（2020年版「データでみる県勢」）

2 次の問いに答えなさい。

〔清泉女学院中―改〕

独創的 (1) 東北地方をおよその緯度で表すとき，最も適切なものを次のア～エから1つ選び，記号で答えなさい。[　　　]

ア 北緯27度から北緯31度　　イ 北緯32度から北緯35度

ウ 北緯37度から北緯41度　　エ 北緯45度から北緯48度

(2) 次のA～Cは，東北地方の祭りのようすである。A～Cの祭りの名まえの組み合わせとして正しいものを右下の表のア～カから1つ選び，記号で答えなさい。[　　　]

A

B

C

	ア	イ	ウ	エ	オ	カ
A	七夕	七夕	ねぶた	ねぶた	花笠	花笠
B	ねぶた	花笠	七夕	花笠	七夕	ねぶた
C	花笠	ねぶた	花笠	七夕	ねぶた	七夕

地理
1 世界と日本
2 日本の自然と特色のある地域
3 日本の農業・水産業と食料生産
4 日本の工業
5 日本の運輸・貿易と情報産業
6 国土の環境保全
思考力／記述問題
7 九州、中国・四国地方
8 近畿・中部地方
9 関東、東北、北海道地方
思考力／記述問題

(3) 右の表は，東北地方の6県と神奈川県の人口などを示している。この表を説明した文として誤っているものを次のア〜カから2つ選び，記号で答えなさい。[　・　]

県名	青森県	岩手県	秋田県	宮城県	山形県	福島県	神奈川県
県別人口(万人)	126.3	124.1	98.1	231.6	109.0	186.4	917.7
都市別人口 1位(万人)	青森 28.8	盛岡 29.2	秋田 31.2	仙台 106.1	山形 24.8	いわき 32.7	横浜 373.8
都市別人口 2位(万人)	八戸 23.2	一関 11.9	横手 9.2	石巻 14.6	鶴岡 12.9	郡山 32.6	川崎 148.8
都市別人口 3位(万人)	弘前 17.4	奥州 11.9	大仙 8.3	大崎 13.2	酒田 10.4	福島 28.1	相模原 71.8

(2018年)　　　　　　　　　　　　　　　　（2019/20年版「日本国勢図会」）

ア 7つの県のうち，都市別人口の1位が県庁所在地と異なる県は，福島県だけである。
イ この表の都市のうち，政令指定都市は4つある。
ウ 各県の人口1位の都市に，県の人口が集中している割合が最も高いのは秋田県である。
エ 各県の人口1位の都市の人口が，2位の都市の人口の2倍より多いものは4つある。
オ 各県の人口のうち，1位から3位までの都市の人口の合計が半数をこえる県はない。
カ 神奈川県の人口は，東北地方のすべての県の人口を合わせた数よりも多い。

3 次の問いに答えなさい。

(1) 右の地図中のA〜Cは，北海道における牧草地，水田，畑の代表的な地域である。その組み合わせとして正しいものを右の表1のア〜カから1つ選び，記号で答えなさい。[　]〔公文国際学園中〕

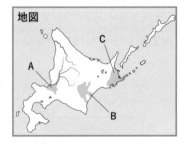

地図

表1

	A	B	C
ア	牧草地	水田	畑
イ	牧草地	畑	水田
ウ	水田	牧草地	畑
エ	水田	畑	牧草地
オ	畑	牧草地	水田
カ	畑	水田	牧草地

(2) 地図中のC地域の特徴として誤っているものを次のア〜エから1つ選び，記号で答えなさい。[　]〔公文国際学園中〕

ア 冬場には雪や風を防ぐため，畑などを取り囲むように林がつくられている。
イ 大陸からの季節風の影響で，道内でも特に積雪が多い地域である。
ウ 摩周火山などによる火山性の土壌であり，水はけが良い。
エ 沿岸部では夏でも濃霧の影響で気温が低く，日射量が少ない。

(3) 右の表2は，北海道における経営規模別の販売農家数について，1995年と2018年を比較したものである。表2から読み取れる変化について説明した次の文中の空欄　　にあてはまる内容を答えなさい。〔神奈川大附中〕

表2

	1995年		2018年	
	販売農家数 (千戸)	%	販売農家数 (千戸)	%
1 ha 未満	7.0	9.5	2.6	7.3
1〜10 ha	34.9	47.4	10.9	30.4
10〜30 ha	21.9	29.7	12.1	33.8
30〜50 ha	6.6	8.9	5.6	15.6
50 ha 以上	3.3	4.5	4.7	13.1
販売農家数合計	73.6		35.8	

（2019/20年版「日本国勢図会」など）

全体の販売農家数が減少する一方で，　　ことが読み取れる。

[　　　　　　　　　　　　　　　　　　　　　　　　　　　　　　]

思考力/記述問題に挑戦！

本書の出題範囲　p.44～61

解答 → 別冊p.18

1 右の表は、面積や人口などの各項目の上位と下位の都道府県を2つずつ示したものである。表を見て、あとの問いに答えなさい。〔雙葉中―改〕

	1位	2位	46位	47位
面積	A	B	C	香川県
人口	東京都	D	島根県	鳥取県
農業産出額	A	茨城県	C	東京都
耕地面積	A	新潟県	C	東京都
工業製造品出荷額	E	D	F	沖縄県
自動車の100世帯あたり保有台数	福井県	G	C	東京都

(2020年版「データでみる県勢」)

着眼点

1 農林水産業・工業・貿易など産業別の出題とともに、各都道府県の特徴から見た産業が問われることも多いので、総合的な観点から見ることも重要である。

(1) Aは面積が1位の都道府県であり、冷帯（亜寒帯）に属している。

(3) Cは面積がせまく、農業産出額が少ないが、工業地帯を形成している。

(5)福井県と東京都のちがいに注目する。東京都は過密都市、福井県は過疎地域が多い。

(6) A～Gの道府県がどこか判断する必要がある。

(1) Aについて説明した文として正しいものを次のア～エから1つ選び、記号で答えなさい。　[　　　]

ア　大豆の生産量が全国一で、国内消費量の約3割を生産している。

イ　水田の面積を比べると、新潟県よりもせまくなっている。

ウ　針葉樹と広葉樹では、針葉樹の方が多く見られる。

エ　焼き物をはじめとする伝統工業が各地で発達している。

(2) Bに見られる複雑な海岸線と同じような地形が見られる場所を次のア～オから2つ選び、記号で答えなさい。　[　　・　　]

ア　陸奥湾　　イ　若狭湾　　ウ　三河湾　　エ　英虞湾　　オ　諫早湾

(3) 右のグラフは、C～Eのいずれかの工業製造品出荷額の割合を示している。Cのグラフをア～ウから1つ選び、記号で答えなさい。　[　　　]

ア　輸送用機械 56.1%　生産用機械 4.9　電気機械 4.8　その他 25.8　鉄鋼 4.9　食料品 3.5

イ　化学 11.2%　金属製品 9.2　生産用機械 8.8　8.3　輸送用機械 8.3　その他 54.2

ウ　輸送用機械 22.7%　石油・石炭製品 12.5　化学 10.7　食品 8.9　生産用機械 6.6　その他 38.6

(2017年)　(2020年版「データでみる県勢」)

(4) A～Gのいずれかの道府県について述べた、次の文中の空欄　　にそれぞれあてはまる語句を答えなさい。

X [　　　　　]　Y [　　　　　]

> X　木曽川の下流域の沿岸には、　　に登録されている藤前干潟がある。
>
> Y　　　川が流れる平野に位置し、瀬戸内海の東の端に面しているので、古くから商工業が発達した。

(5) 自動車の100世帯あたりの保有台数が、表にある下位の都道府県に比べ、上位の都道府県で多い理由を簡潔に答えなさい。

[　　　　　]

(6) 東京と表中のA～Gの道府県庁所在地をそれぞれ直線で結んだとき、東京から2番目に遠い道府県名を答えなさい。　[　　　]

2 次の A～J は，日本の都道府県のうちのいずれかを示している。ただし，縮尺はそれぞれ異なり，方位は必ずしも正しくない。また，島は一部省略してある。図を見て，あとの問いに答えなさい。

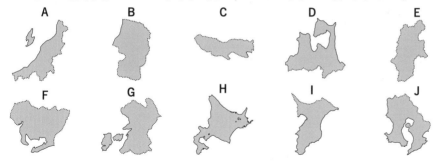

A　　　B　　　C　　　D　　　E

F　　　G　　　H　　　I　　　J

問 (1) 図の都道府県に流れる川のうち，国内最長の川よりも流域面積が広く，流域面積が国内最大の川よりも長さが短い河川名を答えなさい。

　　　　　　　　　　　　　　　　　　　[　　　　　　]〔雙葉中―改〕

(2) 図の都道府県のうち，E ととなりあうものをすべて選び，記号で答えなさい。　　　　　　　　　[　　　　　　]〔巣鴨中〕

(3) B には，急流として知られる河川が流れている。この河川によってできた平野の名まえを答えなさい。　　　[　　　　　　]〔巣鴨中〕

問 (4) 図の都道府県の農林水産業について述べた文として正しいものを次のア～オから１つ選び，記号で答えなさい。　　[　　　　　　]〔雙葉中〕

　ア B では農業機械を取り入れるなどして，年間耕作時間が50年前と比べ3分の1以下になった。

　イ D では果樹栽培がさかんで，1990年代以降に森林の伐採が進み，県内の天然林が大幅に減った。

　ウ G では畜産がさかんになり，とうもろこしなどの県内で生産された飼料のみで家畜が飼育されている。

　エ H での米の生産量が多くなり，地方別の割合で見ても現在では東北地方に次いで生産量が多くなっている。

　オ I の漁港では，1970年代に遠洋漁業や沖合漁業が減少して，近年は養殖業が中心となっている。

(5) 右のグラフは，四大工業地帯の生産額割合を示している。C がふくまれる工業地帯のものをア～エから１つ選び，記号で答えなさい。

　　　　　　　　[　　　　]〔広尾学園中〕

ア	金属 8.3%	機械 50.9	化学 16.6	食品 11.1	せんい 0.5 その他 12.6
イ	9.1%	69.2	4.8	6.1	0.8 10.0
ウ	20.0%	36.2	17.2	11.6	1.4 13.6
エ	16.0%	46.3	5.6 17.0		0.6 14.5

(2016年)　　　　(2019/20年版「日本国勢図会」)

(6) J では，稲作より畑作や畜産がさかんに行われている。その理由を簡潔に答えなさい。〔広尾学園中〕

[　　　　　　　　　　　　　　　　　　　　　　　　　　　]

2 都道府県の形を示した図が出題されることも多いので，形に特徴のある都道府県は覚えておく必要がある。

(1)国内最長の川は信濃川，流域面積が最大の川は利根川である。
(2)E は長野県で，8つの県と接している。

(4)B は山形県，G は熊本県である。

(6)J の県で広く分布している特徴的な地形に注目する。

地理
1 世界と日本
2 日本の自然と特色のある地域
3 日本の農業・水産業と食料生産
4 日本の工業
5 日本の運輸・貿易と情報産業
6 国土の環境保全
思考力／記述問題
7 九州，中国・四国地方
8 近畿，中部地方
9 関東，東北，北海道地方
思考力／記述問題

精選　図解チェック＆資料集（地理）

解答 → 別冊p.18

●次の空欄にあてはまる語句を答えなさい。

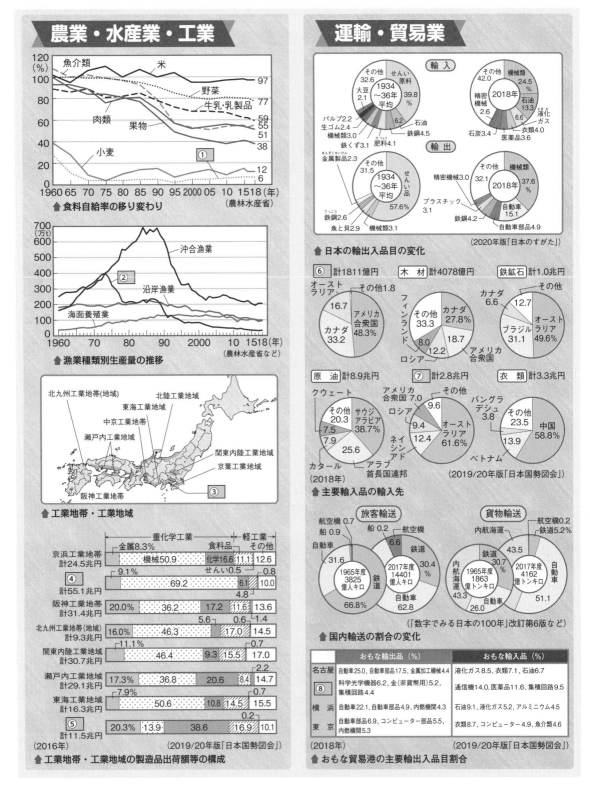

農業・水産業・工業

食料自給率の移り変わり

魚介類　米　野菜 97　牛乳・乳製品 77　肉類　果物　59　55　51　① 38　小麦　12　6
1960 65 70 75 80 85 90 95 2000 05 10 1518（年）（農林水産省）

漁業種類別生産量の推移

沖合漁業　沿岸漁業　海面養殖業　②
1960 70 80 90 2000 1518（年）（農林水産省など）

工業地帯・工業地域

北九州工業地帯(地域)　北陸工業地域　東海工業地域　中京工業地帯　瀬戸内工業地域　関東内陸工業地域　京葉工業地域　阪神工業地帯　③

工業地帯・工業地域の製造品出荷額等の構成

	重化学工業			軽工業	
京浜工業地帯 計24.5兆円	金属8.3% 機械50.9	化学16.6	食料品11.1	せんい0.5 その他12.6	
④ 計55.1兆円	9.1% 69.2			6.1	0.8 10.0
阪神工業地帯 計31.4兆円	20.0% 36.2	17.2	4.8 11.6	13.6	
北九州工業地帯(地域) 計9.3兆円	16.0% 46.3	5.6 17.0	0.6 1.4 14.5		
関東内陸工業地域 計30.7兆円	11.1% 46.4	9.3 15.5	0.7 17.0		
瀬戸内工業地域 計29.1兆円	17.3% 36.8	20.6	2.2 8.4 14.7		
東海工業地域 計16.3兆円	7.9% 50.6	10.8 14.5	0.7 15.5		
⑤ 計11.5兆円	20.3% 13.9	38.6	0.2 16.9 10.1		

(2016年)　（2019/20年版「日本国勢図会」）

運輸・貿易業

日本の輸出入品目の変化

輸入
その他32.6　せんい原料39.8%　大豆2.1　石油6.2　パルプ2.2　石油　生ゴム2.4　鉄鋼4.5　機械類3.0　肥料4.1　鉄くず3.1　金属製品2.3　1934〜36年平均

機械類24.5%　その他42.0　石油13.3　液化ガス6.6　精密機械2.6　衣類4.0　石炭3.4　医薬品3.6　2018年

輸出
その他31.5　せんい品57.6%　鉄鋼2.6　魚と貝2.9　機械類3.1　1934〜36年平均

機械類37.6%　その他32.1　精密機械3.0　自動車15.1　プラスチック3.1　鉄鋼4.2　自動車部品4.9　2018年

（2020年版「日本のすがた」）

主要輸入品の輸入先

⑥ 計1811億円
オーストラリア16.7　その他1.8　カナダ33.2　アメリカ合衆国48.3%

木材 計4078億円
フィンランド18.7　その他33.3　カナダ27.8%　ロシア12.2　8.0　アメリカ合衆国

鉄鉱石 計1.0兆円
カナダ6.6　その他12.7　ブラジル31.1　オーストラリア49.6%

原油 計8.9兆円
クウェート7.5　その他20.3　サウジアラビア38.7%　7.9　25.6　カタール　アラブ首長国連邦
(2018年)

⑦ 計2.8兆円
アメリカ合衆国7.0　その他9.6　ロシア9.4　オーストラリア61.6%　インドネシア12.4

衣類 計3.3兆円
バングラデシュ3.8　その他23.5　中国58.8%　13.9　ベトナム

（2019/20年版「日本国勢図会」）

国内輸送の割合の変化

旅客輸送
航空機0.7　船0.9　自動車31.6　1965年度3825億人キロ　鉄道66.8%

船0.2　航空機6.6　鉄道30.4%　2017年度14401億人キロ　自動車62.8

貨物輸送
内航海運43.3　鉄道30.7　1965年度1863億トンキロ　自動車26.0

航空機0.2　鉄道5.2%　43.5　2017年度4162億トンキロ　自動車51.1

（「数字でみる日本の100年」改訂第6版など）

おもな貿易港の主要輸出入品目割合

	おもな輸出品（％）	おもな輸入品（％）
名古屋	自動車25.0、自動車部品17.5、金属加工機械4.4、科学光学機器6.2、金(非貨幣用)5.2、集積回路4.4	液化ガス8.5、衣類7.1、石油6.7、通信機14.0、医薬品11.6、集積回路9.5
⑧ 横浜	自動車22.1、自動車部品4.9、内燃機関4.3	石油9.1、液化ガス5.2、アルミニウム4.5
東京	自動車6.9、コンピューター部品5.5、内燃機関5.3	衣類8.7、コンピューター4.9、魚介類4.6

(2018年)　（2019/20年版「日本国勢図会」）

中学入試 自由自在問題集 社会

第2章
政 治

新聞やニュース
も見よう！

憲法とわたしたちの生活

ステップ1 まとめノート

解答 → 別冊p.19

1 日本国憲法の成り立ち ★★★

(1) **憲法の性質**……憲法は，国の基本法であ
り，すべての法律のうちで最も強い力を
もつ国の① である。

(2) **日本国憲法の成立**……日本国憲法は
1946(昭和21)年② に公布され，
文化の日
1947(昭和22)年③ に施行された。
憲法記念日

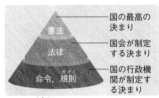

▲法の構成

憲法	国の最高の決まり
法律	国会が制定する決まり
命令，規則	国の行政機関が制定する決まり

2 日本国憲法の三大原則 ★★★

日本国憲法の三大原則とは，国の主権は国民にあるという④ ，
⑤ の尊重，そして，平和主義の3つである。
人が生まれながらにしてもつ権利。日本国憲法で永久の権利として保障している

3 国民主権 ★★★

(1) **主権**……日本国憲法では⑥ にあると定められている。
国の政治のあり方を決める最高の力

(2) **天皇の地位**……日本国憲法では，天皇は，日本国と日本国民のまとま
大日本帝国憲法では天皇が主権者であった
りとしての⑦ と定められた。

(3) **天皇の仕事**……日本国憲法に定められた天皇の仕事を⑧ といい，
その仕事を行う場合には**内閣の助言と承認**が必要である。
ないかく   じょうにん

ズバリ暗記

**天皇の国事行為には，内閣総理大臣や最高裁判所長官の任命，国会の召集，
衆議院の解散，法律や条約の公布などがある。**

4 基本的人権の尊重 ★★★

(1) **平等権**……すべての国民が，⑨ に平等で，同じあつかいを受け
る権利。人種，信条，性別，社会的身分などで差別されない。

(2) **自由権**……すべての国民には，個人が自由に行動することができ，国
家権力に不当に干渉されないことが保障されている。

⑩ の自由	身体を不当に拘束されない，奴隷のように拘束されたり，働かされたりしない，など。
⑪ の自由	思想や良心の自由，信教の自由，それらを発表するための表現の自由，集会・結社の自由などが認められている。
⑫ の自由	住みたいところに住む居住・移転の自由，職業を選択する自由，自分の財産権をおかされないこと，など。

学習日　　月　　日

① _____
② _____
③ _____
④ _____
⑤ _____
⑥ _____
⑦ _____
⑧ _____
⑨ _____
⑩ _____
⑪ _____
⑫ _____

入試ガイド

自由権を⑩・⑪・⑫の
3つに区分したとき，
「職業選択の自由は，
どの自由になるか」な
どを問う問題が出題さ
れる。区分をしっかり
しておこう。

(3) **社会権**……国民がもつ人間らしいくらしをする権利。憲法第25条の⑬＿＿＿が基本。国民に

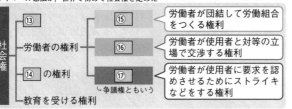

┌1919年にドイツで定められたワイマール憲法が，世界で初めて社会権を定めた

▲社会権

「健康で⑱＿＿＿な最低限度の生活を営む権利」を保障する。

(4) **参政権**……投票する**選挙権**や，選挙に立候補する⑲＿＿＿がある。

(5) **請求権**……⑳＿＿＿を受ける権利がある。
└国や地方公共団体によってあたえられた損害に対して，損害の賠償を請求する国家賠償請求権もある

(6) **基本的人権の制限**……㉑＿＿＿によって制限される場合がある。
　　　　　　　　　　└社会全体の利益や幸福

(7) **新しい人権**……くらしやすい環境を守る**環境権**，情報公開を求める知る権利，私生活をみだりに公開されない㉒＿＿＿の権利，自分の生き
　　　　　　　　　　　　　　　　　　　　　　└国・地方公共団体に対して行う
方を自分で決定する㉓＿＿＿などは，日本国憲法に規定されていない。

(8) **義務**……勤労の義務，㉔＿＿＿の義務，普通教育を受けさせる義務。
　　　　└子どもの保護者がもつ義務。子どもには，教育を受ける権利がある

⑤ 平和主義 ★★★

(1) **日本国憲法**……前文で平和主義を，また，第㉕＿＿条でも，戦争の**放棄**，**戦力の不保持**，**交戦権の否認**など徹底した平和主義を定めている。

(2) **自衛隊**……防衛任務や災害救助のほか，**国連平和維持活動**（㉖＿＿＿）での海外活動も行う。

⑥ 日本国憲法の改正 ★★

憲法審査会，または国会議員が憲法改正案を提出の後，国会で各議院の総議員の㉗＿＿＿以上の賛成で発議され，その改正案に対する㉘＿＿＿で有効投票総数の㉙＿＿＿の賛成があれば改正が決まり，天皇が国民の名で公布する。

▲憲法改正の手続き

※衆議院に先に憲法改正案が提出された場合。参議院が先のときもある。

⑬
⑭
⑮
⑯
⑰
⑱
⑲
⑳
㉑
㉒
㉓
㉔
㉕
㉖
㉗
㉘
㉙

┌─ 入試ガイド ─┐

日本国憲法に関して，第1条の天皇の地位・国民主権，第9条の戦争放棄，戦力および交戦権の否認，第25条の生存権，第96条の改正の手続きなどがよく出題される。

🏃 レッツトライ！ ～中学入試頻出問題～

現在，駅の構内や公民館など，街のあちこちで段差を解消するためのスロープの設置など，障がい者の「障がい」となるものを取り除くくふうがされている。このような取り組みを一般に何というか。カタカナ6字で答えなさい。　〔　　　　　　〕［法政大第二中］

★ポイント　「障がいとなるもの」とは「バリア」のことである。

ステップ2 実力問題①

解答 → 別冊p.19

得点アップ

1 次の日本国憲法の一部を読んで，あとの問いに答えなさい。

> 前文　日本国民は，恒久の **a** を念願し，……，**a** を愛する諸国民の公正
> と信義に信頼して……。われらは，全世界の国民が，ひとしく恐怖と欠乏
> から免かれ，**a** のうちに生存する権利を有することを確認する。
> 第1条　天皇は，日本国の **b** であり日本国民統合の **b** であつて，この地
> 位は，**c** の存する日本国民の総意に基く。
> 第9条　①日本国民は，正義と秩序を基調とする国際 **a** を誠実に希求し，
> **d** の発動たる戦争と，武力による威嚇又は武力の行使は，国際紛争を
> 解決する手段としては，永久にこれを放棄する。
> ②前項の目的を達するため，陸海空軍その他の **e** は，これを保持しな
> い。国の **f** 権は，これを認めない。
> 第25条　①すべて国民は，健康で文化的な **g** の生活を営む権利を有する。

(1) 日本国憲法が施行されたのは，1947年の何月何日か答えなさい。

[　　　　　　　] 〔同志社香里中─改〕

●重要 (2) 空欄 **a** ～ **f** にあてはまる語句を漢字2字で，空欄 **g** にあてはま
る語句を漢字4字で答えなさい。〔山手学院中・春日部共栄中─改・頴明館中─改〕

a [　　　　　]　b [　　　　　]　c [　　　　　]　d [　　　　　]

e [　　　　　]　f [　　　　　]　g [　　　　　]

(3) 天皇の皇位継承を定めている法律を次のア～エから1つ選び，記号で
答えなさい。 [　　　　　] 〔春日部共栄中〕

ア 憲法　　イ 民法　　ウ 商法　　エ 皇室典範

(4) 天皇の国事行為に関する次の空欄 **h** ・ **i** にあてはまる語句の組み合
わせとして正しいものをあとのア～エから1つ選び，記号で答えなさ
い。 [　　　　　] 〔春日部共栄中〕

> 第3条　天皇の国事に関するすべての行為には，内閣の **h** と **i** を
> 必要とし，内閣が，その責任を負ふ。

ア h─指導　i─許可　　イ h─助言　i─許可

ウ h─指導　i─承認　　エ h─助言　i─承認

●重要 (5) 天皇の国事行為として誤っているものを次のア～エから1つ選び，記
号で答えなさい。 [　　　　　] 〔春日部共栄中─改〕

ア 法律の公布　　　　　　イ 栄典の授与

ウ 内閣総理大臣の指名　　エ 最高裁判所長官の任命

1(1)日本国憲法が公
布されたのは1946
年。その公布日の半
年後に施行された。
(2)b.「形のないも
のを具体的な形で表
す」という意味の語
句。d.「国家権力」
という意味の語句。
f.「国が戦争を行
う」という意味の語
句。
(3)この法律では，皇
位継承は男子のみが
できると定められて
いる。
(5)指名と任命の語句
に注意する。

✓チェック!自由自在①
明治時代に制定さ
れた大日本帝国憲
法では，天皇の地
位はどうなってい
たのだろうか。ま
た，天皇にはどの
ような力があった
のだろうか。調べ
てみよう。

2 日本国憲法について，次の文を読んで，あとの問いに答えなさい。

> 憲法……第98条　①「この憲法は，国の ___ であつて，その条規に反する法律，命令，詔勅及び国務に関するその他の行為の全部又は一部は，その効力を有しない」と定める。
>
> 基本的人権……日本国憲法では，a平等権，b自由権，c社会権，参政権，請求権を定める。憲法に定めはないが，d新しい人権が認められている。
>
> 平和主義……前文と第9条で定める。e自衛隊が国内・国外で活動する。

(1) 空欄 ___ にあてはまる語句を漢字4字で答えなさい。〔専修大松戸中〕

[　　　　　]

(2) 下線部aについて，日本国内には右の絵の自動販売機のように，商品を選ぶための最上段

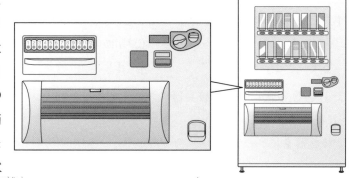

のボタンが通常よりも低い位置にあるものが増えてきている。その理由を答えなさい。〔大阪教育大附属池田中一改〕

[　　　　　　　　　　　　　　]

(3) 下線部bについて，日本国憲法が保障する自由権を，精神の自由，身体の自由，経済活動の自由の3つに分類するとき，「思想及び良心の自由」と同じ分類になるものを次のア～エから1つ選び，記号で答えなさい。[　　　]〔洗足学園中一改〕

　ア 学問の自由　　　イ 裁判を受ける権利
　ウ 職業選択の自由　エ 奴隷的拘束・苦役からの自由

(4) 下線部cについて，日本国憲法が保障する社会権にあたるものを次のア～エから1つ選び，記号で答えなさい。[　　　]〔専修大松戸中一改〕

　ア 信教の自由　　イ 選挙で投票する権利
　ウ 被選挙権　　　エ 教育を受ける権利

(5) 下線部dについて，新しい人権の1つであるプライバシーの権利を保障するために制定された法律の名を漢字で答えなさい。〔専修大松戸中〕

[　　　　　　　]

(6) 下線部eについて，自衛隊は文民からなる政府によって支配，統制されるシステムとなっている。このような原則のことを何というか，カタカナで答えなさい。[　　　　　]〔広尾学園中〕

2 (2)絵のように低い位置にボタンがあると，子どもだけでなく，どのような大人の人にとっても便利なのかを考える。
(3)「思想及び良心の自由」は，「精神の自由」にふくまれる。
(4)社会権とは「人間らしい生活をする権利」である。そのためには，最低限の文化的な生活と，生活するためにお金をかせぐ労働の場，文字が読めることなどが必要となる。
(5)個人の情報が本人の知らないうちに他人に知られるのを防ぐために，この法律が制定された。
(6)文民とは，職業として軍人となった経験のない人のことをいう。

✔チェック!自由自在②

なぜ憲法に定められていない「新しい人権」が認められるようになってきたのだろうか。また，どのようなものがあるのか調べてみよう。

ステップ2 実力問題②

解答 → 別冊p.20

得点アップ

1 次の日本国憲法の条文の一部を読んで，あとの問いに答えなさい。

> 前　文　日本国民は，正当に　a　された国会における代表者を通じて行動
> し，……わが国全土にわたつて　b　のもたらす恵沢を確保し，政府の行
> 為によつて再び　c　の惨禍が起ることのないやうにすることを決意し，
> ここに　d　が国民に存することを宣言し，この憲法を確定する。
> 第9条　①……国権の発動たる　c　と，武力による威嚇又は武力の行使は，国
> 際紛争を解決する手段としては，e永久にこれを放棄する。

●重要 (1) 空欄　a　～　d　にあてはまる語句を漢字2字で答えなさい。

〔江戸川学園取手中一改〕

a [　　　　　]　b [　　　　　]　c [　　　　　]　d [　　　　　]

(2) 下線部 e について，1970年代に日本が核兵器について定めた原則を，
「核兵器を〜」の形に続くように答えなさい。　　　〔渋谷教育学園渋谷中〕

核兵器を [　　　　　　　　　　　　　　　　　]

●重要 (3) 日本国憲法に定められている権利や義務として，正しいものには○，ま
ちがっているものには×をつけたとき，その組み合わせとして正しいも
のをあとの表中の**ア～エ**，**オ～ク**からそれぞれ1つずつ選び，記号で
答えなさい。　　　　　　　　権利 [　　　]　義務 [　　　]　〔東海中〕

【権利】
A 健康で文化的な生活を営む権利
B 働く権利
C 信教・学問・思想の自由
D 個人の尊重と法の下の平等

【義務】
E 子どもが教育を受ける義務
F 税金を納める義務
G 働く義務
H 裁判を受ける義務

答えの記号	A	B	C	D
ア	○	×	×	×
イ	○	○	○	○
ウ	×	○	×	×
エ	×	×	×	○

答えの記号	E	F	G	H
オ	○	×	○	×
カ	○	○	×	×
キ	×	○	○	×
ク	×	×	×	○

(4) 右の資料のシャンプーのボトルにはギザギ
ザの印がついているが，リンスのボトルに
はついていない。この印の有無がユニバー
サルデザインの考え方を生かしているとい
える理由を，利用する人の立場に立って，
答えなさい。　　　　　　〔一関第一高附属中一改〕

[　　　　　　　　　　　　　　　　　　　　　　　]

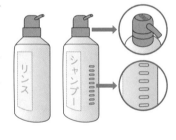

1(2)非核三原則の語
句を答える。

(3)大日本帝国憲法で
は，自由権は法律の
範囲内で認められて
いた。すなわち，法
律を変えることで制
限することができた。
また，納税と兵役が
国民の義務であった。

(4)ユニバーサルデザ
インとは，すべての
人が使いやすいよう
にデザインされた製
品のことをいう。ギ
ザギザがついている
ということで，何に
役立つのか考える。

✔チェック!自由自在①
ユニバーサルデザ
インのものを探し
てみよう。また，
バリアフリーとノ
ーマライゼーショ
ンは，どうちがう
のか調べてみよう。

2 次の条文を読んで，あとの問いに答えなさい。

> a 世界人権宣言……第3条　すべて人は，生命，自由及び身体の安全に対する権利を有する。
> b 日本国憲法……第22条　何人も，公共の福祉に反しない限り，居住，移転及び　　　の自由を有する。
> c 児童（子ども）の権利条約……第6条①　締約国は，すべての児童が生命に対する固有の権利を有することを認める。

要 (1) 空欄　　　にあてはまる語句を答えなさい。[　　　　]〔山脇学園中〕

(2) a〜c を制定された順に正しく並べ，記号で答えなさい。

[　　　→　　　→　　　]〔東邦大付属東邦中一改〕

(3) 日本国憲法の勤労の権利に関連して，次の問いに答えなさい。

① 右の図は，通称「M字カーブ」といわれる，年齢ごとの働く女性の割合を示したものである。この図から読

図 女性の年齢別労働力率

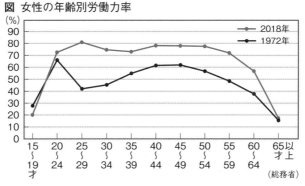

み取れることを次の**ア〜エ**から１つ選び，記号で答えなさい。

[　　　]〔浅野中一改〕

ア M字カーブの底が浅くなってきている背景には，女性が出産や育児を機会に仕事をやめる場合が増えていることがあげられる。

イ M字カーブの底が右に移ってきている背景には，女性が結婚する年齢がおそくなってきていることがあげられる。

ウ 「15〜19才」で労働力率が低くなってきているのは，女性の高等教育機関への進学率が低下してきていることがあげられる。

エ 1972年の「35〜44才」で労働力率が上がっている背景には，男性の育児休暇の取得で女性が働きやすくなったことがあげられる。

重要 ② 労働環境の改善をはかるため，労働者には労働三権が認められている。この労働三権にあてはまらないものを次の**ア〜エ**から１つ選び，記号で答えなさい。[　　　]〔日本大第三中〕

ア 団体行動権　**イ** 団体労働権　**ウ** 団体交渉権　**エ** 団結権

③ 労働三法の中で，賃金，労働時間，休日などについて使用者が守るべき最低限のことを定めた法律名を答えなさい。〔日本大第三中〕

[　　　　　　]

2 (1)第22条は，自由権のうちの経済活動の自由にふくまれるものについて定めている。

(2)世界人権宣言は人権を保障するための国際的基準の文章。第二次世界大戦直後，国際連合でつくられた。児童（子ども）の権利条約は子どもの権利についての条約。1989年，国際連合で定められた。

(3)① 「M字カーブ」とは，働く人の割合（特に日本人女性）が，年齢の一部分で特に下がり，「M」の字のように見えることから名づけられた。
③この法律では，1日8時間以内，1週40時間以内の労働，1週につき1日の休日などを定めている。

✓チェック！自由自在②
職場での男女平等を確保するために，どのような法律があるのか調べてみよう。

ステップ3 発展問題

解答 → 別冊p.20

1 次の文を読んで，あとの問いに答えなさい。

> a日本国憲法では，国民の基本的人権は，憲法第11条に「…侵すことのできない　**b**　の権利」として明記され，保障されている。しかし，いくら基本的人権が尊重されるとはいえ，c自分勝手にその権利が行使できるわけではない。そのd基本的人権は大きく５つの種類に分けることができ，また，権利と同時に国民の義務も明記されている。

(1) 下線部 **a** について，日本国憲法は３つの原則を柱としている。右の図は，1947年に当時の文部省が中学１年生用につくった教科書にのっていた図である。日本国憲法の３つの原則のうち，この図が示す考えを何というか，漢字で答えなさい。なお，図中の「國」という漢字は現在の「国」である。　[　　　　　　]〔横浜雙葉中〕

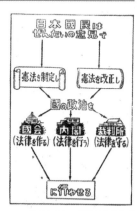

（「あたらしい憲法のはなし」）

(2) 空欄 **b** にあてはまる語句を次の**ア〜エ**から１つ選び，記号で答えなさい。　[　　　　]〔日本大藤沢中〕

　　ア 不滅　　**イ** 永遠　　**ウ** 永久　　**エ** 最高

(3) 下線部 **c** について，憲法では「　　　　　に反しない限り…」基本的人権は制限されないと明記している。空欄　　　にあてはまる語句を答えなさい。　[　　　　　　]〔日本大藤沢中〕

(4) 下線部 **d** について，次の問いに答えなさい。

[難問] ① 基本的人権の説明として誤っているものを次の**ア〜エ**から１つ選び，記号で答えなさい。

　　[　　　　]〔ラ・サール中〕

　　ア 憲法が保障する「団結権」とは，おもに労働者が労働条件を維持するために，労働組合をつくったり，それに加入したりする権利のことである。

　　イ 憲法は，信教の自由を保障すると同時に，国や地方公共団体が宗教に介入することを防ぐために，「国及びその機関は，…いかなる宗教的活動もしてはならない」と定めている。

　　ウ 憲法はだれでも，法律の定める手続きによらなければ，その生命や自由をうばわれることはなく，その他の刑罰を科されることもないとしている。

　　エ 憲法は，言論の自由を保障しているが，集会の自由は保障していない。

[独創的] ② 日本国憲法では平等権が認められている。次ページの**資料1**は，「ジェンダー平等を実現しよう」というアイコンである。ジェンダーとは，社会的・文化的につくり上げられた性別に対するイメージのことで，**資料1**は，その決めつけられたイメージから自由になることを求めている。**資料2**は，日常よく目にするトイレの図であるが，ジェンダーの視点から問題が指摘されることがある。**資料2**の何が問題とされるのか答えなさい。　〔晃華学園中〕

[

資料1

（国連広報センターホームページ）

資料2

（(公財)交通エコロジー・モビリティ財団ホームページ）

2 次の問いに答えなさい。

問 (1) 日本の自衛隊について説明した X〜Z について，その正誤の組み合わせとして正しいものを右の**ア〜カ**から1つ選び，記号で答えなさい。　　　　[　　　　]〔西大和学園中〕

	ア	イ	ウ	エ	オ	カ
X	誤	正	正	正	誤	誤
Y	正	誤	正	誤	正	誤
Z	正	正	誤	誤	誤	正

X 文民である内閣総理大臣は，内閣を代表して自衛隊の最高の指揮・監督権を有するものとされている。

Y 外国の攻撃や侵略から国の平和と独立を守ることをおもな任務としているが，戦闘機やミサイルのような軍備は備えていない。

Z 湾岸戦争後に国連平和維持活動(PKO)協力法が成立し，アフガニスタンに最初の自衛隊の海外派遣が行われた。

(2) 労働について，次の問いに答えなさい。

① 次の X・Y について，その正誤の組み合わせとして正しいものをあとの**ア〜エ**から1つ選び，記号で答えなさい。　　　　[　　　　]〔渋谷教育学園幕張中〕

X 憲法には勤労の権利が明記されており，国は労働者の雇用を保障するために職業紹介などを行っている。

Y 憲法には勤労の義務が明記されており，場合によって国が強制労働させることもある。

ア X—正　Y—正　　**イ** X—正　Y—誤　　**ウ** X—誤　Y—正　　**エ** X—誤　Y—誤

② 1985 年に成立した，女性の働き方に大きな変化をあたえた法律を次の**ア〜ウ**から1つ選び，記号で答えなさい。　　　　[　　　　]〔慶應義塾湘南藤沢中—改〕

ア 最低賃金法　　**イ** 男女共同参画社会基本法

ウ 男女雇用機会均等法

(3) 右の図は，近年，裁判で主張され，注目されている人権に関連したものである。この権利を何というか，次の**ア〜エ**から1つ選び，記号で答えなさい。

[　　　　]〔明治大付属明治中—改〕

ア 知る権利　　**イ** 自己決定権　　**ウ** アクセス権　　**エ** 忘れられる権利

自分の名まえを検索すると……

インターネット上に残る不都合な個人情報

×× 画像

×× 記事

消したい！ → 拡散の恐れ

(4) 日本国憲法が，通常の法律よりも改正手続きが難しくなっている理由を，憲法というものの性質をふまえて答えなさい。　　　　〔森村学園中〕

[　　　　　　　　　　　　　　　　　　　　　　　　　　　　　　]

2 第2章 政治
政治のしくみとはたらき ①（民主政治，国会，内閣，裁判所）
ステップ1 まとめノート

解答 → 別冊p.21

1 民主政治 ★★

(1) **考え方**……主権者の国民による政治。アメリカ大統領① 　　　の「人民の，人民による，人民のための政治」が最も簡潔にいい表す。

(2) **国の政治**……〈議会政治〉国民の代表者が集まった議会で決定した法律による② 　　　民主制。〈三権分立〉立法・行政・司法に分割。
└国民全員が直接議論し，決定する直接民主制もある

2 国会 ★★★

(1) **地位**……国権の③ 　　　であり，国の唯一の④ 　　　。

(2) **しくみ**……〈二院制〉衆議院と参議院で構成。

衆議院		参議院
18才以上の男女	選挙権	18才以上の男女
⑤ 才以上の男女	被選挙権	30才以上の男女
4年	任期	6年(3年ごとに半数改選)
ある	⑥	ない

〈種類〉毎年1月中に召集される⑦ 　　　，内閣が必要と認めたときに開かれる⑧ 　　　，衆議院の解散総選挙後に開かれる⑨ 　　　。
└いずれかの議院の総議員の4分の1以上の要求があったときにも開かれる

(3) **仕事**……法律の制定，予算の議決，⑩ 　　　の指名，弾劾裁判所の設置，国政調査，憲法改正の発議，条約の承認など。
└裁判官を裁判する

(4) **衆議院の優越**……法律案を衆議院で可決後，参議院が否決(→⑪ 　　　を開いても不一致)→衆議院で出席議員の⑫ 　　　以上の賛成で法律が成立。予算の議決，条約の承認，⑩ の指名も衆議院が優越。

 ズバリ暗記 衆議院の優越が認められているのは，衆議院は参議院に比べて任期が短く解散もあるため，国民の意思をより反映しやすいと考えられているから。

3 内閣 ★★★

(1) **地位**……⑬ 　　　権をもつ。

(2) **しくみ**……〈内閣〉内閣総理大臣と⑭ 　　　で構成。ただし，⑭ の過半数は国会議員でなければならない。

(3) **仕事**……法律をもとに政治を行う。予算案や法律案の作成，条約を結ぶ，最高裁判所長官の⑮ 　　　，政令の制定など。
└内閣が定める規則

(4) **国会との関係**…〈議院内閣制〉内閣が国会の信任にもとづいて成立し，国会に対して連帯して責任を負う。

① 　　　
② 　　　
③ 　　　
④ 　　　
⑤ 　　　
⑥ 　　　
⑦ 　　　
⑧ 　　　
⑨ 　　　
⑩ 　　　
⑪ 　　　
⑫ 　　　
⑬ 　　　
⑭ 　　　
⑮ 　　　

入試ガイド

衆議院と参議院のちがい，国会の種類，仕事内容，衆議院が優越することがらについて，衆議院から参議院へ案がわたされたあとの手続きなどを理解しておくこと。議院内閣制については，図をもとに正確に理解しておくこと。行政機関の仕事についてもおさえる。

〈総辞職〉衆議院で**内閣不信任決議**が可決されると，内閣は⑯□□□するか，**10日以内に衆議院を解散する。**

(5) **衆議院解散後**……衆議院の解散の日から⑰□□□日以内に総選挙を行い，選挙後，⑱□□□日以内に⑨□□□を開く。

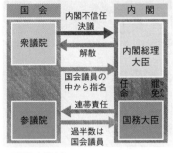

▲議院内閣制

⑯ _____

⑰ _____

⑱ _____

⑲ _____

⑳ _____

㉑ _____

㉒ _____

㉓ _____

㉔ _____

㉕ _____

㉖ _____

㉗ _____

㉘ _____

㉙ _____

㉚ _____

4 裁判所 ★★★

(1) **地位**……法律にもとづき，争いごとを解決する**司法権**をもつ。

(2) **裁判所の種類**……「**憲法の番人**」とも呼ばれる⑲□□□と，下級裁判所からなる。下級裁判所が，全国に8か所ある⑳□□□と**地方裁判所**，**家庭裁判所**，**簡易裁判所**からなる。
　└東京に1か所
　└地方裁判所，家庭裁判所は全国に50か所┘
　└全国に438か所┘

(3) **裁判の種類**……〈**民事裁判**〉個人の権利などを，うったえた側（㉑□□□）と，うったえられた側（㉒□□□）が争う。〈**刑事裁判**〉犯罪に対して，うったえた側（㉓□□□）と，うったえられた側（㉔□□□）が争う。
　└被疑者が裁判にうったえられる（起訴される）とこう呼ばれる┘

(4) **裁判員制度**……刑事裁判に民間人が参加。国民の考えを裁判に反映。
　└地方裁判所の第一審の刑事裁判のみに参加

(5) **三審制**……**慎重な裁判**を目ざし，1つの事件につき原則として**3回まで裁判が受けられる**。第一審から第二審へうったえることを㉕□□□，第二審から第三審へうったえることを㉖□□□という。

5 三権分立 ★★★

(1) **意義**……立法・行政・司法を分立させ，たがいにほかの権力を**見張り**，**ほかの権力の行き過ぎをおさえる。**

(2) **しくみ**……裁判所から国会への㉗□□□，国会から裁判所への㉘□□□，国民から内閣への㉙□□□，国民から裁判所への㉚□□□など。

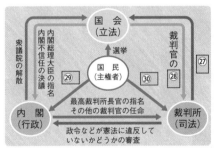

▲三権分立のしくみ

入試ガイド

民事裁判と刑事裁判のちがい，裁判員制度の内容，三審制の進み方と，そのときの裁判所の名称などを確認しておく。三権分立は図をもとに，図のどこの語句が問われてもよいように理解しておこう。

レッツトライ！ ～中学入試頻出問題～

国民が主権者として裁判へ関心をもったり，国民の感覚や視点を裁判に生かしたりするため，国民の中から選ばれた人が裁判に参加する制度がある。何という制度か，答えなさい。

［お茶の水女子大附中］

〔　　　　　　　　　　　〕

★ **ポイント** 被告人が有罪か無罪か，有罪ならどのような刑罰にするかを裁判官とともに決める。

ステップ2 実力問題

ここがねらわれる
● 国会の種類，衆議院と参議院のちがいと特色
● 内閣と国会の関係，省庁の仕事
● 民事裁判と刑事裁判のちがい，三審制

解答 → 別冊p.21

得点アップ

1 国会のおもな仕事をまとめた次の文を読んで，あとの問いに答えなさい。

- 国の決まりである a法律を制定する。
- 外国と取り決めた　**b**　を承認する。
- 国の歳入や歳出の予定である　**c**　を決める。
- 国会議員の中から d内閣総理大臣を指名する。
- e弾劾裁判を行う。
- 国会が正しく役割を果たすために証人を呼んだり，資料を提出させたりする。

重要 (1) 下線部 a について，法律制定の流れを示した右の図の空欄 **A** ～ **C** にあてはまる語句を次のア～ケからそれぞれ選び，記号で答えなさい。〔日本大第三中〕

A [　　　] B [　　　] C [　　　]

ア 企業　　イ 国民　　ウ 知事　　エ 内閣　　オ 裁判所
カ 天皇　　キ 委員会　　ク 検察審査会　　ケ 弁護士

(2) 空欄 **b** ・ **c** にあてはまる語句を，それぞれ漢字 2 字で答えなさい。

b [　　　　] c [　　　　]〔十文字中〕

重要 (3) 下線部 d について，衆議院解散による衆議院議員の総選挙の日から，30 日以内に召集され，内閣総理大臣を指名する国会を次のア～エから 1 つ選び，記号で答えなさい。[　　　]〔十文字中〕

ア 常会(通常国会)　　イ 臨時会(臨時国会)
ウ 特別会(特別国会)　　エ 緊急集会

(4) 下線部 e について，この裁判で裁判される人を次のア～エから 1 つ選び，記号で答えなさい。[　　　]〔十文字中〕

ア 国会議員　　イ 内閣総理大臣　　ウ 国務大臣　　エ 裁判官

(5) 日本の国会が，衆議院と参議院の二院制(両院制)をとっている目的を 15 字以内で答えなさい。〔大妻嵐山中〕

図: 国会議員 → 法律案 → A / 衆議院 議長 → B → 本会議 → 参議院 議長 → B → 本会議 → 成立 → C が公布

1(1)法律案の提出件数と，その法律案が成立する件数は，ともに A の方が多い。また，法律案は，少人数の会議で細部まで審議し，その後，全議員が出席する本会議へ送られ，審議，議決される。

(2) b を結ぶことと，c を作成することは内閣の仕事である。
(5)二院制では，2 つの議院で同じことが 2 度，議論される。議論の時間が長くなるが，そうすることの長所を考える。

チェック!自由自在①
国会の種類は 4 つあるが，それぞれの国会の，会期，開催時期，おもな審議の内容はどうなっているのか調べてみよう。

2 次の文を読んで，あとの問いに答えなさい。　　　　　〔普連土学園中—改〕

内閣総理大臣は，国会議員の中から国会により指名され，天皇が　A　する。国務大臣は，　B　が　A　し，天皇がそれを認証する。国務大臣の　C　は国会議員でなければならない。　B　には，国務大臣をやめさせる権限がある。内閣総理大臣も国務大臣もともに，　D　でない人，つまり，文民でなければならない。内閣の方針は，　E　と呼ばれる会議で決まる。内閣の下には，１府12省庁の役所が置かれている。

(1) 空欄　A　～　E　にあてはまる語句を答えなさい。

A〔　　　　　〕　B〔　　　　　　　　　〕　C〔　　　　　　　　　〕

D〔　　　　　　　　　〕　E〔　　　　　　　　　〕

(2) 下線部に関して，次の①～③にあてはまる省庁を，右の**ア**～**オ**から１つずつ選び，記号で答えなさい。

①〔　　　〕　②〔　　　〕　③〔　　　〕

① 国民の健康の増進，社会保障などをあつかう。

② 教育・学問・芸術などの発展を目ざす。

③ 予算や決算の案を作成する。

ア	総務省
イ	文部科学省
ウ	国土交通省
エ	厚生労働省
オ	財務省

2(1)内閣総理大臣は必ず国会議員でなければならないが，国務大臣は必ずしもそうではない。ただし，どちらも文民でなければならない。

✓チェック！自由自在②
１府12省庁の仕事は，それぞれどのようなものなのか調べてみよう。

3 次の文を読んで，あとの問いに答えなさい。

大阪a地方裁判所で裁判を傍聴した。この裁判はお金の貸し借りをめぐる裁判であった。法廷は裁判官が正面に，うったえをおこした　A　が左に，うったえられた　B　が右に座っていた。すでに１度，　A　のうったえを認める判決が出されていたが，　B　が納得せずこの裁判をおこした。この裁判の判決に不服なら，さらにb上級の裁判所にうったえることができる。

(1) 法廷では「傍聴席」が設けられ，特別な場合を除いてはだれでも裁判を見ることができる。その理由を答えなさい。　　　　　〔東洋英和女学院中〕

〔　　　　　　　　　　　　　　　　　　　　　　　　　　　　　　〕

(2) 空欄　A　・　B　にあてはまる語句をそれぞれ漢字２字で答えなさい。

A〔　　　　　〕　B〔　　　　　〕〔神戸女学院中〕

(3) 下線部aと同じ数が全国に存在する裁判所は何という裁判所か，答えなさい。　　　　　〔　　　　　　　　　〕〔神戸女学院中〕

(4) 下線部bについて，通常，この上級の裁判所とは何という裁判所か，答えなさい。また，その裁判所の所在地として誤っているものを次の**ア**～**オ**から１つ選び，記号で答えなさい。　　　　　〔神戸女学院中〕

上級の裁判所〔　　　　　　　　　〕　記号〔　　　　　〕

ア 仙台　　**イ** 福岡　　**ウ** 高松　　**エ** 金沢　　**オ** 札幌

3(1)憲法第82条で「公開法廷」で裁判を行うことが定められている。
(2)民事裁判では原告と被告の争い，刑事裁判では検察官と被告人の争いとなる。
(4)地方裁判所の前に判決を出したのは簡易裁判所である。下級裁判所の中の最上位の裁判所は，全国に８か所置かれている。

✓チェック！自由自在③
民事裁判と刑事裁判の三審制のしくみはどのようになっているのか調べてみよう。

ステップ3 発展問題

解答 → 別冊p.22

1 右の図を見て，次の問いに答えなさい。

(1) 図中の **A** について，衆議院で可決
し参議院で否決した法律案が，両院
協議会でも一致しなかったとき，こ
の法律案が法律として成立するのは
どのような場合か，衆議院の優越を
ふまえて答えなさい。　　〔高輪中〕

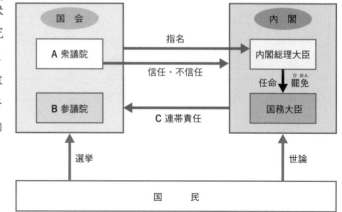

[　　　　　　　　　　　　　　　　　]

(2) 図中の **B** についての説明として正しいものを次の**ア〜エ**から１つ選び，記号で答えなさい。

[　　　]〔高輪中〕

ア 議員の任期は３年で，解散はない。　　**イ** 議員の任期は３年で，解散がある。

ウ 議員の任期は６年で，解散はない。　　**エ** 議員の任期は６年で，解散がある。

(3) 図中の **A・B** について，次の文 **X・Y** の正誤の組み合わせとして正しいものをあとの**ア〜エ**か
ら１つ選び，記号で答えなさい。　　　　　　　　　　　　　　[　　　]〔東大寺学園中―改〕
X 内閣総理大臣は衆議院議員から選ばれ，参議院議員から選ばれることはない。
Y 国務大臣の過半数は，必ず衆議院議員の中から選ばれる。

ア X―正　**Y**―正　　**イ X**―正　**Y**―誤　　**ウ X**―誤　**Y**―正　　**エ X**―誤　**Y**―誤

(4) 図中の内閣についての説明として誤っているものを次の**ア〜エ**から１つ選び，記号で答えな
さい。　　　　　　　　　　　　　　　　　　　　　　　　　　　[　　　]〔ラ・サール中〕
ア 憲法は，内閣の仕事の１つとして「外交関係を処理すること」を挙げており，外国と外交
交渉を行うことなどは内閣の権限に属する。
イ 予算案の作成と国会への提出は会計検査院が行い，成立した予算の実施は内閣および各省
などの行政機関が行う。
ウ 内閣の構成員からなる会議を閣議といい，閣議決定は多数決を採用せず，全員一致によっ
て行われる。
エ 内閣は，法律の規定を実施するために必要がある場合などにおいて，政令を制定すること
ができる。

(5) 図中の **C** について，このように内閣が国会の信任の上に成り立ち，行政権の行使にあたり国
会に連帯して責任を負うしくみを何というか，漢字５字で答えなさい。

〔専修大松戸中〕

[　　　　　　　　　]

2 裁判所について，次の問いに答えなさい。

(1) 右の図は三審制のしくみを示したもので，**ア～エ**には最高裁判所以外の4つの裁判所のいずれかが入る。家庭裁判所を示すものを図中の**ア～エ**から1つ選び，記号で答えなさい。　[　　　]〔横浜雙葉中〕

問 (2) 裁判所についての説明として誤っているものを次の**ア～エ**から1つ選び，記号で答えなさい。〔ラ・サール中—改〕　[　　　]

ア 最高裁判所の裁判は，大法廷または小法廷で行われ，大法廷は裁判官全員によって，また，小法廷は5人の裁判官によって構成される。

イ 日本国憲法は，最高裁判所が，訴訟に関する手続きなどについて規則を定める権限をもつとしている。

ウ 簡易裁判所における事件は，1人の裁判官によって裁判が行われる。

エ 裁判を受ける人は，1つの事件については，3回の裁判を受けなければならない。

(3) 裁判員裁判についての説明として正しいものを次の**ア～エ**から1つ選び，記号で答えなさい。
　[　　　]〔千葉日本大第一中〕

ア 殺人などの犯罪の第一審について，裁判官3人と裁判員6人の9名で行われる。

イ 殺人などの控訴審について，裁判官3人と裁判員6人の9名で行われる。

ウ すべての刑事事件の第一審について，裁判官3人と裁判員6人の9名で行われる。

エ 殺人などの第一審について，裁判官1人と裁判員3人の4名で行われる。

最高裁判所

ア

イ　　　ウ

エ

(注)図は民事裁判の場合を示しており，同じ種類の矢印は同じ裁判の流れを示している。

3 右の図を見て，次の問いに答えなさい。

(1) 図中の空欄 **X** にあてはまる語句を漢字で答えなさい。　[　　　]〔洗足学園中〕

(2) 図中の空欄 **Y** にあてはまることがらについて，「裁判所」，「法律」という語句を使って，40字前後で答えなさい。〔専修大松戸中—改〕

(3) 図中の空欄 **Z** にあてはまる語句のうち，衆議院だけが内閣に対してもつものを次の**ア～エ**から1つ選び，記号で答えなさい。　[　　　]〔洗足学園中〕

ア 条約の承認　　**イ** 内閣総理大臣の指名　　**ウ** 国政調査権　　**エ** 内閣不信任の議決

(4) 図のように，国の権力を3つの機関に分けている理由を「国の権力が」に続けて答えなさい。
〔お茶の水女子大附中〕

[国の権力が

]

3

第2章　政治
政治のしくみとはたらき ②（財政と社会保障，選挙，地方の政治）

ステップ1　まとめノート

解答 → 別冊p.23

1 財政と社会保障 ★★★

(1) **財政**……税金などを集め，公共事業やさまざまなサービスに支出すること。

(2) **税金**……〈納入先〉国に納める国税，地方自治体に納める地方税。〈納入方法〉税負担者と納入者が同じである① ，異なる② 。〈種類〉個人の収入にかかる

区　分	①	②
国　税	③ ・法人税・相続税など	④ ・酒税・揮発油税など
地方税 （都）道府県税	（都）道府県民税など	地方消費税など
地方税 市（区）町村税	市（区）町村民税など	市（区）町村たばこ税など

▲税金の種類

③ ，ものを買ったときにかかる④ など。③ や相続税は，**収入が増えるほど税率が高くなる課税方式**の⑤ 制度となっている。

(3) **歳入・歳出**……〈歳入〉税金と⑥ の発行で得た⑦ が中心。〈歳出〉社会保険などの費用の⑧ ，⑥ の利子の支はらいなどのための⑨ ，地方財政を助けるための⑩ が多い。
（将来，返済しなければならない借金）
（国債の利子と元本の返済のための費用）

(4) **社会保障制度**……国が中心となって，国民の生活を保障しようとするしくみ。
（憲法第25条がもとになる）

種　類	内　容
⑪には雇用保険と労災保険もある ⑪ 医療保険	病気やけがなどをしたときに支はらわれる。
年金保険	高齢になったときに年金が支給される。
⑫	介護が必要な高齢者にサービスを提供する。
⑬ （生活保護）	生活に困っている人に，生活費などを出して救済するしくみ。
社会福祉	社会的弱者の生活を保障するしくみ。
公衆衛生	保健所などを通して，人々の健康を増進させるしくみ。

ズバリ暗記 消費税は，収入の多少にかかわらず同じ税率でかかるため，収入の少ない人ほど負担が大きくなる。

2 選挙と政治 ★★

(1) **選挙**……**公約**や**マニフェスト**をもとに，投票によって代表者を選ぶ。
（政策の実施時期や数値目標を具体的に示したもの）
日本では，⑭ 才以上のすべての国民に選挙権がある⑮ 選挙，１人１票の**平等選挙**，候補者に対して有権者が直接投票する**直接選挙**，無記名で投票する**秘密選挙**の原則のもと，選挙が行われている。

①
②
③
④
⑤
⑥
⑦
⑧
⑨
⑩
⑪
⑫
⑬
⑭
⑮

入試ガイド

財政について，税金の種類や歳入と歳出の割合の高い上位の名称，社会保障制度の4つの名称と内容を確認。選挙について，小選挙区制と比例代表制の選出方法のちがいを確認。また，比例代表制はドント式で行われ，各政党の得票数に応じて議席数が配分されることを確認。

(2) **選挙のしくみ**……選挙権は⑭　才以上だが，立候補できる⑯　　**権**の年齢は異なる。

(3) **選挙制度**……衆議院議員総選挙は，小選挙区制と⑰　　制を組み合わせた⑱　　で行われる。
└1選挙区から1人を選ぶ
└参議院は選挙区選挙と⑰制

(4) **選挙の課題**……〈低投票率〉対策として，投票日の前に投票できるようにする⑲　　がある。〈一票の価値〉選挙区によって，議員1人あたりの有権者数に格差が生じており，⑳　　と呼ばれる。

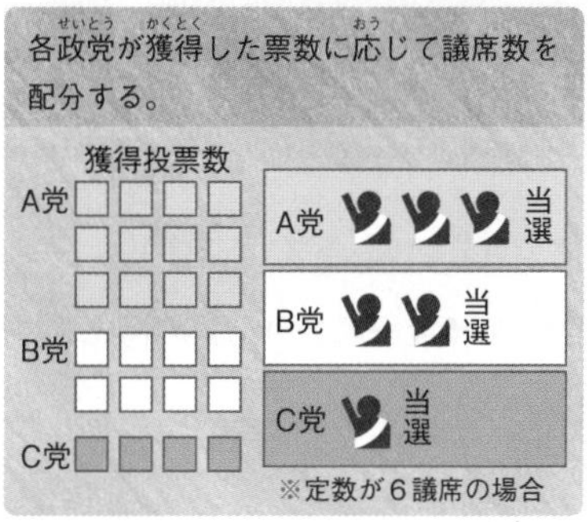

(5) **政党**……政権を担当する㉑　　，政権を担当しない㉒　　に分かれる。

各政党が獲得した票数に応じて議席数を配分する。

獲得投票数

A党　🎵🎵🎵 当選
B党　🎵🎵 当選
C党　🎵 当選

※定数が6議席の場合

▲⑰

---

⑧ 地方の政治（地方自治）★★★

(1) **意義**……自らの地域の政治を民主的に行うことをいう。地方自治は「**民主主義の**㉓　　」といわれる。

▼㉖　と地方議会議員の被選挙権

	被選挙権
都道府県知事	㉔　才以上
市(区)町村長	㉕　才以上
地方議会議員	25 才以上

└都道府県知事と参議院議員は同じ年齢，市(区)町村長は衆議院議員と同じ年齢┘

(2) **地方公共団体のしくみ**……〈行政〉最高責任者は都道府県知事，市(区)町村長であり，㉖　　と呼ばれる。〈議会〉一院制の地方議会がある。

(3) **地方議会の仕事**……予算の決定や，その地方公共団体のみに適用される決まりである㉗　　の制定などを行う。

(4) **直接請求権**……行政に対して直接に請求を行うことができる権利。

直接請求の種類	必要な署名数	請求先
㉗　の制定・改廃	有権者の㉘　以上	㉖
監　査	有権者の 50 分の1以上	監査委員
首長・議員の解職	有権者の㉙　以上*	㉚
議会の解散	有権者の㉙　以上*	㉚

＊有権者数が 40 万人をこえる場合は，必要署名数が緩和された。

⑯
⑰
⑱
⑲
⑳
㉑
㉒
㉓
㉔
㉕
㉖
㉗
㉘
㉙
㉚

入試ガイド

直接請求権は，請求に必要な署名数と請求先を正確に理解しておくことが必要。

レッツトライ！ ～中学入試頻出問題～

2019 年度の国の予算（総額約 101.5 兆円）の内訳を示した右の図の **X・Y** にあてはまるものを，**X** は漢字2字，**Y** は漢字3字でそれぞれ答えなさい。
[玉川聖学院中一改]

X〔　　　　　〕

Y〔　　　　　〕

収入
その他 6
公債金 32
X 62%

支出
その他 10
社会保障関係費 34%
Y 23
地方財政費 15

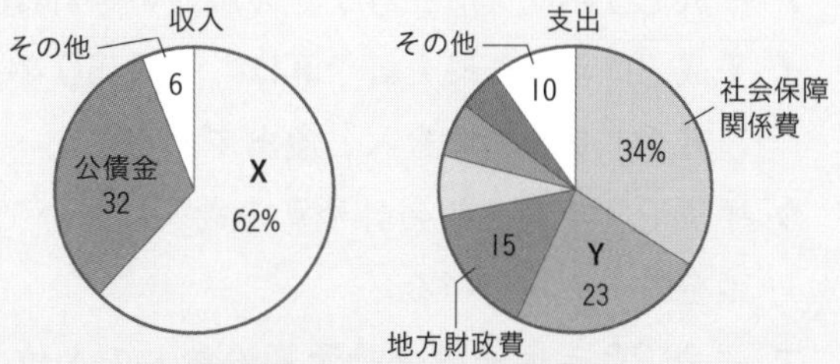

(注)収入のうち公債金とは国の借金
支出のうち地方財政費とは地方公共団体を支える費用
(財務省)

★**ポイント** **Y** は国の借金の返済費用。

●国税・地方税と直接税・間接税の区分
●社会保障制度の内容
●地方自治の直接請求権の特色

ステップ2 実力問題

解答 → 別冊p.23

得点アップ

1 次の図について，あとの問いに答えなさい。

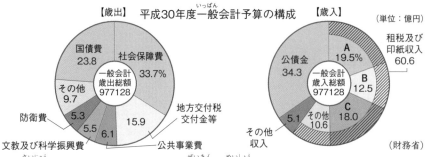

【歳出】 平成30年度一般会計予算の構成 【歳入】 （単位：億円）

国債費 23.8　社会保障費 33.7%　一般会計歳出総額 977128　その他 9.7　防衛費 5.3　文教及び科学振興費 5.5　6.1　公共事業費　地方交付税交付金等 15.9

租税及び印紙収入 60.6　A 19.5%　一般会計歳入総額 977128　B 12.5　公債金 34.3　その他収入 5.1　その他 10.6　C 18.0（財務省）

(1) 歳入のグラフについて，次の税金の名称を答えなさい。

①[　　　　] ②[　　　　] ③[　　　　]
④[　　　　] ⑤[　　　　]

① A の働いて得た収入に対して課される税金。

② B の企業の利益に対して課される税金。　〔攻玉社中〕

③ C の買った品物そのものの価格に組みこまれて納める税金。
〔早稲田実業学校中一改〕

④ 肉親の死亡によって引きついだ財産に対して課される税金。

⑤ 外国からの輸入品に対して課される税金。

重要 (2) 歳入のグラフの A の課税のしくみは，右の表のようになっている。この税と比較して，歳入のグラフの C の税はどのような問題があるか。次の文中の空欄にあてはまるように答えなさい。〔森村学園中一改〕

課税される金額の範囲	税率
195万円以下	5%
195万円超〜330万円以下	10%
330万円超〜695万円以下	20%
695万円超〜900万円以下	23%
900万円超〜1800万円以下	33%
1800万円超〜4000万円以下	40%
4000万円超	45%

低所得者も高所得者も同じ金額の税負担を求められるため，低所得者ほど[　　　　　　　　]という問題が生じる。

(3) この歳出と歳入のグラフについて述べた文として誤っているものを次のア〜エから1つ選び，記号で答えなさい。 [　　] 〔洗足学園中一改〕

ア 平成30年度一般会計予算の歳入の合計はおよそ98兆円である。

イ 平成30年度一般会計予算は，平成30年4月1日から平成31年3月31日までの歳入と歳出である。

ウ 平成30年度一般会計予算の歳入において，租税及び印紙収入は公債金を上回っている。

エ 平成30年度一般会計予算の歳入の上位1位の A と，2位の C はともに直接税である。

1(2)金額の範囲によって税率が変わるこのようなしくみを「累進課税」といい，税金の負担をできるだけ公平にするために考えられたものである。一方，C の税は，例えば，1か月の収入が20万円の人も，50万円の人も，同じパンを買った場合には，支はらう税金は同額である。このことから，C の税金の問題点を考える。

✓チェック！自由自在①
税金にはどのような種類があるのか，調べてみよう。

2 次の問いに答えなさい。

重要 (1) 日本の社会保障制度を示した次の表中の**X・Y**にあてはまる語句をあとの**ア～エ**からそれぞれ選び，記号で答えなさい。〔富士見丘中―改〕

X [　　　　] Y [　　　　]

種類	内容
社会福祉	高齢者など社会的弱者に対して，手当て・サービスを支給する制度
X	貧しくて生計が立てられない人に対して，現金などを援助する制度
Y	予防接種や環境整備で国民全体の健康増進を目ざす制度
社会保険	病気や失業などの将来おこりうる事態に備えた公的な保険制度

ア 感染症対策　**イ** 公衆衛生　**ウ** 年金保険　**エ** 公的扶助

(2) 選挙について，次の問いに答えなさい。

① 1950年に制定された，民主的で公平な選挙を行うための法律名を答えなさい。[　　　　　　]〔西武学園文理中―改〕

重要 ② 選挙の際に守るべき4つの原則にあたらないものを次の**ア～エ**から1つ選び，記号で答えなさい。[　　　]〔西武学園文理中―改〕

ア 平等選挙　**イ** 公開選挙　**ウ** 秘密選挙　**エ** 直接選挙

③ 2015年に①の法律が改正され，選挙年齢の引き下げが行われた。上の図で示した家族のうち，2020年6月に衆議院の選挙が行われるとすると，何人が選挙権を得ていることになるか，人数を数字で答えなさい。[　　　人]〔お茶の水女子大附中―改〕

ある家族の誕生年月と2020年5月時点での年齢

| 2005年12月 | 2003年5月 | 2002年1月 | 1978年8月 | 1977年4月 |
| (14才) | (17才) | (18才) | (41才) | (42才) |

(3) 地方自治について，次の文を読んで，あとの問いに答えなさい。〔白百合学園中―改〕

> 地方議会は，国の法律にあたる **A** を制定し，予算の議決などを行う。「地方自治は， **B** の学校である」といわれる。それは，身近な地域から政治への関心を高め，政治に参加して経験を積むことができるからである。地方には，国にはない住民の直接参加のしくみがある。例えば，住民が署名を集めて **A** の制定・改廃，議会の解散，首長や議員の **C** ，事務の **D** を求めることができる。

① 文中の空欄 **A** ～ **D** にあてはまる語句を答えなさい。

A[　　　] B[　　　　　] C[　　　　] D[　　　　]

② 知事の被選挙権は何才以上の人にありますか。[　　　才以上]

重要 ③ 国から地方公共団体に支給される資金のうち，使いみちが指定されている資金を何といいますか。[　　　　　　]

2(1) 日本の社会保障制度は，日本国憲法第25条をもとに整えられている。

(2)③ 1946～2015年までは，20才以上の男女に選挙権があった。

✓チェック!自由自在②
選挙権の年齢の移り変わりを調べてみよう。

(3)② 知事の被選挙権は，参議院議員の被選挙権と同じ年齢である。市(区)町村長や衆議院議員，地方議会議員の被選挙権は，同じ年齢である。

③国から支給される資金とは，地方交付税交付金と国庫支出金である。このうち，使い道が指定された資金は，どの地方公共団体にも一定額支給されるが，使い道が指定されない資金は，地方税収入の多い東京都などには支給されない。

✓チェック!自由自在③
地方公共団体の歳入・歳出の種類を調べてみよう。

■■■ ステップ**3** 発展問題

解答 → 別冊p.24

1 日本の財政について、次の問いに答えなさい。

難問 (1) 図中の **A～C** のグラフは、所得税・法人税・消費税のいずれかの、一般会計にしめる税収の推移を示したものである。**A～C** にあたる税の組み合わせとして正しいものを次の**ア～カ**から１つ選び、記号で答えなさい。

[　　　　]〔洛南中〕

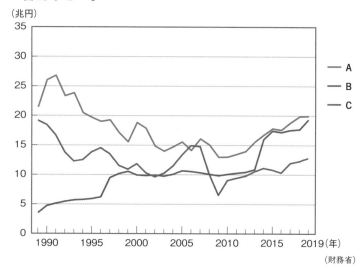

(兆円)

(財務省)

税	ア	イ	ウ	エ	オ	カ
所得税	A	A	B	B	C	C
法人税	B	C	A	C	A	B
消費税	C	B	C	A	B	A

(2) 右の表は、1956年度、1986年度、2018年度の予算の歳出総額とその支出の割合(%)

年度	予算の歳出総額	A	B	C	D	文教・科学費	国債費	その他
1956年	24兆6502億円	10.8	15.9	13.0	12.9	12.5	5.5	24.2
1986年	53兆886億円	18.2	18.8	15.4	6.2	11.3	21.0	9.1
2018年	97兆7128億円	33.7	15.9	6.1	5.3	5.5	23.8	9.7

(総務省)

を示したもので、表中の **A～D** は、公共事業費、社会保障費、地方財政費、防衛費のいずれかである。この表を見て、次の問いに答えなさい。　　　　　　　〔洛星中―改〕

① 表中の **A** にあたるものを次の**ア～エ**から１つ選び、記号で答えなさい。　　[　　　　]

　ア 公共事業費　　**イ** 社会保障費　　**ウ** 地方財政費　　**エ** 防衛費

② 表中の **A** の割合が増えているおもな理由を答えなさい。

　[　　　　　　　　　　　　　　　　　　　　　　　　　　　　　　　　　　　　　　　]

2 選挙と政治について、次の問いに答えなさい。

(1) 右の表から読み取れることとして適切でないものを次の**ア～エ**から１つ選び、記号で答えなさい。〔さいたま市立浦和中―改〕

[　　　　]

　ア 過去５回の選挙を通して、全体の投票率は一貫して低下している。

過去５回(平成15年から26年まで)の衆議院議員総選挙の年代別投票率の推移

年代	平成15年	平成17年	平成21年	平成24年	平成26年
20才代	35.62	46.20	49.45	37.89	32.58
30才代	50.72	59.79	63.87	50.10	42.09
40才代	64.72	71.94	72.63	59.38	49.98
50才代	70.01	77.86	79.69	68.02	60.07
60才代	77.89	83.08	84.15	74.93	68.28
70才代以上	67.78	69.48	71.06	63.30	59.46
全体	59.86	67.51	69.28	59.32	52.66

(総務省)

イ 過去5回の選挙を比べてみると，平成26年の投票率は，どの世代も最低となっている。

ウ 若い世代の投票率が低く，特に20才代は毎回いちばん低い投票率となっている。

エ 過去5回の選挙を通して，60才台の投票率は，毎回いちばん高くなっている。

(2) 小選挙区制度の模擬投票を行ったところ，次のような結果となった。この選挙制度の長所と短所をまとめたあとの文中の空欄 ▢ にあてはまる内容を，「当選者」，「候補者の得票数」という語句を使って25字以上35字以内で答えなさい。 〔さいたま市立浦和中―改〕

模擬選挙の結果		
候補者	得票数	
○○○○	10票	当選
××××	9票	落選
△△△△	8票	落選
▢▢▢▢	8票	落選

小選挙区制度の長所と短所
　長所：得票数が最も多い候補者1人が当選するので，多数決という民主政治の原理が生かされる。
　短所：▢▢▢▢ ので，多くの人の投票が生かされない。

(3) 衆議院比例代表選挙において，ある選挙区で右の表のような投票結果となった。このとき，こ

政党名	一中党	農大党	世田谷党
獲得票数	210000票	330000票	90000票

の選挙区において農大党が獲得する議席数を答えなさい。なお，この選挙区の定数は7名とする。 ［　　　　名］〔東京農業大第一中〕

(4) 選挙に関する記述として誤っているものを次の**ア～エ**から1つ選び，記号で答えなさい。

［　　　　］〔ラ・サール中―改〕

ア 参議院議員選挙区選挙で，選挙人は，候補者1人の名まえを書いて投票する。

イ 衆議院の比例代表選挙では，すべての都道府県を1つの選挙区としてあつかう。

ウ 参議院選挙区選挙では，2つの県を合わせて1選挙区としているところがある。

エ 衆議院議員総選挙では，候補者は，小選挙区と比例代表両方の候補者になることができる。

---

3 地方自治について，次の問いに答えなさい。

(1) 次の文**X・Y**の正誤の組み合わせとして正しいものをあとの**ア～エ**から1つ選び，記号で答えなさい。 ［　　　　］〔栄東中〕

X 特定の地方公共団体にのみ適用する地方特別法を定める場合，その地方公共団体の住民による投票で，3分の2以上の同意を得る必要がある。

Y 都道府県知事は，住民が選出した地方議会議員による選挙で選ばれる。選ばれた知事の任期は4年である。

ア X―正　Y―正　　**イ** X―正　Y―誤　　**ウ** X―誤　Y―正　　**エ** X―誤　Y―誤

(2) 次の**A・B**の直接請求を行う場合に必要な署名数は，有権者数の何分の1以上か。次の**ア～オ**から1つずつ選び，記号で答えなさい。　　　A［　　　　］ B［　　　　］〔獨協中〕

A 条例の制定　　**B** 議会の解散

ア 2分の1　　**イ** 3分の1　　**ウ** 5分の1　　**エ** 20分の1　　**オ** 50分の1

思考力/記述問題に挑戦！

本書の出題範囲　p.66～85

解答 → 別冊p.25

1 次の文を読んで，あとの問いに答えなさい。　〔東京都市大等々力中―改〕

> わたしは，昨日，同じ　a　裁判所で2件の裁判を見た。1件目はひったくり事件についての裁判で，うったえられた人，つまり　b　はだまったままだったが，裁判では b の人権も守るために，Aさまざまなしくみで正しい判断を下せるようにしている。2件目は2009年5月から始まった　c　制度による裁判で，裁判官とともに国民が　c　として裁判に参加していた。この裁判制度は，いろいろな B問題点も指摘されている。

(1) 空欄　a　に入る語句を次のア～エから1つ選び，記号で答えなさい。

　　ア　最高　　イ　高等　　ウ　地方　　エ　家庭　　　　　　　　[　　　]

(2) 空欄　b　に入る語句を漢字3字で答えなさい。　　　　　　[　　　]

(3) 空欄　c　に入る語句を漢字3字で答えなさい。　　　　　　[　　　]

◎難問 (4) 下線部 A について，この説明として誤っているものを次のア～エから1つ選び，記号で答えなさい。　　　　　　　　　　　　　　[　　　]

　　ア　どのような事件であれ，必ず裁判を受けられる。

　　イ　どのような事件であれ，必ず取り調べは公開される。

　　ウ　自白以外に証拠がなければ，無罪とされる。

　　エ　現行犯以外の場合，逮捕には裁判所の発行する逮捕状が必要である。

◎難問 (5) 下線部 B について，**資料1**と**資料2**から読み取れる問題点を，理由とともに40字以内で答えなさい。

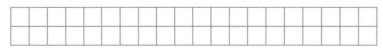

資料1　C　の出席率と辞退率

(%)

	2009	2010	2011	2012	2013	2014	2015(年)
出席率	83.9	80.6	78.3	76.1	74.0	71.5	67.5
辞退率	53.1	53.0	59.1	61.6	63.3	64.4	64.9

※出席率（選任手続期日に出席した候補者数）÷（選任手続期日に出席を求められた候補者数）
※辞退率（調査票・事前質問票・選任手続期日のいずれかで辞退が認められた候補者数）÷（個別の事件において選定された候補者数）

資料2　C　が参加して行う裁判の審理予定日数

(日)

	2009	2010	2011	2012	2013	2014	2015(年)
平均審理予定日数	3.4	4.2	4.8	5.4	5.5	5.7	6.1

（いずれも裁判所が株式会社NTTデータ経営研究所に委託して実施したアンケート調査等の結果〈2017年3月公表〉より引用）

着眼点

1 裁判所の三審制のしくみ，刑事裁判と民事裁判のちがい，裁判員制度など，理解しておくことが必要である。

(1) 「ひったくり」という，法にふれる行為に対する裁判である。罰金などの軽度の裁判は，簡易裁判所で審理が行われる。

(2) 犯罪の疑いのある被疑者が，検察官に起訴されると，この名称となる。

(3) 殺人などの重大事件の刑事裁判で a 裁判所が第一審のときのみ，この裁判制度が行われる。

(4) 取り調べは，警察や検察が行う。

(5) 資料1からは出席率の低下，辞退率の増加が読み取れる。資料2からは審理日数，つまり裁判の長期化が読み取れる。

問 **2** あとの５つの資料から読み取れる高齢化社会の問題点と，その解決策を，次のキーワードを３つ以上使い，条件に従って答えなさい。なお，キーワードを使う順番は問わない。〔さいたま市立浦和中—改〕

> キーワード「高齢化」「負担」「年金」「収入」「仕事」
> 条件１　文章の分量は，300字以内とすること。
> 条件２　数字や小数点，記号についても１字と数えること。

2 高齢化が話題となっているが，その現状と対策を，資料から読み取り，自分の考えを文章として表現する力を高めていくことが要求される。

資料１からは，総人口が減少する中で，65才以上の人口の増加が読み取れる。

資料２からは，65才以上１人に対して，20〜64才が，しだいに少ない人数となっていくことが読み取れる。

資料３からは，おもに65才以上に支給される年金などが増加していくことが読み取れる。

資料４からは，年金などの収入のみでは支出金額が不足することが読み取れる。

資料５からは，収入をともなう仕事を続けたい，と思う60才以上の人が多いことが読み取れる。

資料１ 日本の総人口と15才未満および65才以上の人口推移（予測）

	2010年	2015年	2020年	2025年
日本の総人口（人）	128057352	126597000	124100000	120659000
15才未満の人口（人）	16803444	15827000	14568000	13240000
65才以上の人口（人）	29245685	33952000	36124000	36573000

（総務省など）

資料２ 65才以上の人１人あたりの20〜64才の人数（予測）

65才以上1人あたり
20〜64は9.1人
1965年

65才以上1人あたり
20〜64は2.6人
2010年

65才以上1人あたり
20〜64は1.8人
2025年

（総務省など）

資料３ 社会保障給付費（予測）

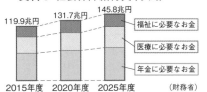

119.9兆円　131.7兆円　145.8兆円

福祉に必要なお金
医療に必要なお金
年金に必要なお金

2015年度　2020年度　2025年度

（財務省）

資料４ 高齢無職世帯の家計収支

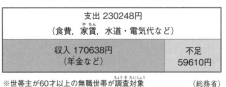

支出 230248円 （食費，家賃，水道・電気代など）	
収入 170638円 （年金など）	不足 59610円

※世帯主が60才以上の無職世帯が調査対象

（総務省）

資料５ 60才以上の人に質問：「何才ぐらいまで，収入をともなう仕事がしたいですか」

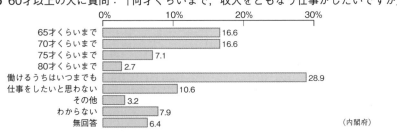

	%
65才くらいまで	16.6
70才くらいまで	16.6
75才くらいまで	7.1
80才くらいまで	2.7
働けるうちはいつまでも	28.9
仕事をしたいと思わない	10.6
その他	3.2
わからない	7.9
無回答	6.4

（内閣府）

精選　図解チェック＆資料集（政治）

解答 → 別冊p.25

●次の空欄にあてはまる語句を答えなさい。

国会・内閣・裁判所と選挙

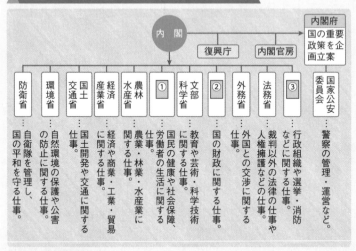

▲おもな行政機関のしくみ

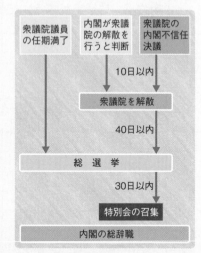

▲内閣総辞職までの流れ

三権分立のしくみ図：

- ④（立法）
- 国民（主権者）
- ⑤の指名
- ⑥
- 内閣（行政）
- 裁判所（司法）
- 衆議院の解散
- 内閣不信任の決議
- 選挙
- 世論
- 最高裁判所長官の指名 その他の裁判官の任命
- 政令などが憲法に違反していないかどうかの審査
- 法律が憲法に違反していないかどうかの審査
- 裁判官の弾劾裁判

▲三権分立のしくみ

		選挙権	被選挙権	任　期
地方公共団体	議　員	18才以上	25才以上	4年
	首　長	18才以上	市（区）町村長 25才以上	4年
			都道府県知事 30才以上	
国会	衆議院	18才以上	25才以上	4年
	参議院	18才以上	30才以上	6年*

*3年ごとに半数を改選。

▲それぞれの選挙権・被選挙権・任期

国と地方の財政

区　分		⑧	⑨
⑦		所得税 法人税 相続税など	消費税・酒税 揮発油税 関税など
地方税	（都）道府県税	（都）道府県民税 事業税 自動車税など	地方消費税 （都）道府県たばこ税 など
	市（区）町村税	市（区）町村民税 固定資産税 軽自動車税など	市（区）町村たばこ税 入湯税など

▲税金の種類

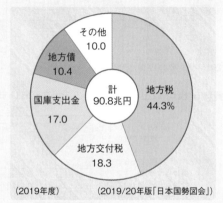

（2019年度）　（2019/20年版「日本国勢図会」）

▲地方財政の歳入の構成

第3章
歴史

歴史の流れを
つかもう！

1 日本のあけぼのと貴族の世の中

ステップ1 まとめノート

解答 → 別冊p.26

1 日本のはじめ ★★

(1) **旧石器時代**……〈生活〉狩猟・漁・採集の移住生活。〈文化・遺跡〉群馬県の ① （関東ロームから**打製石器**）や長野県の**野尻湖遺跡**。

(2) **縄文時代**……〈生活〉約1万年前に日本列島が形成。狩猟・漁・採集が中心。② **住居**で生活。**貧富の差はなく平等**。〈文化・遺跡〉貝塚から**土偶**や**縄文土器**が出土。**呪術的な風習**。磨製石器や骨角器の使用。抜歯や屈葬が行われる 東京都の**大森貝塚**や青森県の ③ **遺跡**など。

(3) **弥生時代**……〈生活〉**稲作**が広がる。金属器（**鉄器・青銅器**）の使用。貧富の差が生まれ，争いが始まる。〈文化・遺跡〉**弥生土器・石包丁・銅鐸**などが出土。佐賀県の ④ 遺跡や静岡県の**登呂遺跡**など。 環濠集落。物見やぐらなど戦いのあと

(4) **歴史書から見る弥生時代**……〈『**漢書**』**地理志**〉紀元前1世紀ごろ**倭**に100余りの国。〈『**後漢書**』**東夷伝**〉1世紀ごろ**奴国**の王が ⑤ を授かる。〈『**魏志**』**倭人伝**〉3世紀ごろ女王 ⑥ が ⑦ を治める。

2 古墳時代 ★

(1) **古墳文化**……〈古墳〉王や豪族の墓。古墳の周りには ⑧ が並ぶ。日本最大の前方後円墳である**大仙（大山）古墳**（世界文化遺産）やワカタ 倭王武，雄略天皇と同一人物と考えられる ケルの文字が刻まれた鉄剣が出土した**稲荷山古墳**。〈文化〉渡来人によって，大陸から**仏教**や**儒教**，進んだ技術が伝わる。

(2) **大和朝廷**……〈大和朝廷〉⑨ （のちの**天皇**）を中心とした政権。

3 飛鳥時代 ★★★

(1) **聖徳太子**……〈政治〉推古天皇の ⑩ 。蘇我馬子と協力して**天皇中心**の国家を目ざす。⑪ （能力のある役人を登用），⑫ （役人が守るべき心構え）を制定。**遣隋使**の派遣。〈飛鳥文化〉日本で最初の仏教文化。⑬ （世界文化遺産）は**現存する世界最古の木造建築物**。

(2) **大化の改新**……〈**中大兄皇子**〉⑭ らと**蘇我氏**をたおし，政治改革を進める。**白村江の戦い**で**唐・新羅**の連合軍に敗れ，都を近江に移 百済再興が目的 す。⑮ **天皇**として即位。〈中大兄皇子の死後〉**大海人皇子**が**壬申の乱**に勝利して ⑯ **天皇**となる。

(3) **律令国家の完成**……〈律令〉701年，⑰ の制定。中央に二官八省。全国を国に，国を**郡**に，郡を**里**に分け，九州北部に**大宰府**。**公地公民** 土地と人民はすべて国（天皇）のもの が原則。戸籍にもとづき ⑱ をあたえ，死ねば返させる（**班田収**

①
②
③
④
⑤
⑥
⑦
⑧
⑨
⑩
⑪
⑫
⑬
⑭
⑮
⑯
⑰
⑱

授）。〈税制〉租・調・庸や，九州北部を守る⑲　　　　などの兵役。

『魏志』倭人伝には，女王卑弥呼が治めた邪馬台国に関する記述がある。
聖徳太子は，冠位十二階と十七条の憲法を制定し，隋に使いを送った。

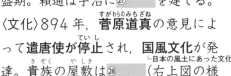

4 奈良時代 ★★★

武蔵国の銅で鋳造（708年）。最古の貨幣は富本銭

(1) 都……〈平城京〉元明天皇が710年に遷都。和同開珎の発行。

(2) 聖武天皇の時代……〈政治〉全国に⑳　　　　と国分尼寺を建立。東大寺には大仏を造立（行基の協力）。墾田永年私財法を出し，荘園が発生。

私有地を認めたことで律令制の崩壊を招く

〈文化〉国際色豊かな天平文化が栄える。㉑　　　　の宝物や

▲㉑

校倉造。シルクロードをわたった宝物や聖武天皇の遺品を保管

㉒　　　　が建てた唐招提寺。『㉓　　　　』や『日本書紀』などの歴史書や『風土記』・『万葉集』の編纂。

日本最古の歌集。農民や⑲の歌も収めている

5 平安時代 ★★

(1) 律令制の立て直し……〈桓武天皇〉794年，㉔　　　　に遷都。蝦夷平定のため，坂上田村麻呂を征夷大将軍に任命し，東北へ派遣。

(2) 藤原氏の時代……〈政治〉藤原氏が娘を天皇にとつがせ，㉕　　　　政治を行う。㉖　　　　と頼通父子のときが全盛期。頼通は宇治に㉗　　　　を建てる。

〈文化〉894年，菅原道真の意見によって遣唐使が停止され，国風文化が発達。貴族の屋敷は㉘　　　　（右上図の様式）。

日本の風土にあった文化

紫式部の『源氏物語』，㉙　　　　の『枕草子』には㉚　　　　が使用され，女流文学が発達。

▲㉘

聖武天皇は行基の協力を得て，東大寺に大仏をつくった。
摂関政治は，藤原道長・頼通のときに全盛期をむかえた。

⑲		
⑳		
㉑		
㉒		
㉓		
㉔		
㉕		
㉖		
㉗		
㉘		
㉙		
㉚		

入試ガイド

鑑真は唐から招かれた高僧。行基は河内国（大阪府）出身の僧で，朝廷から迫害されたが，大仏造立に協力し大僧正の位を授かった。奈良時代に活躍した2人の僧は，名まえや業績を唐招提寺と東大寺に関連させて出題される。

レッツトライ！〜中学入試頻出問題〜

律令制下の農民の負担についてまとめた右の表を見て，次の問いに答えなさい。　　［法政大第二中―改］

① 空欄 A にあてはまることばを漢字で答えなさい。　〔　　　　〕

② 空欄 X・Y にあてはまることばを次のア〜エからそれぞれ選び，記号で答えなさい。

X〔　　　　〕　Y〔　　　　〕

ア 寺院（都）　イ 地方（国の役所）　ウ 寺院（地方）　エ 中央（都）

租	収穫の約3％の稲を X に納める
調	地方の特産物を Y に納める
庸	A のかわりに，麻布などを Y に納める
雑徭	国司のもとで，1年に60日以内の A をする

★ポイント　木簡は，地方から都に納められた特産物の荷札としても使用された。

ステップ2 実力問題①

解答 → 別冊p.26

1 古代の日本で活躍した女性について説明した次の文を読んで，あとの問いに答えなさい。 〔十文字中一改〕

> 弥生時代の日本には，a女王の Ⅰ が治めていたb邪馬台国があった。
> 飛鳥時代には，推古天皇のときにc遣隋使という使者が中国に送られた。
> 672年の Ⅱ に勝って，天皇の位についた Ⅲ 天皇のきさきであった持統天皇は，藤原京に都を移した。
> 奈良時代のはじめ，元明天皇はd平城京という新しい都をつくった。また，e新しい貨幣もつくった。藤原氏の娘であった光明子を妻にしたf聖武天皇は，仏教の力で国を守ろうとした。彼が使用した遺品などが，東大寺の正倉院に収められている。
> 平安時代，貴族の女性は，右の絵のような Ⅳ 単と呼ばれる衣装を身につけていた。

★重要 (1) 空欄 Ⅰ にあてはまる女王の名まえを答えなさい。 [　　　　　]

(2) 下線部 a について，この女王が中国の皇帝からおくられたものを次のア〜エから１つ選び，記号で答えなさい。 [　　　　　]

ア  イ ウ エ

(3) 下線部 b について，邪馬台国について説明した文として正しいものを次のア〜エから１つ選び，記号で答えなさい。 [　　　　　]

ア この国は女王が王となり，仏教を中心に国を治めていた。

イ この国のことは，中国の古い歴史書に書かれている。

ウ この国では，王を「天皇」と呼び，天皇中心の政治が行われていた。

エ この国には身分の差がなく，皆で協力して狩りや漁をしていた。

(4) 下線部 c について，607年に遣隋使として送られた使者の名まえを答えなさい。 [　　　　　]

(5) 空欄 Ⅱ ・ Ⅲ にあてはまる語句の組み合わせとして正しいものを次のア〜エから１つ選び，記号で答えなさい。 [　　　　　]

ア Ⅱ—白村江の戦い Ⅲ—天智 イ Ⅱ—壬申の乱 Ⅲ—文武

ウ Ⅱ—白村江の戦い Ⅲ—桓武 エ Ⅱ—壬申の乱 Ⅲ—天武

重要 (6) 下線部 d について，平城京は唐の都にならってつくられた。その都を次のア〜エから1つ選び，記号で答えなさい。　　　[　　　]

ア 上海（シャンハイ）　イ 北京（ペキン）　ウ 長安（ちょうあん）　エ 南京（ナンキン）

(7) 下線部 e について，708年につくられた新しい貨幣を次のア〜エから1つ選び，記号で答えなさい。　　　[　　　]

ア 永楽通宝（えいらくつうほう）　イ 和同開珎（わどうかいちん）　ウ 富本銭（ふほんせん）　エ 寛永通宝（かんえいつうほう）

重要 (8) 下線部 f について，聖武天皇のころの政治について説明した文として正しいものを次のア〜エから1つ選び，記号で答えなさい。　[　　　]

ア 地方の農民が平城京に納めた租（そ）が，都の人々のくらしを支えた。

イ 中国から日本に招（まね）かれた鑑真（がんじん）が，大仏づくりに協力した。

ウ 墾田永年私財法（こんでんえいねんしざいほう）が出されたことで，公地公民（こうちこうみん）がくずれはじめた。

エ 日本最古の歴史書である『万葉集（まんようしゅう）』の編纂（へんさん）が行われた。

(9) 空欄 Ⅳ にあてはまる数字を漢数字で答えなさい。　　　[　　　]

2 次の A・B の系図（けいず）を見て，あとの問いに答えなさい。

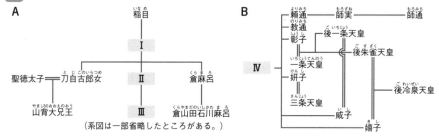

（系図は一部省略したところがある。）

(1) A の系図について，次の問いに答えなさい。　〔城北埼玉中─改〕

① 聖徳太子（しょうとくたいし）とともに政治を行った，系図中の空欄 Ⅰ の人物の名まえを答えなさい。　　　[　　　]

② 聖徳太子に関連のある次のできごとを古い順に並（なら）べたとき，2番目になるものを1つ選び，記号で答えなさい。　[　　　]

ア 十七条（じゅうしちじょう）の憲法（けんぽう）を定めた。　イ 隋（ずい）の皇帝に国書を送った。

ウ 法隆寺（ほうりゅうじ）を建てた。　エ 冠位十二階（かんいじゅうにかい）を定めた。

重要 (2) B の系図について，次の問いに答えなさい。　〔聖セシリア女子中─改〕

① この系図は，平安時代に天皇にかわって政治を動かした一族のものである。系図中の空欄 Ⅳ にあてはまる人物の名まえを答えなさい。　　　[　　　]

② この一族が大きな力をもつことができた理由を，系図を参考に答えなさい。

[　　　　　　　　　　　　　　　　　　　　　　　　　　]

③ 系図中の彰子に仕えた紫式部（むらさきしきぶ）が書いた長編小説（ちょうへん）の名まえを答えなさい。　　　[　　　]

歴史
1 日本のあけぼのと貴族の世の中
2 武士の世の中①
3 武士の世の中②
4 江戸幕府の政治
思考力／記述問題
5 明治からの世の中①
6 明治からの世の中②
7 戦争と新しい日本
思考力／記述問題

(7) 武蔵国（むさし）（埼玉県）から献上（けんじょう）された銅でつくられた。しかし，当時の取り引きはおもに物々交換（こうかん）で行われていた。

✔チェック！自由自在②
聖武天皇が行ったことと，当時の文化について調べてみよう。

2 (1)①聖徳太子に協力した一族は，太子の死後も政治の実権をにぎっていたが，645年，中大兄皇子（なかのおおえのおうじ）と中臣鎌足（なかとみのかまたり）らにたおされた。

②聖徳太子は推古天皇の摂政（せっしょう）になり，天皇中心の国家を目ざして政治を行った。

✔チェック！自由自在③
系図 A の蘇我氏（そが）と系図 B の藤原氏の関係について調べてみよう。

(2)①平等院鳳凰堂（びょうどういんほうおうどう）をつくった頼通の父である。この親子のときに摂関政治（せっかん）は全盛期（ぜんせい）をむかえた。

学習日　　月　　日

ステップ2 実力問題②

ねらわれるココが
- 各時代の人々のくらし・文化の特徴
- 日本の文化と大陸文化(中国)との関係
- 日本における仏教の歴史

解答 → 別冊p.27

1 次の **A～C** の文を読んで，あとの問いに答えなさい。

A **図1**は　**a**　年に奈良につくられた都である。この都には天皇の住む宮殿と多くの役所が置かれ，また貴族たちの屋敷や各地の品物を売る市もつくられ，たくさんの人でにぎわった。

B 大陸や朝鮮半島から九州の北部に移り住んだ人々によって，　**b**　とそのつくり方が伝えられた。このころの人々は **b** づくりに適した場所に集団で住むようになり，むらができた。むらには収穫した **b** などの食料をたくわえるために**図3**の写真のような倉庫がつくられた。

C **図4**の写真は，埼玉県にある　**c**　古墳から出土した鉄剣である。鉄剣には文字が刻まれており，そこからある人物の名まえを読み取ることができる。同じ人物の名まえが熊本県の江田船山古墳からも出土したが，このことは，この人物が当時支配していた地域が広域にわたっていたことを証明している。

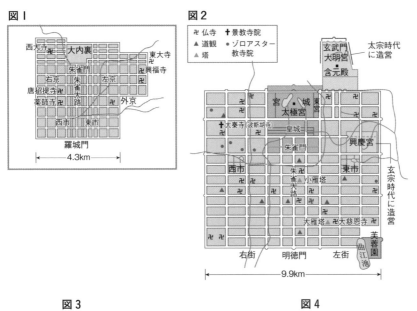

図1

西大寺
大内裏
東大寺
朱雀門
興福寺
右京
左京
唐招提寺
朱雀大路
薬師寺
外京
西市
東市
羅城門
4.3km

図2

卍 仏寺
✝ 景教寺院
▲ 道観
● ゾロアスター教寺院
▲ 塔
玄武門
大明宮
含元殿
太宗時代に造営
宮城
太極宮
東宮
大秦寺(波斯胡寺)
皇城
朱雀門
興慶宮
西市
東市
玄宗時代に造営
朱雀大路
小雁塔
大雁塔
大慈恩寺
芙蓉園
曲江池
右街
明徳門
左街
9.9km

図3

図4

「獲加多支鹵大王」

得点アップ

1 (1)**図1**は，元明天皇が奈良につくった**平城京**の模式図である。おもに平城京に都を置き，政治を行った時代を奈良時代という。美しく繁栄している都のようすは，「あおによし　奈良の都は　さく花の　におうがごとく　いまさかりなり」とうたわれた。

藤原京から平城京へと都を移した元明天皇と，日本で最初の本格的な都である藤原京を造営した持統天皇は，ともに女性の天皇である。

チェック!自由自在①

平城京に都が置かれた奈良時代，平城京にくらす貴族のくらしは豊かであったが，農民のくらしは苦しいものであった。当時の農民のくらしがどのようなものであったか，史料も参考にして，調べてみよう。

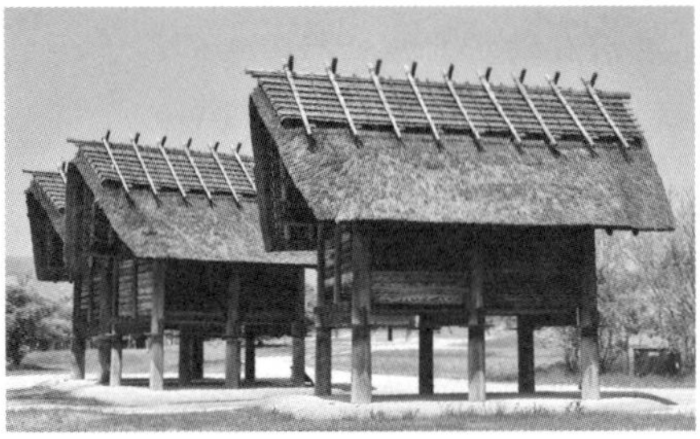

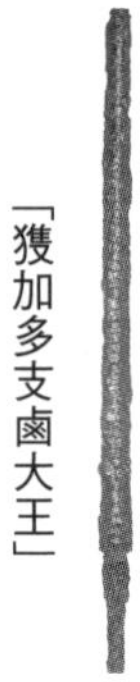

(1) 空欄 **a** にあてはまる数字を答えなさい。[　　　] 〔神奈川学園中〕

(2) 図2は，618年から中国を支配した唐の都である。**図2**と**図1**を比べて，わかることを答えなさい。 〔神奈川学園中〕

[

]

要 (3) 空欄 **b** にあてはまる語句を答えなさい。[　　　] 〔神奈川学園中〕

(4) 下線部について，なぜ人々は集団で定住するようになったのか，**b** づくりとの関係で答えなさい。 〔神奈川学園中〕

[

]

要 (5) 空欄 **c** にあてはまる古墳名を答えなさい。[　　　] 〔関東学院中〕

(6) 図4と最も関係が深い文を次の**ア〜エ**から１つ選び，記号で答えなさい。 [　　　] 〔神奈川学園中〕

　ア 皇帝の名まえが刻まれており，中国からおくられたものとわかる。

　イ 法隆寺が火災にあったことがわかる傷跡が残されている。

　ウ 中国の皇帝に使者を送っていた倭の王の名まえが刻まれている。

　エ 奴国の王が後漢に使者を送ったことがわかる大切な資料である。

---

2 **仏教の歴史**について，次の問いに答えなさい。 〔千葉日本大第一中〕

要 (1) 日本に仏教を伝えたのは何という国か，当時の名まえで答えなさい。

[　　　]

(2) 右の写真は聖徳太子が建立した寺院の一部である。写真に見られるような中央が太くなっている柱の特徴を何というか，カタカナで答えなさい。

[　　　]

要 (3) 外国から日本を訪れた仏教僧もいる。何度も渡航に失敗しながらも来日した中国の僧鑑真が，日本に建立した寺院を次の**ア〜エ**から１つ選び，記号で答えなさい。 [　　　]

　ア 四天王寺　　**イ** 龍安寺　　**ウ** 唐招提寺　　**エ** 六波羅蜜寺

(4) 平安時代になると，密教と呼ばれる新しい仏教が日本に伝わった。右の表のA〜Dにあてはまる語句を答えなさい。

開祖	宗派	所在地	寺院名
空海	B	高野山	D
A	天台宗	C	延暦寺

A[　　　]　　　　B[　　　]

C[　　　]　　　　D[　　　]

歴史

1 日本のあけぼのと貴族の世の中

2 武士の世の中①

3 武士の世の中②

4 江戸幕府の政治

思考力／記述問題

5 明治からの世の中①

6 明治からの世の中②

7 戦争と新しい日本

思考力／記述問題

(2)平城京と唐の都長安は似ているところが多い。なぜ似ているのか，考えるとよい。

(3)・(4)図3は弥生時代につくられた倉庫である。弥生時代になると，収穫量によって貧富の差が生まれ，土地や水をめぐる争いがおこるようになった。

✔チェック!自由自在②
古墳時代，大陸から日本に移り住んだ人々がどのような文化や技術を伝えたか，調べてみよう。

2(1)大陸から伝わった仏教の受け入れをめぐって，物部氏は反対，蘇我氏は賛成の立場をとり，対立した。

(2)法隆寺の回廊などの柱には，ギリシャのパルテノン神殿と同じ特徴が見られる。

(4)奈良時代に遣唐使として唐にわたった留学僧２人が日本に密教を伝えた。

✔チェック!自由自在③
平安時代後期にはどのような仏教の信仰が広がったか，調べてみよう。

ステップ**3** 発展問題

解答 → 別冊p.27

1 Ⅰ～Ⅲの資料に関する文を読んで，あとの問いに答えなさい。

Ⅰ　右の図は，**Ⅰ弥生時代の** **a** という青銅製の道具で，宗教
的な儀式のときなどにかざられたり，たたいて音を出した
りして使われていたと考えられている。表面の絵は線でえ
がかれていて，図案化されている。人の顔をえがくときに
は〇と△を使い分け，〇は男性，△は女性を表していると
解釈すると，図Aのように，シカを追うなど狩りに行くの
は男性の仕事，図Bのように， **b** するのは女性の仕事
であったと考えられる。

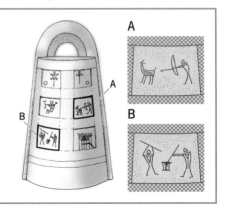

(1)　下線部Ⅰについて，今から二千数百年前ごろ，朝鮮半島からかなりの数の人々が日本列島にわ
たってきて，新しい文化を伝えた。日本列島の人々の生活や社会を大きく変えた新しい文化と
直接かかわりのないものを次の**ア～エ**から１つ選び，記号で答えなさい。

[　　　] 〔聖セシリア女子中―改〕

ア 　**イ** 　**ウ** 　**エ**

(2)　空欄 **a** にあてはまる道具の名まえを答えなさい。　　[　　　] 〔西大和学園中〕

独創的 (3)　空欄 **b** にあてはまる説明を，えがかれている道具の名まえを示しながら15字以内で答えな
さい。

|　|　|　|　|　|　|　|　|　|　|　|　|　|　|　| 〔西大和学園中〕

Ⅱ　右の写真Cは，佐賀県佐賀市にある船塚古墳で
ある。また，写真Dは，群馬県高崎市にある八
幡塚古墳で，2つの古墳は，**2同じ形状**をしてい
る。三重県には肥後国の国府が置かれていたた
め，**3奈良時代**から平安時代には地方行政の中心
となった。

(4)　下線部2について，次の問いに答えなさい。　　〔明治大付属明治中―改〕

① 写真**C・D**のような形状の古墳を何というか，答えなさい。　　[　　　]

難問 ② 同じ形状の古墳が東日本と西日本で見られることからわかることを説明した，次の文**X・Y**の
正誤の組み合わせとして正しいものをあとの**ア～エ**から１つ選び，記号で答えなさい。

[　　　]

X このような形状の古墳は、大和地方から発生したものであることから、大和朝廷の支配地域の拡大がわかる。

Y このような形状の古墳は、大王一族の墓であることから、地方に派遣された王族が統治したことがわかる。

ア X—正 Y—正　　イ X—正 Y—誤　　ウ X—誤 Y—正　　エ X—誤 Y—誤

(5) 下線部3について、次の奈良時代のできごとを年代順に並べかえなさい。

[　　　→　　　→　　　]〔東大寺学園中—改〕

ア 平城京がつくられた。　　イ 鑑真が唐招提寺を建てた。　　ウ 『古事記』が完成した。

Ⅲ 右の資料は、8世紀の中ごろのアジアのようすを表したものである。また、地図中の点線は、おもな交通路を示している。

ペルシャ　　長安　　c

(6) 地図中cの国名として正しいものを次のア～エから1つ選び、記号で答えなさい。

[　　　]〔フェリス女学院中〕

ア 高句麗　　イ 百済　　ウ 新羅　　エ 高麗

(7) 地図にあるような交通路を通じて、ペルシャなど西アジアの商人たちも唐の都にやってきた。日本にもこのような世界の品々が、遣唐使を通じてもたらされたが、どのようにしてそのようなことがわかるのか、答えなさい。　　〔フェリス女学院中〕

[　　　　　　　　　　　　　　　　　　　　　　　　　　　　]

(8) 日本でも唐の都にならい、碁盤の目のように区画された都が建設された。奈良の飛鳥につくられた最初のこのような都を何というか、答えなさい。　　[　　　]〔フェリス女学院中〕

(9) 遣唐使の停止後に花開いた国風文化について、次の問いに答えなさい。

① 国風文化の説明として正しいものを次のア～ウから1つ選び、記号で答えなさい。

[　　　]〔フェリス女学院中〕

ア 仏教や儒教が伝わる前の、日本古来の文化が見直されるようになった。

イ それまで伝えられていた中国の文化をもとに、日本の風土に合った文化が生まれた。

ウ 中国との関係が悪くなり、中国の文化に対抗して日本独自の文化が生まれた。

② 国風文化では、ひらがなが完成した。当時、ひらがなを使って書かれた作品として正しくないものを次のア～エから1つ選び、記号で答えなさい。[　　　]〔同志社中—改〕

ア 『源氏物語』　　イ 『万葉集』　　ウ 『枕草子』　　エ 『土佐日記』

③ 右の図の空欄 d にあてはまる「あ」のもとになった漢字を答えなさい。[　　　]〔同志社中—改〕

あ←あ← d
い←い←以
う←う←宇
え←え←衣
お←お←於

歴史
1 日本のあけぼのと貴族の世の中
2 武士の世の中①
3 武士の世の中②
4 江戸幕府の政治
思考力／記述問題
5 明治からの世の中①
6 明治からの世の中②
7 戦争と新しい日本
思考力／記述問題

2 第3章 歴史
武士の世の中 ① （武家政治の成立）

ステップ1 まとめノート

解答 → 別冊p.28

1 武士の登場 ★★

(1) **武士のおこり**……〈武士の発生〉土地を守るため，豪族や有力農民が武装する。〈武士団の形成〉**源氏**と**平氏**の武士団が勢力をもつ。

(2) **武士の成長と院政**……〈武士の成長〉10世紀，関東地方の① 　　　　・瀬戸内地方の**藤原純友の乱**を武士団がしずめる。11世紀，前九年・後三年合戦を制した清原氏(奥州藤原氏)を助けた**源氏**が東日本に勢力を広める。12世紀，保元の乱と平治の乱を機に，武士が中央に進出。〈院政〉1086年，**白河天皇**が退位し，② 　　　　の立場で**院政**を始める。
　└敗れた源義朝の子頼朝は伊豆へ流される

(3) **平氏の政治**……〈平氏の政治〉平治の乱で勝利した③ 　　　は，武士として初めて④ 　　　になり，政治を行う。**大輪田泊**を改修し，⑤ 　　　との貿易をさかんにする。⑥ 　　　に納経。〈源平の戦い〉1180年に**源頼朝**が挙兵する。1185年，平氏は頼朝の弟**義経**らによって⑦ 　　　の戦いでほろぼされる。
　└現在の神戸港

▲⑥

2 鎌倉幕府の政治と武士・農民のくらし ★★★

(1) **幕府の成立**……〈鎌倉幕府〉⑧ 　　　が国ごとに**守護**，公領や荘園ごとに**地頭**を置く。1192年，⑧ が征夷大将軍に任じられる。〈幕府のしくみ〉中央に**侍所**・**政所**・**問注所**。〈封建制度〉将軍と⑨ 　　　との間で土地を仲立ちとした**御恩と奉公**の主従関係が結ばれる。
　└軍事や警察の仕事を行う
　└年貢の取り立てを行う

(2) **執権政治**……〈北条氏の台頭〉⑧ の妻⑩ 　　　の実家が⑪ 　　　の地位を独占。〈承久の乱〉3代将軍の**実朝**が暗殺されると，1221年，⑫ 　　　上皇が北条義時を討つ命令を出すが，失敗して**隠岐**に流される。乱後，幕府は京都に⑬ 　　　(朝廷や西国の⑨ を監視)を置き，新たに地頭を任命することで政権を安定させる。⑨ に対して裁判の基準を示すために，北条泰時が⑭ 　　　を定める。
　└北条政子が御家人の結団をうったえる

(3) **生活と産業の発達**……〈武士〉武芸の訓練を行い，戦闘に備える。〈農民〉荘園領主と地頭からの二重支配を受ける。〈農業〉**牛馬耕**や肥料の⑮ 　　　。稲の裏作に麦を栽培する⑯ 　　　。〈商業〉月に3回の**定期市**では，**宋銭**が使用される。

① ②③④⑤⑥⑦⑧⑨⑩⑪⑫⑬⑭⑮⑯

① 　　　
② 　　　
③ 　　　
④ 　　　
⑤ 　　　
⑥ 　　　
⑦ 　　　
⑧ 　　　
⑨ 　　　
⑩ 　　　
⑪ 　　　
⑫ 　　　
⑬ 　　　
⑭ 　　　
⑮ 　　　
⑯ 　　　

ズバリ暗記
源頼朝は国ごとに守護，公領や荘園ごとに地頭を置いた。
後鳥羽上皇は承久の乱をおこしたが，幕府軍に敗れて隠岐に流された。

入試ガイド

武士として初めて**太政大臣**の役職についた**平清盛**は，**厳島神社**を現在のすがたに修築した。厳島神社は世界文化遺産に登録されており，海にうかぶ鳥居の写真は，地理分野で出題されることもある。

歴史

1 日本のあけぼのと貴族の世の中

2 武士の世の中①

3 武士の世の中②

4 江戸幕府の政治

思考力／記述問題

5 明治からの世の中①

6 明治からの世の中②

7 戦争と新しい日本

思考力／記述問題

(4) 元寇……〈元〉モンゴル民族の国。フビライ=ハンが中国を統一する。
モンゴル帝国を建国したチンギス=ハンの孫
〈元寇〉8代執権⑰　　　のとき，元軍が⑱　　　軍を従えて博多湾に上
陸する。元軍は，**集団戦法や火薬兵器の⑲　　　**，幕府軍は**一騎打ち**
博多湾沿岸に石塁を築き，2度目は上陸を防ぐ
戦法で戦う。元軍の2度の襲来(**文永の役・弘安の役**)を⑳　　　とい
う。2度とも暴風雨にあい，元軍は撤退するが，十分な恩賞をあたえ
られなかった⑨は不満をもつ。幕府は㉑　　　令を出す。
⑨の借金を帳消しにする

⑰

⑱

⑲

⑳

㉑

③ 鎌倉時代の文化 ★

(1) 文学・その他……〈文学〉琵琶法師に
よって語られた『㉒　　　』のほか，
藤原定家(ていか)らの『**新古今和歌集**』，吉
田兼好の『**徒然草**』などがある。
〈その他〉運慶・快慶らが**東大寺南大
門**の㉓　　　をつくる。

▲東大寺南大門

㉒

㉓

㉔

㉕

㉖

(2) 仏教……新しい仏教が武士や民衆に広がる。㉔　　　は**浄土宗**，親鸞
は**浄土真宗**(㉕　　　宗)，日蓮は**日蓮宗**(法華宗)を開く。㉖　　　は踊
念仏の**時宗**，禅宗では栄西が**臨済宗**，㉗　　　が**曹洞宗**を開く。

㉗

㉘

㉙

④ 建武の新政と南北朝の争乱 ★

(1) 建武の新政……〈幕府の滅亡〉㉘　　　天皇に**楠木正成**や御家人の**足利**
河内の悪党
尊氏らが協力し，鎌倉幕府をほろぼす。〈建武の新政〉㉘　　　天皇が行っ
た天皇中心の政治を**建武の新政**という。2年で失敗に終わる。

㉚

(2) 南北朝の争乱……武家政治の復活を目ざし，足利尊氏が挙兵する。
㉘　　　天皇が㉙　　　(奈良県)にのがれ，**南朝**を開く。奈良の南朝と京都
の北朝の対立は，1392年に㉚　　　によって統一されるまで続く。
足利尊氏が光明天皇を立てる

ズバリ暗記
元寇で御家人は，元軍の集団戦法や火薬兵器に苦戦した。
吉野にのがれた後醍醐天皇が南朝を立て，南北朝の争乱が始まった。

🏃 レッツトライ！～中学入試頻出問題～

鎌倉時代につくられた右の絵巻物(えまきもの)を見て，次の問いに答えなさい。
[田園調布学園中一改]

① 武士が戦っている国の名まえを答えなさい。〔　　　〕

② 絵にえがかれている武士の戦い方としてふさわしいもの
を次の**ア～エ**から1つ選び，記号で答えなさい。

〔　　　〕

ア 集団戦法　　**イ** 毒矢(どくや)の使用

ウ 一騎打ち　　**エ** 火薬兵器の使用

⭐ポイント 文永の役のようすをえがいた絵巻物。右側の武士(御家人)は経験(けいけん)のない戦法に苦戦した。

解答 → 別冊p.28

得点アップ

1 次の文を読んで，あとの問いに答えなさい。　　〔法政大中―改〕

　　武士が登場するのは，10世紀ごろといわれる。しかし，このころはまだ，貴族が政治の中心であった。a藤原氏は娘を天皇にとつがせ，生まれた子が天皇になると，これを助け，政治の実権をにぎり続けた。しかし11世紀後半になると天皇家が勢力を巻き返し，b　Ⅰ　天皇は天皇の位を子や孫にゆずり，自らは上皇さらには法皇となって，それまでのしきたりにこだわらない政治を行った。12世紀半ばになり，保元・平治の乱がおこると，武士が大きな役割を果たした。この2つの争いで活躍したc　Ⅱ　は，武士として初めて太政大臣となった。娘を天皇にとつがせ，生まれた子を天皇にして一族で高位高官を独占し，政治の実権をにぎった。しかし，彼らはほかの武士の反感を生み，鎌倉に幕府を開いた　Ⅲ　らにほろぼされた。

(1) 空欄　Ⅰ　～　Ⅲ　にあてはまる人物の名まえを答えなさい。

Ⅰ[　　　　　]　Ⅱ[　　　　　]　Ⅲ[　　　　　]

●重要 (2) 次の文に関係する人物を上の文中の空欄　Ⅰ　～　Ⅲ　から1つ選び，記号で答えなさい。また，関係の深い寺社をあとの**ア～エ**から1つ選び，記号で答えなさい。　　　　　人物[　　　　]　寺社[　　　　]

　　　もともと瀬戸内海の海賊を平定することで名を上げ，その後も日宋貿易で大きな利益を得た。かつて，国司を務めた安芸国に海上にうかぶような社殿を建てた。

ア 平等院鳳凰堂　　**イ** 出雲大社　　**ウ** 中尊寺金色堂　　**エ** 厳島神社

(3) 下線部**b**のような政治を何というか，答えなさい。　　[　　　　　]

(4) 下線部**a**～**c**の政治の進め方に共通する特徴を説明しなさい。

[　　　　　　　　　　　　　　　　　　　　　　　]

2 右下の史料は，鎌倉時代に制定された幕府の基本法である。この法令に関する次の問いに答えなさい。　　〔城西川越中―改〕

(1) 空欄　　　にあてはまる鎌倉幕府に置かれた役職の名まえを答えなさい。　[　　　　　]

●重要 (2) この史料の法令を何というか，答えなさい。
[　　　　　]

一，諸国の　　　の職務のこと
　　右大将家のときに定められたのは，御家人が京都の警備につくこと，謀反や殺害などの犯罪人を逮捕することである。…
　警備につくこと，謀反や殺害などの犯罪人を逮捕すること以外はしてはいけない。

歴史
1 日本のあけぼのと貴族の世の中
2 武士の世の中①
3 武士の世の中②
4 江戸幕府の政治　思考力／記述問題
5 明治からの世の中①
6 明治からの世の中②
7 戦争と新しい日本　思考力／記述問題

重要 (3) この法令を定めた人物を次の**ア～エ**から｜つ選び，記号で答えなさい。

[　　　　]

ア 源頼朝（みなもとのよりとも）　**イ** 源実朝（さねとも）　**ウ** 北条時政（ほうじょうときまさ）　**エ** 北条泰時（やすとき）

(4) この法令の制定以降のできごととして正しいものを次の**ア～エ**から｜つ選び，記号で答えなさい。

[　　　　]

ア 京都に六波羅探題（ろくはらたんだい）を置き，朝廷の監視を厳しくした。
イ 元（げん）の襲来（しゅうらい）に備えて，石塁（せきるい）と呼ばれる石垣（いしがき）を築（きず）いた。
ウ 後鳥羽上皇（ごとば）が兵をあげたが，幕府軍に敗れて隠岐（おき）に流された。
エ 後醍醐天皇（ごだいご）は奈良の吉野（よしの）に南朝（なんちょう）を立て，政権をにぎった。

(3)源頼朝は初代将軍，源実朝は3代将軍，北条時政は初代執権（しっけん）で北条政子（まさこ）の父，北条泰時は3代執権である。

✓チェック！自由自在②
六波羅探題はだれがどのような目的で京都に置いたのか，調べてみよう。

3 鎌倉時代の文化について，次の問いに答えなさい。〔千葉日本大第一中〕

(1) 鎌倉時代にはいくつかの仏教（ぶっきょう）が生まれた。以下の**A～D**の宗派（しゅうは）の開祖（かいそ）をそれぞれあとの**ア～カ**から選び，記号で答えなさい。

A 浄土真宗（じょうどしんしゅう）[　　　]　　B 時宗（じしゅう）[　　　]
C 法華宗（ほっけしゅう）[　　　]　　D 曹洞宗（そうとうしゅう）[　　　]

ア 日蓮（にちれん）　**イ** 法然（ほうねん）　**ウ** 一遍（いっぺん）　**エ** 道元（どうげん）　**オ** 親鸞（しんらん）　**カ** 栄西（えいさい）

(2) 鎌倉新仏教に関する次の①～③の説明文がどの宗派のものか，それぞれ(1)の**A～D**から選び，記号で答えなさい。

①[　　　]　②[　　　]　③[　　　]

① 「南無妙法蓮華経（なむみょうほうれんげきょう）」と唱（とな）えれば，救済（きゅうさい）されるとした。
② 踊念仏（おどりねんぶつ）を特徴とし，開祖は諸国をわたり歩いた。
③ 悪人こそ救（すく）われ，阿弥陀仏（あみだぶつ）を信じれば往生（おうじょう）できるとした。

(3) 右の写真は鎌倉時代の有名な仏教彫刻（ちょうこく）である。この彫刻を制作した人物を2人答えなさい。

[　　　・　　　]

3(1)・(2)戦乱やききん，自然災害（さいがい）が相次いだ鎌倉時代には，だれにでもわかりやすく，実行しやすい仏教が武士や民衆（みんしゅう）の間に広まった。

(3)写真は，東大寺南大門（とうだいじなんだいもん）の金剛力士像（こんごうりきしぞう）である。

思考 4 次の文を読んで，あとの問いに答えなさい。〔市川中一改〕

蒙古襲来（もうこ）ののち，幕府は御家人の **A** に対して，十分な **B** をあたえることができなかった。このため，御家人は幕府に不満をもつようになり，**A**と**B**で結びついた幕府と御家人の信頼関係（しんらい）がゆらぐようになった。

(1) 空欄（くう） **A**・**B** にあてはまる語句を漢字で答えなさい。

A [　　　　]

B [　　　　]

(2) 御家人の不満をそらそうとして幕府が行ったことを答えなさい。

[　　　　　　　　　　　　　]

4土地を仲立ちにした幕府と御家人との間の主従関係（しゅじゅう）にもとづいた社会のしくみを封建制度（ほうけん）という。

ステップ3 発展問題

解答 → 別冊p.29

1 次の年表を見て，あとの問いに答えなさい。

	A
1156 年	平清盛は天皇方につき，反対勢力を破った。
	B
1159 年	平清盛は　Ⅰ　を破り，朝廷内における力を強めた。………………………X
	C
1167 年	平清盛は武士として初めて　Ⅱ　になった。
	D
1180 年	源頼朝が挙兵し，平氏と源氏の戦いが始まった。………………………Y
	E
1192 年	源頼朝が征夷大将軍に任じられた。
	F

(1) 年表中の空欄　Ⅰ　・　Ⅱ　にあてはまる語句の組み合わせとして正しいものを次の**ア〜エ**から｜つ選び，記号で答えなさい。　　　　　　　　　　　[　　　　　]〔神戸女学院中―改〕

ア Ⅰ―源義経　Ⅱ―太政大臣　　**イ** Ⅰ―源義経　Ⅱ―執権
ウ Ⅰ―源義朝　Ⅱ―太政大臣　　**エ** Ⅰ―源義朝　Ⅱ―執権

難問 (2) 次の①〜③のできごとは年表中の **A〜F** のどこに入るか，ふさわしいものを選び，それぞれ記号で答えなさい。　　　　①[　　　]　②[　　　]　③[　　　]〔神戸女学院中―改〕
① 奥州藤原氏が滅亡した。　　② 白河天皇が上皇になり，院政を開始した。
③ 全国に守護と地頭が配置された。

(3) 年表中の **X** について，平清盛はどのようにして勢力をつけ，重要な地位にのぼったのか，「天皇」という語句を使って簡潔に答えなさい。　　　　　　　〔大阪教育大附属平野中―改〕

[
　　　　　　　　　　　　　　　　　　　　　　　　　　　　　　　　　　　　　]

(4) 年表中の **Y** について，源氏と平氏のおもな戦いである３つの戦いの場所はそれぞれどこか，右の地図中 **a〜e** の正しい組み合わせを次の**ア〜オ**から｜つ選び，記号で答えなさい。

[　　　　　]〔大阪教育大附属平野中―改〕

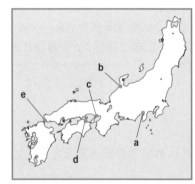

場所	ア	イ	ウ	エ	オ
一ノ谷	a	a	a	c	e
屋島	b	c	d	d	b
壇ノ浦	d	e	e	e	d

歴史

1 日本のあけぼのと貴族の世の中

2 武士の世の中①

3 武士の世の中②

4 江戸幕府の政治

思考力／記述問題

5 明治からの世の中①

6 明治からの世の中②

7 戦争と新しい日本

思考力／記述問題

2 次の文を読んで，あとの問いに答えなさい。

図1は，鎌倉幕府のしくみを表したものである。初めての武家政権であるa鎌倉幕府は，中心になる人物や政治の決め方などを変えながら約150年間続いた。

図2の絵画は，b元との戦いをえがいた「蒙古襲来絵詞」の海上の戦いの場面である。ここには，博多湾までせめてきた元軍のいでたち，武器のたぐい，さらには元軍の船にまでせめ入った日本側の武士などがえがかれている。これは元軍と戦ったc肥後国の竹崎季長というd御家人が，自分を主人公にしてつくらせたもので，自分の勇ましい戦いぶりを幕府に知ってもらいたいというねらいがあった。

図1

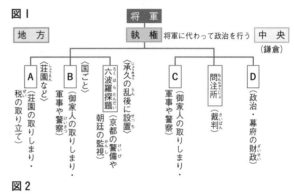

将軍

執権　将軍に代わって政治を行う

地方　　　　　　　　　　　　　　　中央
（鎌倉）

A（荘園など）《荘園ごと》荘園の取りしまり・税の取り立て

B（国ごと）軍事や警察・御家人の取りしまり

六波羅探題《承久の乱後に設置》（京都の警備や朝廷の監視）

C 軍事や警察・御家人の取りしまり

問注所（裁判）

D（政治・幕府の財政）

図2

(1) 図1中のA〜Dにあてはまる語句をそれぞれ漢字で答えなさい。　〔トキワ松学園中─改〕

A［　　　］　B［　　　］　C［　　　］　D［　　　］

問 (2) 下線部aについて説明した文として適当でないものを次のア〜エから1つ選び，記号で答えなさい。　［　　　］〔関東学院中─改〕

ア 鎌倉幕府は武士たちの権利を守るためにつくられた政権である。

イ 幕府の制定した御成敗式目は，天皇や朝廷を支配するための法令である。

ウ 将軍の家臣は領地を保障されるかわりに戦争に参加する義務があった。

エ 将軍と家臣たちは，領地を仲立ちとした主従関係で結ばれていた。

問 (3) 下線部bに関連して，元について説明した文として誤っているものを次のア〜ウからすべて選び，記号で答えなさい。誤りがなければ，エと答えなさい。

［　　　］〔西大和学園中─改〕

ア 13世紀に中国がモンゴルにせめこんで元を建国し，さらに朝鮮半島の新羅も従えた。

イ 元は日本も従うように使者を派遣したが，執権であった北条時宗が要求をはねつけた。

ウ 元軍が日本にせめこむと，日本の御家人たちは集団戦法や火薬兵器で元を退却させた。

(4) 下線部cについて，この国が何県にあたるか，次のア〜エから1つ選び，記号で答えなさい。

［　　　］〔西大和学園中〕

ア 大分県　　イ 福岡県　　ウ 長崎県　　エ 熊本県

(5) 下線部dについて，御家人たちは命がけで元と戦ったが，その後，幕府に不満をもつものが多く出てきた。その理由を20字以内で答えなさい。　〔西大和学園中〕

103

3 第3章 歴史
武士の世の中 ② （武家政治の展開と天下統一）
ステップ1 まとめノート

1 室町時代 ★★★

(1) **室町幕府**……〈幕府の成立〉① ［　　］ が北朝の光明天皇から征夷大将軍に任じられ，幕府を開く。〈幕府のしくみ〉将軍を助ける② ［　　］ には
細川・斯波・畠山氏┐ 有力御家人がつき，地方には**鎌倉府**を置く。〈足利義満〉「花の御所」
京都の室町に造営┘ で政治を行い，北山に**金閣**をつくる。③ ［　　］ の取りしまりと貿易を求められ，**明**と正式な国交を結び④ ［　　］ を用いた**日明貿易**（④ ［　］ 貿易）を始める。〈足利義政〉将軍のあとつぎ争いに全国の**守護大名**も加わり，1467年から11年にわたって，京都で⑤ ［　　］ がおこる。乱後に東山に⑥ ［　　］ をつくる。幕府の権威は地に落ち，⑦ ［　　］ の風潮が広がって**戦国時代**となった。

(2) **産業の発展と都市のおこり**……〈商業〉定期市は月3回から**月6回**に増え，⑧ ［　　］ や明銭が使用される。同業者組合の⑨ ［　　］ が営業を独占する。輸送業では，馬借や車借が活躍。〈都市〉港町，宿場町，門前
└陸上の運送業者。水運は問（問）丸┘ 町が生まれ，**堺**や**博多**では自治が行われた。

(3) **村の自治と一揆**……〈農村〉⑩ ［　　］ を開いて**村おきて**を決め，村の運営を行う⑪ ［　　］ がつくられる。〈一揆〉**近江**（滋賀県）で馬借が**徳政令**を求め，⑫ ［　　］ をおこす。**山城の国一揆**（京都府）では8年間，**加賀の一向一揆**（石川県）では，100年間の自治を実現する。

(4) **戦国大名の登場**……**甲斐国の武田氏**，**越後国の上杉氏**などの**戦国大名**が出現し，全国統一を目ざす。領国内を統制するため，⑬ ［　　］ を制定する。

(5) **室町文化**……禅宗の影響。北山文化では**能**や**狂言**，東
足利義満の保護を受けた観阿弥・世阿弥が大成┘ 山文化では**書院造**や⑭ ［　　］ の**水墨画**，枯山水の庭
└明障子・違い棚・しきつめた畳など┘ 園・茶の湯。民衆の間には**お伽草子**。

▲⑭の水墨画

2 信長・秀吉の全国統一 ★★★

(1) **鉄砲とキリスト教の伝来**……〈鉄砲〉1543年，⑮ ［　　］ に漂着したポルトガル人が伝える。〈キリスト教〉1549年，イエズス会宣教師⑯ ［　　］ が鹿児島に上陸して伝える。**キリシタン大名**の出現。大友・有馬・大村氏はローマ法王に少年使節を送る。〈南蛮貿易〉スペイン船・ポルトガル船が来航し，平戸や長崎などで**南蛮貿易**を行う。

①
②
③
④
⑤
⑥
⑦
⑧
⑨
⑩
⑪
⑫
⑬
⑭
⑮
⑯

ズバリ暗記
足利義満は京都の北山に金閣，足利義政は京都の東山に銀閣を建てた。1543年，ポルトガル人によって種子島に鉄砲が伝えられた。

👤 **入試ガイド**

幕府の全盛期にあった**足利義満**と，応仁の乱で幕府の衰退を招いた**足利義政**は，政策や当時の文化などが対比しやすく，たがいを混合させる形の誤文がよく出題される。義満の政策と義政のころの東山文化が最重要といえる。

歴史

1 日本のあけぼのと貴族の世の中

2 武士の世の中 ①

3 武士の世の中 ②

4 江戸幕府の政治

思考力／記述問題

5 明治からの世の中 ①

6 明治からの世の中 ②

7 戦争と新しい日本

思考力／記述問題

(2) **織田信長**……〈全国統一事業〉尾張(愛知県)の戦国大名。1560 年, 駿河(静岡県)の⑰▢を**桶狭間の戦い**で破る。**足利義昭**とともに京都に入り, 義昭を第 15 代将軍にする。1571 年,⑱▢を焼き打ちする。1573 年, 義昭を京都から追放(室町幕府の滅亡)。1575 年, 足軽鉄砲隊などを使い, ⑲▢で**武田勝頼**を破る。1580 年, 石山本願寺を屈服させる。〈経済政策〉⑳▢〔武田信玄の子〕を本拠地に定めて城を築く。㉑▢を廃止し, 城下町で㉒▢を行う。自治都市の堺を直轄地化する。〈宗教政策〉キリスト教を保護し, 一向一揆との戦いなど仏教勢力を弾圧。〈**本能寺の変**〉1582 年, ㉓▢におそれ, 京都の**本能寺**で自害。

⑰

⑱

⑲

⑳

㉑

㉒

㉓

(3) **豊臣秀吉**……〈天下統一〉山崎の戦いで㉓▢をたおす。石山本願寺あとに㉔▢を築き, 本拠地とする。**関白・太政大臣**になる。1590 年, 小田原の北条氏をほろぼし, 東北の大名も従えて全国統一。〈兵農分離〉**太閤検地**〔土地のよしあし・面積・耕作者名などを検地帳に記す〕㉕▢・身分統制令で武士と農民・町人を区別し, **兵農分離**を進める。〈対外政策〉**バテレン追放令**を出す。南蛮貿易は継続。㉖▢を征服するための協力を求めるが断られたため, 朝鮮に出兵する(**文禄の役・慶長の役**)〔李舜臣が率いる水軍に苦戦し, 休戦〕が, 秀吉の死で退却。

▲検地のようす

㉔

㉕

㉖

㉗

㉘

㉙

㉚

ズバリ暗記
織田信長は桶狭間の戦いで今川義元, 長篠の戦いで武田勝頼を破った。
豊臣秀吉は, 太閤検地や刀狩を行い, 兵農分離を進めた。

8 桃山文化と南蛮文化 ★

(1) **桃山文化**……〈特色〉大名や大商人の経済力を反映した, **豪華で活気のある文化**。〈建築・絵画〉㉗▢をもつ**安土城**や**大阪城**, ㉘▢がつくられる。城の中のふすまや屏風には㉙▢が**狩野永徳・山楽**らによってえがかれる。〈その他〉㉚▢が**わび茶**を大成。**歌舞伎踊り**は**出雲阿国**, **有田焼**(伊万里焼)・**萩焼**などは朝鮮から連行された陶工が始める。〔李参平が始める〕

(2) **南蛮文化**……**南蛮人**の来航によってもたらされた文化。〔天文学や医学などの学問, 活版印刷術など〕

入試ガイド
織田信長は全国統一事業の内容とその順序が, 豊臣秀吉は行った政策の目的と影響がよく出題される。

レッツトライ！ ～中学入試頻出問題～

右の図について, 次の文の空欄 **X・Y** にあてはまることば, 人名を答えなさい。

[神奈川学園中一改]

> 種子島に流れ着いた **X** 人が鉄砲を伝えると, そのつくり方は全国に広まり, 堺などで大量生産が始まった。右図の戦いでは, **Y** が積極的に鉄砲を導入した。

X〔　　　　　　　〕 Y〔　　　　　　　〕

★ **ポイント** 1575 年の長篠の戦いでは多くの鉄砲が使用され, 武田勝頼の騎馬隊は敗れた。

解答 → 別冊p.30

ステップ2 実力問題

● 室町時代の文化の特徴
● 鉄砲とキリスト教の伝来
● 織田信長と豊臣秀吉の政治

得点アップ

1 次の I ～ III は，歴史にかかわりのあることわざや慣用句，名言などについて書かれている。これを読んで，あとの問いに答えなさい。

〔同志社中―改〕

I　三日天下
　織田信長をたおして天下をとった明智光秀が，そのわずか十数日後に羽柴秀吉に敗れ，ほろぼされたことから，権力をにぎっている期間がきわめて短いことのたとえである。

II　敵に塩を送る
　甲斐の **A** が今川氏や北条氏からせめられ，深刻な塩不足におちいったとき，長年敵対関係にあった越後の **B** は塩を送って **A** を助けたという話にもとづく。**A** と **B** は，**C** で5回も戦ったといわれている。

III　初心忘れるべからず
　これは世阿弥が能に関する演技論や技術論などを書いた書物の中で述べたことばである。物事を始めたときの気持ちを忘れず，努力していればいつか必ずやりとげることができるという意味である。

---

(1) I について，羽柴秀吉にたおされ，明智光秀が「三日天下」に終わった戦いを次のア～エから1つ選び，記号で答えなさい。　　　[　　　]
　ア　山崎の戦い　　　イ　桶狭間の戦い
　ウ　長篠の戦い　　　エ　姉川の戦い

(2) II の空欄 **A** ～ **C** に入ることばの組み合わせとして正しいものを右の表のア～オから1つ選び，記号で答えなさい。
[　　　]

	A	B	C
ア	武田信玄	上杉謙信	応仁の乱
イ	武田信玄	上杉謙信	川中島の戦い
ウ	上杉謙信	武田信玄	応仁の乱
エ	上杉謙信	武田信玄	川中島の戦い
オ	上杉謙信	武田信玄	賤ヶ岳の戦い

●重要 (3) III の世阿弥が活躍した室町時代に生まれた文化として誤っているものを次のア～エから1つ選び，記号で答えなさい。　　　[　　　]

ア　　　　　　　イ　　　　　　　ウ　　　　　　　エ

1 (1)羽柴秀吉とは，のちの豊臣秀吉のことである。明智光秀は1582年に織田信長を裏切り，本能寺の変をおこした。
(2)武田信玄は，長篠の戦いで織田信長に敗れた武田勝頼の父である。甲斐は現在の山梨県，越後は現在の新潟県とほぼ同地域で，武田信玄と上杉謙信は甲斐と信濃にはさまれた北信濃(信濃は現在の長野県)の土地をめぐってたびたび戦った。
(3)観阿弥と世阿弥は室町幕府の第3代将軍足利義満の保護を受けた。義満のころの文化を北山文化という。

✓チェック!自由自在①
室町時代の文化(北山文化と東山文化)について，その特徴を調べてみよう。

歴史

1 日本のあけぼのと貴族の世の中

2 武士の世の中①

3 武士の世の中②

4 江戸幕府の政治

思考力／記述問題

5 明治からの世の中①

6 明治からの世の中②

7 戦争と新しい日本

思考力／記述問題

2 次の年表を見て，あとの問いに答えなさい。〔東京学芸大附属世田谷中―改〕

年	できごと
1543	A　が伝わる
1549	キリスト教が伝わる………………………………………Ⅰ
1560	桶狭間の戦いがおきる……………………………………Ⅱ
1573	室町幕府がほろびる………………………………………Ⅲ
1575	長篠の戦いがおきる………………………………………Ⅳ
1576	安土城（あづち）が築（きず）かれる…………………………………………Ⅴ
1582	B　の変がおきる。　太閤（たいこう）　C　が始まる
1588	D　令が出される
1592	朝鮮（ちょうせん）に軍を送る（～98年）

(1) 年表中の空欄　A　～　D　にあてはまる語句を，漢字で答えなさい。

A [　　　　　]　B [　　　　　]

C [　　　　　]　D [　　　　　]

要 (2)　C　と　D　を行った人物名と，　C　と　D　を行った目的を簡潔（かんけつ）に答えなさい。　　　人物 [　　　　　]

目的 [　　　　　]

要 (3) 年表中のⅠについて，キリスト教を伝えた右の人物名を答えなさい。　[　　　　　]

(4) 年表中のⅡ～Ⅴのすべてに関係する人物名とその人物が行った商工業を活発にするための政策（せいさく）の内容（ないよう）を1つ簡潔に答えなさい。

人物 [　　　　　]

政策 [　　　　　]

(5) 次の資料のようなスペインやポルトガルといった国々とのことばの交流があった時代の貿易（ぼうえき）を何というか，答えなさい。　[　　　　　貿易]

資料

ポルトガル語		日本語	ポルトガル語		日本語
castell	→	カステラ	catana	←	刀
carta	→	カルタ	biombo	←	屏風（びょうぶ）

要 (6) 年表中の下線部について，右の建物を建てたこの幕府の将軍の名まえを答えなさい。また，この人物が行ったこととして誤っているものを次のア～エから1つ選び，記号で答えなさい。

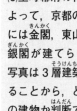

名まえ [　　　　　]　記号 [　　　　　]

ア 明（みん）と国交を開き貿易を行った。　イ 南北朝（なんぼくちょう）の統一（とういつ）を果たした。

ウ 室町に屋敷（やしき）を建て政治を行った。　エ 加賀（かが）の一向一揆（いっこういっき）をしずめた。

2 (1) Aはポルトガル人，キリスト教はスペイン人によって伝えられた。当時の日本では，スペイン人やポルトガル人のことを南蛮人（なんばんじん）と呼んでいた。

✔チェック！自由自在②

豊臣秀吉が2度にわたって行った朝鮮出兵（ちょうせんしゅっぺい）が，日本にどのような影響（えいきょう）をあたえたか調べてみよう。

(2) Cでは，土地や屋敷地の面積，土地のよしあし，収穫高（しゅうかくだか）などが調べられ，土地の耕作者（こうさくしゃ）とともに検地帳に記録された。これによって，農民には耕作義務（ぎむ）が発生し，荘園制（しょうえんせい）は崩壊（ほうかい）した。Dでは農民から武器（ぶき）が取り上げられた。

(4) 桶狭間，長篠はともに愛知県の地名である。安土城は，琵琶湖（びわこ）の東岸に建てられた天守をもつ城であった。

(6) 室町幕府の将軍によって，京都の北山には金閣（きんかく），東山には銀閣（ぎんかく）が建てられた。写真は3層建築（そうけんちく）であることから，どちらの建物か判断できる。

ステップ3 発展問題

解答 → 別冊p.31

1 次の **A・B** の史料を読んで，あとの問いに答えなさい。　　〔東京農業大第一中─改〕

> **A** わたしが位をついで以来，あいさつに来る異域の王の数は多い。そもそも大義にそむくものでなければ，礼をもって対応しようと思う。ここに日本国王である　　　　は，心をわが王室に寄せ，わたしへの忠誠の心をもち，海をこえて，使いを派遣し，捕虜を返還し，宝刀・駿馬・甲冑・紙硯・金を差し出した。喜びにたえない。
>
> **B** 日本について，わたしたちが見たり聞いたりして知ったことを述べる。第一にわたしたちが今日まで交際した日本人は，新発見をした土地の中では最良の人たちで，<u>キリスト教以外の人たちの中では日本人よりすぐれた人はいないと思う</u>。この国の人たちは礼節を大事にし，一般的には善良で悪心をもっておらず，何よりも名誉を大切にしているのはおどろくべきことである。

(1) 史料 **A** は，明から日本に送られた国書である。この史料について，次の問いに答えなさい。

① 空欄　　　　にあてはまる人物を次の**ア～エ**から１つ選び，記号で答えなさい。　　[　　　]
　ア 足利義満　　**イ** 足利尊氏　　**ウ** 後醍醐天皇　　**エ** 平清盛

② この史料に関連して，15世紀～16世紀の半ばにかけて日本と明の間で行われた貿易について，次の文の空欄 **X・Y** にあてはまる語句の組み合わせとして最も適切なものをあとの**ア～エ**から１つ選び，記号で答えなさい。　　[　　　]

> 日本と明とは **X** を行い，明から日本に **Y** が輸出された。

　ア X─朱印状をもった船による朱印船貿易　　Y─銅銭や生糸
　イ X─朱印状をもった船による朱印船貿易　　Y─刀剣や銅
　ウ X─勘合をもった船による勘合貿易　　　　Y─銅銭や生糸
　エ X─勘合をもった船による勘合貿易　　　　Y─刀剣や銅

(2) 史料 **B** は，ポルトガル人宣教師が日本について記したものである。この史料について，次の問いに答えなさい。

難問 ① 史料 **B** 中の下線部に関連して，日本でおこったキリスト教に関係する次のできごとを古い順に並べかえた場合，3番目にあたるものを１つ選び，記号で答えなさい。　　[　　　]
　ア 天正遣欧少年使節が日本に帰国した。
　イ 大友義鎮(宗麟)がフランシスコ＝ザビエルに布教の許可をあたえた。
　ウ 織田信長の保護により安土の城下町にセミナリオが建てられた。
　エ 豊臣秀吉がバテレン追放令を出した。

独創的 ② この史料に関連して，ポルトガル人が伝えた鉄砲の技術が，日本の政治を大きく変えることになった。次ページの地図を見て，刀鍛冶によって鉄砲が大量に生産された都市の位置と都市名の組み合わせとして適切なものをあとの**ア～カ**から１つ選び，記号で答えなさい。

[　　　]

	ア	イ	ウ	エ	オ	カ
位置	a	a	b	b	c	c
都市名	国友（くにとも）	堺（さかい）	国友	堺	国友	堺

歴史

1 日本のあけぼのと貴族の世の中

2 武士の世の中①

3 武士の世の中②

4 江戸幕府の政治

思考力／記述問題

5 明治からの世の中①

6 明治からの世の中②

7 戦争と新しい日本

思考力／記述問題

2 **資料 |** と**資料 2** を見て，あとの問いに答えなさい。　〔品川女子学院中―改〕

資料 |

> 日本全国において，この堺の町より安全な場所はなく，ほかの a諸国で戦乱（せんらん）があっても，この町にはまったくなく…(略)町の守りは非常に堅固（けんご）で，西側は海に，他方は b深い堀（ほり）に囲（かこ）まれ，その堀にはつねに水が満たされている。

資料 2

(1) **資料 |** は，戦国時代に堺を訪（おとず）れた，キリスト教の宣教師の手紙の一部を要約したものである。**資料 |** について，次の問いに答えなさい。

① 下線部 **a** について，戦国大名が領国（りょうごく）を支配（しはい）するために行ったことを，戦国時代に広がった，身分が下の者でも実力があれば身分が上の者をたおして勝ち上がっていける風潮（ふうちょう）を意味する語句を用いて答えなさい。

[　　　　　　　　　　　　　　　　　　　　　　　　　　　　　　]

② 下線部 **b** について，この町はなぜ堀をめぐらせていたのか，**資料 |** を参考に，その理由を答えなさい。

[　　　　　　　　　　　　　　　　　　　　　　　　　　　　　　]

③ この時代，堺と同じような政治が行われていた都市を次の**ア～エ**から | つ選び，記号で答えなさい。　　　　　　　　　　　　　　　　　[　　]

ア 品川（しながわ）　　イ 小田原（おだわら）　　ウ 鹿児島　　エ 博多（はかた）

(2) **資料 2** の写真は，長崎にある「日本二十六聖人（せいじん）」の記念碑（ひ）である。「日本二十六聖人」とは1597年にキリスト教徒であることを理由に，当時の権力者（けんりょくしゃ）によって処刑（しょけい）された人々である。彼（かれ）らの処刑を命じた権力者を次の**ア～エ**から，また，その権力者について説明した文として正しいものを**オ～ク**からそれぞれ | つずつ選び，記号で答えなさい。

権力者[　　] 説明[　　]

ア 織田信長　　イ 豊臣秀吉　　ウ 足利義政（よしまさ）　　エ 徳川家康（とくがわいえやす）

オ 城下町で楽市（らくいち）・楽座（らくざ）を行った。　　カ あとつぎ争いが原因（げんいん）で応仁（おうにん）の乱がおきた。

キ 明を征服（せいふく）しようと朝鮮（ちょうせん）に軍を送った。　　ク 室町幕府（むろまちばくふ）をほろぼした。

江戸幕府の政治

ステップ1 まとめノート

解答 → 別冊p.31

1 江戸幕府の成立 ★★

(1) **江戸幕府**……〈幕府の成立〉徳川家康が石田三成らを① ◯◯◯ で破り,
幕府を開く。└1615年には豊臣家をほろぼす┘〈大名支配〉大名を**親藩・譜代・外様**に分類する。
② ◯◯◯ を制定して大名を統制。徳川家光が③ ◯◯◯ を制度化する。

(2) **身分制度**……〈武士〉農民・町人を支配し,特権をもつ。└名字・帯刀・切捨御免┘〈農民〉**本百姓**
に④ ◯◯◯ をつくらせ,連帯責任を負わせる。└年貢の納入と犯罪の防止┘〈町人〉職人や商人。

2 キリスト教の禁止と鎖国 ★★★

(1) **日本人の海外進出**……〈朱印船貿易〉朱印船が東南アジアに進出し
て,⑤ ◯◯◯ がつくられる。〈キリスト教〉禁教令を出し,迫害を始める。

(2) **鎖国**……〈始まり〉スペイン船の来航と日本人の海外渡航・帰国を禁止。
〈島原・天草一揆〉1637年,島原・天草地方
の農民が⑥ ◯◯◯ を総大将に反乱をおこす。〈キ
リスト教対策〉**絵踏**を行い,信者であるかない
かを確かめる。⑦ ◯◯◯ 船の来航を禁止し,**オラ**

▲⑧
ンダ商館を長崎の⑧ ◯◯◯ へ移す。**オランダと清**
(中国) に限り長崎での貿易を許す⑨ ◯◯◯ が完成。└キリスト教の布教を行わない┘〈外交窓口〉⑩ ◯◯◯ **藩**
は**朝鮮**と,**薩摩藩**は**琉球王国**と,**松前藩**は**アイヌの人々**との交易を許
される。朝鮮からは⑪ ◯◯◯ が来日。└将軍の代がわりごとに来日┘

ズバリ暗記

3代将軍の徳川家光が武家諸法度を改め,参勤交代を制度化した。
幕府は鎖国政策のもと,オランダと清(中国)に限り長崎での貿易を許した。

3 産業と都市の発達 ★

(1) **産業の発達**……〈農業〉農具が改良され,⑫ ◯◯◯ や**油かす**などの**金肥**が└金銭をはらって買い入れる肥料┘
使用される。商品作物の栽培。〈商業〉**両替商**や**株仲間**が生まれる。└同業者の組合┘

(2) **都市と交通の発達**……〈都市〉江戸・大阪・京都の繁栄。大阪には各藩└「将軍のおひざもと」┘
の⑬ ◯◯◯ が置かれる。〈交通〉陸上では**五街道**が整備され,要所には└「天下の台所」┘
関所が置かれる。海上では**西まわり航路**と**東まわり航路**が整備される。└「入り鉄砲に出女」は特に厳しい取り調べ┘

4 江戸幕府の改革 ★★

(1) **元禄の世**……〈徳川綱吉の政治〉文治政治を行う。⑭ ◯◯◯ を特に重視。
貨幣の質を下げて,発行量を増やす。動物を極端に保護する
⑮ ◯◯◯ を出す。〈正徳の治〉**新井白石**が貨幣の質をもどし,⑮ ◯◯◯ を廃止。
長崎での貿易を制限する。

① ____
② ____
③ ____
④ ____
⑤ ____
⑥ ____
⑦ ____
⑧ ____
⑨ ____
⑩ ____
⑪ ____
⑫ ____
⑬ ____
⑭ ____
⑮ ____

入試ガイド

禁教から鎖国までの流
れは入試でよく出され
る。鎖国の完成までに
おこったできごとや幕
府の政策を年代順に整
理できているか,鎖国
中に幕府以外で外交の
窓口となった藩とその
相手の組み合わせを理
解できているかなどが
問われる。

歴史

1 日本のあけぼのと貴族の世の中

2 武士の世の中①

3 武士の世の中②

4 江戸幕府の政治

思考力／記述問題

5 明治からの世の中①

6 明治からの世の中②

7 戦争と新しい日本

思考力／記述問題

(2) 享保の改革……8代将軍⑯　　　が行う。〈財政改革〉新田開発で税収増をねらう。⑰　　　で，石高1万石につき100石の米を大名に出させる。〈政治改革〉質素・倹約をすすめる。足高の制と⑱　　　　（裁判の基準）を定める。〈その他〉⑲　　　の設置（人々の意見を聞く），漢訳洋書の輸入（蘭学の発達をもたらす），さつまいもの栽培を奨励。

(3) 田沼の政治と寛政の改革……〈田沼意次の政治〉財政再建に商人の経済力を利用。⑳　　　（俵物や銅を輸出し，金銀の流入をはかる）の奨励，長崎貿易の推進など。わいろが広まったうえ，天明のききんがおきて失脚。〈寛政の改革〉老中㉑　　　が行う。ききんに備えた㉒　　　，棄捐令，寛政異学の禁（幕府の学問所で教えるのは朱子学のみ）など厳しい改革で反感を買う。

(4) 天保の改革……〈改革前〉天保のききんで社会が混乱する中，1837年，大阪で㉓　　　がおこる。〈天保の改革〉老中㉔　　　が行う。人返しの法と株仲間の解散（物価上昇の原因とみなされる）を命じる。上知令（江戸・大阪周辺を幕府の土地にする）で大名らの反対を受け，改革は2年で失敗に終わる。

農村の変化と百姓一揆 ★

(1) 農村の変化……貨幣の使用で，貧富の差が拡大する。手工業が発達。

(2) 百姓一揆・打ちこわし……農村で㉕　　　，都市で㉖　　　がおこる。

江戸時代の文化と新しい学問 ★★

(1) 江戸時代の文化……〈元禄文化〉上方（大阪・京都）の町人文化。浮世草子の井原西鶴，脚本家の㉗　　　，浮世絵の菱川師宣（「見返り美人図」）などが活躍する。〈化政文化〉江戸の町人文化。川柳や狂歌で社会を風刺。こっけい本の十返舎一九，浮世絵師（錦絵）の歌川広重・葛飾北斎・喜多川歌麿らが活躍する。

(2) 学問の発達……〈儒学〉幕府は朱子学を重んじる。〈国学〉㉘　　　が『古事記伝』を著し，国学を大成。〈蘭学〉杉田玄白らが『㉙　　　』を出版。伊能忠敬は正確な日本地図を作成。〈教育〉㉚　　　で庶民の子弟が「読み・書き・そろばん」を学ぶ。

▲『㉙　　』のとびら絵

⑯
⑰
⑱
⑲
⑳
㉑
㉒
㉓
㉔
㉕
㉖
㉗
㉘
㉙
㉚

レッツトライ！ ～中学入試頻出問題～

江戸時代の絵師によってえがかれた右の絵を見て，次の問いに答えなさい。　　[中央大附中―改]

① このような絵を何というか答えなさい。　　〔　　　　〕

② 江戸時代の絵師と代表的な作品の組み合わせとして正しいものを次のア～エから1つ選び，記号で答えなさい。　　〔　　　　〕

ア　歌川広重・「秋冬山水図」　　イ　東洲斎写楽・「東海道五十三次」

ウ　葛飾北斎・「富嶽三十六景」　　エ　喜多川歌麿・「唐獅子図屏風」

★ポイント　江戸時代に大量生産された絵で，多色刷りのものは錦絵と呼ばれる。

■■ ステップ2 実力問題①

解答 → 別冊p.31

得点アップ

1 江戸時代の農民支配や農業に関する次の問いに答えなさい。

(1) 次の史料と説明する文を読んで，あとの問いに答えなさい。〔青雲中―改〕

> 右の史料は「慶安のお触書」と呼ばれるものの一部である。a江戸幕府の3代将軍のときに出されたものであると説明されてきたが，この史料は信頼できるのかどうか疑問が出されるようになった。その後の史料の分析と検討によって，b元禄年間に出された甲府藩の法で，これが諸国に広まるときに，「慶安年間に幕府から出された決まりごとである」という言い方が加わったことがわかってきた。このように，史料を用いるときには，その史料が信頼できるものかどうかを十分に検討する必要がある。

> 一，朝は早起きして草をかり，昼は田畑を耕し，晩には縄をつくって俵をあみ，しっかり仕事せよ。
> 一，酒や茶を買って飲んではいけない。
> 一，あわ，ひえなどの雑穀をつくって食べ，なるべく米を食べないようにせよ。

① 下線部 a に関して，3代将軍のときのできごととして誤っているものを次のア～エから1つ選び，記号で答えなさい。　[　　　]

　ア 大阪の豊臣氏がほろぼされた。
　イ オランダ商館が長崎の出島に移転した。
　ウ 島原・天草一揆が発生した。
　エ 参勤交代が制度として定められた。

★重要 ② 下線部 b に関して，この時期には大阪や京都の町人を中心とする文化が生まれた。この文化を代表する人形浄瑠璃の脚本作家の名まえを答えなさい。　[　　　　　]

(2) 江戸時代の身分制度について，誤って述べているものを次のア～エから1つ選び，記号で答えなさい。　[　　　]〔高槻中―改〕

　ア 農民は基本的には，名字を名乗ったり，大小2本の刀を差すことはできなかった。
　イ 農民は全人口の6割ほどをしめ，年貢を納めることで幕府や藩の財政を支えていた。
　ウ 職人や商人などの町人は，町を整備するための仕事や費用を負担していた。
　エ 農民や町人とは別に，士農工商の下に置かれ，厳しく差別をされた身分の人もいた。

1(1)①豊臣氏は大阪夏の陣で徳川氏によってほろぼされた。
②5代将軍徳川綱吉のころ，元禄文化と呼ばれる大阪や京都の上方の町人文化が花開いた。人形浄瑠璃(文楽)はユネスコの無形文化遺産に登録されている。
(2)江戸幕府は武士の下に農民と町人(職人・商人)を置き，武士に特権をあたえて少数の武士を支配階級とした。

✓チェック!自由自在①
江戸時代の武士にはどのような特権があたえられていたか，調べてみよう。

(3) 右の農機具は，江戸時代に使用されていた「とうみ」と呼ばれるものである。何のために使うものか，次の**ア〜エ**から１つ選び，記号で答えなさい。　　　　　　　　　　　　　　[　　　　　]〔実践女子学園中〕

ア 田に種をまくために使う。

イ 田の土を深く耕すために使う。

ウ もみがらや実のないもみを分けるために使う。

エ 井戸からくんだ水をまくために使う。

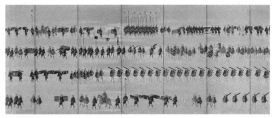

2 次の２つの絵画を見て，あとの問いに答えなさい。

図１

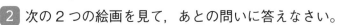

図２

(1) 図１について，次の問いに答えなさい。〔西大和学園中―改〕

① これは江戸に向かう加賀藩の大名行列をえがいたものである。この藩の分類として正しいものを次の**ア〜エ**から１つ選び，記号で答えなさい。　　　　　　　　　　　　　　　　　[　　　　　]

　ア 親藩　　**イ** 旗本　　**ウ** 外様　　**エ** 譜代

② 大名行列が頻繁に行き来した影響で街道沿いに発達した町を何というか，漢字で答えなさい。　　　　　　　　[　　　　　]

●重要 ③ 次の文の空欄　**A**　〜　**C**　にあてはまる語句を，それぞれ答えなさい。

> 江戸幕府は，将軍　**A**　のときに　**B**　を改め，原則として大名が領国と江戸を１年おきに行き来する　**C**　の制度を定めた。さらに，大名の妻や子どもは人質として屋敷に住まわせた。

A [　　　　　]　B [　　　　　]　C [　　　　　]

(2) 図２にえがかれている長崎の出島について，次の問いに答えなさい。

●重要 ① 江戸時代に幕府が長崎で貿易を許可した国を２つ答えなさい。
　　　　　　　[　　　　　・　　　　　]〔神奈川学園中―改〕

② 幕府は長崎以外での外国との交易・貿易を禁止する鎖国政策をとっていたが，現在の歴史的な見方からすると，これは正確な表現といえない。その理由を具体例をあげながら，簡潔に答えなさい。〔滝中―改〕

[　　　　　　　　　　　　　　　　　　　　　　　　　　]

歴史
1 日本のあけぼのと貴族の世の中
2 武士の世の中①
3 武士の世の中②
4 江戸幕府の政治
思考力／記述問題
5 明治からの世の中①
6 明治からの世の中②
7 戦争と新しい日本
思考力／記述問題

(3)江戸時代には，備中ぐわや千歯こきなどの農具が使われるようになって，生産効率が上がった。

2(1)①徳川家一族を親藩，古くから徳川家の家臣であった大名を譜代，関ヶ原の戦い以降に徳川家の家臣となった大名を外様とした。
②街道沿いには本陣（大名の宿泊所）や旅籠（庶民の宿泊施設）などが整備された。

✔チェック!自由自在②
江戸幕府は大名をどのように配置し，支配したのか，そのしくみについて調べてみよう。

(2)①島原・天草一揆後，幕府はキリスト教の取りしまりを強め，ポルトガル船の来航を禁止し，オランダ商館を出島に移した。

✔チェック!自由自在③
江戸幕府から交易を許可されていた藩について調べてみよう。

ステップ2 実力問題②

● 江戸幕府の政治改革
● 江戸時代の都市や交通
● 江戸時代の文化と学問

解答 → 別冊p.32

得点アップ

1 Kさんは，江戸時代の政治と経済の関係を調べ，おもなできごとを文にまとめた。Kさんがまとめた文を読んで，あとの問いに答えなさい。

〔慶應義塾湘南藤沢中—改〕

Ⅰ 1徳川綱吉は，金銀の量を減らした貨幣をつくらせ，物価が大きく上昇することになった。

Ⅱ 　A　は，大名が江戸に滞在する期間を短くするかわりに，2諸藩に米を納めさせた。

Ⅲ 儒学者である　B　は，海外への金銀の流出をおさえるために，長崎での貿易を制限した。

Ⅳ 　C　は，3江戸や大阪周辺の重要な土地を幕府が直接治めることにしたが，反発が強まり，老中をやめることになった。

Ⅴ 　D　は，4株仲間の結成を進め，長崎での貿易を積極的に行ったが，わいろに対する批判が高まるなどして，老中をやめることになった。

Ⅵ 　E　は，旗本や御家人の借金を帳消しにした。しかし，厳しい節約の命令により人々の不満を買い，老中をやめることになった。

重要 (1) 空欄　A　～　E　にあてはまる人物名を次のア～クからそれぞれ選び，記号で答えなさい。

A[　　　]　B[　　　]　C[　　　]
D[　　　]　E[　　　]

ア 徳川吉宗　イ 井伊直弼　ウ 田沼意次　エ 水野忠邦
オ 新井白石　カ 杉田玄白　キ 松平定信　ク 徳川家光

(2) 下線部1の人物の政策を説明した文として正しいものを次のア～エから1つ選び，記号で答えなさい。　[　　　]

ア 目安箱を設置して，人々の意見に耳をかたむけた。
イ 江戸に出てきた農民を村に帰らせた。
ウ 儒学を大切にし，湯島に聖堂を建てた。
エ オランダ商館を平戸から出島に移した。

(3) 下線部2の政策名を次のア～エから1つ選び，記号で答えなさい。
[　　　]

ア 上知令　イ 上げ米の制　ウ 囲い米　エ 人返しの法

(4) 下線部3について，江戸は幕府が置かれたことから，大阪は全国各地の特産物が集められたことから，それぞれ何と呼ばれていたか答えなさい。

江戸[　　　]
大阪[　　　]

歴史

1 日本のあけぼのと貴族の世の中

2 武士の世の中①

3 武士の世の中②

4 江戸幕府の政治

思考力／記述問題

5 明治からの世の中①

6 明治からの世の中②

7 戦争と新しい日本

思考力／記述問題

(5) 下線部4の説明として正しいものを次のア〜エから1つ選び，記号で答えなさい。　　　　　　　　[　　　]

ア 複数の農家をひと組みとして，農作業を共同で行った。

イ 貨幣の交換だけではなく，貸しつけなども行った。

ウ さまざまな商品を全国に運ぶとともに，重要な手紙を届けた。

エ 商工業者が組合をつくり，幕府に税を納めるかわりに保護を受けた。

(6) 江戸幕府は財政難にしばしば苦しめられたが，その理由を「米」という語句を使って，50字以内で答えなさい。

（解答欄）

(7) Ⅰ〜Ⅵの文を古い順に並べかえなさい。

[　　　→　　　→　　　→　　　→　　　→　　　]

(5)室町時代の座と同じような組織である。

✔チェック!自由自在②
江戸幕府が農民から確実に年貢を徴収するためにどのようなことをしたか，調べてみよう。

---

2 次の図と写真を見て，あとの問いに答えなさい。

図1　　　　　　　　図2　　　　　　　　図3

(1) 図1をえがいた人物名を漢字で答えなさい。

[　　　　　　　　　]〔田園調布学園中—改〕

(2) 図2を作成した人物と図2に関係する学問の組み合わせとして正しいものを次のア〜カから1つ選び，記号で答えなさい。

[　　　　　　　]〔聖セシリア女子中—改〕

ア 杉田玄白・蘭学　　イ 杉田玄白・国学　　ウ 伊能忠敬・蘭学

エ 伊能忠敬・国学　　オ 本居宣長・蘭学　　カ 本居宣長・国学

(3) 図3は，江戸幕府の初代将軍をまつった建物である。これについて，次の問いに答えなさい。　　　　　　　　〔日本女子大附中—改〕

① 右の図は，江戸時代の五街道を表したものである。図3に行くのに利用された道をア〜エから1つ選び，記号で答えなさい。[　　　]

② 五街道に設けられた関所で特に厳しく取り調べられたのはどのような人か，その理由もふくめて答えなさい。

[　　　　　　　　　　　　　　　　　　　　　　]

2(1)「東海道五十三次」は，江戸の日本橋から京都の三条大橋までの東海道の宿場をえがいた，化政文化を代表する浮世絵（木版画）である。

(2)蘭学は，徳川吉宗がキリスト教に関係のない洋書の輸入を許可したことで発展した。国学とは，儒教や仏教の影響を受ける前の日本人古来の考え方を明らかにしようとする学問である。

(3)①五街道とは，奥州街道・日光街道・中山道・甲州街道・東海道のことである。

✔チェック!自由自在③
江戸幕府では，どのような学問が重視されたのか，調べてみよう。

ステップ3 発展問題

解答 → 別冊p.33

1 江戸幕府の政治に関する次の問いに答えなさい。

(1) 次の史料は，江戸時代のある将軍が出した決まりである。この将軍のころに栄えた文化と関連する作品をあとの**ア～エ**から１つ選び，記号で答えなさい。　[　　　　] 〔東邦大付属東邦中―改〕

> ・捨て子があれば，そのところの者でいたわり，そのままそこで養育してやるか，または子どもが欲しいと望んでいる者に養わせること。
> ・犬ばかりに限らず，すべて生きているものには思いやる心を根本とせよ。

ア　　　　　　　イ　　　　　　　　　　　ウ　　　　　　　エ

(2) 徳川家康の海外政策に関する次の文を読んで，あとの問いに答えなさい。

> 徳川家康は外国との貿易をさかんにしようとして，海外に出かける貿易船に渡航を許可する朱印状をあたえて保護した。また，このころオランダとイギリスが幕府の許可を得て，商館を　　　に建てて貿易を行うようになった。

① 文中の空欄　　　にあてはまる都市名を答えなさい。　　　[　　　　] 〔芝中―改〕

難問 ② やがて幕府は海外政策を方向転換し，鎖国政策をとるようになった。次のできごとを年代順に並べかえ，記号で答えなさい。[　　→　　→　　→　　] 〔芝中―改〕

　　　ア 日本人の海外渡航と帰国の禁止　　　**イ** スペイン船の来航の禁止

　　　ウ ポルトガル船の来航の禁止　　　**エ** 島原・天草一揆

③ 右の絵は，長崎奉行所で使われた道具の絵である。この道具は何のために，どのように使われたか答えなさい。　　　　〔明治学院中〕

　　[　　　　　　　　　　　　　　　　　　　　　　　　　　　　]

(3) 次の史料は，江戸幕府が大名を統制するために出した法令の一部である。史料を読んで，あとの問いに答えなさい。　　〔法政大中―改〕

> ― 文武弓馬の道につねにはげむこと。
> ― **X** を修理するときは必ず幕府に届けること。新たに **X** を築くことは固く禁止する。
> ― 幕府の許可なく， **Y** してはならない。
> 　※のちに追加された内容
> ― 諸国の大名は，領地と江戸に交代で住むこと。毎年４月に江戸に **Z** すること。

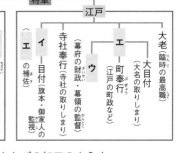

① 空欄 **X** ～ **Z** にあてはまる語句をそれぞれ答えなさい。

X [　　　　　] Y [　　　　] Z [　　　　　]

独創的 ② 幕府は大名に各地の土木工事を手伝わせたといわれている。こうしたことや，史料からは幕府にどのようなねらいがあったと考えられるか，右の**地図**も参考にして答えなさい。

地図　江戸幕府のおもな大名配置
- ● 御三家
- ● 親藩・譜代
- ○ 外様
- 50万石以上
- 20万～50万石未満
- 10万～20万石未満
- 円の大きさは石高の規模を示す。
- （1664年・10万石以上の大名のみ）

[

　　　　　　　　　　　　　　

]

(4) 18世紀になると，なまこやあわびの多くが俵につめられ，長崎港に運びこまれる量が増加した。このことについて，次の問いに答えなさい。〔駒場東邦中―改〕

難問 ① 長崎貿易を推進し，金銀の流入をはかった老中の名まえを答えなさい。また，右の江戸幕府の組織図中の**ア**～**エ**から老中にあたるものを1つ選び，記号で答えなさい。

名まえ [　　　　　]
記号 [　　　　]

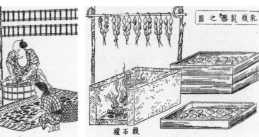

地方	将軍	江戸

大阪城代（西国大名の監視・京都の警備）
ア（朝廷の監視・京都の警備）
エの補佐
イ寺社奉行（寺社の統制）
目付（旗本・御家人の監視）
大目付（大名の取りしまり）
エ町奉行（江戸の町政など）
ウ（幕府の財政・幕領の監督）
大老〈臨時の最高職〉

独創的 ② 右の2つの図は，なまこやあわびを加工しているようすを示したものである。なまこやあわびを加工する方法として，どのような共通点が指摘できるか，またそのように加工するのはなぜか答えなさい。

なまこの加工のようす

あわびの加工のようす

（「水産小学・下巻」）

[

　　　　　　　　　　　　　　

]

(5) 徳川吉宗が行ったことについて，その内容の組み合わせとして正しいものをあとの**ア**～**カ**から1つ選び，記号で答えなさい。[　　　　　]〔東邦大付属東邦中―改〕

a 天明のききんのあと，囲い米の制を実施して，各地に置かれた倉に米をたくわえさせた。
b 町火消しのしくみを整えて，江戸の町の防火に努めた。
c 株仲間が解散することによって，商人たちが利益を独占するのを防いだ。
d 庶民のために目安箱を設置して，これにより小石川養生所がつくられた。

ア aとb　**イ** aとc　**ウ** aとd　**エ** bとc　**オ** bとd　**カ** cとd

歴史
1 日本のあけぼのと貴族の世の中
2 武士の世の中①
3 武士の世の中②
4 江戸幕府の政治
思考力／記述問題
5 明治からの世の中①
6 明治からの世の中②
7 戦争と新しい日本
思考力／記述問題

思考力/記述問題に挑戦！

本書の出題範囲　p.90〜117

解答 → 別冊p.34

1 次の表 **A〜C** は，日本の各時代の中から約 70 年間という期間を区切ってぬき出し，その間におこったできごとを年代順に並べたものである。これについて，あとの問いに答えなさい。

A	B	C
室町幕府滅亡	大化の改新	保元の乱
安土城下で a 楽市・楽座	白村江の戦い	**Y** 平治の乱
太閤検地開始	全国の戸籍の完成	平 清盛，太政大臣就任
バテレン追放令	b 壬申の乱	e 中国との活発な貿易
刀狩令	薬師寺建立	法然の浄土宗布教
関ヶ原の戦い	藤原京に遷都	源平合戦
キリスト教の禁止	c 大宝律令制定	f 鎌倉幕府が開かれる
武家諸法度制定	和同開珎発行	北条時政，執権就任
X 島原・天草一揆	d 平城京に遷都	**Z** 将軍実朝の暗殺
田畑永代売買禁令	『古事記』完成	承久の乱

着眼点

1 A・B・C のそれぞれの表は，年代順に並んでいるが，A・B・C は時代順には並んでいない。表のできごとを確認し，それぞれの表がどの時代の 70 年間を切り取ったものか，まずは確認したい。

(1) 右の地図は，表中 **X・Y・Z** のできごとがおきた場所を示している。誤っているものを１つ選び，記号で答えなさい。

[　　　　]〔明治大付属明治中─改〕

(1) 保元の乱と平治の乱は朝廷内の勢力争いが原因でおこった戦いである。３代将軍 源 実朝は鶴岡八幡宮で暗殺された。

(2) 下線部 **a** について，これを行った織田信長は関所を廃止した。関所の廃止が商人の活動にどのような影響をあたえたか，答えなさい。　〔女子学院中─改〕

[　　　　　　　　　　　　　　　　　　　]

(2) この時代は，通行税を支はらわなければ関所を通ることができなかったことに注目する。

（難問） (3) 下線部 **b** について，この乱は天智天皇のあとつぎをめぐる争いであった。天智天皇が皇太子のとき，都が難波宮から大津宮に移された理由を，上の表を参考にして答えなさい。　〔麗澤中─改〕

[　　　　　　　　　　　　　　　　　　　]

(3) 天智天皇（中大兄皇子）が行ったことの中で，遷都の理由になるものが表中にないか，考えるとよい。

(4) 下線部 **c** について述べた文として正しいものを次の**ア〜エ**から１つ選び，記号で答えなさい。　[　　　　]〔城西川越中〕

ア 戸籍にもとづいて，10 才以上の男女に口分田があたえられた。

イ 口分田でとれた稲の約３％を租として，おもに地方の国々に納めた。

ウ 調は都で 10 日間の労役を行うかわりに，布を納めるものであった。

エ 庸は都に運ばれた各地方の特産物で，中央政府の財源となった。

歴史

1 日本のあけぼのと貴族の世の中

2 武士の世の中①

3 武士の世の中②

4 江戸幕府の政治

思考力／記述問題

5 明治からの世の中①

6 明治からの世の中②

7 戦争と新しい日本

思考力／記述問題

(5) 下線部 d について，平城京に都が置かれていた時代につくられた建築物を右の**ア～エ**から1つ選び，記号で答えなさい。

[　　　]〔頴明館中—改〕

 ア
 イ

(6) 下線部 e について，この時代の中国の王朝を次の**ア～エ**から1つ選び，記号で答えなさい。

 ウ
 エ

[　　　]〔明治大付属明治中—改〕

ア 漢　イ 唐　ウ 明　エ 宋

(7) 下線部 f について，幕府を開く場所に鎌倉の地を選んだ理由として考えられることを，源氏と鎌倉との関係と，地理的条件との2点について説明しなさい。　〔共立女子中〕

[　　　　　　　　　　　　　　　　　　　　　　　]

(8) 次の変化はどの表の期間におきたものか，**A～C**から選び，記号で答えなさい。　〔明治大付属明治中〕

① 貴族政治から武家政治への変化　　　[　　　]

② 豪族連合政権から天皇中心の中央集権国家への変化　[　　　]

2 次の問いに答えなさい。

(1) 右の史料の「わたし」が行ったことを次の**ア～エ**から1つ選び，記号で答えなさい。

[　　　]〔青山学院中—改〕

ア 参勤交代の負担を減らすかわりに，大名に米を出させた。

イ 長崎で清(中国)とポルトガルに限り貿易を行う鎖国を完成させた。

ウ 徳川家康をまつる日光東照宮を改築した。

エ 朱子学以外の学問を教えることを禁じた。

> わたしの祖父や父は，あなたたちと戦友であり，将軍になってからもていねいにあつかった。だが，わたしは生まれながらの将軍である。今後は，あなたたちを家来としてあつかう。不満な者は戦いをしかけてくるがよい。

(2) 次の道具が日本の歴史に登場した順に並べかえ，記号で答えなさい。

[　　→　　→　　→　　]〔中央大附中—改〕

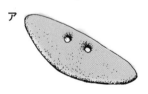 ア
 イ
 ウ
 エ

(5) 平城京は710年に元明天皇がつくった都で，おもに平城京で政治が行われた時代を奈良時代という。奈良時代では聖武天皇のころの政治や文化が重要である。

(8)① 武士として初めて政権をにぎった人物がだれであるか，考えるとよい。
② 飛鳥時代は，唐の制度を手本に，天皇を中心とする中央集権国家を目ざして政治改革が行われた。

2 入試であつかわれる史料はある程度決まっているが，ときには見慣れないものも出題される。その場合，あわてず史料中や問題文中にヒントをさがすよう努めたい。

(2) イは茶をたてるときに使われる茶筅である。

5 明治からの世の中 ① （開国と立憲国家へのあゆみ）

ステップ1 まとめノート

解答 → 別冊p.34

1 開国と江戸幕府の滅亡 ★★★

(1) **開国**……〈黒船来航〉1853 年，アメリカ合衆国の ① が黒船を率いて浦賀に来航。〈開国〉1854 年，② を結び，下田と函館を開く。

(2) **不平等条約**……〈貿易の開始〉1858 年，大老 ③ がハリス（アメリカ総領事）と ④ を結び，5 港を開港。日本が**領事裁判権を認め**，**関税自主権がない**不平等な内容。〈影響〉おもな輸出品は ⑤ と茶。横浜港でイギリスとの貿易が中心。物価高となり，江戸・大阪を中心に世直し一揆や打ちこわしが多発する。

▲ ④ 開港地

(3) **幕府の滅亡**……〈安政の大獄〉開国後，⑥ 運動が高まる。批判勢力を弾圧（**安政の大獄**）した ③（吉田松陰らが処刑される）が暗殺される（桜田門外の変）。〈倒幕〉薩英戦争，四国艦隊下関砲撃事件で，攘夷の不可能をさとる。1866 年，土佐藩出身の**坂本龍馬**らの仲立ちで ⑦ が結ばれる。1867 年，15 代将軍**徳川慶喜**が ⑧ を行い，江戸幕府は滅亡。朝廷が**王政復古の大号令**（天皇を中心とする新政府を宣言）を出す。その後，旧幕府軍と新政府軍との間で ⑨ がおこる。（鳥羽・伏見の戦い〜五稜郭の戦い）

2 明治維新 ★★★

(1) **新政府**……〈政治方針〉⑩ が出される。〈中央集権体制〉1869 年に ⑪ ，1871 年には ⑫ を断行し，中央政府から県令，府知事を派遣。新政府は**藩閥政府**（薩摩・長州・土佐・肥前出身者でしめる）と呼ばれる。〈四民平等〉皇族以外はすべて平等とする。⑬ も出されたが，就職や居住地などで不当な差別は残る。

(2) **富国強兵**……〈教育〉1872 年に**学制**を公布。満 6 才以上の男女に小学校教育を受けさせる。〈軍隊〉1873 年に ⑭ を出し，満 20 才以上の男子に兵役の義務。〈税制〉1873 年に ⑮ を行い，土地の持ち主に**地価の 3 ％**（のちに 2.5 ％に引き下げ）を現金で納めさせる。〈殖産興業〉外国から技術を導入し，群馬県の ⑯ などの官営工場を建設する。新橋―横浜間に鉄道が開通。

▲地券

①
②
③
④
⑤
⑥
⑦
⑧
⑨
⑩
⑪
⑫
⑬
⑭
⑮
⑯

ズバリ暗記
日米修好通商条約は領事裁判権を認め，関税自主権がない不平等条約だった。倒幕の中心となったのは薩摩藩と長州藩で，明治政府でも力をにぎった。

歴史

1 日本のあけぼのと貴族の世の中

2 武士の世の中①

3 武士の世の中②

4 江戸幕府の政治

思考力／記述問題

5 明治からの世の中①

6 明治からの世の中②

7 戦争と新しい日本

思考力／記述問題

(3) 文明開化……〈生活の変化〉太陰暦から⑰[　　　]へ。レンガ造りの建物，ガス灯，馬車，断髪など。都市部だけの変化。〈新しい思想〉⑱[　　　]の『学問のすゝめ』，中江兆民の『民約訳解』など。

▲⑱「東洋のルソー」と呼ばれる

3 領土の確定 ★

(1) 国際関係……〈欧米〉⑲[　　　]の条約改正交渉は失敗。〈アジア〉中国と対等な**日清修好条規**を結ぶ。西郷隆盛らの⑳[　　　]に大久保利通らが反対。のちに，江華島事件を口実に不平等な**日朝修好条規**を結ぶ。

▲⑲ 帰国した⑲

(2) 領土の確定……〈千島〉ロシアと㉑[　　　]条約を結ぶ。〈北海道〉開拓使を設置し，屯田兵が開拓の中心となる。㉒[　　　]の人々には同化政策をとる。〈沖縄〉1872年，琉球王国を琉球藩とし，1879年に沖縄県を置く。
「農業兼業の兵士」

4 自由民権運動と帝国議会 ★★★

(1) 自由民権運動……〈士族の反乱〉1877年，政府を去った㉓[　　　]を中心に㉔[　　　]をおこすが政府軍に敗れる。〈自由民権運動〉㉕[　　　]らが**民撰議院設立の建白書**を提出し，国会開設を要求。1881年に国会開設の詔が出され，㉕は㉖[　　　]，大隈重信は㉗[　　　]を結成する。

(2) 帝国議会……〈憲法〉君主権の強いドイツの憲法を手本に，草案を作成。1885年に**内閣制度**をつくり㉘[　　　]が初代内閣総理大臣となる。1889年に㉙[　　　]が発布される。〈帝国議会〉1890年に衆議院議員総選挙が行われる。選挙権を有したのは直接国税㉚[　　　]円以上を納める満25才以上の男子のみ。同年，**第1回帝国議会**が開かれる。

⑰
⑱
⑲
⑳
㉑
㉒
㉓
㉔
㉕
㉖
㉗
㉘
㉙
㉚

ズバリ暗記 征韓論を反対されて政府を去った西郷隆盛と板垣退助は政府を批判。西郷は九州で西南戦争をおこし，板垣は自由民権運動を始めた。

入試ガイド

ペリー来航～明治維新までと，学制の発布～第1回帝国議会開催までの2つの時期のできごとの並べかえ問題がよく出題される。

レッツトライ！～中学入試頻出問題～

右の年表を見て，次の問いに答えなさい。　[青山学院中―改]

① 下線部はどこの城の門か，次の**ア～オ**から1つ選び，記号で答えなさい。　〔　　　〕

ア 二条城　**イ** 彦根城　**ウ** 岡崎城　**エ** 江戸城　**オ** 駿府城

② 次の**a・b**のことがらは，年表中の**ア～オ**のどの時期にあてはまるか，それぞれ記号で答えなさい。

a〔　　　〕　b〔　　　〕

a 薩長同盟　　b 日米修好通商条約

年	できごと
	ア
1860	桜田門外の変
	イ
1862	生麦事件
	ウ
1863	薩英戦争
	エ
1867	大政奉還
	オ

★ポイント 薩摩藩・長州藩は攘夷の不可能をさとり，倒幕へと方針を転換した。

● 開港地とその位置
● 日米修好通商条約の不平等な内容
● 開国から大政奉還までの流れ

ステップ2 実力問題①

解答 → 別冊p.35

得点アップ

1 次の文を読んで，あとの問いに答えなさい。

A この年，新政府軍がa鳥羽・伏見で旧幕府軍に勝ち，江戸にせめ上った。幕府の役人だった **1** は，薩摩藩の **2** と江戸城開城について話し合い，江戸城は戦わずに明けわたされた。

B この年，薩摩藩と長州藩は軍事同盟を結んだ。対立していた両藩を結びつけたのは坂本龍馬であった。b両藩は外国と戦い，大きな力の差を実感し，まず強い国づくりを進めるために，幕府をたおす運動を始めた。

C この年， **3** は日本の開国を求めるアメリカ大統領の手紙をもち， **4** せきの軍艦を率いて江戸湾の入り口の浦賀に現れた。幕府は **X** に報告し，先例を破って **Y** ・町人に意見を求めた。翌年，c日米和親条約を結んで，200年以上続いた鎖国の状態が終わった。

D この年，d日米修好通商条約を **Z** のe井伊直弼は **X** の許可を得ないままに結び，ロシアなど4か国とも同様の条約を結んだ。

(1) 空欄 **1** ～ **3** にあてはまる人物名を答えなさい。

〔神戸女学院中・佼成学園中―改〕

1 [　　　　　　　] 2 [　　　　　　　] 3 [　　　　　　　]

(2) 空欄 **X** ～ **Z** にあてはまる語句を次の**ア～オ**からそれぞれ選び，記号で答えなさい。
〔立教池袋中―改〕

X [　　　　] Y [　　　　] Z [　　　　]

ア 天皇　　イ 将軍　　ウ 大名　　エ 大老　　オ 老中

(3) 下線部 a について，鳥羽・伏見が現在のどの都道府県に位置するか，漢字で答えなさい。 [　　　　　　] 〔神戸女学院中〕

(4) 下線部 b について，次の文の空欄 **I** ・ **II** にあたる場所を下の**地図**中の**ア～ク**からそれぞれ選び，記号で答えなさい。 〔立教池袋中―改〕

I [　　　　] II [　　　　]

薩摩藩士が **I** 近くの生麦村でイギリス人を殺傷した報復として，イギリス艦隊が薩摩藩を砲撃した。長州藩では **II** の海峡を通過する外国船を砲撃し，その報復として四国連合艦隊が **II** の砲台を攻撃し，占領した。

地図

1 (2)幕府の政治は老中が行っていたが，老中は複数名おり，重大なことがらは話し合いで決めていた。大老は老中の上に置かれる最高職であるが，臨時の職である。

(4)薩摩藩のイギリス人殺傷事件は，島津久光一行が江戸から帰国する途中におこったできごとである。当時，外国人は貿易港近くの居留地に住み，居留地から40km以上はなれることは許されなかった。

✓チェック!自由自在①

旧幕府軍と新政府軍の戦いである戊辰戦争の経過を調べてみよう。

歴史

1 日本のあけぼのと貴族の世の中

2 武士の世の中①

3 武士の世の中②

4 江戸幕府の政治

思考力／記述問題

5 明治からの世の中①

6 明治からの世の中②

7 戦争と新しい日本

思考力／記述問題

(5) 下線部 c について，この条約で日本は 2 港を開くことになった。開かれた 2 港の位置を(4)の**地図中のア〜ク**から 2 つ選び，記号で答えなさい。　　　　　　　　　　　　　　[　　　・　　　]〔西大和学園中―改〕

(6) 下線部 d について，次の問いに答えなさい。

① この条約で日本は貿易を始めることになった。貿易開始直後の日本の状況について述べた次の文の下線部**ア〜エ**から，誤りをふくむものを 1 つ選び，記号で答えなさい。　　[　　　]〔西大和学園中―改〕

> 開国して外国との貿易が始まると，**ア**国内の品不足が深刻になった。**イ**米などの生活必需品の値段が激しく値上がりして，生活に苦しむ人々は**ウ**世直しを求めて，**エ**一揆や米騒動を各地でおこした。

●重要 ② 右のグラフは横浜港(1865年)の輸出入品の品目を示したものである。　　にあてはまる輸出品第 1 位の品目を答えなさい。〔横浜女学院中〕

[　　　　　]

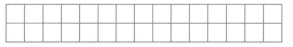

輸出品
蚕種66　繭18　その他24
茶178
1747万ドル
1461

輸入品
武器85　その他96
綿糸87
1315万ドル　毛織物576
綿織物471

〔「歴史の資料」〕

(6)②明治時代に入ってからもおもな輸出品として重視された。明治政府は，この製品の生産のため，群馬県に官営工場をつくった。

✓**チェック！自由自在②**
日米和親条約と日米修好通商条約の内容を対比してまとめてみよう。

要 (7) 下線部 c と下線部 d の 2 つの条約の内容として正しくないものを次の**ア〜エ**から 1 つ選び，記号で答えなさい。　　[　　　]〔大阪星光学院中―改〕

ア 日米和親条約では下田に領事を置くことが取り決められた。

イ 日米和親条約では，アメリカ船が日本の港で物資を補給することが取り決められた。

ウ 日米修好通商条約では，日本はアメリカから領事裁判権や関税自主権を認められた。

エ 日米修好通商条約では，新潟・長崎などの 5 つの港を開くことが取り決められた。

(8) 下線部 e について，次の問いに答えなさい。〔芝浦工業大柏中―改〕

① 井伊直弼が **Z** として行ったことは，日米修好通商条約を結んだこと以外でどんなことがあるか。15 字以上 30 字以内で答えなさい。

（マス目）

② 井伊直弼が暗殺された事件を何というか，答えなさい。

[　　　　　　　　　　　]

(8)井伊直弼は日米修好通商条約を結んで約 1 年半後に水戸藩の浪士らに暗殺された。

(9) A〜D の文をおこった順に並べかえたとき，2 番目，4 番目になるのはそれぞれどれか。記号で答えなさい。〔神戸女学院中―改〕

2 番目[　　]　4 番目[　　]

ステップ2 実力問題②

解答 → 別冊p.36

得点アップ

▲伊藤博文

1 次の文を読んで，あとの問いに答えなさい。

伊藤博文は 1841 年， A 藩の貧しい農家に生まれたが，のちに藩の足軽となり，吉田松陰の松下村塾に学んだ。1853 年にペリーが浦賀に来航し，その後しばらくして日本と欧米諸国との間に貿易が始まると，a欧米の文化が取り入れられ，人々の生活も大きな変化が見られた。明治天皇が B を発表し，新政府が誕生すると，伊藤は政府の役人となり，b明治初期の改革にかかわっていった。1871 年の廃藩置県のあとには，政府は c欧米に大規模な使節団を派遣した。伊藤はその一員として欧米に向かい，諸国の制度や文物を調査し，その後の改革の参考にした。帰国してしばらくすると，国内ではd自由民権運動が始まった。この運動はしだいに国民の支持を集めて高まっていったため，国会は C 年に開設されることになり，伊藤は自らが中心となって憲法制定の準備を進めていった。また，その中で 1885 年には内閣制度が創設され，伊藤は初の総理大臣になった。その後，e大日本帝国憲法が制定され，翌年には初めての f衆議院議員総選挙が行われた。

(1) 空欄 A ～ C にあてはまる語句・数字を答えなさい。

〔愛光中・暁星中—改〕

A [　　　　　]　　B [　　　　　　　　　]　　C [　　　　　　　]

(2) 下線部 a について，次の問いに答えなさい。

① このことを何といいますか。漢字 4 字で答えなさい。〔神奈川大附中—改〕

[　　　　　　　　　]

② 右の図は明治 5 年の鉄道の開通のようすである。このとき，日本で初めて鉄道が走ったが，新橋を出発するとどこが終着駅であったか。終着駅の名まえを漢字で答えなさい。[　　　　　　　]〔聖園女学院中〕

③ 人々の生活の変化について述べた文として正しくないものを次のア～エから 1 つ選び，記号で答えなさい。[　　　　]〔公文国際学園中—改〕

ア レンガ造りの建物がつくられ，ガス灯が設置された。

イ 洋服の着用やザンギリ頭がはやるようになった。

ウ 牛なべが流行し，牛肉を食べる人が増えた。

エ 日刊新聞が発行され，ラジオ放送が始まった。

1 (1) B. 明治天皇が神にちかう形で政府の基本方針を発表した。
C. 国会開設の 詔 によって，政府は 10 年後の国会開設を約束した。

✔チェック!自由自在①
西洋文明が取り入れられたことで，生活がどのように変化したのか調べてみよう。

（3）下線部 b について述べた文として正しいものを次の**ア～エ**から｜つ選び，記号で答えなさい。　　　　　　　　　　[　　　] 〔成城学園中〕

ア 学制が公布され，満6才以上の男子が無償で小学校に通学した。

イ 徴兵令が出され，満25才以上のすべての男女に兵役の義務を課した。

ウ 地租改正を行い，農民に税として収穫高の3％を米で納めさせた。

エ 殖産興業を進め，官営工場の富岡製糸場を群馬県に設立した。

✔チェック！自由自在②
地租改正で税がどのように変わったかを調べてみよう。

（4）下線部 c について，この使節団の代表となった人物の名を答えなさい。また，この使節団について述べた文として誤っているものを次の**ア～エ**から｜つ選び，記号で答えなさい。　〔桐蔭学園中—改・東海大付属相模中〕

人物[　　　　　　] 記号[　　　　　]

ア 政治のしくみや進んでいる産業のようすなどを学びに行った。

イ 女子留学生も参加しており，その後の女性の地位向上に貢献した。

ウ 江戸時代に結んだ不平等条約の改正交渉を行うことを目ざした。

エ 帰国後，近代化を進めるために戊辰戦争に参加した。

✔チェック！自由自在③
使節団にはどのような人々が参加していたのか調べてみよう。

（5）下線部 d について，次の問いに答えなさい。

① この運動の中心となった元土佐藩出身の人物名を答えなさい。また，この人物が政府を去った理由を15字以内で答えなさい。〔学習院中—改〕

人物[　　　　　　　　]

理由 |　|　|　|　|　|　|　|　|　|　|　|　|　|　|　|

② 自由民権派の人々について述べた文として正しいものを次の**ア～エ**から｜つ選び，記号で答えなさい。　[　　　] 〔関東学院中〕

ア 人々の多くは憲法を制定することに反対した。

イ 人々の多くは富国強兵の方針に反対した。

ウ 人々の多くは欧米諸国との不平等条約の改正に反対した。

エ 人々の多くは，政府に権力が集中することに反対した。

⑸①西郷隆盛らとともに 1873 年に政府を去った。

（6）下線部 e について，次の問いに答えなさい。　〔法政大中〕

① この憲法はどこの国の憲法を手本に作成されたか，国の名を答えなさい。　　　　　　　　　　　[　　　　　　]

② この憲法の内容として正しくないものを次の**ア～エ**から｜つ選び，記号で答えなさい。　　　　　　　　[　　　]

ア 軍隊を指揮する権利は天皇がもつ。

イ 国の政治について最終的に決定する権利は天皇がもつ。

ウ 外国との条約を結ぶ権利は，内閣がもつ。

エ 国民は「臣民」と呼ばれ，法律の範囲内で権利が認められる。

✔チェック！自由自在④
国会開設にそなえて結成された政党について調べてみよう。

（7）下線部 f について，当時の有権者は総人口の約 1.1 ％だったが，選挙権はどのような人にあたえられていたか答えなさい。　〔法政大中〕

[　　　　　　　　　　　　　　　　　　　]

⑺政府は選挙権を富裕な人々に限定したが，民権派の人々が議席の過半数をしめた。

■■ ステップ**3** 発展問題

解答 → 別冊p.36

1 次の文を読んで，あとの問いに答えなさい。

> 右の絵は，明治天皇の名でa新たな政治の方針を定めた五箇条の御誓文が発表された場面をえがいたものである。日本はペリーの来航をきっかけに開国した。しばらくしてb日本と欧米諸国との貿易が始まると，人々の生活は苦しくなり，幕府をたおそうとする運動がさかんになったため，15代将軍徳川慶喜は政権を朝廷に返した。その後，新政府はc近代化に向けて，新たな政策を打ち出し，やがてd近代憲法を制定した。

(1) 下線部 **a** について，次の問いに答えなさい。

① 五箇条の御誓文の作成にかかわった長州藩出身の人物の名を答えなさい。

[　　　　　　]〔学習院中〕

② この内容として誤っているものを次の**ア～ウ**から１つ選び，記号で答えなさい。

[　　　　　　]〔愛光中―改〕

　　ア 広く会議を開いて，多くの人々が意見を述べ合い決定しよう。

　　イ 新しい知識を世界から学び，天皇中心の国をつくろう。

　　ウ 身分制度をなくし，平等な社会を目ざそう。

難問 (2) 下線部 **b** について，右の**図**は貿易開始以降の物価の動きを示したものである。物価の上昇に影響をあたえた原因として正しいものを次の**ア～オ**から１つ選び，記号で答えなさい。　　　[　　　　　]〔立教池袋中―改〕

　ア これまでより金の割合が低い小判が幕府によってつくられた。

　イ 幕府が四公六民だった年貢の割合を五公五民に引き上げた。

　ウ 日本で銀の価値が低かったため，諸外国は日本で金を銀に交換した。

　エ 各藩では特産品，農家は紅花などの商品作物をさかんに栽培した。

　オ 大雨による洪水や冷害で，東北地方を中心にききんが発生した。

図 物価の推移

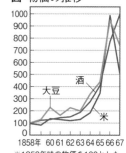

※1858年時の物価を100とした。
（「資料で学ぶ日本史120時間」）

(3) 下線部 **c** について述べた文として正しいものを次の**ア～エ**から１つ選び，記号で答えなさい。

[　　　　　]〔神奈川大附中―改〕

　ア 政府は四民平等をかかげ，身分制度は一応解消されたが，不徹底で差別は続いた。

　イ 地租改正により小作農は解放されて自分の土地がもてるようになり，農民の自立が進んだ。

　ウ 廃藩置県はそれまでの大名の支配をやめて，地域住民による自治を認めた政策である。

　エ 殖産興業により，群馬県の富岡製糸場や北海道の端島炭鉱(通称「軍艦島」)ができた。

(4) 下線部 **d** について，右の図は大日本帝国憲法のもとでの国のしくみを表したものである。軍隊は図中の**ア～ウ**のどこに位置づけられていたか，記号で答えなさい。　　　　[　　　　　]〔フェリス女学院中〕

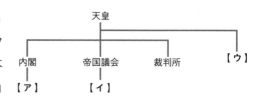

1 日本のあけぼのと異族の世の中

2 武士の世の中①

3 武士の世の中②

4 江戸幕府の政治

思考力／記述問題

5 明治からの世の中①

6 明治からの世の中②

7 戦争と新しい日本

思考力／記述問題

② 次の**年表**と**資料**を見て，あとの問いに答えなさい。

年表

1877 年	**X**
1880 年	**資料Ⅰ「民犬党吠」**
1881 年	**資料ア**
1882 年	**資料イ**
1887 年	**資料2「保安条例」**
1889 年	**資料ウ**
1890 年	**資料3「選挙の日」**

資料Ⅰ 本多錦吉郎画「民犬党吠」雑誌『団団珍聞』

(注)絵についての補足説明

犬のしっぽには，「R of the P」と書いてあります。Rはright(権利)，P は People(人々)を示しています。つまり「R of the P」とは「人民の権利」という意味です。左奥の方にえがかれている人々は一般の人で，犬をけしかけています。犬をおさえようとしているのは，政府の役人のようです。

資料2 ビゴー画「保安条例」『トバエ』22 号

(注1)『トバエ』は政治，社会問題をあつかった当時のマンガ雑誌

(注2)絵の中のことば

新聞記者諸君‼ 今後，『トバエ』については絶対の沈黙を守るよう，よく気をつけるんだ。考えや意見はいかん。そいつは自分の胸にしまっとけ。…

資料3 ビゴー画「選挙の日」『国会議員之本』

資料4 勅諭(天皇のことば)

わたし(明治天皇)は先祖代々 2500 年余りの天皇の位を受けつぎ，平安中期からの政治の乱れでおとろえた天皇の大権を再び手にして，…大きな仕事をしようと考えた。…明治 23 年には議員を集めて国会を開き，わたしの 志を達成したいと思う。

資料5 大日本帝国憲法

資料6 ビゴー画「ビスマルクの肖像に新年の挨拶をする伊藤博文」

(1) **年表**中の空欄 **X** にあてはまる九州でおこった不平士族の反乱名を答えなさい。

[　　　　　　　　　] 〔渋谷教育学園渋谷中―改〕

(2) **資料Ⅰ・2** のような風刺マンガは，絵によって社会や政治を遠回しに批評，批判するものである。**資料Ⅰ**を載せた雑誌『団団珍聞』は 1880 年に発売禁止処分となり，編集者は刑罰を受けたが，**資料2**をえがいた日本に住むフランス人のビゴーは処分を受けなかった。その理由を解答欄に合うように答えなさい。 〔渋谷教育学園渋谷中―改〕

[フランスは日本に対して　　　　　　　　　をもっていたから。]

図

	理由・原因 目的	国会を開くことなどを求めて	できごと (結果)	民衆は自由民権運動を活発化させた

資料Ⅰより

	理由・原因 目的	**A**	できごと (結果)	**B**

資料アより

	理由・原因 目的	**C**	できごと (結果)	**D**

資料イより

	理由・原因 目的	**E**	できごと (結果)	政府は保安条例を制定した

資料2より

	結果	**F**

資料ウより

	結果	第1回衆議院議員総選挙が行われた

資料3より

(3) **資料3**の第Ⅰ回帝国議会選挙で当時，選挙権をあたえられていなかった2つの都道府県名を答えなさい。

[　　　　・　　　　] 〔法政大中―改〕

(4) **資料4～6**を**年表**中の**資料ア～ウ**にあてはめ，政治の流れを説明すると上の**図**のようになる。図の空欄 **A**～**F** のうち，**B・E・F** にあてはまる文を答えなさい。 〔渋谷教育学園渋谷中―改〕

B [　　　　　　　　　　　　　　] E [　　　　　　　　　　　　　　]

F [　　　　　　　　　　　　　　]

6 明治からの世の中 ② （日清・日露戦争と日本の動き）

ステップ1 まとめノート

解答 → 別冊p.37

1 条約改正と2つの戦争 ★★★

(1) 条約改正……〈欧米列強〉欧米諸国は資源や市場を求めてアジアやアフリカを植民地として支配する①　　　主義を強める。〈条約改正交渉〉井上馨が鹿鳴館で舞踏会を開くなどの②　　　政策をとる。和歌山県沖でおきた③　　　事件をきっかけに，領事裁判権の撤廃の世論が高まる。〈領事裁判権の撤廃〉④　　　戦争直前に，外務大臣⑤　　　が実現する。〈関税自主権の回復〉1911年，外務大臣⑥　　　が完全回復に成功する。

(2) 日清戦争……〈朝鮮問題〉朝鮮で東学党による⑦　　　がおこる。〈日清戦争〉1894年，⑦を鎮圧するために日本と清が出兵，戦争が始まる。〈講和会議〉1895年，台湾や⑧　　　半島などの日本への割譲，清は日本へ賠償金を支はらうことなどを内容とする⑨　　　条約を結ぶ。〈三国干渉〉⑩　　　がドイツ・フランスとともに，⑧半島の清への返還を日本に要求。

伊藤博文・⑤が出席
▲日清戦争ごろの国際情勢

(3) 日露戦争……〈東アジア情勢〉中国でおきた⑪　　　を連合国軍が鎮圧。1902年，ロシアの勢力拡大を警戒した⑫　　　が日本と同盟を結ぶ。〈日露戦争〉社会主義者の⑬　　　やキリスト教徒の内村鑑三らが反対するが，戦争が始まる。歌人の⑭　　　は「君死にたまふことなかれ」を発表。日本・ロシアともに戦争の継続が困難に。東郷平八郎の率いる海軍が日本海海戦で勝利。〈講和会議〉アメリカ合衆国のセオドア=ルーズベルト大統領の仲立ちで⑮　　　条約を結ぶ。日本は⑯　　　の南半分と旅順・大連の租借権などを獲得するが賠償金はなく，民衆が日比谷焼き打ち事件をおこす。

外国勢力の排除を目ざす

のちに大逆事件で死刑判決

兵力・物資が不足
国内で革命の動き
▲日露戦争ごろの国際情勢

⑥が出席

(4) 東アジアの変化…〈朝鮮〉日露戦争後，日本が保護国とし，韓国統監府を置く。1910年，日本は韓国を併合する。〈中国〉1911年，三民主義を唱えた⑰　　　を中心に辛亥革命がおこり，翌年に⑰を臨時大総統とする中華民国が成立。清はほろびる。

民族主義・民生主義・民権主義

ズバリ暗記 日清戦争で遼東半島を獲得したが，三国干渉によって清に返還した。日露戦争後，韓国を併合し，不平等条約の完全改正を達成した。

リアオトン
りょうとう

①
②
③
④
⑤
⑥
⑦
⑧
⑨
⑩
⑪
⑫
⑬
⑭
⑮
⑯
⑰

2 産業の発達と近代文化 ★

(1) **産業の発展**……〈軽工業〉日清戦争後には綿糸の輸出国，日露戦争後には世界一の**生糸**の輸出国となる。〈重工業〉日清戦争の賠償金の一部で ⑱ ⬚ を建設する。三井や三菱などの**財閥**が成長する。

(2) **社会問題の発生**……〈労働問題〉工場で女性たちが厳しい労働条件で働く。〈公害問題〉**足尾銅山鉱毒事件**が発生し，⑲ ⬚ が初の公害反対運動を行う。

▲ ⑲

(3) **近代文化**……〈明治時代〉**横山大観**らが日本画を発展させ，⑳ ⬚ や**野口英世**などが医学の分野で世界的な評価を受ける。〈大正時代〉大衆文化が広がり，1925 年には ㉑ ⬚ 放送が開始される。
└破傷風の血清療法・ペスト菌の発見

3 第一次世界大戦 ★★

(1) **第一次世界大戦と日本**……〈第一次世界大戦〉日本は連合国側で参戦。
└戦車・潜水艦・飛行機・毒ガス
近代兵器の登場。大戦中に**ロシア革命**がおこる。アメリカ合衆国の参戦によるドイツの降伏。〈講和会議〉㉒ ⬚ 条約が結ばれる。アメリカ大統領ウィルソンの提案で ㉓ ⬚ を設立，日本は常任理事国となる。
└事務局次長に新渡戸稲造が就任

(2) **大戦の影響**……〈好景気〉輸出が輸入を上回り，重工業が発展する。
└ロシア革命の拡大を防ぐ目的   └富山県の漁村の主婦のうったえから始まる
〈米騒動〉㉔ ⬚ を見こした米の買いしめから**米騒動**がおこる。米騒動後，立憲政友会総裁の ㉕ ⬚ が初の**本格的な政党内閣**をつくる。

4 大正デモクラシー ★★

(1) **護憲運動**……〈第一次護憲運動〉犬養毅・尾崎行雄らが運動を展開。吉野作造が唱えた ㉖ ⬚ が理論的な根拠となる。〈第二次護憲運動〉1925 年に ㉗ ⬚ を制定し，**満 25 才以上のすべての男子**に選挙権をあたえる。同時に ㉘ ⬚ も制定され，共産主義の取りしまりを強化。

(2) **社会運動**……〈労働運動〉労働条件の改善を求めてストライキなどの**労働争議**がおこり，農村では小作料の減免を求めて**小作争議**がおこる。〈その他〉㉙ ⬚ や**市川房枝**らは女性の政治参加を求める。差別されていた人々は差別からの解放を求めて ㉚ ⬚ を結成する。

ズバリ暗記 米騒動後，立憲政友会総裁の原敬が初の本格的な政党内閣を組織した。普通選挙は実現したが，治安維持法の制定で自由な風潮は失われた。

| ⑱ |
| ⑲ |
| ⑳ |
| ㉑ |
| ㉒ |
| ㉓ |
| ㉔ |
| ㉕ |
| ㉖ |
| ㉗ |
| ㉘ |
| ㉙ |
| ㉚ |

入試ガイド

日清戦争と日露戦争について，戦争がおこった原因，戦争の状況，戦後の講和条約の内容などを区別する形での出題が多い。2 つの戦争を比較する表を作成することが効果的である。

レッツトライ！～中学入試頻出問題～

次の**ア～エ**のできごとを時代順に記号で並べなさい。　　　　　　　　　[青稜中]

〔　　　　→　　　　→　　　　→　　　　〕

ア 日本はイギリスと日英同盟を結んだ。　　　　　**イ** ポーツマス条約が結ばれた。

ウ ロシアを中心にドイツとフランスが三国干渉を行った。　**エ** 下関条約が結ばれた。

★**ポイント** 日本もロシアも満州へ進出しようとしていた。

ステップ2 実力問題①

ココがねらわれる
- 日清戦争と日露戦争の条約内容
- 条約改正の時期と外務大臣
- 明治時代の産業の発展

解答 → 別冊p.38

1 ビゴーがえがいた絵について，次の問いに答えなさい。

(1) **図1**の絵は和歌山県沖でイギリス船がしずんだとき，船長がイギリス人乗組員だけを助け，日本人乗客は全員水死する事件をえがいたものである。この絵について，次の問いに答えなさい。

図1

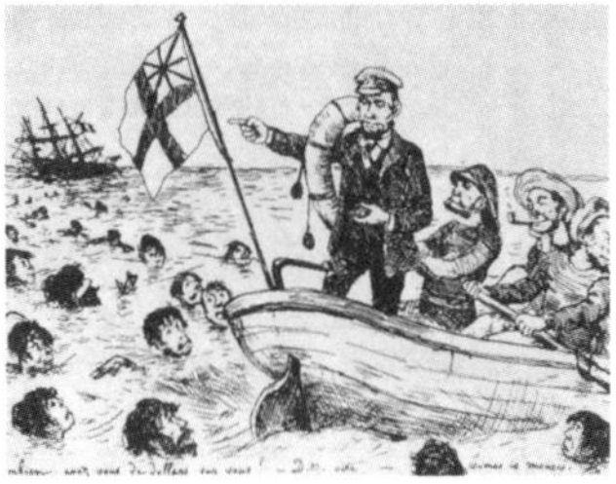

① この事件名を答えなさい。〔ラ・サール中〕

[　　　　　　　　　　]

② イギリス人の船長への裁判がどこで行われたか，正しいものを次の**ア〜エ**から1つ選び，記号で答えなさい。　[　　　]〔大妻中〕

ア 日本のイギリス領事館　　**イ** イギリスの日本領事館

ウ 日本の裁判所　　**エ** イギリスの裁判所

(2) **図2**の絵は19世紀の東アジアのようすをえがいたものである。この絵について，次の問いに答えなさい。〔西大和学園中―改〕

図2

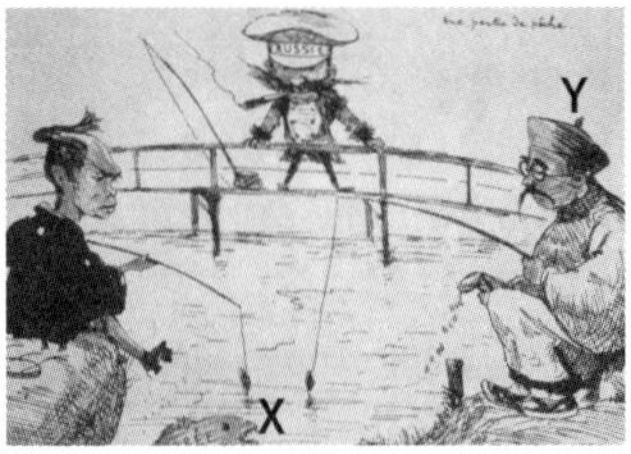

重要 ① 図中の**X**・**Y**の国名の組み合わせとして正しいものを次の**ア〜エ**から1つ選び，記号で答えなさい。　[　　　]

ア X―朝鮮　Y―清　　**イ** X―満州　Y―清

ウ X―朝鮮　Y―明　　**エ** X―満州　Y―明

② この後，日本は図中**Y**の国との戦争に勝利した。このときの講和条約が結ばれた日本の都市名を漢字で答えなさい。　[　　　　]

③ この講和条約で日本は多額の賠償金を得た。これについて述べた次の**Ⅰ**・**Ⅱ**の文の正誤の組み合わせとして正しいものをあとの**ア〜エ**から1つ選び，記号で答えなさい。　[　　　]

Ⅰ 日本は好景気となり，急に大金持ちになった成金が現れた。

Ⅱ 賠償金の一部をもとに官営の八幡製鉄所が建設された。

ア Ⅰ―正　Ⅱ―正

イ Ⅰ―正　Ⅱ―誤

ウ Ⅰ―誤　Ⅱ―正

エ Ⅰ―誤　Ⅱ―誤

図3

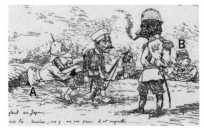

(3) **図3**の絵は，1890年代後半の国際情勢をえがいたものである。この絵について，次の問いに答えなさい。

得点アップ

✔チェック!自由自在①
条約改正が実現するまでの道のりを調べてみよう。

1(1)②イギリスに対し，日本は領事裁判権を認めていた。

(2)①橋の上で釣りのようすを見ている男はロシアを表している。

(2)③多額の賠償金の大部分は戦費と軍備拡張費にあてられた。

✔チェック!自由自在②
日清戦争と日露戦争の条約内容を比較してみよう。

① 絵の中の**A**は日本を後押ししている。**A**の国を次の**ア**〜**エ**から１つ
選び，記号で答えなさい。　　　　　　　　　[　　　　　] 〔日本女子大附中─改〕
　　ア アメリカ合衆国　　**イ** ドイツ　　**ウ** オランダ　　**エ** イギリス

② 絵の中の**B**はフランスを表している。フランスはこの時代，日本と
どのようにかかわったか，正しいものを次の**ア**〜**エ**から１つ選び，
記号で答えなさい。　　　　　　　　　　　[　　　　　] 〔日本女子大附中〕
　　ア 日本とロシアが講和条約を結ぶ仲立ちをした。
　　イ 遼東半島を清に返すよう日本に要求した。
　　ウ 同盟を結び，日本を支援した。
　　エ 日本海海戦で東郷平八郎の艦隊と戦った。

重要 ③ 日露戦争のあとの日本の領土を示したものとして正しいものを右の地図の**ア**〜**エ**から１つ選び，記号で答えなさい。〔京都女子中〕　　[　　　　　]

ア 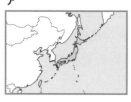　　**イ**

ウ 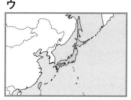　　**エ**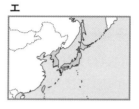

---

2 右の２枚の写真について，次の問いに答えなさい。

要 (1) 次の文は，右の写真の人物について述べたものである。空欄 **X**・**Y** にあてはまる語句を答えなさい。〔奈良教育大附中─改〕

　　　　　X [　　　　　] **Y** [　　　　　]

> 渡良瀬川の上流にある **X** 銅山の工場から出るけむりは山林をからし，
> 鉱毒が川に流れ出し，流域の人々は大きな被害を受けた。この公害問題に
> 取り組んだのが衆議院議員であった **Y** である。

(2) 右の写真の人物が暗殺された翌年，日本は韓国を併
合した。韓国併合後のできごとについて述べた文と
して正しくないものを次の**ア**〜**ウ**からすべて選び，
記号で答えなさい。　[　　　　　] 〔広島学院中─改〕
　　ア 朝鮮の学校では，朝鮮語と日本語が教えられ，朝
　　　鮮の歴史と日本の歴史も教えられた。
　　イ 朝鮮の人々は日本の支配に反対し，独立運動をねばり強く続けた。
　　ウ 日本政府が土地調査を行い，朝鮮の小作人に土地を配分した。

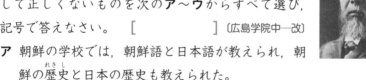

(3)①ロシアは満州への進出をねらっており，日本と対立していた。

✔チェック!自由自在③
日本とロシアが戦争を継続するのが困難になったそれぞれの理由を調べてみよう。

✔チェック!自由自在④
明治政府が建設した，おもな官営工場を調べてみよう。

(2)初代韓国統監を務めたこの人物は1909年，ハルビンの駅頭で朝鮮人の運動家である安重根に暗殺された。

歴史
1 日本のあけぼのと貴族の世の中
2 武士の世の中①
3 武士の世の中②
4 江戸幕府の政治
思考力／記述問題
5 明治からの世の中①
6 明治からの世の中②
7 戦争と新しい日本
思考力／記述問題

■ ステップ**2** 実力問題②

● 第一次世界大戦と日本の景気
● 大正デモクラシーと社会運動
● 普通選挙と治安維持法

解答 → 別冊p.39

得点アップ

1 次の年表を見て，あとの問いに答えなさい。

年	できごと
1914	a第一次世界大戦が始まる
1918	b米騒動がおこる
1918	第一次世界大戦が終わる
1920	c国際連盟が発足する
1923	e関東大震災がおこる
1925	f選挙法が改正される

d社会運動がさかんになる

✔チェック!自由自在①
米騒動がおこった理由を調べてみよう。

(1) 下線部 **a** について，日本は第一次世界大戦に連合国側で参戦しており，参戦理由の１つは1902年に結んだ同盟にあるとされている。日本と同盟を結んだ国の名を答えなさい。　　　[　　　　　　]〔桐光学園中〕

●重要 (2) 下線部 **b** について，米騒動後，日本で初めて本格的な政党内閣を組織した人物の名を漢字で答えなさい。　　[　　　　　]〔専修大松戸中―改〕

(3) 下線部 **c** について，次の文中の空欄 **X**・**Y** にあてはまる語句をあとの**ア〜カ**からそれぞれ選び，記号で答えなさい。　　〔桜美林中―改〕

X [　　　　] Y [　　　　]

> 第一次世界大戦後，再び戦争を引きおこさないために発足した国際連盟は，本部がスイスの **X** に置かれた。当時，アメリカ合衆国は議会の反対で参加せず，また発足当初，**Y** やソ連の参加も認められなかった。

ア ドイツ　　　**イ** フランス　　　**ウ** イギリス
エ ワシントン　　**オ** ニューヨーク　　**カ** ジュネーブ

(4) 下線部 **d** について，1920年に設立された女性の政治活動の自由を目ざす組織を次の**ア〜エ**から１つ選び，記号で答えなさい。

[　　　　]〔西武学園文理中〕

ア 青鞜社　　**イ** 全国水平社　　**ウ** 平民社　　**エ** 新婦人協会

●重要 (5) 下線部 **e** について，関東大震災について述べた文として正しいものを次の**ア〜ウ**から１つ選び，記号で答えなさい。

[　　　　]〔ノートルダム清心中―改〕

ア 関東大震災の被害のようすは，ラジオ放送で日本中に伝えられた。
イ 朝鮮人が暴動をおこすというデマが流れ，多数の朝鮮人や中国人が殺される事件がおこった。
ウ 被災した人々に農村の土地をあたえるため，農地改革が実施された。

1(1)満州をめぐる各国の利権争いの中で結ばれた軍事同盟だった。

(3)国際連盟が大きな影響力をもつことができなかった理由としては，大国が加盟しなかったこと以外にも，評決方法が全会一致で，速やかな決定ができなかったこと，制裁手段が経済制裁に限られていたことなどがあげられる。

✔チェック!自由自在②
大正時代に活発に活動を展開した社会運動を調べてみよう。

(6) 下線部 **f** について，次の問いに答えなさい。

★重要 ① この改正に至るまでの護憲運動とその結果に関して述べた次の文中の下線部**ア〜オ**から，誤りをふくむものを２つ選び，記号で答えなさい。　　　　[　　・　　]〔西大和学園中〕

> **ア**政党中心の議会政治を主張した原敬の民本主義の理論にもとづいて，護憲運動がさかんになった。**イ**この運動は尾崎行雄・犬養毅らによって進められ，その後，選挙法は改正された。この改正によって，**ウ**納税額による制限はなくなり，**エ**25才以上の男女に選挙権があたえられたが，**オ**同時に，治安維持法が定められた。

② 選挙法改正における有権者の当時の総人口にしめる割合を次の**ア〜エ**から１つ選び，記号で答えなさい。　　　[　　　]〔同志社中—改〕

ア １％　　**イ** ５％　　**ウ** 20％　　**エ** 50％

(7) 右のグラフは大正時代の日本の貿易額の変化を表したものである。**A**の期間に日本が好景気となった理由を答えなさい。　〔清泉女学院中〕

[　　　　　　　　　　　　]

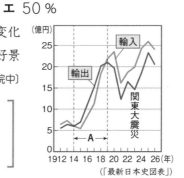

（「最新日本史図表」）

---

2 次の文を読んで，あとの問いに答えなさい。

> 右の写真の人物は，日本の「細菌学の父」といわれる **W** である。彼が設立した研究所では，当時の若い医師を育てることに力を注ぎ，赤痢菌を発見した **X** や黄熱病を研究した **Y** が育った。彼らのほかにも明治〜大正にかけての時代には世界から高い評価を受けた人物がいる。国際連盟で６年にわたって事務局次長を務めた **Z** もその１人である。

(1) 空欄 **W** 〜 **Z** にあてはまる人物名を次の**ア〜カ**から選び，それぞれ記号で答えなさい。　　　　〔同志社香里中・中央大附中—改〕

W [　　　] X [　　　] Y [　　　] Z [　　　]

ア 華岡青洲　　**イ** 野口英世　　**ウ** 新渡戸稲造　　**エ** 志賀潔
オ 北里柴三郎　　**カ** 小村寿太郎

(2) 写真の人物が治療法を発見した，当時死亡率の高かった病気を次の**ア〜エ**から１つ選び，記号で答えなさい。　　　[　　　]〔同志社香里中—改〕
ア 破傷風　　**イ** コレラ　　**ウ** 結核　　**エ** インフルエンザ

歴史
1 日本のあけぼのと貴族の世の中
2 武士の世の中①
3 武士の世の中②
4 江戸幕府の政治
思考力／記述問題
5 明治からの世の中①
6 明治からの世の中②
7 戦争と新しい日本
思考力／記述問題

(6)①護憲運動は，立憲政治を守ることをうったえて藩閥政府をたおした。1912年と普通選挙を実現した1925年の２度，盛り上がりをみせた。

(7) **A**の期間は年表中の第一次世界大戦の時期にあたる。

✓チェック！自由自在③
明治・大正期の学校教育について調べてみよう。

2(1) **Z**の人物は英語で著した「武士道」が世界でベストセラーになった。国際連盟事務局次長として，人種差別撤廃提案をしており，議長に否決されたものの，過半数の支持を集めた。

ステップ3 発展問題

解答 → 別冊p.39

1 次の文を読んで，あとの問いに答えなさい。

> 　1871年，a不平等条約改正の交渉のために欧米にわたった使節団につき従い，そのままアメリカ合衆国に留学した **W** は帰国後，女子教育のための学校をつくった。文学においても女性の活躍が見られた。**X** は『たけくらべ』などで下町の女性をえがき，高い評価を受けた。歌人として活躍した **Y** は，b日露戦争に出征した弟を心配した詩を発表し，反戦の気持ちを表した。婦人参政権の実現を求める動きはc1911年～1920年にかけてさかんになり，**Z** が青鞜社を組織し，雑誌『青鞜』を発行して大きな反響を呼んだ。さらに市川房枝らとともに女性参政権の獲得を求める団体を立ち上げた。しかし，d1925年の選挙法の改正でも女性の参政権は認められなかった。

(1) 空欄 **W** ～ **Z** にあてはまる人物名を漢字で答えなさい。　〔湘南白百合学園中―改〕

W[　　　　　　　] X[　　　　　　　] Y[　　　　　　　] Z[　　　　　　　]

(2) 下線部 a について，西洋料理や舞踏会などで外国人を接待する社交場として井上馨が建てた洋館の名称を漢字で答えなさい。　[　　　　　　　]〔逗子開成中―改〕

(3) 下線部 b について，次の問いに答えなさい。

① 日露戦争について述べた文として正しくないものを次のア～エから1つ選び，記号で答えなさい。　[　　　　]〔洛星中〕

　ア 日本とロシアは，朝鮮半島でおこった農民反乱をきっかけに戦争となった。

　イ 戦争中，日本はロシアの勢力拡大をおそれるイギリスと同盟関係にあった。

　ウ 東郷平八郎が率いた日本の艦隊は，日本海での海戦でロシアの艦隊を破った。

　エ 日本が戦争に勝利したことで，ロシアは朝鮮半島から退くこととなった。

② 日露戦争の講和条約の内容が明らかになると，日比谷焼き打ち事件がおきた。この事件がおこった背景を「不満」，「条約」という語句を使って答えなさい。（ただし，条約名を明らかにすること。）　〔大宮開成中〕

[　　　　　　　　　　　　　　　　　　　　　　　　　　　　　　　　　　　　]

(4) 下線部 c について，次の問いに答えなさい。　〔市川中―改〕

① 1911年に，日本初の労働者保護法として工場法が公布された。この背景を説明した文として正しいものを次のア～エから1つ選び，記号で答えなさい。　[　　　　]

　ア 日本の産業革命は重工業から始まったため，製鉄業などで働く労働者が多くいた。

　イ 製糸業や紡績業などのせんい工場では，女性労働者が厳しい環境のもとで働いていた。

　ウ 日本の産業革命期には，資本家の間でも労働者保護の考えが広がった。

　エ 米価の下落により，米をお金にかえて地租を支はらう自作農の生活が苦しくなった。

(難問) ② 工場法公布の翌年に美濃部達吉が大日本帝国憲法の解釈を示した憲法学説を発表した。これに関する次の文中の空欄 **A**・**B** にあてはまる語句を漢字で答えなさい。

A[　　　　　　　] B[　　　　　　　]

歴史
1 日本のあけぼのと貴族の世の中
2 武士の世の中①
3 武士の世の中②
4 江戸幕府の政治
思考力／記述問題
5 明治からの世の中①
6 明治からの世の中②
7 戦争と新しい日本
思考力／記述問題

> 　　A　に統治権があるとする考え方に対して，美濃部達吉は，統治権は常に国家に属する権利であり，統治権をもつのは国家であると主張した。この考え方は吉野作造の　B　と並んで大正デモクラシーの理論的な支えとなった。

独創的 ③ この時期におきた第一次世界大戦で日本は好景気となり，右の絵が示しているような現象が見られ，この現象が日本の工業発展を支えたと考えることもできる。この現象について，工業の発展をどのように支えたのかという点にふれながら答えなさい。〔吉祥女子中〕

[　　　　　　　　　　　　　　　　　　　　　　　　　]

④ 次のⅠ～Ⅲの文を年代の古い順に正しく並べかえたものをあとの**ア～カ**から１つ選び，記号で答えなさい。　[　　　]〔西大和学園中〕

Ⅰ 富山県の漁村の婦人たちが米の買いしめにいかり，米屋などをおそったことをきっかけとして，米騒動が全国に広がった。

Ⅱ 外務大臣小村寿太郎が，アメリカ合衆国との交渉に成功して，関税自主権の回復に成功した。

Ⅲ 政党を無視した内閣が成立したため，尾崎行雄や犬養毅らが中心となって護憲運動が始まり，桂太郎内閣を辞職に追いやった。

ア Ⅰ―Ⅱ―Ⅲ　　**イ** Ⅰ―Ⅲ―Ⅱ　　**ウ** Ⅱ―Ⅰ―Ⅲ

エ Ⅱ―Ⅲ―Ⅰ　　**オ** Ⅲ―Ⅰ―Ⅱ　　**カ** Ⅲ―Ⅱ―Ⅰ

(5) 下線部 d について，次の問いに答えなさい。

独創的 ① このとき，市川房枝は次のように述べてなげいたといわれている。市川房枝がいいたかったことがわかるように，下線部 **X・Y** をそれぞれ漢字２字で答えなさい。〔西大和学園中―改〕

> **X**ふせんは実現したが，**Y**ふせんは実現していない。

X [　　　　] Y [　　　　]

② 改正された選挙法を公布した加藤高明内閣は，新しい選挙制度を導入する一方で，同じ年に別の法律も定めた。この法律の内容として正しいものを次の**ア～エ**から１つ選び，記号で答えなさい。　[　　　]〔洛星中〕

ア 国民や物資のすべてを統制できる権限を政府にあたえる。

イ すべての政党を解散させる。

ウ 大学生を兵士として動員することを義務づける。

エ 社会を変革する運動を取りしまる。

(6) 文中の女性たちが活躍した明治時代の末から大正時代の社会に関する文として正しくないものを次の**ア～エ**から１つ選び，記号で答えなさい。　[　　　]〔洛星中〕

ア 第一次世界大戦中は，戦争の影響で輸出が減り，景気が悪化した。

イ 自らの生活を守るため，労働者や農民による社会運動が高まった。

ウ 第一次世界大戦後，さまざまな職場で女性が活躍するようになった。

エ 身分制度が改められたあとも差別に苦しみ続けた人々が，全国水平社を結成した。

戦争と新しい日本

ステップ1 まとめノート

解答 → 別冊p.40

1 第二次世界大戦 ★★★

(1) **世界的な不景気**……〈世界〉1929年，ニューヨークでの**株価大暴落**をきっかけに ① 　　となる。ドイツでは ② 　　，イタリアではムッソリーニが**独裁体制**を強め，**ファシズム**が台頭する。〈日本〉戦後の不景気に ① や関東大震災も加わり，③ 　　進出に活路を見いだそうとする。

(2) **軍国主義の台頭**……〈満州事変〉1931年，**関東軍**が**南満州鉄道**の線路の爆破をきっかけに**満州事変**をおこし，翌年，**満州国**を建国。④ 　　が承認せず，④ を脱退。〈軍部の暴走〉1932年，海軍将校らが**犬養毅を暗殺**する ⑤ 　　をおこす。1936年，陸軍将校らがクーデターを企て，⑥ 　　をおこす。〈日中戦争〉1937年，北京郊外での日中両軍の衝突をきっかけに**日中戦争**が始まる。〈戦時体制〉1938年に ⑦ 　　を制定，切符制や**配給制**開始。

資源が豊富で，「日本の生命線」といわれた

柳条湖事件

後継總裁

▲ ⑤ の新聞記事

盧溝橋事件

(3) **第二次世界大戦**……〈開戦〉ポーランドに**侵攻**したドイツにイギリス・フランスが**宣戦布告**するが，ドイツが勝ち進む。〈太平洋戦争〉1940年，⑧ 　　を結ぶ。1941年，**日ソ中立条約**を結んだうえで，海軍はハワイの ⑨ 　　を攻撃，陸軍はマレー半島に上陸して開戦。**ミッドウェー海戦**を機に戦局は悪化。**学徒出陣**や**勤労動員**，都市の小学生の ⑩ 　　が実施される。〈終戦まで〉1945年3月に**東京大空襲**とアメリカ軍の ⑪ 　　上陸，7月に ⑫ 　　が発表されるが日本はこれを無視。8月6日に ⑬ 　　に，9日に**長崎**に ⑭ 　　が投下される。8日に**ソ連**が**日ソ中立条約**を破棄し，**宣戦布告**。15日，天皇が ⑫ の受け入れを国民に発表する。

文科系の大学生などが出征

中学生や女性・女学生が軍需工場などで働く

▲ ⑭ 投下直後の ⑬

ズバリ暗記

五・一五事件で犬養毅首相が暗殺され，政党政治が終わった。
日中戦争の長期化で，国家総動員法や配給制などの戦時体制が整えられた。

2 占領下の日本 ★★

(1) **GHQによる占領**……〈間接統治〉**マッカーサー**を最高司令官とする**連合国軍総司令部（GHQ）**の指令で政府が改革を行う。〈非軍事化〉軍隊を解散し，**治安維持法**を廃止。戦争責任者を ⑮ 　　にかけて処罰。

① 　　　　　　　
② 　　　　　　　
③ 　　　　　　　
④ 　　　　　　　
⑤ 　　　　　　　
⑥ 　　　　　　　
⑦ 　　　　　　　
⑧ 　　　　　　　
⑨ 　　　　　　　
⑩ 　　　　　　　
⑪ 　　　　　　　
⑫ 　　　　　　　
⑬ 　　　　　　　
⑭ 　　　　　　　
⑮

歴史

1 日本のあけぼのと貴族の世の中

2 武士の世の中①

3 武士の世の中②

4 江戸幕府の政治

思考力／記述問題

5 明治からの世の中①

6 明治からの世の中②

7 戦争と新しい日本

思考力／記述問題

(2) **民主化政策**……〈経済〉軍国主義を支えた⑯[　　　]を解体し，⑰[　　　]によって地主の土地を小作農に安く売りわたす。〈政治〉1945 年，満 20 才以上のすべての男女に選挙権。⑱[　　　]が 1947 年 5 月 3 日に施行される。└1946 年 11 月 3 日に公布 〈教育〉教育基本法が制定され，男女共学，9 年間の義務教育。

3 冷戦下の世界 ★★

(1) **大戦後の世界**……〈平和への取り組み〉51 か国が加盟して⑲[　　　]が設立される。植民地の解放が進む。〈冷戦〉**資本主義諸国**と**社会主義諸国**└アメリカ合衆国中心　└ソ連中心 が激しく対立する。〈アジア〉1949 年に**中華人民共和国**が建国。1950 年に⑳[　　　]がおこる。日本では㉑[　　　]が創設される。└1952 年に保安隊，1954 年に自衛隊となる

(2) **日本の独立**……〈独立回復〉1951 年，㉒[　　　]に調印し，独立を回復。同時にアメリカ合衆国と㉓[　　　]を結ぶ。〈国際社会への復帰〉1956 年，㉔[　　　]に署名し，ソ連と国交を回復。国際連合へ加盟。

▲㉒に調印する吉田茂

4 日本の発展 ★★

(1) **経済発展**……〈経済成長〉⑳[　　　]による特需景気。1960 年代を中心と└国連軍が軍需物資を日本で調達した て㉕[　　　]が約 20 年間続く。〈公害問題〉四大公害病の発生。公害対└水俣病・イタイイタイ病・新潟水俣病・四日市ぜんそく 策基本法を制定し，環境庁を設置する。

(2) **国際社会と日本**……〈領土復帰〉1968 年に小笠原諸島，1972 年には沖縄が返還される。〈国交回復〉韓国と 1965 年に㉖[　　　]を結ぶ。中国とは 1972 年に㉗[　　　]を発表し，1978 年には㉘[　　　]を結ぶ。

5 現代の世界と日本 ★

(1) **現代の日本**…〈経済〉㉕は 1973 年の㉙[　　　]で終わる。1980 年代└第四次中東戦争がきっかけ 後半に始まった㉚[　　　]は 1991 年に崩壊する。〈課題〉少子高齢化が進んでいる。阪神・淡路大震災や東日本大震災がおきる。

(2) **現代の世界**……〈冷戦終結〉ベルリンの壁が崩壊し，東西ドイツは統一。ソ連が解体。〈紛争〉地域紛争やテロが多発し，㉛[　　　]が増加。

⑯[　　　　　]
⑰[　　　　　]
⑱[　　　　　]
⑲[　　　　　]
⑳[　　　　　]
㉑[　　　　　]
㉒[　　　　　]
㉓[　　　　　]
㉔[　　　　　]
㉕[　　　　　]
㉖[　　　　　]
㉗[　　　　　]
㉘[　　　　　]
㉙[　　　　　]
㉚[　　　　　]
㉛[　　　　　]

 ズバリ暗記 サンフランシスコ平和条約と同時に日米安全保障条約が結ばれた。日本の高度経済成長は石油危機によって終わりを告げた。

入試ガイド

満州事変の勃発から太平洋戦争の終結までの時代の流れを問う問題がよく出題される。内容を確認しながら年表を作成すると効果的である。

レッツトライ！ ～中学入試頻出問題～

日本が国際連合に加盟する際に国交を回復した国と，現在その国との間に領土問題が存在する場所として正しいものを次の**ア〜エ**から 1 つ選び，記号で答えなさい。　〔　　　　〕[青山学院中—改]

ア ソ連(現ロシア)，尖閣諸島　　**イ** ソ連(現ロシア)，北方領土
ウ 中華人民共和国，尖閣諸島　　**エ** 中華人民共和国，北方領土

★**ポイント** 国際連合の加盟には安全保障理事会の勧告が必要で，常任理事国には拒否権がある。

ステップ2 実力問題

ねらわれるココが
- 満州事変から敗戦までの流れ
- GHQ の民主化政策
- 講和条約と国交回復

解答 → 別冊p.41

1 次のA・Bの文を読んで，あとの問いに答えなさい。

A a1931 年に満州事変をおこしたあと，中国と戦争を始めた日本は，bアメリカ合衆国やイギリスとも戦争を始めた。小学校では**図1**のような軍事教練が行われ，教科書にも戦争に関係する内容が多くのるようになった。

B 敗戦直後のころ，校舎が焼けてしまった地域では，**図2**のような「青空教室」での授業が行われていた。c日本を占領した連合国軍は，日本の民主化を進めるための指令を出し，教育制度も改革された。独立後のd1960 年代には，小・中学校で使う教科書が無料で配られるなど，義務教育の充実がはかられていった。

図1

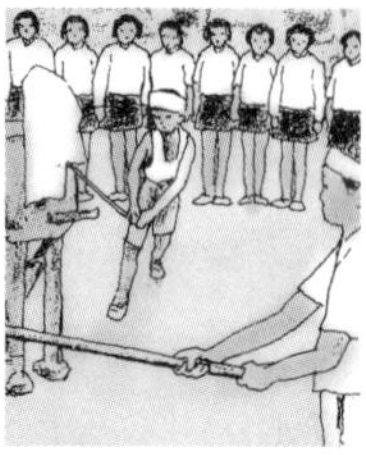

図2

重要 (1) 下線部aについて，この事変以後におこったできごとについて述べた次の文を年代の古い順に正しく並べかえたものをあとの**ア**～**カ**から1つ選び，記号で答えなさい。　［　　　］〔西大和学園中—改〕

Ⅰ 海軍の軍人が首相を暗殺した。
Ⅱ 日本が国際連盟から脱退した。
Ⅲ 日本は満州を中国から独立させ，満州国を建国した。

ア Ⅰ—Ⅱ—Ⅲ　**イ** Ⅰ—Ⅲ—Ⅱ　**ウ** Ⅱ—Ⅰ—Ⅲ
エ Ⅱ—Ⅲ—Ⅰ　**オ** Ⅲ—Ⅰ—Ⅱ　**カ** Ⅲ—Ⅱ—Ⅰ

(2) 下線部bについて，次の問いに答えなさい。

① この戦争中に始められたこととして正しいものを次の**ア**～**エ**から2つ選び，記号で答えなさい。　［　　・　　］〔栄光学園中〕
ア 人々が政府の命令で軍需工場の働き手として動員された。
イ 都市部の子どもたちが，政府のすすめに従って農村部へ疎開した。
ウ 多くの大学生が，陸海軍の部隊に配属され，戦地に送られた。
エ 商品や運送料などの値上げが，政府によって禁止された。

② この戦争で，地上戦が行われ，数十万人の死傷者を出した地域を現在の都道府県名で答えなさい。　［　　　］〔神奈川大附中〕

(3) 下線部cについて，次の問いに答えなさい。

重要 ① 連合国軍総司令部(GHQ)はさまざまな改革の実行を日本政府に指令した。その内容として正しくないものを次の**ア**～**エ**から1つ選び，記号で答えなさい。　［　　　］〔広尾学園中—改〕

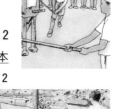

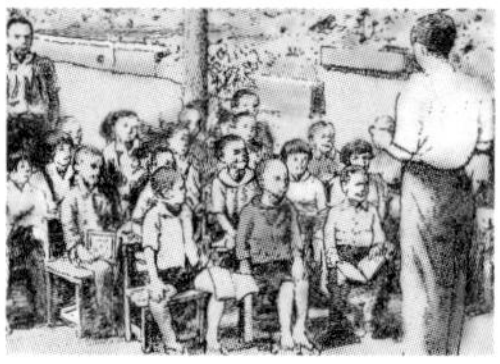

得点アップ

✔チェック!自由自在①
五・一五事件と二・二六事件について整理してみよう。

(1)満州事変や満州国について調査するために，国際連盟からリットン調査団が派遣された。

(2)①日本がアメリカ合衆国やイギリスに宣戦布告し，太平洋戦争を始めたのは1941 年である。
②多くの県民が戦闘に巻きこまれ，犠牲となった。

✔チェック!自由自在②
太平洋戦争が終結する 1945 年のおもなできごとを月別にまとめてみよう。

ア 農村では，地主がもつ小作地を政府が強制的に買い上げ，小作人に安く売りわたした。

イ 選挙法が改正され，政治に参加する権利が女性にも認められ，満18才以上のすべての男女に選挙権があたえられた。

ウ それまでの教育勅語にかわって教育基本法が制定され，平和と民主主義を守る人間を育てる教育が進められるようになった。

エ 日本経済を支配し，戦争に協力して大きな利益を上げていた三井・三菱・住友・安田などの財閥が解体された。

② 日本が占領されていた時期の周辺国のできごとについて述べた次の文**X・Y**について，その正誤の組み合わせとして正しいものをあとの**ア～エ**から１つ選び，記号で答えなさい。　　［　　　　］〔愛光中〕

X 朝鮮戦争がおこり，ソ連軍を中心とした国連軍が派遣された。

Y 中国国内で内戦がおこり，国民党政府が台湾へ移った。

ア X—正　Y—正　　**イ** X—正　Y—誤

ウ X—誤　Y—正　　**エ** X—誤　Y—誤

(4) 下線部 **d** について，この時期におこったできごととして正しいものを次の**ア～ウ**から１つ選び，記号で答えなさい。　　［　　　　］〔愛光中〕

ア 日本が国際連合に加盟した。　　**イ** 日本と中国の国交が正常化した。

ウ 東京でオリンピックが開かれた。

---

2 次の文を読んで，あとの問いに答えなさい。　　〔大妻中―改〕

> 平成が始まった1989年，a冷たい戦争の終結が宣言され，歴史が大きく動きはじめた。1990年に東西 **X** が統一され，その翌年には世界で最初の **Y** 主義国だったソ連が解体した。冷戦前には見られなかったb紛争がおこり，c日本の国際貢献のあり方も問われるようになった。

(1) 空欄 **X・Y** にあてはまる国名・語句を答えなさい。

X［　　　　　］Y［　　　　　］

(2) 下線部 **a** について，なぜ「冷たい」戦争と呼ばれたのか，10字以内で答えなさい。　　|　|　|　|　|　|　|　|　| から | 。 |

(3) 下線部 **b** について，冷戦終結後におきた戦争を次の**ア～オ**からすべて選び，記号で答えなさい。　　［　　　　］

ア 湾岸戦争　**イ** 朝鮮戦争　**ウ** ベトナム戦争　**エ** イラク戦争

オ 中東戦争

(4) 下線部 **c** について，1992年以降，紛争地域の争いを解決する国際連合の取り組みに自衛隊が参加するようになった。この取り組みを何というか，6字で答えなさい。　　［　　　　］

(3)① GHQ の最高司令官マッカーサーは，女性解放・教育の民主化・経済の民主化・労働組合の奨励・秘密警察の撤廃の五大改革を日本政府に指示した。

②日本の敗戦後，朝鮮は北緯38度線を境に分割統治され，1948年にそれぞれ異なる経済体制で独立した。

✔チェック！自由自在③
独立回復後の近隣諸国との国交回復について調べてみよう。

✔チェック！自由自在④
高度経済成長期に日本で開催された国際的な行事について調べてみよう。

2(1)X．前年にベルリンを分断していた壁が崩壊している。

(4)自衛隊が初めて派遣されたのは，内戦終結後のカンボジアである。

歴史
1 日本のあけぼのと貴族の世の中
2 武士の世の中①
3 武士の世の中②
4 江戸幕府の政治
思考力／記述問題
5 明治からの世の中①
6 明治からの世の中②
7 戦争と新しい日本
思考力／記述問題

ステップ**3** 発展問題

解答 → 別冊p.42

1 右の漫画は，アメリカ合衆国の新聞『ニューヨークタイムズ』1937 年 11 月 21 日に掲載されたもので，当時の日本を風刺している。この漫画を見て，次の問いに答えなさい。（漫画は出題上，一部手を加えている。）　〔女子学院中一改〕

独創的(1) 左目には「世界を無視」と記されている。それはアメリカ合衆国から見て，日本のどのような行為を指しているか。次の**ア～オ**から 2 つ選び，記号で答えなさい。　[　　・　　]

ア ブラジルへの移民を始めた。　　**イ** 国際連盟を脱退した。

ウ 南樺太を領有した。　　**エ** 日露戦争をおこした。

オ 日中戦争を拡大した。

難問(2) 右目には「領土目当て」と記されている。1930 年代に日本が支配地を広げようとした目的としてふさわしくないものを次の**ア～ウ**から 1 つ選び，記号で答えなさい。　[　　　]

ア 資源を獲得して，産業を活発にするため。

イ 移民をすすめて，国内の失業者を減らすため。

ウ 支配地となった地域の人々を兵士にするため。

2 右の地図は，太平洋戦争で日本の支配地域が最大になったときの範囲を示している。この地図を見て，次の問いに答えなさい。

難問(1) 地図中 **a** は日本が進出したとき，どこの国の植民地だったか。次の**ア～エ**から 1 つ選び，記号で答えなさい。

[　　　]〔フェリス女学院中一改〕

ア イギリス　　　　**イ** フランス

ウ アメリカ合衆国　　**エ** ドイツ

凡例：
- 開戦時の日本の領土
- 開戦時の日本の勢力範囲

(2) 太平洋戦争開戦までにおこった次のできごとを古い順に並べかえたとき，正しく並べかえたものをあとの**ア～カ**から 1 つ選び，記号で答えなさい。　[　　　]〔城北中一改〕

Ⅰ 日独伊三国同盟を締結した。　　**Ⅱ** 盧溝橋事件がおこった。

Ⅲ 国家総動員法が制定された。　　**Ⅳ** 真珠湾攻撃が行われた。

ア Ⅰ→Ⅱ→Ⅲ→Ⅳ　　　**イ** Ⅰ→Ⅲ→Ⅱ→Ⅳ　　　**ウ** Ⅱ→Ⅰ→Ⅲ→Ⅳ

エ Ⅱ→Ⅲ→Ⅰ→Ⅳ　　　**オ** Ⅲ→Ⅰ→Ⅱ→Ⅳ　　　**カ** Ⅲ→Ⅱ→Ⅰ→Ⅳ

独創的(3) 次ページの資料は，1942 年 6 月に地図中 **b** の地域で行われた海戦に関する新聞記事と，この開戦に参加した日米の空母の数を比較した表である。これらを見て，戦争中の新聞報道の特徴について気がついたことを答えなさい。　〔フェリス女学院中一改〕

[　　　　　　　　　　　　　　　　　　　　　　　　　　　　　]

	開戦時の空母の数	海戦後の空母の数
日本	4	0
アメリカ合衆国	3	2

⑷ 1944 年 7 月，ある場所がアメリカ軍の手に落ちたことで，日本本土の広い範囲が空襲を受けるようになった。この場所を次の**ア～エ**から丨つ選び，記号で答えなさい。

[　　　　]〔田園調布学園中〕

ア ルソン島　　**イ** ハワイ島　　**ウ** シンガポール島　　**エ** サイパン島

⑸ この戦争が終わったあとの日本について述べた文として正しいものを次の**ア～エ**から丨つ選び，記号で答えなさい。　　　　　　　　　　　　　　　[　　　　]〔ラ・サール中〕

ア 戦後，日本が連合国軍に占領され，日本の軍隊は解散し，憲法でも戦争放棄がうたわれた。その後，朝鮮戦争が始まると，日本では連合国軍総司令部の指令によって，今の警察予備隊のもととなる自衛隊がつくられた。

イ 日本はサンフランシスコ平和条約に調印し，その翌年に主権を回復すると同時に国際連合に加盟したが，平和条約と同じ日に日米安全保障条約が結ばれ，日本が主権を回復したあともアメリカ軍が日本の基地にとどまることになった。

ウ 政府は所得倍増計画を発表し，産業を急速に発展させる政策を進め，高度経済成長は続いた。その最中の 1964 年に東京オリンピックが開かれ，日本の復興を世界に印象づけた。その 4 年後には日本の国民総生産は世界第丨位になった。

エ 高度経済成長の一方，公害が発生し，人々の健康や命がおびやかされた。特に多くの被害者を出した水俣病・イタイイタイ病・四日市ぜんそく・新潟水俣病を四大公害病という。

3 次の写真 A～C は 1971～72 年にかけて沖縄で撮影されたものである。写真 B・C を参考に，写真 A が示していることがらを 30 字以上 40 字以内で答えなさい。〔久留米大附中—改〕

A

銀行の前に並ぶ人々（1972 年）

B

国際通りの商店（1972 年）

C

セールに集まる人々（1971 年）

歴史
1 日本のあけぼのと貴族の世の中
2 武士の世の中①
3 武士の世の中②
4 江戸幕府の政治
思考力／記述問題
5 明治からの世の中①
6 明治からの世の中②
7 戦争と新しい日本
思考力／記述問題

思考力/記述問題に挑戦！

本書の出題範囲p.120〜141

解答 → 別冊p.43

1 次の(1)〜(4)は，それぞれある時代・時期について述べたものである。その時代・時期について，誤っている文の組み合わせのものを次のア〜カからそれぞれ1つ選び，記号で答えなさい。〔久留米大附中一改〕

| ア a・b | イ a・c | ウ a・d | エ b・c |
| オ b・d | カ c・d | | |

(1) 江戸幕末期〜1870年代(1853年〜1879年)　　　　　[　　　]

　a ペリーが2度目に来航したときに，江戸幕府との間に日米和親条約が結ばれて，下田と兵庫が開港した。

　b 長州藩は，イギリス・アメリカ合衆国などの4か国と戦い，最新の大砲の威力で勝利を収めた。

　c 鳥羽・伏見の戦いで旧幕府軍に勝った新政府軍は，その後江戸にせめ上り，江戸城を無血開城させた。

　d 東京〜横浜間に電信が開通し，郵便制度も始まり，横浜では日刊紙の「横浜毎日新聞」が創刊された。

●難問 (2) 1880年代(1880年〜1889年)　　　　　[　　　]

　a まゆや米などの農産物の価格が下がり，農民の多くは苦しい生活をしいられた。そのため，借金で困った農民たちが秩父事件をおこした。

　b 憲法や政治のしくみの調査のため，伊藤博文がヨーロッパに派遣され，帰国後，皇帝の力の強いドイツの憲法を手本に憲法案をまとめた。

　c 大日本帝国憲法では天皇は国の主権者とされ，条約を結んだり，戦争を宣言する権限をもったが，軍隊を統率する権限は内閣がにぎった。

　d 殖産興業の政策として，筑豊炭田のある福岡県に設立された官営八幡製鉄所は，まもなく国内の鉄鋼生産の約8割をしめるようになった。

(3) 大正時代(1912年〜1926年)　　　　　[　　　]

　a 第一次世界大戦がおこると日本も参戦し，イギリスと戦った。大戦中，日本はヨーロッパへの輸出が増えたが，国内では物価が高くなり，人々のくらしは苦しくなった。

　b 関東大震災では，死者・行方不明者が10万人をこえたが，その大部分は火災によるものだった。

　c 平塚らいてうたちは，女性の地位向上を求める運動を進めた。また，普通選挙を求める運動もおこり，満25才以上の男女が財産に制限されず衆議院選挙の選挙権をもつことになった。

　d 西洋風の住宅，ガスや水道，電気を使う生活が広がった。またデパー

着眼点

1 文章正誤の問題は，正確な内容理解を要求される。まぎらわしい歴史用語をしっかり区別できるようにしておきたい。また，今回の問題設定のような場合，内容が正しくても時期がちがうというパターンにも注意が必要である。

(1)日米和親条約と日米修好通商条約の締結の経緯や内容のちがいをまとめておきたい。

(2)明治政府は天皇を中心とする立憲制国家の確立を目ざしていた。あわせて，帝国議会開設までのできごとを整理しておこう。

(3)大正時代の国際関係や国際的な民主主義の風潮の影響を受けた大正デモクラシーについて整理しておこう。

歴史

1 日本のあけぼのと異族の世の中

2 武士の世の中①

3 武士の世の中②

4 江戸幕府の政治

思考力／記述問題

5 明治からの世の中①

6 明治からの世の中②

7 戦争と新しい日本

思考力／記述問題

トができるなど，都市での生活は現在のくらしにつながる近代的なものになった。

問 (4) 1940年代後半〜1950年代（1946年〜1959年）　　　[　　　　　]

a アメリカ合衆国東海岸の都市で講和会議が開かれ，日本はアメリカ合衆国・イギリスなど48か国と平和条約を結んだ。一方，同じ日に日米安全保障条約が結ばれ，アメリカ軍が日本の基地にとどまることになった。

b アメリカ合衆国とソ連の対立が深まる中で，朝鮮半島では韓国と北朝鮮が成立し，朝鮮戦争がおこった。この戦争によって，日本は好景気になり，産業が復興した。

c 平和条約に調印しなかったソ連と国交を回復し，その結果，日本は国際連合への加盟が認められ，国際社会に復帰することになった。

d 日中平和友好条約が結ばれて，中国との国交が正常化された。また，日韓基本条約によって韓国との国交は開かれたが，北朝鮮とは国交が開かれなかった。

(4)戦後，日本が独立を回復し，近隣諸国と国交を回復してゆく道のりを年代別に整理しておこう。

2 戦時中の日本について，次の問いに答えなさい。〔鷗友学園女子中一改〕

(1) 1938年，政府の呼びかけによって，寺院のつり鐘が数多く回収された。この呼びかけはその後，1941年8月に強制力をもつようになった。つり鐘を回収した理由を1938年から1941年8月の間の日本の状況にふれて答えなさい。

[

]

2 文章記述は問題に課された条件を必ず満たしていることが不可欠である。

(1)1938年には国家総動員法が制定されており，1941年8月にはアメリカ合衆国が石油の対日輸出全面禁止を発表している。

(2) アメリカ合衆国による日本本土空襲が本格的に開始されて以降，アメリカ軍は数多くのビラを空から各都市にまいた。右のAとBは，実際にまかれたビラの写真である。Bの方がAの方よりおそい時期にまかれた。なぜ，Bの方がAよりもまかれた時期がおそいとわかるのか。AとBからわかることを具体的にあげて，その理由を答えなさい。

A　　　　B

(注)時は迫れり…「そのときが近づいている」という意味
(注)「ガ島」はガダルカナル島，「比島」はフィリピン

(2)2枚のビラのデザインはほぼ同じものである。2枚を比較し，その相違点からうかび上がってくることがらを手がかりに答えを導き出す。

[

]

143

精選　図解チェック＆資料集（歴史）

解答 → 別冊p.44

●次の空欄にあてはまる語句を答えなさい。

建築物（世界文化遺産）

金堂　五重塔
法隆寺（奈良県）

東大寺正倉院（奈良県）

① （京都府）

中尊寺金色堂の内部（岩手県）

厳島神社（広島県）

銀閣（京都府）

② （兵庫県）

日光東照宮（栃木県）

史　料

一に曰く，和を以て貴しとなし，さからうこと無きを宗とせよ。
二に曰く，あつく三宝を敬え。三宝とは仏・法・僧なり。

③

この世をばわが世とぞ思う望月の欠けたることもなしと思えば

▲藤原道長がよんだ歌

一，学問と武道に常にはげむこと。
一，城を修理する場合は届け出ること。
一，毎年四月，江戸に参勤すること。

▲武家諸法度

一，広く会議をおこし，すべて話し合いで決めることとする。
一，みんなが心を合わせて，政治を行うこととする。

▲五箇条の御誓文

仏教をさかんにし，人々を救うために大仏をつくろうと思う。天下の富をもつのは天皇のわたしであり，力をもつのもわたしである。

▲大仏造立の詔

一，農民が，刀・弓・やり・鉄砲などの武器をもつことを禁止する。不要な武器をもち，年貢を出ししぶり，一揆をくわだて武士に反抗すれば厳しく罰する。

④

戦いのあった場所

五稜郭の戦い（1869年）

関ヶ原の戦い（1600年）

前九年合戦（1051～62年）
後三年合戦（1083～87年）

平将門の乱（935～40年）

元寇（1274・1281年）

壇ノ浦の戦い（1185年）

⑥ （1575年）

⑤ （1467～77年）

藤原純友の乱（939～41年）

島原・天草一揆（1637～38年）

西南戦争（1877年）

人　物

聖徳太子

鑑真

⑦

豊臣秀吉

西郷隆盛

⑧

第4章

国 際

がんばれば結果
がついてくる！

解答 → 別冊p.45

1 アジアの国々 ★★★

(1) **中華人民共和国(中国)**……〈国土〉① ＿＿＿ チャンチヤン(ちょうこう)や **長江** などの大河が流れる。ほかはチベット族やウイグル族など55の少数民族。〈社会〉人口は約14億人で世界最多。90％以上が **漢民族**。人口の増加をおさえるために，かつて② ＿＿＿ を実施。〈産業〉シェンチェンなどに③ ＿＿＿ を設け，外国企業を誘致。└チューハイ，アモイなど，すべて南部の沿岸部〈日本との関係〉日本の最大の貿易相手国。

(2) **大韓民国(韓国)**……〈社会〉儒教の教えを重視。民族衣装の **チマ－チョゴリ**，④ ＿＿＿ 文字を使用。〈産業〉かつて **アジア NIES** の一国として急成長。

(3) **東南アジア**……〈協力〉**東南アジア諸国連合**(⑤ ＿＿＿)を結成。〈フィリピン〉バナナの栽培。〈タイ〉仏教徒が多く，⑥ ＿＿＿ の輸出がさかん。

(4) **西アジア・南アジア**……〈インド〉**ヒンドゥー教徒** が多い。工業が発展└カースト制度による差別が残るし，⑦ ＿＿＿ の1つ。└ブラジル・ロシア連邦・インド・中国・南アフリカ共和国の5か国の呼び名〈サウジアラビア〉石油の生産国で，**石油輸出国機構(OPEC)** を結成。イスラム教の聖地のメッカがある。

2 南・北アメリカの国々 ★★★

(1) **アメリカ合衆国**……〈国土〉東部になだらかな **アパラチア山脈**，西部に険しい⑧ ＿＿＿ 山脈がそびえる。〈社会〉スペイン語を話す⑨ ＿＿＿ が増加。〈農業〉**センターピボット方式** のかんがい。⑩ ＿＿＿ で栽培。└円形をえがく巨大なスプリンクラー └その土地にあった農作物を栽培すること〈工業〉世界一の工業国。北緯37度より南の⑪ ＿＿＿ で工業が発達し，特に⑫ ＿＿＿ には IT 産業の企業や研究所が集└サンフランシスコ郊外中。**多国籍企業** が多い。

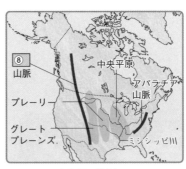

⑧ ＿＿＿ 山脈　中央平原　アパラチア山脈　プレーリー　グレートプレーンズ　ミシシッピ川

▲アメリカ合衆国の地形

(2) **カナダ**……〈国土〉世界第2位の国土面積。⑬ ＿＿＿ と呼ばれる針葉樹林帯が広がる。〈社会〉英語とフランス語が公用語。

(3) **メキシコ**……〈産業〉メキシコ湾岸に油田，銀の生産が多い。

(4) **ブラジル**……〈国土〉⑭ ＿＿＿ 川流域に熱帯雨林。〈社会〉**日系人** が多い。⑮ ＿＿＿ 語が公用語。〈産業〉コーヒー豆，大豆，さとうきびの生産がさかん。さとうきびを利用して⑯ ＿＿＿ 燃料を製造。⑦ ＿＿＿ の1つ。

① ＿＿＿
② ＿＿＿
③ ＿＿＿
④ ＿＿＿
⑤ ＿＿＿
⑥ ＿＿＿
⑦ ＿＿＿
⑧ ＿＿＿
⑨ ＿＿＿
⑩ ＿＿＿
⑪ ＿＿＿
⑫ ＿＿＿
⑬ ＿＿＿
⑭ ＿＿＿
⑮ ＿＿＿
⑯ ＿＿＿

入試ガイド

アジアでは，中国や東南アジア諸国，日本が石油をたよる西アジア諸国の特色を理解しておくこと。南北アメリカでは，アメリカ合衆国の農業や工業の特色，多くの日系人が住むブラジルなど，各国の特色を理解しておくこと。

ズバリ暗記 **アメリカ合衆国の首都はワシントン D.C.，ニューヨークは人口が最多で経済の中心。北緯37度以南のサンベルト，シリコンバレーが工業の中心。**

3 オセアニアの国々 ★★

(1) **オーストラリア**……〈国土〉内陸部は乾燥気候。〈社会〉白人や先住民の⑰□□□が住む。〈産業〉羊毛の生産が多い。鉄鉱石，石炭が豊富。

4 ヨーロッパの国々 ★★★

(1) **自然・生活**……北部には氷河がつくった⑱□□□がある。高緯度だが，西部は⑲□□□と暖流
└細長い入り江
の**北大西洋海流**の影響で温暖。⑳□□□教徒が多い。

イギリス　オランダ　ロシア連邦　ドイツ　スイス　フランス　イタリア

▲ヨーロッパのおもな国

(2) **イギリス**……〈国土〉首都㉑□□□
└2020年，ヨーロッパ連合から離脱
には経度0度の㉒□□□が通る。

(3) **フランス**……〈国土〉スイスとの国境に㉓□□□山脈。〈産業〉ヨーロッパ最大の農業国。小麦，ぶどうの生産が多い。首都㉔□□□は文化都市。

(4) **ドイツ**……〈国土〉㉕□□□の壁が崩壊し，東西ドイツが統一。〈産業〉ヨーロッパ最大の工業国。㉖□□□工業地帯が中心。酸性雨問題。

(5) **オランダ**……〈国土〉㉗□□□と呼ばれる干拓地が広がる。〈産業〉酪農，チューリップ栽培がさかん。EU の玄関港の㉘□□□がある。

(6) **ロシア連邦**……〈国土〉世界最大の国土面積。〈産業〉石油，天然ガス。
└工業では，精密機械工業がさかん

(7) **その他の国々**……〈イタリア〉ワインの生産がさかん。〈スイス〉酪農。
└首都ローマには世界最小面積のバチカン市国がある

(8) **ヨーロッパ連合**……1993年に**ヨーロッパ連合**（㉙□□□）を結成。
政治，経済での統合を目ざす。1967年結成のヨーロッパ共同体（EC）がもと

5 アフリカの国々 ★

(1) **国土**……大陸の中央を赤道が通る。北部に世界最大の㉚□□□砂漠。かつてヨーロッパの植民地となった国が多い。
└植民地時代の経線・緯線を利用した国境線や，植民地支配した国の言語の使用が多い

(2) **さまざまな国**……〈南アフリカ共和国〉かつて㉛□□□と呼ばれた人種隔離政策。⑦の1つ。〈エジプト〉ピラミッドなどの世界遺産。〈ケニア〉茶の栽培。〈コートジボワール，ガーナ〉カカオ豆の栽培。

---

⑰＿＿＿＿＿
⑱ ＿＿＿＿＿
⑲ ＿＿＿＿＿
⑳ ＿＿＿＿＿
㉑ ＿＿＿＿＿
㉒ ＿＿＿＿＿
㉓ ＿＿＿＿＿
㉔ ＿＿＿＿＿
㉕ ＿＿＿＿＿
㉖ ＿＿＿＿＿
㉗ ＿＿＿＿＿
㉘ ＿＿＿＿＿
㉙ ＿＿＿＿＿
㉚ ＿＿＿＿＿
㉛ ＿＿＿＿＿

👨‍🏫 入試ガイド

ヨーロッパ連合（EU）については，結成理由，共通通貨のユーロ，加盟国間での経済格差問題などさまざまな問題が問われる。

🏃 レッツトライ！ ～中学入試頻出問題～

EU について，次の問いに答えなさい。　　　　　　　　　　　　［共立女子中一改］
① EU の日本名を答えなさい。〔　　　　　　　〕
② EU の本部がある国名を答えなさい。〔　　　　　　　〕
③ EU の旗を右の**ア**～**エ**から1つ選び，記号で答えなさい。〔　　　　〕

ア

イ

ウ

エ

⭐ **ポイント** EU の旗は，12個の星が円環状にえがかれている。

●イスラム教の特色，中国の特色
●アメリカ合衆国の農業，工業の特色
●ヨーロッパの国々の首都名，EU の特色

解答 → 別冊p.45

得点アップ

1 右の地図を見て，次の問いに答えなさい。

(1) サウジアラビアについて，次の問いに答えなさい。

① この国の場所を地図中
の **A～D** から１つ選び，
記号で答えなさい。

[　　　]〔開智中〕

② この国でおもに信仰さ
れているイスラム教で，
食べることが禁じられ
ている肉を次の**ア～エ**から１つ選び，記号で答えなさい。

[　　　]〔ラ・サール中〕

ア 羊　　**イ** 牛　　**ウ** ぶた　　**エ** にわとり

③ この国には，イスラム教の聖地がある。この都市を次の**ア～エ**から
１つ選び，記号で答えなさい。　　　　[　　　]〔吉祥女子中〕

ア メッカ　　**イ** ドバイ　　**ウ** リヤド　　**エ** バグダッド

(2) 地図中の **X** 国について，次の問いに答えなさい。

●重要 ① この国で，人口の増加をおさえるため，2015 年までとられてきた
政策名を答えなさい。　　　　[　　　　　]〔法政大中〕

② 地図中の **Y** の地域に多く住んでいる民族を次の**ア～エ**から１つ選び，
記号で答えなさい。　　　　[　　　]〔清風中〕

ア チベット族　　**イ** ウイグル族　　**ウ** モンゴル族　　**エ** ホイ族

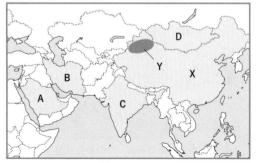

2 南北アメリカについて，次の問いに答えなさい。

(1) アメリカ合衆国について，次の問いに答えなさい。　〔愛光中〕

① 国土について述べた文として正しいものを次の**ア～ウ**から１つ選び，
記号で答えなさい。　　　　[　　　]

ア ミシシッピ川は中央平原を通り，太平洋に注いでいる。

イ 西部にはアパラチア山脈が，東部にはロッキー山脈が走っている。

ウ アメリカ合衆国の国土面積は，日本の約 25 倍である。

●重要 ② 工業や農業について述べた文として誤っているものを次の**ア～ウ**か
ら１つ選び，記号で答えなさい。　　　　[　　　]

ア 世界でも有数の農業国であり，「世界のパンかご」と呼ばれている。

イ シアトルやロサンゼルスは，航空機の生産がさかんである。

ウ 北部の五大湖周辺では，綿花の生産がさかんである。

1(1)①サウジアラビアはアラビア半島の大部分をしめる国である。
③この都市で，イスラム教を開いたムハンマド（マホメット）が生まれた。
(2)①少子高齢化が急速に進行したため，この政策は廃止された。

✔チェック!自由自在①
世界の三大宗教と呼ばれる，キリスト教，イスラム教，仏教がどの地域で信仰されているのか調べてみよう。

2(1)①アメリカ合衆国の地形では，アパラチア山脈，ロッキー山脈，プレーリー，グレートプレーンズ，ミシシッピ川の位置が重要である。

✔チェック!自由自在②
アメリカ合衆国の農業地域と農産物の生産量割合を調べてみよう。

(2) ブラジルのサン
パウロには，写
真のような日本
語の看板（かんばん）が見ら
れる。その理由
を，「移民（いみん）」と
いう語句（ごく）を使っ
て答えなさい。

〔大阪教育大附属池田中〕

[   ]

要 ③ オーストラリア大陸について述べた文として正しいものを次の**ア～エ**から１つ選び，記号で答えなさい。　　　[　　　　] 〔横浜女学院中〕

ア この大陸は３つの国家から成り立っている。

イ この大陸には世界で最も長い河川（かせん）が流れている。

ウ この大陸から日本は，最も多く石炭と鉄鉱石（てっこうせき）を輸入（ゆにゅう）している。

エ この大陸の８割以上は熱帯である。

④ ヨーロッパについて，次の問いに答えなさい。

(1) ヨーロッパの国名と首都名の組み合わせとして正しいものを右の**ア～ウ**から１つ選び，記号で答えなさい。

	イタリア	スペイン	フランス
ア	ローマ	バルセロナ	リヨン
イ	フィレンツェ	バルセロナ	パリ
ウ	ローマ	マドリード	パリ

[　　　　] 〔聖園女学院中―改〕

要 (2) 次の図は，1967年のヨーロッパ共同体（EC）から現在（げんざい）のEUへの加盟（かめい）国の推移（すいい）を表したものである。1993年のEU発足（ほっそく）後に加盟した国々の特色を，EC時代までと比（くら）べて答えなさい。 〔品川女子学院中〕

[   ]

1967年　　　　　　　1993年　　　　　　　2017年

(3) EUに加盟していない国を次の**ア～エ**から１つ選び，記号で答えなさい。

[　　　　] 〔桜蔭中―改〕

ア ノルウェー　　**イ** マルタ　　**ウ** ギリシャ　　**エ** エストニア

③オーストラリア大陸は世界最小の大陸である。その大陸にあるオーストラリアは，かつてはイギリスの植民地であった。そのため，国旗の一部にイギリス国旗の模様（もよう）が見られる。

④(1)首都名としては，イギリスのロンドン，ドイツのベルリン，ロシア連邦（れんぽう）のモスクワなども重要である。

(2)1967年のEC結成時は，フランス，イタリア，西ドイツ（現在のドイツ），ベネルクス３国（ベルギー，オランダ，ルクセンブルク）の６か国が加盟国であった。

✔チェック!自由自在③
EUに加盟することによる長所と，現在のEUが抱（かか）える問題点を調べてみよう。

■■■ ステップ3 発展問題

解答 → 別冊p.46

1 中華人民共和国(中国)について，次の問いに答えなさい。

(1) 右の表を見て，中国の国内総生産は日本の国内総生産の約何倍か。小数第2位を四捨五入して小数第1位まで答えなさい。　〔法政大中〕

[　　　　　　倍]

	人口 (千人)	国内総生産 (億ドル)	1人あたり国民 総所得(ドル)
中国	1409517	122378	8658
日本	127484	48724	39561

(2017年)　　　　(2019/20年版「世界国勢図会」など)

(2) 右の表を見て，日本の1人あたり国民総所得は中国の1人あたり国民総所得のおよそ何倍か。小数第2位を四捨五入して小数第1位まで答えなさい。　[　　　　倍]〔法政大中〕

(3) (1)と(2)の答えをふまえて，中国の経済の特色について答えなさい。　〔法政大中〕

[　　　　　　　　　　　　　　　　　　　　　　　　　　　　　　　　　]

⊙難問 (4) 中国の発展について説明した次の文**X**～**Z**の，正誤の組み合わせとして正しいものを右の**ア**～**カ**から1つ選び，記号で答えなさい。　[　　　]〔西大和学園中一改〕

	ア	イ	ウ	エ	オ	カ
X	正	正	正	誤	誤	誤
Y	正	誤	誤	正	正	誤
Z	誤	正	誤	正	誤	正

X 中国では自動車産業が急激に発展し，現在では自動車の生産台数は世界で最も多くなっている。

Y 中国の国内総生産は，2000年ごろから上昇幅が大きくなり，現在ではアメリカ合衆国をぬいて世界第1位となっている。

Z 中国は，インドなどの国々とともにアジアNIESといわれる経済発展の著しい国としてあつかわれる。

2 日本とつながりの深い国について，次の問いに答えなさい。　〔四天王寺中一改〕

(1) アメリカ合衆国を説明した文として誤っているものを次の**ア**～**オ**からすべて選び，記号で答えなさい。　[　　　　　]

ア 大型機械を使った大規模農業が行われ，小麦や大豆が輸出されている。

イ ハンバーガーやジーンズはアメリカ合衆国で生まれ，世界に広まった。

ウ 自動車の大量生産やコンピューター産業は，アメリカ合衆国で生まれた。

エ 自動車は生活になくてはならないものであるが，すべての自動車専用道路は有料である。

オ ショッピングセンターなどの施設で，1週間分の食料をまとめて買う家庭が多い。

(2) 大韓民国(韓国)を説明した文として誤っているものを次の**ア**～**オ**からすべて選び，記号で答えなさい。　[　　　　　]

ア かつて漢字が使われていたが，15世紀の半ばハングルがつくられた。

イ 冬の寒さが厳しいので，オンドルという床下暖房を用いて部屋を暖めている。

ウ ヒンドゥー教の教えを大切にし，親や年上の人をよく敬っている。

エ 沖縄県の尖閣諸島は日本の領土であるが，大韓民国が占拠を続けている。

オ はしを使って，食器をもち上げずに食卓に置いたまま食べる習慣がある。

難問 **3** ヨーロッパ連合(EU)について，次の問いに答えなさい。

(1) 次の文 **X・Y** の正誤の組み合わせとして正しいものをあとの**ア～エ**から1つ選び，記号で答えなさい。　　　　　　　　　　　　　　　　　　　[　　　]〔洛星中〕

X EUは当初，冷戦時代にソ連を中心とした東側諸国に属していた国々によって組織されていた。

Y 現在のEUには，冷戦時代に対立関係にあった西側諸国と東側諸国の両方の国々が加盟している。

ア X―正　Y―正　　**イ** X―正　Y―誤　　**ウ** X―誤　Y―正　　**エ** X―誤　Y―誤

(2) EUの特色について述べた文として正しいものを次の**ア～エ**から1つ選び，記号で答えなさい。　　　　　　　　　　　　　　　　　　　　　[　　　]〔洛星中〕

ア 主要な穀物や工業製品の価格は，19か国が採用している共通通貨のユーロによって統一されている。

イ フランスとスペインは，EUからの脱退を決定している。

ウ 日本からEUの加盟国に入国する際，パスポートのチェックは不要になっている。

エ 多くの加盟国においてキリスト教が広く信仰されている中，イスラム教徒の移民や難民が増加している。

(3) EUに加盟する27か国のうち19か国が共通通貨のユーロを採用している。これらの国で採用されている10ユーロ紙幣や100ユーロ紙幣には実在しない橋や門がえがかれている。なぜ実在しないものがえがかれているのか，その理由を答えなさい。　　　〔広尾学園中一改〕

[

]

的 **4** 右の図は，日本・エチオピア・アメリカ合衆国・インドネシアの4か国について，それぞれの人口，人口増加率，人口密度や人々のくらしに関するデータを示したものである。エチオピアにあてはまるものを図中の**ア～エ**から1つ選び，記号で答えなさい。

[　　　]〔湘南学園中〕

各国のくらし

	ア	イ	ウ	エ
人口(2019年)	1億2686万人	3億2907万人	2億7063万人	1億1208万人
人口増加率 (2017～2018年)	−0.2%	0.6%	1.1%	2.6%
人口密度 (1km²あたり・2018年)	347.1人	35.8人	147.8人	109.2人
学校で学ぶ年数 (2018年) *2016年 **2017年 ***2012年	15.2*	16.3**	13.6	8.4***
教師1人あたりの子どもの数 (小学校・2018年) *2017年 **2011年	15.7人*	14.2人*	17.0人	55.1人**
衛生的な水供給 (100人あたり・2015年)	100%	99%	87%	57%
医師の数 (1万人あたり・2017年) *2016年	24.1人*	25.9人*	3.8人	1人
5才未満で亡くなる人数 (出生1000人中・2018年)	2.5人	6.5人	25.0人	55.2人

(2020年版「朝日ジュニア学習年鑑」など)

世界平和と日本の役割
ステップ1 まとめノート

解答 → 別冊p.47

1 戦争の絶えない世界 ★★

(1) 第二次世界大戦後の世界……〈冷戦〉第二次世界大戦後，アメリカ合衆国を中心とする資本主義諸国と，ソ連を中心とする社会主義諸国の，**直接戦火を交えない対立**のことで①___ともいう。1989年の②___会談で終結した。（多国籍軍がイラクを攻撃）〈冷戦終結後〉1991年の③___戦争，（アメリカ合衆国とソ連の首脳会談）2001年のアメリカ合衆国での**同時多発**④___など，紛争は続く。

(2) 軍縮への取り組み……1963年の部分的核実験停止条約（⑤___）以降，（1968年には核拡散防止条約(NPT)，1996年には包括的核実験禁止条約(CTBT)を結ぶ）2017年の⑥___禁止条約まで核軍縮が続く。

2 国際連合のはたらきと日本の役割 ★★

(1) 国際連合（国連）の成立……国際連盟にかわる国際組織として，1945年に，サンフランシスコ会議での⑦___憲章をもとに結成された。

	国際連盟	国際連合
成 立	1920年	1945年
本 部	ジュネーブ（スイス）	⑧___（アメリカ合衆国）
加盟国	原加盟国42か国（最多60か国）	原加盟国51か国（2019年末現在⑨___か国）
議 決	全会一致	多数決
制 裁	経済制裁	経済制裁・武力制裁

▲国際連盟と国際連合

現在の加盟国で，最多の地域は⑩___，次いでヨーロッパである。（「アフリカの年」といわれる1960年に多くの国が独立し加盟国数が増加）

(2) 国際連合……〈しくみ〉⑪___は全加盟国で構成され，1国1票の投票権をもつ。多数決による議決が原則。⑫___は国際平和を守るための機関。⑬___，イギリス，フランス，ロシア連邦，中国の5か国の**常任理事国**と，10か国の**非常任理事国**で構成。（日本は国連加盟国中最多の11回，非常任理事国を務めた(2019年末現在)）重要な議題では，常任理事国の1か国でも反対すれば議案が成立しない。これを5大国の⑭___という。⑮___はオランダのハーグにあり，関係する国がともにうったえた場合に裁判を行う。

事務局 経済社会理事会 ⑪ 信託統治理事会（活動停止中） ⑫ ⑮

▲国際連合のしくみ

ズバリ暗記 安全保障理事会の常任理事国は，アメリカ合衆国，イギリス，フランス，ロシア連邦，中国の5か国で，拒否権をもつ。

入試ガイド

国際連合の以下のことがらがよく問われる。
- 加盟国数。
- 加盟国数の推移のうち，アフリカ，ヨーロッパの加盟が増えた理由。
- おもな組織の名称。
- 安全保障理事会の常任理事国の国名。
- 常任理事国がもつ拒否権の内容。

① ② ③ ④ ⑤ ⑥ ⑦ ⑧ ⑨ ⑩ ⑪ ⑫ ⑬ ⑭ ⑮

(3) 国際連合のさまざまな機関

名　称	略　称	内容・特色
国連教育科学文化機関	⑯	世界遺産の登録のほか，教育・科学・文化を通して，世界平和を目ざす。
国連児童基金	⑰	子どもの基本的人権の実現。
国連難民高等弁務官事務所	⑱	難民の保護。
国連貿易開発会議	⑲	先進国と発展途上国の格差解消。

(4) 平和と安全を守る国連の活動

目　的	名　称	内　容
世界平和を守る	国連平和維持活動（⑳　）	紛争の平和的解決。
人権を守る	㉑	1948 年，国連総会で採択。人間の自由・平等を主張。
	㉒	1966 年，㉑ に法的拘束力をもたせるためのもの。
	㉓	1989 年，子どもの権利を保障。
地球を守る	地球温暖化，熱帯林の減少，酸性雨などへの対策。 1972 年：国連人間環境会議「㉔地球」がテーマ。 └スウェーデンのストックホルムで開催 1992 年：国連環境開発会議　（㉕ サミット） └ブラジルのリオデジャネイロで開催 1997 年：地球温暖化防止京都会議，㉖ を採択。 └先進工業国の，温室効果ガスの削減目標を決めた 2015 年：パリ協定 └すべての国が温室効果ガスを削減する。2020 年から開始	

(5) **世界平和と日本**……㉗　　　（核兵器を「もたず・つくらず・もちこませず」）をもとに，世界平和をうったえる。発展途上国へは，**政府開発援助**（㉘　　　）や，**国際協力機構（JICA）**の援助，**青年海外協力隊の派遣**などを通して援助。国連の分担金も多く支出。

(6) **グローバル化する国際社会**……グローバル化により，地域主義が活発化。㉙　　　と呼ばれる，**発展途上国と先進工業国の経済格差問題**や，
└発展途上国間の経済格差問題は，南南問題と呼ばれる
環境・人口・食料問題の解決には世界各国の協力が必要。

⑯

⑰

⑱

⑲

⑳

㉑

㉒

㉓

㉔

㉕

㉖

㉗

㉘

㉙

入試ガイド

国連のさまざまな機関や国連平和維持活動などは，名称と略称を正確に覚えておくことが必要。

レッツトライ！ ～中学入試頻出問題～

日本の国際協力について誤っているものを次の**ア～エ**から1つ選び，記号で答えなさい。

〔　　　〕［洗足学園中一改］

ア 日本の負担する国連分担金は，2018 年現在，上位5位以内となっている。

イ 日本の政府開発援助（ODA）の金額は，2018 年現在，世界一多い。

ウ 日本の ODA の二国間援助は，2018 年現在，アジアの国々をおもな援助先にしている。

エ 日本の ODA は，国民総所得との比率で見ると，2018 年現在，主要国中では低い。

★ポイント 生産がさかんな，経済規模が大きい国ほど，多額の資金を援助のために出すことができる。

● 国際連合の専門機関の名まえとはたらき
● 国際連合のおもな機関の名まえとはたらき
● 安全保障理事会の特色

ねらわれる ココが

解答 → 別冊p.47

1 次の文を読んで，あとの問いに答えなさい。

aユネスコの本部は，パリにある。ユネスコは第二次世界大戦後の1946年に創設された。その活動はbユネスコ憲章の理念にもとづき，c争いのない世の中をつくるために，人々の交流を促進している。

⚑重要 (1) 下線部aについて，ユネスコの仕事として正しいものを次のア〜エから１つ選び，記号で答えなさい。　　　　　　　[　　　　　] 〔神奈川大附中─改〕

ア 戦争や食料不足などで苦しむ子どもに，医療品や食料を援助する。
イ 戦争などで外国にのがれた難民の保護と，難民問題の解決をはかる。
ウ 教育・科学・文化の交流を通じて，国際平和の促進を目ざす。
エ 貿易に関する取り決めを行い，自由貿易の推進に取り組む。

(2) 下線部bについて，ユネスコ憲章の前文には，次のように記されている。上の文をよく読み，空欄　X　・　Y　にあてはまる語句をそれぞれ漢字2字で答えなさい。ただし，　X　と　Y　には反対の意味を示す語句が入る。
　　　　　X [　　　　　]　Y [　　　　　] 〔早稲田中〕

　　X　は人の心の中で生まれるものであるから，人の心の中に　Y　のとりでを築かなければならない。

(3) 下線部cについて，今日，各地で紛争や内戦が続いている。右の地図を見て，次の問いに答えなさい。

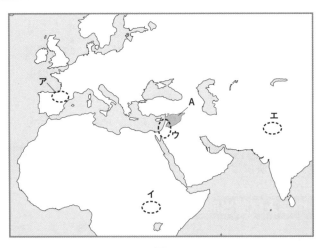

① パレスチナ紛争がおきている場所を地図中のア〜エから１つ選び，記号で答えなさい。
　　　　　　　[　　　　　] 〔ノートルダム清心中─改〕

② 地図中のAでは，2011年から現在まで内戦状態にあり，多くの人々が難民となっている。この国を次のア〜エから１つ選び，記号で答えなさい。　　　　　　　[　　　　　] 〔フェリス女学院中─改〕
ア サウジアラビア　イ イスラエル　ウ イラン　エ シリア

得点アップ

1(1)ユネスコの正式名称は，国連教育科学文化機関である。正式名称を理解しておくことが，各機関の役割，仕事の内容を知ることに必要である。

(2)「争いのない世の中をつくる」がヒントとなる。

(3)①パレスチナの宗教対立問題は，第二次世界大戦後に中東戦争をおこし，今日も対立，紛争は続いている。

✓チェック!自由自在①
ユネスコとユニセフの，略称や正式名称，仕事の内容をまちがえやすい。この2つの機関のちがいを調べてみよう。

✓チェック!自由自在②
難民とは，どのような人々のことを指すのだろうか。また，難民を援助する国際的な機関として何があるのか調べてみよう。

2 次の文を読んで，あとの問いに答えなさい。 〔頌栄女子学院中―改〕

> 国際連合（国連）の加盟国は，a 現在は 190 か国をこえている。国連の本部はアメリカ合衆国の X に置かれ，国際社会にとっての重大な議論が総会で交わされる。国連には，総会のほかに， Y 理事会，経済社会理事会，事務局などが設置されている。経済社会理事会は，世界遺産の登録を行う国連 Z 文化機関など多くの専門機関や NGO と連携して活動している。 Y 理事会の改革を求める動きがあり，b 拒否権を制限するべきだと主張する国もある。

要 (1) 空欄 X ～ Z にあてはまる語句を答えなさい。

X [　　　　　　　] Y [　　　　] Z [　　　　　]

(2) NGO とは何のことか，漢字 5 字で答えなさい。 [　　　　　]

(3) Y 理事会の非常任理事国の説明として誤っているものを次の**ア～エ**から 1 つ選び，記号で答えなさい。 [　　　]

ア 非常任理事国は合計で 10 か国である。

イ アジアやアフリカといった各地域から候補国が選ばれ，総会で承認されると非常任理事国となる。

ウ 非常任理事国の任期は 2 年で，総会の支持があれば 2 期連続して務めることができる。

エ 非常任理事国を務めた回数が最も多い国は， 11 回務めた日本である。

要 (4) 下線部 a について，右の図のように加盟国数は増加してきた。図に示された地域に着目して，加盟国数が増加した理由を 70 字以上 80 字以内で答えなさい。

図 国連加盟国数の推移

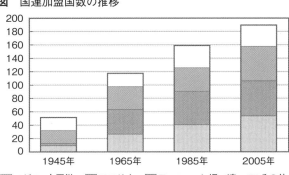

□アジア・太平洋 ■アフリカ ■ヨーロッパ・旧ソ連 □その他
（国際連合）

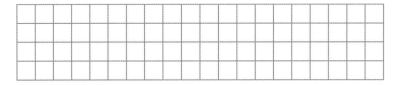

要 (5) 下線部 b について，拒否権とはどのような権限か，答えなさい。

[　　　　　　　　　　　　　　　　　　　　　　　]

2 (1) Y は，あとの文で「拒否権」という用語が使用されていることから考える。
(2) NGO と似た用語として，NPO（非営利組織。利益を目的とせず，災害援助や教育，文化，医療などの社会活動に取り組む民間組織）がある。

(4)「地域に着目」とあるので，「アジア」「アフリカ」は植民地となっていた国が多いこと，「ヨーロッパ・旧ソ連」ではソ連の解体があったことを思い出す。
(5)「拒否」であるので「賛成しない」ということである。どのような国が「拒否」することで議案がどうなるのかに触れることが必要である。

✔チェック！自由自在③
安全保障理事会のはたらきを調べてみよう。

解答 → 別冊p.48

1 次の文を読んで，あとの問いに答えなさい。

> 2017年7月，a核兵器禁止条約が国際連合で採択された。ここに至るまでは，数々の条約が結ばれてきたが，1968年には **b** 条約が締結され，c核保有国が限定された。そして，d核保有国が核を保有していない国に核兵器をゆずりわたすことや，関係国以外の核兵器開発が禁止された。

難問(1) 下線部 **a** について，日本はこの交渉会議を欠席した。その理由として誤っているものを次の**ア**～**エ**から１つ選び，記号で答えなさい。　　　　　　　　　　［　　　　　］〔渋谷教育学園渋谷中─改〕

ア 東アジアでの緊張が高まっており，現在の状況では，この条約ができても日本の安全保障問題の解決に結びつかないから。

イ 日本は，同盟関係にあるアメリカ合衆国の「核の傘」に自国の安全保障をゆだねているため，アメリカ合衆国が反対するこの条約には賛同しにくいから。

ウ 核保有国と非核保有国の間で核兵器のあつかいに関して意見が対立しており，この条約が成立することでさらに対立が激化する可能性があるから。

エ アメリカ合衆国大統領が，プラハにおいて「核なき世界」を目ざす方針を示し，新しい方法を模索していることに合わせようとしているから。

(2) 空欄 **b** にあてはまる語句を答えなさい。　　　　　　　［　　　　　　］〔法政大第二中〕

(3) 下線部 **c** について，現在，この条約で核保有国として認められているのは，アメリカ合衆国・ロシア連邦・イギリス・中国ともう１つどこの国か，国名を答えなさい。

　　　　　　　　　　　　　　　　　　　　　　　　　　　　　［　　　　　　］〔法政大第二中〕

(4) 下線部 **d** が正しく実行されているかどうか，条約加盟国に査察を行う国際機関の名称をアルファベット４文字で答えなさい。　　　　　　　　［　　　　　　］〔法政大第二中〕

2 次の文を読んで，あとの問いに答えなさい。

> 国際連合は，1945年10月にアメリカ合衆国のaニューヨークに本部を置いて発足した。当初の加盟国は51か国であったが，今では193か国が加盟している。国連には，総会，b安全保障理事会，経済社会理事会，国際司法裁判所，事務局などを中心とし，さらに多くの専門機関があり，c環境問題，人権問題，経済問題などさまざまな問題をあつかっている。

独創的(1) 下線部 **a** について，右の写真は，国際連合の本部前にあるモニュメントである。このモニュメントは，どのような願いをこめてつくられたか，15字程度で答えなさい。　　　　　　　　　　〔かえつ有明中〕

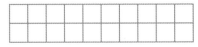

(2) 下線部 **b** について，右のグラフは，決議の成立数を示したものである。このグラフを見ると，1990 年以降，安全保障理事会で採択された決議数が急増したことがわかる。そのような変化がおきた理由を，「常任理事国」という語句を使って答えなさい。

〔広尾学園中〕

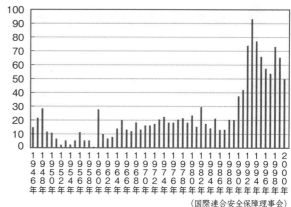

（国際連合安全保障理事会）

[　　　　　　　　　　　　　　　　]

(3) 下線部 **c** について，国際的な取り組みについて述べた文として誤っているものを次の**ア～エ**から 1 つ選び，記号で答えなさい。　　　　　　　　　　[　　　]〔東京農業大第一中―改〕

ア 1972 年にストックホルムで開かれた国連人間環境会議では，「人間環境宣言」が採択され，これを実施するための国際機関として国連環境計画（UNEP）が設立された。

イ 1992 年にリオデジャネイロで開かれた国連環境開発会議では，環境と開発の両立をめざす「持続可能な開発」をかかげ，生物多様性条約や気候変動枠組条約などが採択された。

ウ 1997 年に採択された京都議定書では，先進国に対して温室効果ガスの具体的な削減目標が定められた一方で，中国やインドなどの発展途上国には削減義務が定められなかった。

エ 2016 年に発効したパリ協定では，産業革命以前からの気温上昇を 2 度より低く抑えることが目標とされたが，のちに二酸化炭素の最大排出国であるアメリカ合衆国が離脱を表明した。

(4) 次の文 **X・Y** の正誤の組み合わせとして正しいものをあとの**ア～エ**から 1 つ選び，記号で答えなさい。　　　　　　　　　　　　　　　　[　　　]〔東大寺学園中―改〕

X 国連難民高等弁務官事務所は，紛争などで居住地を追われ，難民となった人々を保護・救済する活動を行っている。

Y 国際緊急援助隊は，日本に本部を置く国連の専門機関で，紛争地や被災地などで緊急医療援助活動を行っている。

ア X―正　**Y**―正　　**イ X**―正　**Y**―誤　　**ウ X**―誤　**Y**―正　　**エ X**―誤　**Y**―誤

(5) 国連の分担金の負担割合が 5 ％以上の国を示した次の表中の，**Z** の国名を答えなさい。

[　　　]〔日本女子大附中―改〕

2010 ～ 2012 年		2013 ～ 2015 年		2016 ～ 2018 年		2019 ～ 2021 年	
国名	割合（%）	国名	割合（%）	国名	割合（%）	国名	割合（%）
アメリカ合衆国	22.0	アメリカ合衆国	22.0	アメリカ合衆国	22.0	アメリカ合衆国	22.0
日本	12.5	日本	10.8	日本	9.7	Z	12.0
ドイツ	8.0	ドイツ	7.1	Z	7.9	日本	8.6
イギリス	6.6	フランス	5.6	ドイツ	6.4	ドイツ	6.1
フランス	6.1	イギリス	5.2				
イタリア	5.0	Z	5.1				

（2019/20 年版「世界国勢図会」）

157

思考力/記述問題に挑戦！

📖 本書の出題範囲p.146〜157

解答 → 別冊p.48

1 右の表は，EU・ASEAN・日本・中国のいずれかの人口と国内総生産を表したものである。P・Rにあてはまる国・地域的経済統合の名称を次のア〜エから1つずつ選び，記号で答えなさい。

名称	人口	国内総生産
P	約6.5億人	約2.8兆ドル
Q	約1.3億人	約4.9兆ドル
R	約5.1億人	約17.3兆ドル
S	約14.2億人	約12.2兆ドル

(2017年)　　　(2019/20年版「世界国勢図会」)

P [　　　　]　R [　　　　]　〔桐光学園中一改〕

ア EU　　イ ASEAN　　ウ 日本　　エ 中国

2 日本や世界，国際連合について，次の問いに答えなさい。

(1) 次の2つの文について，1つだけが正しい場合は「1」を，両方とも正しい場合は「2」を，両方とも誤っている場合は「0」と答えなさい。

[　　　　]〔神戸女学院中〕

> ・自衛隊は，国連の平和維持活動(PKO)の一環として，東ティモールで道路の補修を行った。
> ・アメリカ合衆国の首都にあった世界貿易センタービルは，2001年にテロによる攻撃を受け，崩壊した。

難問 (2) 国際連合の安全保障理事会について，右の表1と表2から読み取れるこの機関の問題点をそれぞれ答えなさい。

〔大妻中野中一改〕

表1　国連加盟国数の推移

年	国連加盟国数	常任理事国数	非常任理事国数
1945年	51	5	6
1965年	118	5	10
2016年	193	5	10

表2　地域別国連加盟国数と安全保障理事会の常任理事国・非常任理事国数

地域グループ	国連加盟国数	常任理事国数	非常任理事国数
西欧・北米	29	3	2
東欧	23	1	1
アフリカ	54	0	3
アジア・太平洋	54	1	2
中南米	33	0	2

表1 [　　　　　　　　　　]

表2 [　　　　　　　　　　]

(3) 難民に関して，次の**図**と**表3**を読み取ったものとして誤っているものをあとの**ア〜エ**から１つ選び，記号で答えなさい。

[　　　]〔和洋国府台女子中—改〕

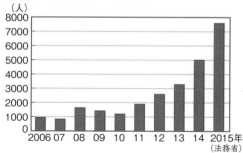

図 日本に保護を求めた難民数（人）

表3 先進７か国で保護を認めた難民数

国	人数
カナダ	9171
フランス	21287
ドイツ	138666
イタリア	3573
日本	27
アメリカ合衆国	23361
イギリス	15376

（2015年）　（UNHCR）

ア 日本に保護を求めた難民数は，2015年は2006年の７倍以上である。

イ 2015年に日本が保護を認めた難民数は，７か国中で最少である。

ウ 2015年に日本に保護を求めた難民数は，カナダが保護を認めた難民数よりも多い。

エ 2015年では，日本に保護を求めた難民のうち，保護を認められた人は１割にも満たない。

(4) 日本などは国連と協力するとともに，政府開発援助（ODA）を通して，世界平和へ貢献を行っている。次の**グラフ**と**表4**を見て，①〜③の内容が正しければ○，誤っていれば×と答えなさい。　〔横浜雙葉中〕

グラフ おもな国のODA支出総額の移りかわり

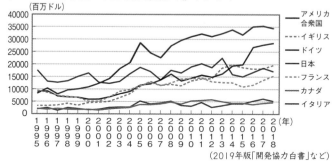

（2019年版「開発協力白書」など）

表4 2018年の各国の人口

国名	アメリカ合衆国	イギリス	ドイツ	日本	フランス	カナダ	イタリア
人口（千人）	326767	66574	82293	126529	65233	36954	59291

（2019/20年版「日本国勢図会」）

① **グラフ**中の７か国は，2007年にすべての国でODA支出総額が前年よりも減少した。　[　　　]

② アメリカ合衆国のODA支出総額は，アメリカ同時多発テロ以降，４年間増加し続けた。　[　　　]

③ 2018年の１人あたりODA負担額は，アメリカ合衆国の方がイギリスよりも大きい。　[　　　]

(3)日本が保護を認めた難民数は，表3のように非常に少ない。これは，難民発生地域がアフリカ大陸や西アジアに多く，日本から遠いという点のほかに，日本政府の難民受け入れ基準，審査が非常に厳しいことが知られているため，保護を求める難民自体が少ないことによる。世界の一員としての日本政府の，難民対策への姿勢が問われている。

(4)①「すべての国」が適切かどうかを読み取る。
②アメリカ同時多発テロは2001年である。
③「１人あたりの金額」は，「金額÷人口」で求められる。

精選　図解チェック＆資料集（国際）

解答 → 別冊p.49

●次の空欄にあてはまる語句を答えなさい。

国際連合

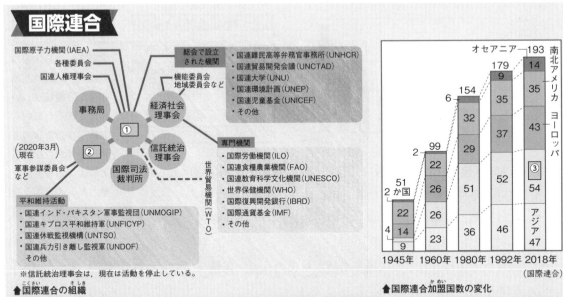

国際原子力機関（IAEA）
各種委員会
国連人権理事会

総会で設立された機関
・国連難民高等弁務官事務所（UNHCR）
・国連貿易開発会議（UNCTAD）
・国連大学（UNU）
・国連環境計画（UNEP）
・国連児童基金（UNICEF）
・その他

機能委員会
地域委員会など

事務局
経済社会理事会

①

（2020年3月）
現在

②

信託統治理事会

専門機関
・国際労働機関（ILO）
・国連食糧農業機関（FAO）
・国連教育科学文化機関（UNESCO）
・世界保健機関（WHO）
・国連復興開発銀行（IBRD）
・国際通貨基金（IMF）
・その他

軍事参謀委員会
など

国際司法
裁判所

世界貿易機関（ＷＴＯ）

平和維持活動
・国連インド・パキスタン軍事監視団（UNMOGIP）
・国連キプロス平和維持軍（UNFICYP）
・国連休戦監視機構（UNTSO）
・国連兵力引き離し監視軍（UNDOF）
　その他

※信託統治理事会は，現在は活動を停止している。

▲国際連合の組織

オセアニア
南北アメリカ
ヨーロッパ

193
179 / 9
154
99
51
2か国

14
35
43
③
54
アジア
47

45 / 35 / 37 / 52
32
29 / 51 / 46
6 / 2
22 / 26 / 26 / 36
51 / 23
22
4 / 14
9

1945年　1960年　1980年　1992年　2018年
（国際連合）

▲国際連合加盟国数の変化

機関名	目的・役割・活動内容	機関名	目的・役割・活動内容
国連教育科学文化機関（④　）	教育の普及，文化遺産の保護，国際平和への貢献を目的とする。	国連貿易開発会議	先進国と発展途上国の経済格差解消を目ざす。
国連児童基金（⑤　）	発展途上国の飢えに苦しむ子どもに食料・医薬品などを提供。	国際原子力機関	原子力の平和利用を進める。
世界保健機関	感染症のぼくめつや公衆衛生の向上をはかる。	国際労働機関	労働条件の改善と社会保障の充実を進め，労働者の地位向上をはかる。
国連難民高等弁務官事務所（⑥　）	難民に対して，衣・食・住の支援を行う。	国際通貨基金	為替相場の安定をはかることによって，貿易を促進する。

▲国際連合のおもな機関

地球環境を守る

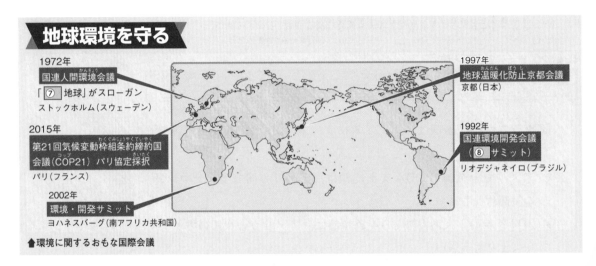

1972年
国連人間環境会議
「⑦　地球」がスローガン
ストックホルム（スウェーデン）

2015年
第21回気候変動枠組条約締約国会議（COP21）パリ協定採択
パリ（フランス）

2002年
環境・開発サミット
ヨハネスブーグ（南アフリカ共和国）

1997年
地球温暖化防止京都会議
京都（日本）

1992年
国連環境開発会議
（⑧　サミット）
リオデジャネイロ（ブラジル）

▲環境に関するおもな国際会議

中学入試 自由自在問題集 社会

第5章 中学入試対策 テーマ別・出題形式別問題

第6章 公立中高一貫校 適性検査対策問題

中学入試 予想問題

1 地形図を使った問題 地理

解答 → 別冊p.50

1 次のA・Bは，同じ場所の昭和42年と平成7年の地形図を示して（しめ）いる。これを見て，あとの問いに答えなさい。　〔東京農業大第一中─改〕

A

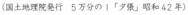

（国土地理院発行　5万分の1「夕張」昭和42年）

B

（国土地理院発行　5万分の1「夕張」平成7年）
（A・Bとも紙面の都合で原図を85％縮小）

(1) 地形図AのXから見たYの方向を八方位で答えなさい。　[　　　　]

●重要 (2) 最も傾斜（けいしゃ）が急なところを地形図A中のア～エから1つ選び，記号で答えなさい。　[　　　　]

●難問 (3) 地形図AとBから読み取れることとして誤（あやま）っているものを次のア～エから1つ選び，記号で答えなさい。　[　　　　]

ア この地域（ちいき）の北東部では，住宅地（じゅうたく）が減少（げんしょう）して荒（あ）れ地が増（ふ）えていることから，人口が減少していることがわかる。

イ この地域では，かつては採鉱地（さいこう）が見られ，石炭の産出などで栄えていた炭鉱の町であったことがわかる。

ウ この地域では，JR路線の短縮（たんしゅく）にともなっていくつかの駅が廃止（はいし）されたが，「ゆうばり駅」はかつてと同じ場所にあることがわかる。

エ この地域の東部の冷水山（れいすいざん）では，スキー場の開発が行われており，観光・リゾート開発が行われたことがわかる。

2 次の地形図を見て，あとの問いに答えなさい。

〔獨協埼玉中一改〕

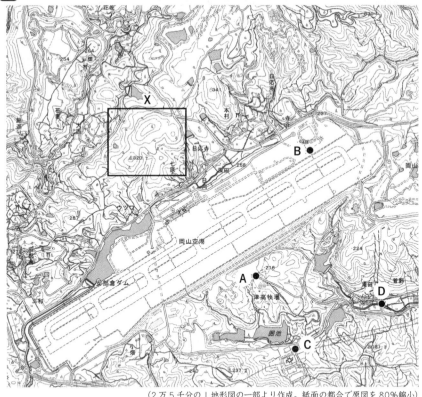

（2万5千分の1地形図の一部より作成。紙面の都合で原図を80％縮小）

(1) 右の図は，地形図中のXで示した範囲内の等高線を示したものである。高さが300mの等高線を表したものをア〜エから1つ選び，記号で答えなさい。　　　[　　　]

ア

イ

ウ

エ

(2) 右の絵がかかれた地点として正しいものを地形図中のA〜Dから1つ選び，記号で答えなさい。　　　[　　　]

(3) 地形図から読み取れることとして正しいものを次のア〜エから1つ選び，記号で答えなさい。　　　[　　　]

ア 岡山空港の中に郵便局と交番がある。

イ 岡山空港の中に鉄道の駅があり，線路の一部は空港の下を通っている。

ウ 岡山空港の滑走路の長さが原寸の地形図上で約12cmであるとすると，実際のきょりは約3kmとなる。

エ 地形図中に多くの池があることから，岡山空港は海を埋め立ててつくったことがわかる。

中学入試対策 テーマ別・出題形式別

1 地形図

2 統計資料

3 図表・正誤（政治）

4 外交史

5 史料

6 社会経済史

7 図表・正誤（国際）

2 国土交通省国土地理院が作成する2万5千分の1の地形図は，5万分の1の地形図より，せまい地域をくわしく読み取るのに適している。

(1)2万5千分の1の地形図では，主曲線は10m間隔で引かれている。

(2)A〜D地点の周囲で目印となるものを探してみる。B地点は空港内にあるので飛行機や滑走路が近くに見えるはずである。

(3)地形図で使われるおもな土地利用，建物の地図記号はしっかり覚えておく必要がある。2006年に追加された風車と老人ホームや，最も新しいものに「自然災害伝承碑」がある。地形図上の長さの実際のきょりは，縮尺から計算して求める。

2 統計資料に関する問題 地理

解答 → 別冊p.50

1 日本の農水産業に関する次の問いに答えなさい。

(1) 右の図から読み取れる内容として正しいものを次のア～エから1つ選び、記号で答えなさい。

〔お茶の水女子大附中─改〕

[　　　　　]

図 全国の地域別農業産出額の変化

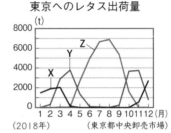

（注）「北陸」は新潟・富山・石川・福井、「東山」は山梨・長野、「東海」は岐阜・愛知・静岡・三重の各県を表す
（農林水産省）

ア すべての地域で農業産出額は減少し続けている。

イ 2017年の畜産の割合が最も大きいのは九州・沖縄のみである。

ウ 農業産出額にしめる米の割合が最も大きいのは東北である。

エ 2017年の関東・東山では野菜と畜産がおもな農業となっている。

🔍難問 独創的 (2) 右のグラフは、東京都中央卸売市場へのレタスの産地別出荷量を示す。グラフ中のX～Zは、長野・茨城・静岡のいずれかの県を示し、表は、上記3県の主産地の位置などを、その市町村役場のある場所で示している。茨城県にあたるものをグラフのX～Z、表のア～ウからそれぞれ選び、記号で答えなさい。〔明治大付属明治中─改〕

[　　　・　　　]

東京へのレタス出荷量

	緯度（北緯）	経度（東経）	標高
ア	34度44分	138度13分	4 m
イ	36度03分	139度53分	17 m
ウ	35度58分	138度35分	1185 m

⭐重要 (3) 次の表は、5つの市の農業産出額とその内訳を示す。a～eは、地図中のア～オのいずれかである。b・c・eにあてはまる市を地図中のア～オからそれぞれ選び、記号で答えなさい。

b [　　　]　c [　　　]　e [　　　]〔ラ・サール中〕

	農業産出額（億円）	米（％）	野菜（％）	果実（％）	花き（％）	畜産（％）	その他（％）
a	883.3	1.0	38.4	0.4	34.3	25.4	0.5
b	754.1	2.4	56.2	0.1	2.7	23.1	15.5
c	771.5	4.5	6.3	0.2	0.2	84.3	4.5
d	579.8	53.4	28.0	5.8	4.3	6.1	2.4
e	409.7	8.8	5.6	83.3	0.2	0.3	1.8

（2017年）
（農林水産省）

⭐重要 (4) 日本に水あげされるまぐろはおもにどの漁業で水あげされているか、右の図中のA～Cから1つ選び、記号で答えなさい。

[　　　]〔早稲田実業中〕

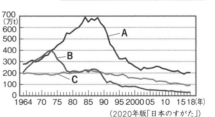

（2020年版「日本のすがた」）

② 次の表や図に関する問いに答えなさい。

(1) 日本の市を人口の多い順に並べると横浜市が1位で，3つの大都市圏に位置する市が，横浜市をふくめて上位10位以内に7つ入る。次の表は，7つ以外の3つの市のおもな工業の製造品出荷額等にしめる割合と，3つの市が位置する道県の中で2番目に人口が多い市の人口を示している。A～Cにあてはまる市の名まえをそれぞれ答えなさい。〔暁星中〕

A [　　　　　] B [　　　　　] C [　　　　　]

	食料品	化学	鉄鋼	輸送用機械器具	2番目に人口の多い市の人口（人）
A	38.9%	1.6%	0.8%	4.1%	961024
B	43.2%	3.9%	4.1%	4.5%	340211
C	6.6%	1.4%	0.4%	65.2%	470786

(2017年。人口は2018年)　　　　　(2019/20年版「日本国勢図会」など)

(2) 次の文とグラフは，ひがし君が「日本の貿易」について発表する際に使用した資料の一部である。発表後，栄子さんが「この発表だけでは日本の鉄鋼がさかんでなくなったとは言い切れない」と指摘した。なぜ，栄子さんはそのような指摘をしたのか，グラフを参考に，ひがし君の発表の問題点にもふれながら，簡潔に答えなさい。〔栄東中〕

[　　　　　　　　　　　　　　　　　　　　　　　　　]

…日本の輸出品の中心は，「せんい品」から「機械類」や「自動車」へと変化しています。しかし，「鉄鋼」に関しては，1960年から2018年にかけて割合が半分以下になっており，鉄鋼業はかつてほどさかんではないと思われます。また，…

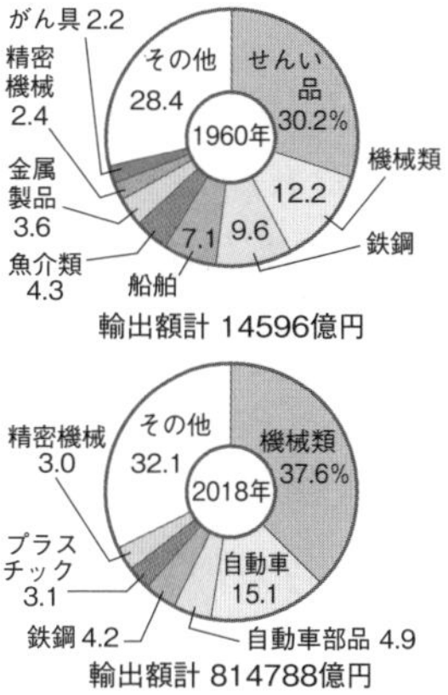

がん具 2.2
精密機械 2.4
金属製品 3.6
魚介類 4.3
船舶 7.1
その他 28.4
せんい品 30.2%
機械類 12.2
鉄鋼 9.6
1960年
輸出額計 14596億円

精密機械 3.0
プラスチック 3.1
鉄鋼 4.2
その他 32.1
機械類 37.6%
自動車 15.1
自動車部品 4.9
2018年
輸出額計 814788億円

(2019/20年版「日本国勢図会」)

(3) 次の図のX～Zは，成田国際空港および，関西国際空港（関西），福岡空港，那覇空港への，中国，韓国，台湾からの2018年における入国者の国籍・地域別割合を示す。X～Zにあてはまる空港の組み合わせとして正しいものを右のア～カから1つ選び，記号で答えなさい。

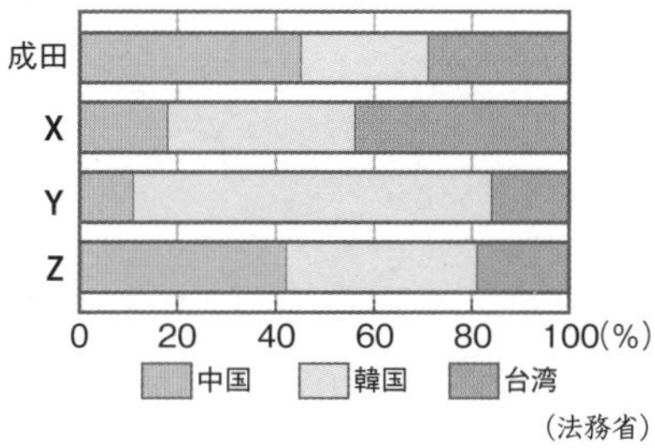

中国　韓国　台湾
(法務省)

	X	Y	Z
ア	関西	福岡	那覇
イ	関西	那覇	福岡
ウ	福岡	関西	那覇
エ	福岡	那覇	関西
オ	那覇	関西	福岡
カ	那覇	福岡	関西

[　　　　]〔開成中—改〕

②統計資料に関しては，日本の産業に関するもののほか，人口，食料自給率，外国から日本への訪問者数などに関する出題が多い。また，環境面から，各国の発電方法や二酸化炭素の排出量についての出題も増加傾向にある。

(1)3つの都市は，北海道，中国地方，九州地方にある政令指定都市である。

(3)各空港から近い国がどこであるかに注目する。また，現在，日本を訪問する外国人のうち最も多いのは中国人である。

3 図表を使った問題・正誤問題 政治

解答 → 別冊p.51

得点アップ

1 次の問いに答えなさい。

重要 (1) 社会権について，次の図中の空欄 **a** ～ **c** にあてはまる語句を答えなさい。 **a**[　] **b**[　] **c**[　]〔青稜中〕

```
         ┌── 生存権：健康で  a  的な最低限度の生活を営む権利
         ├── 教育を受ける権利
社会権 ──┤
         ├── 勤労の権利
         └── 労働三権 ──┬──  b  権：労働者が労働組合をつくる権利
                         ├── 団体交渉権：使用者と対等の立場で話し合う権利
                         └──  c  権：ストライキなどをする権利
```

(2) 右の絵の建物は，新しい人権のうち，何権に配慮して建てられたものか，答えなさい。[　]〔青稜中〕

重要 (3) 右下の図を見て，次の問いに答えなさい。〔大宮開成中─改〕

① 図中の **P** にあてはまらないものを次の**ア**～**エ**から１つ選び，記号で答えなさい。[　]

ア 国会議員の罷免
イ 国会の召集の決定
ウ 国会に対する連帯責任　**エ** 衆議院の解散の決定

② 図中の **Q** にあてはまる語句を答えなさい。[　]

③ 図中の **A**～**C** にあてはまるものを次の**ア**～**エ**から１つずつ選び，記号で答えなさい。 **A**[　] **B**[　] **C**[　]

ア 世論　**イ** 国民審査　**ウ** 国民主権　**エ** 選挙

④ 図中の **R** にあてはまるものを次の**ア**～**エ**から１つ選び，記号で答えなさい。[　]

ア 裁判員の任命　**イ** 最高裁判所長官の指名
ウ 検察官の任命　**エ** 警察官の罷免処分

独創的 (4) 2015年に公職選挙法が改正され，「一票の格差」の解消を目ざして選挙区を統合する「合区」が行われた。右の地図を見て，その対象となった県の組み合わせとして正しいものを次の**ア**～**コ**から２つ選び，記号で答えなさい。〔青山学院中〕

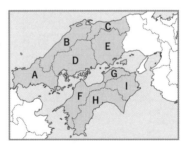

1(2)建物の上部がななめになっていることに注意する。ななめにすることで，周辺の住宅に，太陽光が届くようにくふうされたものである。

(3)①アの「罷免」とは，辞めさせること，イの「召集」とは呼び集めることである。

②国会が，裁判官を辞めさせるかどうかを判断するために設置するものである。

(4)合区となったのは一票の価値が大きい県，すなわち，有権者の数が少ない県である。

中学入試対策テーマ別・出題形式別

1 地形図
2 統計資料
3 図表・正誤（政治）
4 外交史
5 史料
6 社会経済史
7 図表・正誤（国際）

[　　　・　　　]

ア AとB　　イ AとD　　ウ BとC　　エ BとD

オ CとE　　カ DとE　　キ FとG　　ク FとH

ケ GとI　　コ HとI

2 次の文 X・Y について，その正誤の組み合わせとして正しいものを あとの**ア〜エ**から１つ選び，記号で答えなさい。

(1) X 憲法は国の最高の決まりであるので，国会議員からなる国会であっても，日本国憲法に反する法律を制定してはならない。

　　Y 日本国民の生命・財産などは守られるべきであるが，必要時に裁判所は，全国民の基本的人権をいっせいに停止させることができる。

　　　　　　　　　　　　　　[　　　　]〔東邦大付属東邦中―改〕

(2) X 内閣総理大臣が任命する国務大臣は，過半数が国会議員でなければならない。

　　Y 内閣は，国の予算案をつくることや，政令を制定することができる。

　　　　　　　　　　　　　　[　　　　]〔栄東中―改〕

(3) X 内閣の方針を決める会議を閣議といい，決定は出席する大臣の全員一致でなされ，その決定には国会も従う。

　　Y 法律案は，国会議員または内閣から国会の議長に提出され，本会議に先立って委員会で審議される。

　　　　　　　　　　　　　　[　　　　]〔鷗友学園女子中〕

(4) X 閣議は，内閣総理大臣およびその他の国務大臣と副大臣で構成されている。

　　Y 閣議は，本会議と同じように公開が原則である。

　　　　　　　　　　　　　　[　　　　]〔渋谷教育学園幕張中〕

(5) X 選挙年齢が18才以上に引き下げられたが，これは，若年層は現状で投票率が高いが，さらに投票率を上昇させるためである。

　　Y 選挙年齢が18才以上に引き下げられたが，このことで，若年層の政治への関心が高まることが期待される。

　　　　　　　　　　　　　　[　　　　]〔神奈川大附中―改〕

(6) X 日本では，法人税は企業の所得にかけられる直接税で，国に納める税である。

　　Y 近年，日本の歳出では，国際情勢の悪化により，防衛関係費が社会保障関係費や国債費を上回っている。

　　　　　　　　　　　　　　[　　　　]〔栄東中〕

ア X―正　Y―正　　　イ X―正　Y―誤

ウ X―誤　Y―正　　　エ X―誤　Y―誤

2(1)日本国憲法は最高法規であり，基本的人権は，侵すことのできない永久の権利である。

(2)内閣総理大臣は必ず国会議員でなければならない。

(3)閣議は内閣の会議であり，行政権に属する。国会は立法権に属する。

(4)内閣は，内閣総理大臣とその他の国務大臣で構成される。

(5)これまでは20才以上の男女に選挙権があったが，2015年の公職選挙法改正により18才以上に引き下げられた。

(6)直接税は，納税者と税金を負担する者（担税者）とが同じ税である。

4 外交史に関する問題 歴史

解答 → 別冊p.51

1 次の年表を見て，あとの問いに答えなさい。

〔大宮開成中—改〕

年代	できごと
弥生時代	『漢書』や『後漢書』に倭（日本）の記述が見られる……………………①
6世紀	**A** から仏教が伝わる
607年	『隋書』に遣隋使派遣の記述が見られる……………………②
630年	遣唐使が派遣される……………………③
663年	日本が唐と **B** の連合軍に敗れる
1274年	文永の役（蒙古襲来）がおこる……………………④
15世紀初	日明貿易が始まる……………………⑤
1592年	文禄の役（豊臣秀吉の朝鮮侵略）がおこる……………………⑥
17世紀	徳川家康が朝鮮との交流を再開する……………………⑦
19世紀末	甲午農民戦争が始まる……………………⑧
C 年	韓国併合が行われる……………………⑨
1931年	満州事変がおこる……………………⑩
1965年	日韓基本条約が結ばれ，韓国との国交が正常化する……………………⑪
1972年	日中共同声明が出され，中国との国交が正常化する……………………⑫

得点アップ

1 日中関係や日朝関係は出題頻度が高く，通史として出題されることも多いので，左のような年表形式で整理しておくとよい。

独創的 (1) 年表中の①と②にかかわる史料を見比べて，『漢書』や『後漢書』のころと『隋書』のころとで，日本と中国との関係はどのように変化したか，簡潔に答えなさい。

> 朝鮮の楽浪郡の海の向こうに住む人々の国は，100余りに分かれている。彼らは定期的に楽浪郡に使いをおくり，みつぎ物をもってあいさつに来るという。
> 　　　　　　　　　　　　　　　　　　　　　　　　　　　　　　　　『漢書』
> 西暦57年，倭の奴国は使者を都に送り，みつぎ物をもってあいさつに来た。光武帝は奴国の王に金印をあたえた。　　　　　　　　　　　　　　　　　『後漢書』

> 西暦607年，奴国の王が使者を都に送ってきた。その使者がもってきた国書を見ると，「日ののぼるところの天子が，書を日の没するところの天子に送ります。お変わりはありませんか」とある。皇帝はこれを見て不機嫌になったが，翌年，倭国に使者を派遣した。　　　　　　　　　　　　　　　　　　　　　　『隋書』

(1) 『漢書』，『後漢書』には共通して「みつぎ物をもってあいさつ」という文がふくまれているが，『隋書』にはそのような文言がないことに注目する。

(2) 年表中の空欄 **A** ・ **B** にあてはまる朝鮮の国名の正しい組み合わせを次の**ア〜エ**から1つ選び，記号で答えなさい。　　[　　　　]

ア A—高句麗　B—百済　　**イ** A—百済　B—高句麗
ウ A—高句麗　B—新羅　　**エ** A—百済　B—新羅

(2) これらの国の位置もあわせて整理しておきたい。

中学入試対策　テーマ別・出題形式別

1 地形図
2 統計資料
3 図表・正誤（政治）
4 外交史
5 史料
6 社会経済史
7 図表・正誤（国際）

(3) 年表中の③について，遣唐使で唐にわたったある人物は，「天の原ふりさけ見れば春日なる三笠の山に出でし月かも」という歌を残した。この歌を残した人物の名を答えなさい。　　　　　　　[　　　　　　　]

要 (4) 年表中の④の戦いで，日本が苦戦した理由を簡潔に答えなさい。

[
　　　　　　　　　　　　　　　　　　　　　　　　　　　　　　　　]

(5) 年表中の⑤の貿易を説明した文として正しいものを次のア～エから1つ選び，記号で答えなさい。　　　　　　　　　[　　　　　　　]

　　ア　大輪田泊を改修して行われた貿易で，多くの銅銭が輸入された。

　　イ　倭寇と貿易船の区別をつけるため，勘合という札が用いられた。

　　ウ　この貿易で，日本は中国に来ていたポルトガル人から鉄砲を輸入した。

　　エ　この貿易に不満をもつ日本人が朝鮮で反乱をおこし，貿易は衰退した。

要 (6) 年表中の⑥の戦いの際，現在の佐賀県に連行された朝鮮の技術者が伝えた焼き物を次のア～エから1つ選び，記号で答えなさい。　[　　　　　　　]

　　ア　九谷焼　　　イ　有田焼　　　ウ　備前焼　　　エ　常滑焼

(7) 年表中の⑦のように日本と朝鮮は交流を再開したが，この後，日本はスペイン船の来航を禁止し，さらにポルトガル船の来航も禁止した。このような状態を何というか，漢字2字で答えなさい。　　[　　　　　　　]

(8) 年表中の⑧のできごとがきっかけとなっておこった戦争名を漢字で答えなさい。　　　　　　　　　　　　　　　　　　[　　　　　　　]

(9) 年表中の空欄　C　にあてはまる西暦を数字で答えなさい。[　　　　　　　]

(10) 年表中の⑨の前年，ハルビンで殺害された人物の名を漢字で答えなさい。

　　　　　　　　　　　　　　　　　　　　　　　　　　[　　　　　　　]

要 (11) 年表中の⑩のあとにおこったできごとを正しく並べかえたものを次のア～エから1つ選び，記号で答えなさい。　　　　　　　[　　　　　　　]

　　ア　日中戦争開始→五・一五事件→二・二六事件→太平洋戦争開始

　　イ　二・二六事件→太平洋戦争開始→五・一五事件→日中戦争開始

　　ウ　日中戦争開始→二・二六事件→五・一五事件→太平洋戦争開始

　　エ　五・一五事件→二・二六事件→日中戦争開始→太平洋戦争開始

(12) 年表中の⑪のときに韓国と日本の首脳が会談したが，北朝鮮とは2002年まで首脳会談は実現しなかった。2002年に北朝鮮の首脳と初めて会談し，日朝平壌宣言を出した当時の首相名を答えなさい。

　　　　　　　　　　　　　　　　　　　　　　　[　　　　　　　]

(13) 年表中の⑫について，日中共同声明を発表した当時の日本の首相を次のア～エから1つ選び，記号で答えなさい。　　　　　　　[　　　　　　　]

　　ア　田中角栄　　　イ　佐藤栄作　　　ウ　吉田茂　　　エ　池田勇人

---

(3)この人物は唐の高官に登りつめたが，帰国の船が難破し，日本に帰ることはできなかった。

(4)日本軍と元軍の戦法のちがいを説明する。

(6)このころ，戦国大名の間で茶の湯が流行しており，大名たちは茶道具収集に熱をあげていた。多くの大名が朝鮮から陶工を連れ帰り，自分の領国で陶磁器をつくらせた。

(7)日本と朝鮮の国交回復には対馬藩の宗氏の尽力があった。鎖国までの経過はできごとの並べかえで出題されることも多い。キリスト教の禁教令や島原・天草一揆などとともに流れをまとめておくとよい。

(10)この暗殺事件が韓国併合を加速させたともいわれている。

(11)五・一五事件と二・二六事件を混同しないように，対比させてまとめておこう。

(12)日韓基本条約で日本は韓国政府を朝鮮半島で唯一の合法政府と認めたが，北朝鮮との国交は現在も結ばれていない。

(13)1978年には日中平和友好条約が結ばれている。

5

史料に関する問題 （歴史）

1 次のⅠ～Ⅵの文を読んで，あとの問いに答えなさい。

〔鎌倉女学院中―改〕

Ⅰ a邪馬台国には，もともと男の王がいたが，その後国内が乱れたので１人の女子を王とした。名を　W　という。

Ⅱ わたしの着物のすそに取りついて泣く子どもらを，家において出かけてきたが，すでに母親がいないのに，今ごろはどうしているのだろうか。

Ⅲ 一，諸国の　X　の仕事は，京都の警備に出向くようb御家人にうながすことと，殺害人などの取りしまりであり，そのほかで，国司や地頭の仕事をさまたげてはならない。

Ⅳ 安土城下に定める
一，この町を楽市とお命じになられたからには　Y　の規制や税などは免除する。
一，　Z　が支配する領国で徳政が行われても，安土には適用しない。

Ⅴ 天災が続いて，c天保のききんがおこり，人々の生活が苦しいのは政治が悪いからである。……だから役人や大商人をたおして，米や金を貧しい人々に分けようと思う。d大阪で騒動がおきたらすぐにかけつけてほしい。

Ⅵ そもそもわたしたちがいるところは明治天皇の土地であり，わたしたちが治めているのは天皇の民であります。どうして私有することができましょうか。今，その領地と領民を天皇に返し申し上げます。

---

(1) 下線部aに関連して，この時代につくられ，物見やぐらなどの跡が確認できる佐賀県にある遺跡の名を答えなさい。　[　　　　　　]

重要 (2) 空欄 W にあてはまる人物名を答えなさい。　[　　　　　　]

(3) Ⅰは中国の歴史書の一部である。この書物の名を次のア～エから１つ選び，記号で答えなさい。　[　　　　　　]
ア 『魏志』倭人伝　　イ 『宋書』倭国伝
ウ 『漢書』地理志　　エ 『後漢書』東夷伝

(4) Ⅱがよまれた時代の農民への負担としてふさわしくないものを次のア～エから１つ選び，記号で答えなさい。　[　　　　　　]
ア 雑徭　　イ 庸　　ウ 地租　　エ 防人

(5) Ⅱの時代に公地公民がくずれたことによって始まった私有地名を漢字２字で答えなさい。　[　　　　　　]

(6) Ⅱの時代につくられ聖武天皇の遺品などが残されている正倉院はどこの境内にあるか，寺院の名を答えなさい。　[　　　　　　]

解答→別冊p.52

得点アップ

1 特に弥生～江戸時代の史料問題は，取り上げられる史料，出題内容が定番化しているので，教科書にのっている史料を中心に内容を整理しておきたい。

(3)ほかの中国の歴史書が伝えている内容も出題されることが多いので，内容を整理しておくとよい。

(5)平安時代になると，貴族や寺院は私有地を拡大し，栄華をきわめた。この私有地の制度は，豊臣秀吉の太閤検地で崩壊した。

(6)正倉院には，大仏の開眼式に使用された物品も残されている。

(7) 空欄 X にあてはまる語句を次のア～エから１つ選び，記号で答えな
さい。　　　　　　　　　　　　　　　　　　　　　[　　]
　ア 摂政（せっしょう）　イ 守護（しゅご）　ウ 郡司（ぐんじ）　エ 里長（りちょう・さとおさ）

(8) 下線部 b に関連して，源頼朝（みなもとのよりとも）と御家人の間に結ばれた主従関係（しゅじゅう）を示す
語句を「～と～」の形に合うようにそれぞれ漢字２字で答えなさい。
　　　　　　　　　　　　　　　　[　　　　　　と　　　　　]

(9) Ⅲは武士が初めてつくった法である。Ⅲの法の名を答えなさい。
　　　　　　　　　　　　　　　　　　　　　[　　　　　　　]

(10) 空欄 Y にあてはまる「商工業者などの同業組合」を示す語を漢字１字
で答えなさい。　　　　　　　　　　　　　　　　[　　　　]

(11) 空欄 Z にあてはまるⅣを定めた人物の名を答えなさい。
　　　　　　　　　　　　　　　　　　　　[　　　　　　　]

(12) Ⅳが定められた時代の文化に関する説明としてふさわしいものを次のア
～エから１つ選び，記号で答えなさい。　　　　[　　]
　ア 菱川師宣（ひしかわもろのぶ）が浮世絵（うきよえ）を始めた。　イ 出雲阿国（いずものおくに）が歌舞伎踊り（かぶきおどり）を始めた。
　ウ 雪舟（せっしゅう）が水墨画（すいぼくが）を完成した。　エ 杉田玄白（すぎたげんぱく）らが『解体新書』（かいたいしんしょ）を著した（あらわ）。

(13) 下線部 c の天保のききんがおこったあとに改革（かいかく）を行った人物を次のア
～エから１つ選び，記号で答えなさい。　　　　[　　]
　ア 徳川吉宗（とくがわよしむね）　イ 水野忠邦（みずのただくに）　ウ 田沼意次（たぬまおきつぐ）　エ 松平定信（まつだいらさだのぶ）

(14) 下線部 d の騒動（ばくふ）は幕府に大きな衝撃（しょうげき）をあたえたが，その理由を，騒動
をおこした人物の経歴（けいれき）にふれて答えなさい。
[　　　　　　　　　　　　　　　　　　　　　　　　　]

(15) Ⅵが示す明治政府（せいさく）の政策を漢字４字で答えなさい。[　　　]

(16) Ⅵが出された時代のできごととしてふさわしくないものを次のア～エか
ら１つ選び，記号で答えなさい。　　　　　　　[　　]
　ア 関東大震災（かんとうだいしんさい）がおこった。　イ 関税自主権（かんぜいじしゅけん）が回復（かいふく）した。
　ウ 内閣制度（ないかく）が実現（じつげん）した。　エ せんい中心の産業革命がおきた。

(17) 右の絵は19世紀（せいき）の東アジアにおける対立
を表し，絵中のA～Cは国を示している。
この対立のあとのできごととしてふさわし
いものを次のア～オからすべて選び，記号
で答えなさい。　　　　[　　]

　ア AとBと日本の三国で同盟（どうめい）を結んだ。
　イ Cが中心となってBへ遼東半島（リアオトン）（りょうとう）を返すことを日本に要求した。
　ウ Bが日本と結んだ講和条約（こうわじょうやく）の中でCの独立（どくりつ）を認めた（みと）。
　エ Aが中心となって日本とCに宣戦布告（せんせんふこく）をした。
　オ Bと日本がAをめぐって戦争をした。

中学入試対策テーマ別・出題形式別

1 地形図
2 統計資料
3 図表・正誤（政治）
4 外交史
5 史料
6 社会経済史
7 図表・正誤（国際）

(9)武士社会の慣習（かんしゅう）に従い（したが），御家人に裁判（さいばん）の基準（きじゅん）を示すために定めた法である。

(10)江戸時代の同業者組合である株仲間（かぶなかま）と混同（こんどう）しないようにする。

(11)通行税を取る関所（せきしょ）もなくすことで，物流を活発化させ，領国内の商工業の発展（はってん）をはかった。

(13)いずれも幕府財政（ざいせい）の立て直しに取り組んだ人物である。それぞれの改革名や時期，政策を整理しておこう。

(14)騒動がおきた大阪が幕府の直轄地（ちょっかつち）であったことも，幕府に大きな衝撃をあたえた理由の１つである。

(15)中央集権国家を目ざし，この２年後には廃藩置県（はいはんちけん）が行われた。

(17)フランス人ビゴーの風刺画（ふうしが）である。自由民権運動の弾圧（だんあつ），徴兵検査（ちょうへいけんさ），ノルマントン号事件，鹿鳴館（ろくめいかん）の舞踏会（ぶとうかい），第一回衆議院議員総選挙（ぎいん）（そう）などの風刺画も出題されやすい。

6 社会経済史に関する問題 歴史

解答 → 別冊p.53

1 次の年表を見て，あとの問いに答えなさい。

時代	農民や農村にかかわるできごと
飛鳥	・農民はa班田収授法により口分田をあたえられ，税を負担した。
奈良	・多くの農民がb天皇の命令で大仏をつくる作業にあたった。
平安	・多くの農民が平安京を造営し，c蝦夷を討つ軍に加わった。 ・有力な農民は貴族や寺社に土地を寄付し，d不輸の権を得た。
鎌倉	・e農業技術が発達して，生産力が上がった。
室町	・f応仁の乱では多くの農民が兵士として戦いに参加した。
安土桃山	・織田信長がg一向一揆を弾圧した。 ・豊臣秀吉がh全国的な規模で検地を行った。
江戸	・i幕府や藩は，日常生活まで，厳しく農民を統制した。
明治	・j地租改正が行われ，農民が各地で反対一揆をおこした。

重要 (1) 下線部aについて，次の問いに答えなさい。

① 班田収授法は，701年につくられた法令に定められている。この法令を何といいますか。　　[　　　　　]〔東洋英和女学院中〕

② 農民の税負担のうち，調の説明として正しいものを次のア～エから1つ選び，記号で答えなさい。　　[　　　　　]〔大妻中野中─改〕

ア 都で10日間働くかわりとして，布などを納める。

イ 収穫した稲の約3％を納める。

ウ 春に借りた稲を，秋に利息をつけて納める。

エ 布や特産物を都に納める。

重要 (2) 下線部bについて，この天皇はだれですか。

[　　　　　　　　　]〔東洋英和女学院中〕

(3) 下線部cについて，この時代に朝廷が蝦夷を討って，新たに支配した地域はどこか。その地域を右の地図中のア～エから1つ選び，記号で答えなさい。　　[　　　　]〔東洋英和女学院中〕

(4) 下線部dについて，これはどのような権利ですか。〔東洋英和女学院中〕

[　　　　　　　　　　　　　　　]

(5) 平安時代の農民のようすを表す史料として正しいものを次のア～ウから1つ選び，記号で答えなさい。　　[　　　　]〔東洋英和女学院中─改〕

ア 荘園領主様に納めねばならない材木のことですが，地頭がたびたび人足を出させ働かせるので，わたしたち農民は休む暇もありません。

得点アップ

1 どの時代も農民の年貢が社会を支えてきた。時代ごとの税の種類，取り立てる役人の役職名を整理しておこう。

(1)班田収授は唐の均田制を手本にして定められた。しかし，実施されてまもなく，人口増加による口分田の不足が生じた。

(2)大仏造立の詔が出された743年に，口分田の不足を補うために私有地を認める墾田永年私財法も出されている。

(4)不輸の権とともに，役人の荘園内への立ち入りを拒否することができる不入の権もあり，これらの権利を獲得するために，荘園領主は中央貴族や寺社に荘園を寄進した。

(5)税の取り立てを行う役人の役職名に注目する。

イ かまどに火はなく，米を蒸す道具にはクモの巣が張っている。それ
でも里長はムチをもってやって来て，税を出せとさけんでいる。

ウ われわれ尾張の者は，国司の藤原元命がこの３年間に行った悪政
31か条について，朝廷のお裁きをお願いします。

要 **(6)** 下線部 **e** について，この時代の農業の説明として正しくないものを次の
ア〜エから１つ選び，記号で答えなさい。［　　　　　］〔東洋英和女学院中〕

ア 稲を刈り取ったあとに，麦を栽培する二毛作を行うようになった。

イ 牛や馬に鍬をつけて，田畑を耕すようになった。

ウ 千歯こきを使って，脱穀するようになった。

エ 草や葉を燃やした灰などを，肥料にするようになった。

(7) 下線部 **f** について，右の絵は応仁の乱の一場面を
えがいている。ここにえがかれた兵士たちを何と
いいますか。　　［　　　　　　］〔東洋英和女学院中〕

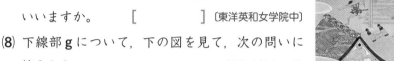

(8) 下線部 **g** について，下の図を見て，次の問いに
答えなさい。　　　　　　　　　　〔駒場東邦中一改〕

独創的 **①** 右の図は織田信長と戦う一
向一揆のようすである。人々
は太鼓や旗，竹やりなどを
もっているが，それ以外で
人々が織田信長と戦うため
にもっている道具は何です
か。　［　　　　　　　　　］

（「絵本拾遺信長記」）

難問 **②** この図は「江戸時代の人々が農民の一揆に対してもつイメージ」を
そのままえがいていて，「織田信長の時代の一揆を指す図」としては
ふさわしくないとされている。では，なぜ江戸時代ではこのような
イメージに変化したのか。変化のきっかけとなったできごとを答え，
その内容を説明しなさい。

［　　　　　　　　　　　　　　　　　　　　　　　　　　

　　　　　　　　　　　　　　　　　　　　　　　　　　 ］

(9) 下線部 **h** について，検地とは田畑の広さや土地のよしあし，耕作して
いる人の名まえなどを調べて，記録することである。検地の目的を答え
なさい。［　　　　　　　　　　　　　　　　　　　　　］〔東洋英和女学院中〕

(10) 下線部 **i** について，犯罪の防止などについて連帯責任を負わせ，たがいに
監視させるしくみを何といいますか。［　　　　　　　　］〔東洋英和女学院中〕

要 **(11)** 下線部 **j** について，これによって税額の基準は，収穫高から何に変わり
ましたか。　　　　　　　　　　　　　［　　　　　　　　］〔東洋英和女学院中〕

中学入試対策テーマ別・出題形式別

1 地形図
2 統計資料
3 図表・正誤（政治）
4 外交史
5 史料
6 社会経済史
7 図表・正誤（国際）

(6)農業技術は鎌倉・室町時代と江戸時代に大きく発達をとげている。それぞれの発達内容を整理しておくとよい。

(7)寺院から略奪するようすをえがいている。応仁の乱では，農民出身の兵士たちの放火や略奪が横行し，都は焼け野原となった。

(8)織田信長の時代は下剋上の風潮がまだ残っていたのに対し，江戸時代は身分制社会が確立している。その間にどのような政策がとられたのかを考えてみよう。

(9)検地によって荘園制度は崩壊した。

(10)年貢納入についても連帯責任を負わされた。

(11)政府の目的は財政を安定させることにあった。

7 図表を使った問題・正誤問題 （国際）

学習日　月　日

解答 → 別冊p.54

得点アップ

1 右の地図を見て，次の問いに答えなさい。

(1) BRICS にふくまれない国を地図中の**ア〜エ**から｜つ選び，記号で答えなさい。

〔青山学院横浜英和中―改〕

[　　　　　]

(2) 地図中の**X**は，2011年に国際連合193番目の加盟国となった国である。この国名を答えなさい。　〔広尾学園中〕

[　　　　　　　　]

⊕難問 (3) 地図中の「**イ**」の国について述べた文として誤っているものを次の**ア〜エ**からすべて選び，記号で答えなさい。[　　　　]〔四天王寺中―改〕

ア 北部は小麦がよくとれるので，ギョウザやビーフンなど小麦でつくったものをよく食べている。

イ 農業がさかんで，米と小麦の生産量は世界第｜位である。

ウ この国は，日本にとっての最大の貿易相手国である。

エ 少数民族のウイグル族が東部の海岸地帯に，チベット族が西部の草原地帯に住んでいる。

★重要 (4) 地図中の**A〜D**の地域の環境問題について述べた文として誤っているものを次の**ア〜エ**から2つ選び，記号で答えなさい。　〔清風中―改〕

[　　　・　　　]

ア **A**の地域では，過放牧のため，砂漠化が進んでいる。

イ **B**の地域では，上空のオゾン層の破壊が特に進んでいる。

ウ **C**の地域では，海面の上昇で水没するおそれのある国がある。

エ **D**の地域では，伐採により，多くの森林が失われている。

独創的 (5) 以下は，ニューヨークの国連本部で，2000年に開かれたミレニアムサミットでの開発目標の一部と，開発途上地域における統計を表したグラフである。目標とグラフを読み取り，正しい組み合わせのものをあとの**ア〜エ**から｜つ選び，記号で答えなさい。[　　　]〔和洋国府台女子中〕

> ミレニアム開発目標　（一部）
> A ５才児未満の死亡率を，1990年と比較して2015年までに３分の１にする。
> B 妊産婦の死亡率を，1990年と比較して2015年までに４分の１にする。

1(1) 1990年代以降，経済発展がめざましい５か国を BRICS と呼んでいる。

(2) スーダンから独立したこの国に，PKO協力法にもとづき，自衛隊が派遣された。

(3) ビーフンは，中国や日本，東南アジア諸国で食べられることが多い。「**イ**」の国の西部にはチベット高原がある。

(4) 砂漠化は，過放牧や過伐採など，オゾン層の破壊はフロンガス，海面の上昇は地球温暖化がおもな原因である。

(5) 2000年の国連ミレニアムサミットは，「21世紀における国連の役割」をテーマに，紛争，貧困，環境などについて議論された。

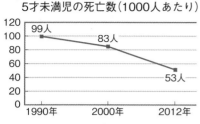

5才未満児の死亡数(1000人あたり)

妊産婦の死亡数(出生児10万人あたり)

(The Millennium Development Goals Report 2014)

	開発目標A	開発目標B
ア	2012年時点で達成している。	2013年時点で達成している。
イ	2012年時点で達成している。	2013年時点では未達成である。
ウ	2012年時点では未達成である。	2013年時点で達成している。
エ	2012年時点では未達成である。	2013年時点では未達成である。

要 2 次の文 X〜Z について，その正誤の組み合わせとして正しいものを
あとのア〜クから1つ選び，記号で答えなさい。 〔広尾学園中一改〕

[　]

X 全加盟国で構成される国連総会は，各国が1票をもち，一般の議題
は過半数で，重要事項は投票国数の3分の2以上で可決される。

Y 安全保障理事会は，アメリカ合衆国，イギリス，ロシア連邦，日本，
中国の，拒否権をもつ5常任理事国と10非常任理事国で構成される。

Z 国際司法裁判所は，オランダのハーグに設置された加盟国間の争い
を解決するための機関であり，どちらか一方の提案で開かれる。

ア X―正 Y―正 Z―正 　　イ X―正 Y―正 Z―誤

ウ X―正 Y―誤 Z―誤 　　エ X―正 Y―誤 Z―正

オ X―誤 Y―正 Z―正 　　カ X―誤 Y―誤 Z―正

キ X―誤 Y―正 Z―誤 　　ク X―誤 Y―誤 Z―誤

3 次のA・B2文の，1つだけが正しければ「1」，両方とも正しけ
れば「2」，両方とも誤っていれば「0」と答えなさい。

〔神戸女学院中一改〕

(1)[　] (2)[　] (3)[　]

(1) A 国連は1945年に設立され，日本はその年に加盟した。
B 日本の国連分担金は，2019年現在，アメリカ合衆国より多い。

(2) A 日本の学校給食は，国連のユニセフから支援を受けたことがある。
B ユネスコの活動の基本的考えは，1989年に採択された児童(子ど
も)の権利条約をもとにしている。

(3) A 青年海外協力隊は，日本のODA(政府開発援助)の1つである。
B NGOは，世界平和・人権・医療などの問題に市民の立場から取り
組む組織である。

中学入試対策 テーマ別・出題形式別
1 地形図
2 統計資料
3 図表・正誤(政治)
4 外交史
5 史料
6 社会経済史
7 図表・正誤(国際)

1 地 理 編 ①

近年注目される公立中高一貫校では，入学者選抜のために「適性検査」が実施されています。社会ではどのような問題が出題されているか，見てみましょう。

解答 → 別冊p.55

得点アップ

1 次の問いに答えなさい。

(1) 地図中の羅臼岳のおよその緯度と中央山のおよその経度を次の**ア～ク**からそれぞれ選び，記号で答えなさい。緯線は北緯40度，経線は東経135度を基準に5度間隔でかいてある。〔京都府立園部高附属中―改〕

羅臼岳[　　　]　　中央山[　　　]

ア 北緯27度　　**イ** 北緯36度

ウ 北緯44度　　**エ** 北緯53度　　**オ** 東経125度

カ 東経128度　　**キ** 東経142度　　**ク** 東経145度

(2) 地図中の太平洋にあてはまる内容として正しいものを次の**ア～エ**からすべて選び，記号で答えなさい。[　　　]〔京都府立園部高附属中―改〕

ア 長崎県，栃木県，新潟県はこの海に面している県である。

イ この海には暖流と寒流が流れており，豊かな漁場がある。

ウ 日本では，夏にこの海からかわいた南東の季節風がふきつける。

エ この海を航行する船によって，日本に石油が輸入される。

(3) 蒸発した水などを除いた使える分の降水量に国土面積をかけたものを水資源量という。日本は降水量は多いが，国土がせまく，人口が多いため1人あたりの水資源量は少ない。右の図は，41か国の平均降水量と1人あたりの水資源量の関係を表したものである。**X**のグループの国々は，世界平均と同じような数値の国々と比べて，なぜそのような特徴になるのか理由を答えなさい。〔東京都立小石川中―改〕

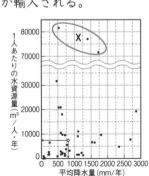

※1つの点(•)は1か国を表している。
数値が近い国の点は重なって見えることがある。
(◦)は世界平均を表している。
(2015年版「日本の水資源の現況について」など)

[　　　　　　　　　　　　　　　　　　　　　　]

2 右の図からも養殖業の生産量の割合が増えていることがわかる。養殖の生産量が安定している理由を答えなさい。〔熊本県〕

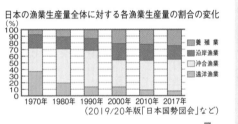

日本の漁業生産量全体に対する各漁業生産量の割合の変化
(2019/20年版「日本国勢図会」など)

[　　　　　　　　　　　　　　　　　　　　　　]

得点アップ欄:

1 (1)緯線は赤道を0度として南北に90度，経線は本初子午線を0度として東西に180度ずつに分けられる。

(2)暖流と寒流がぶつかるところを潮目といい，三陸沖で見られる。また，日本の夏は高温多湿の気候が特徴である。

(3)**X**のグループの国々は，1人あたりの水資源量が非常に多い特徴がある。日本と比べ，面積や人口はどうなっているかに注目する。

2 遠洋漁業や沖合漁業の生産量が減少した理由に注目する。

3 次の会話文を読んで，あとの問いに答えなさい。〔仙台市立仙台青陵中─改〕

ひろし：**資料Ⅰ**で，a5つの国の食料自給率を比べると，どの年もカナダがいちばんだよ。

ともみ：1990年よりあとを見ると，フランスとイギリスは下がり続けているわ。アメリカ合衆国は1990年と2000年ではフランスより低いけど，2010年，2013年ではフランスをこえているわ。

ひろし：**資料2**を見ると，農業で働く人数や年齢にも大きな変化があるね。

ともみ：b日本の食料生産や農業がかかえる課題は，食料自給率などの問題だけではなさそうね。

資料Ⅰ 日本と4か国の食料自給率（カロリーベース）

	1980年	1990年	2000年	2010年	2013年
A	151	129	125	135	130
B	156	187	161	225	264
C	131	142	132	130	127
D	65	75	74	69	63
日本	53	48	40	39	39

（農林水産省）

資料2 農業で働く人数と年齢別割合

※2000年以降は15〜29才。

（農林水産省）

(1) 下線部 a について，会話文を読んで，**資料Ⅰ**の **A・D** に入る国名を答えなさい。　A [　　　　　　　　　]　D [　　　　　　　　　]

(2) 下線部 b にはどのような課題があるか，**資料2**を参考に答えなさい。
[　　　　　　　　　　　　　　　　　　　　　　　　　　　　　]

4 嬬恋村の農業について，次の問いに答えなさい。〔和歌山県立古佐田丘中─改〕

(1) 嬬恋村の農業は，どのように変わってきたと考えられるか，**図Ⅰ・図2**を参考に答えなさい。

図Ⅰ 嬬恋村の農家数の変化

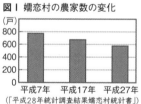

（「平成28年統計調査結果嬬恋村統計書」）

図2 嬬恋村の耕地面積の変化

（「平成28年統計調査結果嬬恋村統計書」）

[　　　　　　　　　　　　　　　　　　　　　　　　　　　　　　　　　　　　　]

(2) キャベツが年間を通じて安定して出荷されている理由を，**図3・図4**を参考に答えなさい。

図3 キャベツのおもな産地と出荷時期

（独立行政法人農畜産業振興機構）

図4 キャベツのおもな産地の月別平均気温

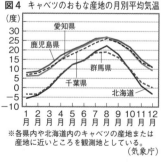

※各県内や北海道内のキャベツの産地または産地に近いところを観測地としている。

（気象庁）

[　　　　　　　　　　　　　　　　　　　　　　　　　　　　　　　　　　　　　]

3(1)日本の食料自給率は，世界の先進国の中でもかなり低いことがわかる。各農畜産物ごとの日本の自給率がどうなっているかを確認しておこう。

(2)全体の人数と年齢別の人口割合に注目する。

4(1)農家数の変化と耕地面積の変化から，どのようなことがいえるかを説明する。

(2)キャベツの出荷時期とそれらの地域の平均気温のちがいに注目する。

公立中高一貫校 適性検査

1 地理編①

2 地理編②

3 歴史編①

4 歴史編②

5 テーマ編

2 第6章 公立中高一貫校 適性検査対策問題
地 理 編 ②

解答 → 別冊p.55

得点アップ

1 次の問いに答えなさい。

〔和歌山県〕

(1) 右の地図中の □□□ で示した，工業のさかんな地域は何と呼ばれているか答えなさい。

[　　　　　　　]

(2) 工業のさかんな地域の多くが海沿いに広がる理由として考えられることを答えなさい。

[　　　　　　　　　　　　　　　]

●工業のさかんな地域
•人口の多いおもな都市

🔍難問 (3) 自動車工業のさかんなところは，自動車工場の近くに関連工場が集まっていることが多い。そのことで，部品がすぐに自動車工場に届くこと以外に考えられる，自動車づくりにとってよいことを，右の図を参考に答えなさい。

[　　　　　　　　　　　　　　　]

自動車工場と関連工場のつながり

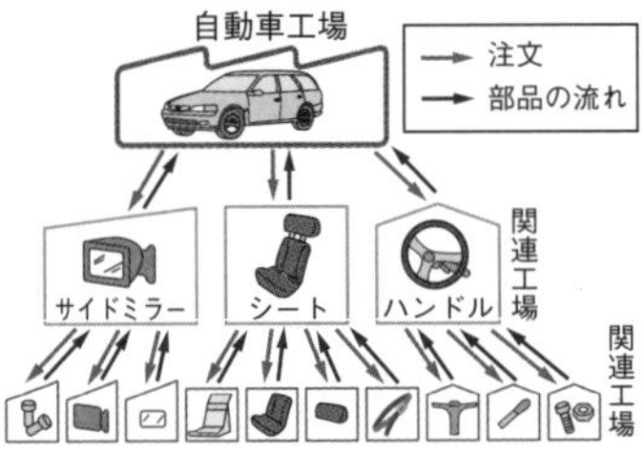

自動車工場
→ 注文
⇒ 部品の流れ
サイドミラー　シート　ハンドル
関連工場
関連工場

2 右の地図は，1964年に東京でオリンピックが開催されたときの首都高速道路とその周辺を示す。次の問いに答えなさい。

〔宮城県〕

(1) 首都高速道路が建設された理由を答えなさい。

[　　　　　　　　　　　　　　　]

1964年の首都高速道路
（開通時）

国立競技場
オリンピック選手村
首都高速道路
東京国際空港（羽田空港）
東京湾

（国土交通省「首都高速道路の課題」）

(2) その後も道路や線路が整備され，人と物資の移動が活発になっていった。次の表は，日本の交通事情と物資輸送の変化についてまとめたものである。①道路の整備と物資の移動と②線路の整備と物資の移動のそれぞれについて，表1・表2から読み取れることを答えなさい。

① [　　　　　　　　　　　　　　　]

② [　　　　　　　　　　　　　　　]

表1　鉄道と自動車の貨物輸送量の変化

年	鉄道の貨物輸送量(t)	自動車の貨物輸送量(t)
1955	170000000	569000000
1965	200000000	2193000000
1975	138000000	4393000000
1985	65000000	5048000000

（総務省）

表2　線路と舗装道路*の長さの変化

年	線路の長さ(km)	舗装道路の長さ(km)
1955	19946	4157
1965	21137	16730
1975	22183	36751
1985	22461	48435

*高速道路もふくむ　　　　（総務省）

1(2)日本は，鉱産資源が非常に少ないことと，日本の貿易がどのような形で行われてきたかに注目する。

(3)自動車の部品は，自動車工場からの注文に応じて，関連会社でつくられる。

2(1)オリンピックに参加する外国の選手に関係している。

(2)それぞれの貨物の輸送量と線路・舗装道路の長さの変化に注目する。

近年，高速道路が整備されたことで，沿岸部だけではなく，内陸部にも工業地域が形成されるようになった。

3 次の**資料1～5**を見て，あとの問いに答えなさい。　〔広島市立広島中〕

資料1
日本の小麦輸入先

（2018年）
（2019/20年版「日本国勢図会」）

資料2　国別小麦生産量上位10か国
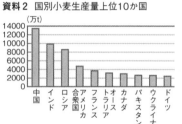
（2017年）（2019/20年版「世界国勢図会」）

資料3　日本と中国の比較

	日本	中国
人口	1億2686万人	14億3378万人
面積	38万km²	960万km²
小麦消費量	418万t	1億1850万t
小麦自給率	10%	97%

（人口は2019年，面積は2017年，小麦消費量の日本は2014年，中国は2014/15年，小麦自給率は2013年）
（2019/20年版「世界国勢図会」など）

資料4　国別小麦輸出量と輸入量の上位10か国

	輸出量		輸入量
1	ロシア	1	インドネシア
2	アメリカ合衆国	2	エジプト
3	カナダ	3	アルジェリア
4	フランス	4	イタリア
5	オーストラリア	5	スペイン
6	ウクライナ	6	ブラジル
7	アルゼンチン	7	モロッコ
8	ドイツ	8	日本
9	ルーマニア	9	オランダ
10	カザフスタン	10	ドイツ

（2016年）（2019/20年版「世界国勢図会」）

資料5　国別小麦生産量の上位10か国

（2017年）（2019/20年版「世界国勢図会」）

(1) 日本で使われる小麦の多くは輸入にたよっている。資料の中から日本に小麦を多く輸出している国の共通点を見つけ，50字以内で答えなさい。

（解答欄）

問 (2) **資料1**より，日本は中国から小麦を輸入していない。それはなぜか，**資料2～5**と関連づけて80字以内で答えなさい。

（解答欄）

問 **4** 最近の15年ほど紙の生産量は減少傾向にあり，その背景の1つに情報通信技術の発展があるといわれる。特に紙の生産量とインターネット利用者数の変化には関係があると考えられている。右の資料を参考に，紙の生産量が減少した原因の1つとして考えられることを答えなさい。
〔千代田区立九段中〕

紙の生産量とインターネット利用者数の変化
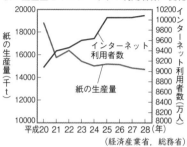
（経済産業省，総務省）

（解答欄）

3(1)資料1から，日本に小麦を多く輸出している国はアメリカ合衆国，カナダ，オーストラリアである。資料2・4・5に注目する。

(2)資料2・3・4から読み取れることについてまとめるとよい。特に，中国は，人口が多く，小麦の自給率が97％もあることに注目する。

4近年，新聞や書籍の販売数は大きく減少しており，新聞社や出版社は，電子新聞や電子書籍などをつくるようになってきている。

公立中高一貫校
適性検査
1 地理編①
2 地理編②
3 歴史編①
4 歴史編②
5 テーマ編

3 歴 史 編 ①

解答 → 別冊p.56

⊘難問 1 資料1から，弥生時代になると人口が増加したことがわかる。その理由として資料2から読み取れることを，「安定」という語句を使って答えなさい。　〔宮崎県立五ヶ瀬中〕

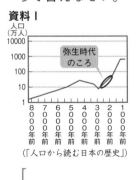

資料1

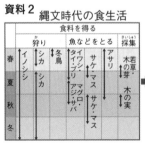

資料2　縄文時代の食生活　　　弥生時代の食生活

[　　　　　　　　　　　　　　　　　　　　　　　　　　　]

2 日本各地に見られる大小さまざまな古墳について，次の問いに答えなさい。　〔福島県立会津学鳳中―改〕

(1) 古墳の周りに置かれた「はにわ」を右の**ア～エ**から1つ選び，記号で答えなさい。

ア　　　イ　　　ウ　　　エ

[　　　　]

(2) 次の**資料1・資料2**は，全国の古墳について地方別に調べたことをまとめたものである。**資料1・資料2**から近畿地方の豪族について考えられることを，それぞれ答えなさい。

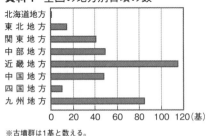

資料1　全国の地方別古墳の数

資料2　全長150m以上の地方別古墳の数

※古墳群は1基と数える。　　　　　　　　　　　（文化庁）

資料1[　　　　　　　　　　　　　　　　　　　　　　]

資料2[　　　　　　　　　　　　　　　　　　　　　　]

3 奈良時代の文化について，次の問いに答えなさい。
(1) 奈良時代の聖武天皇のころに栄えた文化を何というか，答えなさい。

[　　　　　　　　　　　]

公立中高一貫校 適性検査

1 地理編①

2 地理編②

3 歴史編①

4 歴史編②

5 テーマ編

難問 (2) 次の絵**A**は，地図中のトルファンで発見された「樹下美人図」，絵**B**は，(1)を代表する「鳥毛立女屏風」である。この2枚の絵は目などのえがき方が似ているといわれている。このことから考えられる(1)の文化の特色を，地図を参考に答えなさい。〔品川女子学院中〕

A 　**B** 　

[　　　　　　　　　　　　　　　　　　　　　　　　　　　]

4 次の**ア**〜**ウ**の建物とその説明を読んで，あとの問いに答えなさい。

ア  この建物は，この時代の幕府の3代将軍によって建てられた。武士の世の中でありながら，1階部分には寝殿造の形式が取り入れられた。現在の建物は，当時のままのつくりで，のちに建て直されたものである。

イ  法隆寺(奈良県) 聖徳太子によって建てられた。

ウ  東大寺(奈良県) 聖武天皇によって建てられた。

(1) 日本を訪れる外国人を，**イ→ウ→ア**の順に案内するとき，どのような順に案内することになるか，歴史の観点から答えなさい。〔岡山県立岡山大安寺中〕

[　　　　　　　　　　　　　　　　　　　　　　　　　　　]

(2) これらの日本を代表する建物には共通することがたくさんあるが，それらの中で，建てた人物に注目したときに共通することを答えなさい。

〔岡山県立岡山大安寺中〕

[　　　　　　　　　　　　　　　　　　　　　　　　　　　]

(3) 下線部について，3代将軍が，**ア**の建物にこのような特徴を取り入れたことと同じ理由で行ったことを，次の年表中のできごとの内容を用いて答えなさい。〔東京都共同作成問題一改〕

[　　　　　　　　　　　　　　　　　　　　　　　　　　　]

年	できごと
〔10世紀ごろ〕	寝殿造が貴族の屋敷の特徴として広まる
1016	藤原道長が摂政となり，政治を動かす権力をもつ
1192	源頼朝が征夷大将軍となり，鎌倉で武家政権を開く
1338	足利尊氏が征夷大将軍となり，京都で武家政権を開く
1394	3代将軍足利義満が朝廷を意識して貴族と同等な高い地位につく
1467	将軍のあとつぎ問題から，将軍の家来が京都で応仁の乱をおこす

(2)中国と西方を結ぶ交易路はシルクロードと呼ばれ，この道を通じて中国に伝わった西アジアなどの文化が，さらに，遣唐使を通じて日本に伝えられた。

4(1)**ア**は金閣で室町時代，**イ**は飛鳥時代，**ウ**は奈良時代に建てられたものである。
(2)聖徳太子は推古天皇の摂政として政治を行った人物である。

4 歴 史 編 ②

解答 → 別冊p.56

得点アップ

1 次の表は，3人の武将についてまとめたものである。これを見て，あとの問いに答えなさい。〔仙台市立青陵中―改〕

織田信長	豊臣秀吉	徳川家康
・a キリスト教を保護する。 ・安土城を築き，城下で **X** を行って商工業発達を推進する。	・全国の田畑のよしあしを調べる **Y** を行う。 ・**Z** を命じ，農民から武器を取り上げる。	・江戸幕府を開く。 ・b キリスト教を禁止する。 ・c 武家諸法度を定める。

(1) 表中の空欄 **X** ～ **Z** にあてはまる語句をそれぞれ答えなさい。

X [　　　　　　] Y [　　　　　　] Z [　　　　　　]

②難問 (2) 下線部 **a・b** について，織田信長が保護したキリスト教を，徳川家康が開いた江戸幕府が禁止した理由を簡潔に答えなさい。

[　　　　　　　　　　　　　　　　　　　　　　　　　　　　　　　]

(3) 下線部 **c** の武家諸法度を制定した目的について，右の武家諸法度の**資料**からわかることを答えなさい。

[

]

資料

・学問や武芸にはげみなさい。
・毎年4月に参勤交代をしなさい。
・城を修理する場合，届け出ること。
・幕府の許可なしに大名の家どうしで結婚してはいけない。

1(1) X は，市場の税を免除し，座の特権を廃止した政策。Y は，土地の所有者，収穫量などをくわしく調べたもの。Z は農民の一揆を防ぐために出された。Y と Z によって，武士と農民の身分の差を明確にする兵農分離が進んだ。
(2) 江戸時代初めに，キリスト教の信者を中心とする島原・天草一揆がおこったことなどに注目する。
(3) 武家諸法度は，大名の行動を厳しく制限した内容であることに注目する。

2 次のレポートは，みつおさんが「江戸文化に影響をあたえた人」というテーマで作成したものの一部である。これを読んで，あとの問いに答えなさい。〔仙台市立青陵中―改〕

歌川広重は浮世絵の絵師である。浮世絵は江戸時代に人々の間で流行し，歌舞伎役者や風景などをえがいたものがある。江戸時代には，大阪や江戸の町人を中心とした文化が発達した。

(1) 文中の下線部について，江戸の町人を中心に発達した文化を何というか，答えなさい。[　　　　　　]

②難問 (2) 江戸時代の後半には，右の図のような浮世絵が増えた。その理由の1つに，当時の人々の好みが影響していたことがある。当時の人々の間では，どのようなことが好まれて流行していたと考えられるか答えなさい。

[　　　　　　　　　　　　　　　　　]

2(1) 江戸時代に発達した町人文化には元禄文化と化政文化がある。

(2) 図の浮世絵は歌川広重のえがいた「東海道五十三次」で，東海道の景色のよい場所や有名な名所がえがかれている。

3 京子さんは，明治時代の日本と外国の関係について興味をもち，次のような**資料**を集めた。これらを見て，あとの問いに答えなさい。

資料1 日本の主要貿易品目の変化

輸出

1890年　生糸 24.5%　緑茶 10.7　石炭 8.5　水産物 6.4　米 2.3　その他 47.6　総額5660万円

1910年　生糸 28.4%　綿糸 9.9　絹織物 7.2　綿織物 4.5　石炭 3.9　その他 46.1　総額4億5843万円

輸入

1890年　綿糸 12.1%　砂糖 10.3　機械類 8.9　毛織物 8.2　石油 6.1　綿花 5.1　綿織物 5.1　その他 44.2　総額8173万円

1910年　綿花 34.0%　鉄類 7.0　機械類 5.1　石油 3.1　綿織物 2.9　砂糖 2.8　毛織物 2.7　その他 42.4　総額4億6423万円

（「日本貿易精覧」）

資料2 工業製品の原材料と製品の関係

原材料	製品
まゆ	生糸
綿花	綿糸
鉄鉱石・石炭など	鉄鋼
石油	ガソリンなど
茶葉	緑茶・紅茶など
さとうきび	砂糖

(1) **資料1**から，日本では，1890年〜1910年の間に，機械による大量生産を実現させたことが3つの視点で読み取れる。次の表はその視点をまとめたものである。**資料2**を参考にして空欄 **A** 〜 **C** にあてはまる製品もしくは原材料名を答えなさい。また，空欄 **D** にあてはまる内容を簡潔に答えなさい。　〔京都市立西京高付属中―改〕

A [　　　　　]　B [　　　　　]　C [　　　　　]

D [　　　　　　　　　　　　　　　　　　　　　　　　　]

	資料1から読み取れる理由
視点1	**A** の輸出額が10倍近くになっていることから，機械による大量生産を実現していると考えられる。
視点2	輸出総額が約8倍，輸入総額が5倍以上になっていることから，生産活動が著しく増大しており，機械による大量生産を実現していると考えられる。
視点3	1890年の輸入品目では **B** の割合が大きかったが，1910年には **C** を大量に輸入して **D** ので，機械による大量生産を実現していると考えられる。

(2) 次の**X・Y**の絵は，日本に来たあるフランス人が，当時の日本社会のようすをえがいたものである。1887年〜1897年の間に日本の立場がどのように変化したと考えられるか答えなさい。　〔福井県立高志中―改〕

[　　　　　　　　　　　　　　　　　　　　　　　　　　　　　　]

X　1887年の作品

ノルマントン号が沈没したときに，助けてもらえない日本人

Y　1897年の作品

イギリス人の案内でフランス人などにあいさつする日本人

公立中高一貫校 適性検査

1 地理編①
2 地理編②
3 歴史編①
4 歴史編②
5 テーマ編

3(1)日本では，日清戦争前後の19世紀末からせんい工業を中心とする軽工業で産業革命が始まった。その後，20世紀初めごろから重工業が発達した。

1890年では，綿糸の輸出はほとんどないが，1910年には9.9％をしめている。

(2)明治政府は，江戸時代末に結んだ不平等条約の改正に努力したが，なかなか成功しなかった。政府は，富国強兵策を進めるとともに，大日本帝国憲法を制定し，近代化が進んだことで，日清戦争直前に領事裁判権(治外法権)の撤廃に成功した。このような流れのもと，日本の国際的な立場の変化を考える。

5 テーマ編

解答 → 別冊p.57

1 「日本を訪れた外国人旅行者」に関して、あとの問いに答えなさい。

資料1 日本に訪れた外国人旅行者数・日本人の海外旅行者数の移り変わり

	2014年	2015年	2016年	2017年	2018年
日本に訪れた外国人旅行者数（万人）	1341	1974	2404	2869	3119
日本人の海外旅行者数（万人）	1690	1621	1712	1789	1895

(観光庁)

資料2 日本に訪れた外国人旅行者数の国・地域別割合

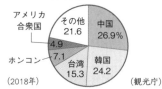

中国 26.9%
韓国 24.2
台湾 15.3
ホンコン 7.1
アメリカ合衆国 4.9
その他 21.6
(2018年) (観光庁)

資料3 日本に訪れた外国人の旅行消費額の移り変わり

（億円）
2014年 20278
2015年 34771
2016年 37476
2017年 44162
2018年 45189
(観光庁)

資料4 日本に訪れた外国人の旅行消費額の国・地域別割合

中国 34.2%
韓国 13.0
台湾 12.9
ホンコン 7.4
アメリカ合衆国 6.4
その他 26.1
(2018年) (観光庁)

難問 (1) **資料1～4**から読み取れることとして最も適しているものを次の**ア～エ**から1つ選び、記号で答えなさい。 [   ] 〔安田学園中一改〕

ア 2018年に中国から日本に訪れた旅行者の数は約840万人であり、この年の中国人旅行者の消費額の合計は2兆円をこえている。

イ 2014年と2018年を比べると、日本に訪れた外国人旅行者の数と、外国人旅行者の消費額の合計は、ともに3倍以上に増加している。

ウ 2014年に日本に訪れた外国人の旅行消費額は、平均して1人あたり約15万円となっている。

エ 2014年～2018年の間で日本人の海外旅行者数最多の年は、日本に訪れた外国人旅行者数が日本人の海外旅行者数の2倍以上となっている。

(2) 次の**資料5**は、日本を訪れた外国人旅行者が訪れた地域の変化を示している。訪問先が関東と近畿にかたよっている理由を2つの地域に共通することがらにふれ、簡潔に答えなさい。 〔郁文館中〕

[

]

資料5

	北海道	東北	関東	北陸・信越	中部	近畿	中国	四国	九州	沖縄
2012年	7.8	2.6	59.2	4.7	13.9	32.6	4.0	0.8	11.0	3.1
2013年	7.8	2.2	53.7	5.0	12.1	33.3	4.0	1.0	12.8	3.9
2014年	7.8	2.1	57.3	5.2	14.7	35.7	4.5	1.2	10.3	4.7
2015年	10.2	1.2	51.0	6.1	15.9	45.8	4.2	1.1	12.3	7.8

(単位：%) (観光庁)

得点アップ

1 2018年に日本を訪れた外国人旅行者は3000万人をこえており、国・地域別では、中国・韓国・台湾の順となっている。

(1)ア～エのそれぞれについて、資料をもとに計算が必要だが、およその概数で計算してみるとよい。

(2)近畿・関東地方には三大都市圏のうちの2つがあり、空港や新幹線をはじめとする交通機関が発達している。また、京都や奈良、神戸、東京など多くの観光都市があることなどに注目する。最近は、SNSが普及したことで、一般的な観光地以外に、より日本的なものを感じさせる地方都市を訪れる外国人旅行者も増加している。

2 次の**グラフ1**は，日本の1990年と2010年の年齢区分別人口と，2050年に予想される年齢区分別人口をそれぞれ表したものであり，**グラフ2**は，1990年度と2010年度における日本の歳出にしめる社会保障関係費の割合を表している。**グラフ1**と**グラフ2**から，歳出にしめる社会保障関係費の割合は，2050年度にはどのように変化すると考えられるか，その理由もふくめて答えなさい。〔高知県共通〕

公立中高一貫校
適性検査

1 地理編①

2 地理編②

3 歴史編①

4 歴史編②

5 テーマ編

[ ]

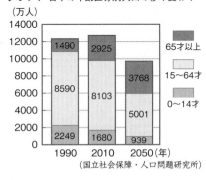

グラフ1 日本の年齢区分別人口の移り変わり

（万人）

	1990	2010	2050（年）
65才以上	1490	2925	3768
15～64才	8590	8103	5001
0～14才	2249	1680	939

（国立社会保障・人口問題研究所）

グラフ2 歳出(支出)にしめる社会保障関係費の割合

1990年度
社会保障関係費 16.6%
その他 83.4%

2010年度
社会保障関係費 29.6%
その他 70.4%

（財務省）

3 地球温暖化を防ぐため，工業化が早くから進んだ国々と中国などのように工業化が最近進んだ国々が，その原因の1つと考えられている二酸化炭素の排出量を減らすための国同士の話し合いをしたとき，意見が激しく対立する場面もあった。中国など工業化が最近進んだ国々が主張した内容として考えられることを次の条件に従い，2つの文に分けて答えなさい。　〔大分県立大分豊府中—改〕

・1文目は，「工業化を早くから進めた国々」という語句を使って，**グラフ**から読み取れることを数値を使って書くこと。

・2文目は，**グラフ**から読み取ったことを地球温暖化の原因と関連づけて書くこと。

[1文目]

[2文目]

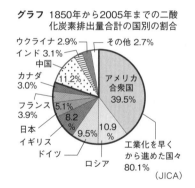

グラフ 1850年から2005年までの二酸化炭素排出量合計の国別の割合

ウクライナ 2.9%　その他 2.7%
インド 3.1%
中国 11.2%
カナダ 3.0%
フランス 3.9%
日本 5.1%
イギリス 8.2%
ドイツ 9.5%
ロシア 10.9%
アメリカ合衆国 39.5%
工業化を早くから進めた国々 80.1%

（JICA）

2 今後，日本は少子高齢化がさらに進行し，総人口の減少とともに，高齢化がより進行すると考えられている。そのため，年金や医療などの社会保障関係費はいっそう増加することになり，そのための財源や若い世代の負担がより増加することなど，大きな課題をかかえている。

3 地球温暖化の原因と考えられる二酸化炭素などの温室効果ガスの排出削減の必要性は多くの国が認めている。しかし，先進国と発展途上国との間には考え方の相違があり，削減方法についての国際的な合意が難しいのが現状である。温室効果ガス削減のために国際会議で決められた京都議定書，パリ協定については特に確認しておこう。

中学入試予想問題 第1回

⏱時間 40分　👤得点　点 / 合格80〜85点

1 次の文を読んで、あとの問いに答えなさい。

解答 → 別冊p.58

2015年、日本を訪れる外国人の数は、a1970年以来45年ぶりに外国に行く日本人の数を上回った。2015年の訪日外国人数はbアジアでは中国、アジア以外ではアメリカ合衆国が最も多かった。アジアでは中国に次いで、韓国、台湾の順となっている。中国からの旅行者には、東京・c静岡・d名古屋・京都・e大阪を通過するルートが人気である。韓国からの旅行者は、きょりが近いf九州地方や中国地方で多く、台湾からの旅行者はg雪をめあてに東北地方やh北陸地方で多くなっている。

(1) 下線部aについて、表1は1970年と2018年における魚介類・米・肉類の1人1日あたりの供給量を示したものである。品目と表中のⅠ〜Ⅲの組み合わせとして正しいものを表2のア〜カから1つ選び、記号で答えなさい。

表1

	1970年	2018年
Ⅰ	260.4	147.4
Ⅱ	86.5	65.5
Ⅲ	36.6	91.8

表2

	ア	イ	ウ	エ	オ	カ
魚介類	Ⅰ	Ⅰ	Ⅱ	Ⅱ	Ⅲ	Ⅲ
米	Ⅱ	Ⅲ	Ⅰ	Ⅲ	Ⅰ	Ⅱ
肉類	Ⅲ	Ⅱ	Ⅲ	Ⅰ	Ⅱ	Ⅰ

（単位：g）（平成30年版「食料需給表」など）

(2) 下線部bについて、日本は中国などからの輸入も多い。表3のア〜ウは、衣類・魚介類・とうもろこしのおもな輸入先を示している。衣類と魚介類を表3のア〜ウから選び、衣類→魚介類の順に記号で答えなさい。

表3

ア		イ		ウ	
中国	18.4	アメリカ合衆国	91.9	中国	58.8
アメリカ合衆国	9.2	ブラジル	4.6	ベトナム	13.9
チリ	8.7	南アフリカ共和国	2.1	バングラデシュ	3.8
ロシア	8.5	ロシア	0.5	インドネシア	3.7

数値は総額にしめる割合（%）（2018年）　（2019/20年版「日本国勢図会」）

(3) 下線部cについて、諏訪湖から流れはじめて長野県を南下し、愛知県と静岡県の県境を通って、静岡県の西部で太平洋に注ぐ河川を次のア〜エから1つ選び、記号で答えなさい。

ア 阿賀野川　イ 信濃川　ウ 天竜川　エ 富士川

(4) 下線部dがある愛知県は人口が多くさまざまな産業が発達している。右の図は、人口・製造品出荷額・農業産出額の上位7都道府県を示している。人口と製造品出荷額にあてはまるものをア〜ウから選び、人口→製造品出荷額の順に記号で答えなさい。

ア　　　　　イ　　　　　ウ

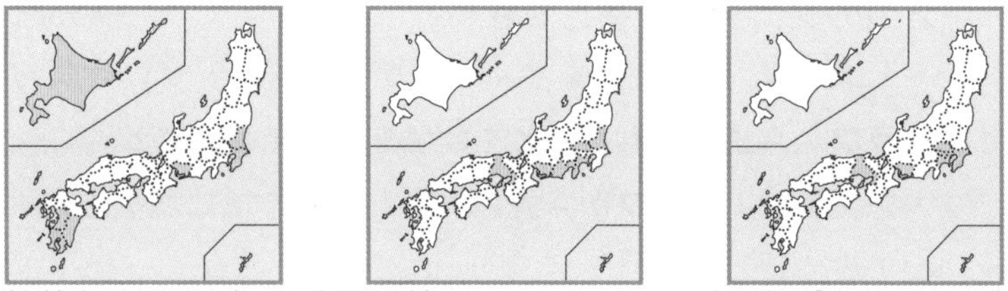

（統計年次は人口が2018年、その他は2017年）　（2020年版「データでみる県勢」）

(5) 下線部eについて、表4は大阪府から北海道・東京都・福井県・広島県への移動者数を交通手段別に示している。表4中のA・Bには福井県・広島県のいずれかが、X〜Zには航空機・乗用車・鉄道のいずれかがあてはまる。広島県と鉄道にあてはまるものを選び、広島県→鉄道の順に記号で答えなさい。

表4

	A	B	北海道	東京都
X	890	690	15	221
Y	1645	491	49	5744
Z	1	0	804	1447

（単位：千人）
（2015年）　（全国幹線旅客純流動調査）

(6) 下線部 f について，**表5**の **A～C** は九州地方8県のうち，きゅうりの収穫量・米の収穫量・ぶたの飼育頭数の上位・下位2県ずつを示し

表5

	A	B	C
1位	鹿児島	福岡	宮崎
2位	宮崎	熊本	熊本
…	…	…	…
7位	福岡	長崎	大分
8位	佐賀	沖縄	沖縄

(2018年。Aは2019年)

表6

	ア	イ	ウ	エ	オ	カ
きゅうりの収穫量	A	A	B	B	C	C
米の収穫量	B	C	A	C	A	B
ぶたの飼育頭数	C	B	C	A	B	A

(2020年版「データでみる県勢」)

ている。農畜産物と**表5**中の **A～C** の組み合わせとして正しいものを**表6**の**ア～カ**から1つ選び，記号で答えなさい。

(7) 下線部 g について，右の図は，積雪地帯をかかえる北海道・青森県・長野県・富山県の道県庁所在都市の月別降水量を示している。長野県の県庁所在都市のものを**ア～エ**から1つ選び，記号で答えなさい。

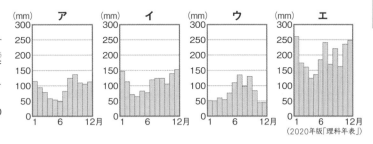

(2020年版「理科年表」)

(8) 下線部 h について，この地方の各都市と工業の組み合わせとして誤っているものを次の**ア～エ**から1つ選び，記号で答えなさい。

ア 金沢市—タオル　　**イ** 鯖江市—めがねフレーム　　**ウ** 富山市—薬　　**エ** 新潟市—米菓

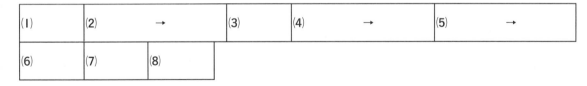

(1)	(2)		→		(3)	(4)		→		(5)		→	

(6)	(7)		(8)	

---

2 次の文を読んで，あとの問いに答えなさい。

　伊勢神宮の主要な建物は a7世紀の末以来，20年ごとに国家事業として建てかえられることになったという。b律令に従った政治が c平安時代に入ってゆるみ，朝廷からの十分な援助が届かなくなると，人々は朝廷に対して領地の拡大や保護，全国的な課税をくり返し求めて神宮を守ろうとした。d平安時代末になると熊野へのお参りがさかんになり，多くの僧や尼，貴族・民衆が熊野とともに伊勢神宮にもお参りするようになった。特に外宮が e農業神として人々の信仰を集めた。また，伊勢は東日本との海上交通の窓口に位置するので，伊勢神宮の領地や参拝者は東国に広がり，f鎌倉幕府の関係者も伊勢神宮を保護した。さらに g九州にせめてきた外国の軍を撃退したときに暴風がふいたことから，日本は神が守る国だという考え方が広まり，伊勢神宮の信仰もいっそうさかんになった。

　その後，h15世紀後半から16世紀後半にかけての約100年間，伊勢神宮の20年ごとの建てかえは行われなかった。16世紀後半になってようやく尼による寄付集めで建てかえが再開され，まもなく i全国統一とともに伊勢神宮は本格的に復興することになった。江戸時代になって平和が続き，江戸から j東海道を西へ向かう人々の伊勢参りがさかんになった。

(1) 下線部 a について，7世紀のできごとを次の**ア～カ**から2つ選び，記号で答えなさい。

ア 奈良の東大寺に大仏がつくられた。 **イ** 中大兄皇子らが蘇我氏をほろぼした。

ウ ワカタケル大王が宋に使いを送った。 **エ** 女王卑弥呼が魏に使いを送った。

オ 都が藤原京から平城京に移された。 **カ** 聖徳太子が小野妹子を隋に送った。

(2) 下線部 b について，令の定める租税のうち，地方の特産品を都へ納める税を何といいますか。

(3) 下線部 c は約何百年間続きましたか。

(4) 下線部 d の文として誤っているものを次の**ア～エ**から1つ選び，記号で答えなさい。

ア 平清盛が厳島神社を一族の守り神として整えた。 **イ** 藤原道長が平等院鳳凰堂を建てた。

ウ 皇族や貴族の争いがもとで保元の乱がおこった。 **エ** 奥州藤原氏が中尊寺を建てた。

(5) 下線部 e について，日本の農業についての文として誤っているものを次の**ア～エ**から1つ選び，記号で答えなさい。

ア 二千数百年前に，九州北部から米づくりを中心としたくらしが始まった。

イ 奈良時代，人々は国から田の割りあてを受けるかわりに多くの物や労役を負担させられた。

ウ 鎌倉時代には，油かすや干したいわしなどが肥料として広まった。

エ 豊臣秀吉は，土地を耕す人の土地に対する権利を認めるかわりに年貢などを負担させた。

(6) 下線部 f について，次の問いに答えなさい。

① 初代の将軍 源 頼朝の妻で，頼朝の死後は東国武士のまとまりの頂点に立ち，「尼将軍」ともいわれた人物はだれですか。

② 鎌倉幕府の裁判の基準として13世紀の前半に制定されたものは何ですか。

(7) 下線部 g の組み合わせとして正しいものを次の**ア～エ**から1つ選び，記号で答えなさい。

ア 元・高麗 **イ** 元・朝鮮 **ウ** 明・高麗 **エ** 明・朝鮮

(8) 下線部 h の理由を，当時の政治・社会の状況の面から説明しなさい。

(9) 下線部 i について，全国統一を進めた3人の武将についての文として誤っているものを次の**ア～カ**から2つ選び，記号で答えなさい。

ア 織田信長は，キリスト教を厳しく禁止した。

イ 織田信長は，全国統一を前に本能寺で明智光秀に討たれた。

ウ 豊臣秀吉は，刀狩によって武士と百姓とをはっきりと分けた。

エ 豊臣秀吉は，2度にわたって朝鮮半島に大軍を送りこんだ。

オ 徳川家康は，長篠の戦いに勝ったことで全国統一を成しとげた。

カ 徳川家康は，大阪城をせめ落とし，豊臣氏をほろぼした。

(10) 下線部 j について，「東海道五十三次」で東海道の風景をえがいた浮世絵師はだれですか。

(1)	(2)	(3)	(4)	(5)	(6)①	②

(7)	(8)					

(9)	(10)		

3 次の(1)～(6)について，内容に誤りがある文を**ア**～**エ**から1つ選び，記号で答えなさい。ただし，すべて正しい場合は**オ**と答えなさい。

(1) **ア** 常会は毎年1回，1月中に召集され，会期は150日間である。

イ 臨時会は内閣が必要と認めたとき，または，いずれかの議院の総議員の4分の1以上の要求があったときに召集される。

ウ 特別会は，衆議院解散後の総選挙の日から60日以内に召集される。

エ 参議院の緊急集会は，衆議院の解散中に緊急の必要があるとき，内閣の求めによって開かれる。

(2) **ア** 条約の締結は内閣の仕事である。

イ 天皇の国事行為に対する助言と承認は内閣の仕事である。

ウ 法律の制定は国会の仕事である。

エ 国会の召集は国会の仕事である。

(3) **ア** 日本国憲法が定める自由権には，「思想・良心の自由」，「奴隷的拘束・苦役からの自由」，「居住・移転・職業選択の自由」などがある。

イ 日本国憲法が定める社会権には「生存権」，「教育を受ける権利」，「勤労の権利」などがある。

ウ 日本国憲法が定める参政権には「選挙権」，「被選挙権」，「最高裁判所裁判官の国民審査権」などがある。

エ 日本国憲法に直接的には規定されていない新しい人権には「環境権」，「知る権利」，「プライバシーの権利」などがある。

(4) **ア** 公正な裁判が行われるよう，日本では1つの事件について原則として3回まで裁判を受けることができる。

イ 裁判員制度とは，国民が裁判員として民事裁判に参加し，裁判官といっしょに被告人の有罪・無罪や刑罰の内容を決める制度である。

ウ 最高裁判所長官の指名とその他の裁判官の任命は内閣の仕事である。

エ 最高裁判所の裁判は通常5人の裁判官からなる小法廷で行われるが，重要な裁判は15人全員の裁判官からなる大法廷で行われる。

(5) **ア** 都知事の選挙権は18才以上，被選挙権は25才以上である。

イ 都議会議員の選挙権は18才以上，被選挙権は25才以上である。

ウ 都議会は，都の独自の法である条例を定めることができる。

エ 都知事や都議会議員は，直接請求権により住民による解職請求を受けることがある。

(6) **ア** 国際連合の本部は，アメリカ合衆国のニューヨークにある。

イ 国際連合の総会では，すべての加盟国が平等に1票をもっている。

ウ 国際連合の安全保障理事会の非常任理事国は，任期2年の5か国で構成される。

エ 国際連合の収入にあたる分担金について，日本の負担は加盟国の中でアメリカ合衆国，中国に次いで第3位(2020年)である。

(1)		(2)		(3)		(4)		(5)		(6)	

中学入試予想問題 第2回

⏱時間 **30**分　　👤得点 ▢　点 / 合格 80～85点

1 右の**表**は，都道府県庁所在地10都市を人口が多い順に並べ，各統計を示したものである。**表**を見て，次の問いに答えなさい。

解答 → 別冊p.59

表

都市名	人口増加率（%）	昼夜間人口比率（%）	県外からの通勤・通学者数（人）
東京23区	0.96	129.8	2624958
A	0.21	91.7	135444
B	0.45	131.7	430226
C	0.27	112.8	105269
D	0.16	100.4	2952
神戸市	−0.32	102.2	45048
福岡市	0.78	110.8	25125
京都市	−0.23	109.0	149749
E	0.79	93.0	52628
広島市	0.07	101.4	11014

（注1）東京都の都庁所在地は東京23区とした。
（注2）人口増加率は2018～2019年。

（2020年版「データでみる県勢」など）

(1) **表**中の**B・D・E**にあてはまる都道府県庁所在地名を答えなさい。

(2) **表**中の**A・E**の都市の昼夜間人口比率が100％に満たない共通の理由を簡潔に答えなさい。

(3) **表**中の通勤・通学に関して，次の**図1**中の**ア～ウ**は沖縄県・滋賀県・東京都のいずれかの通勤・通学者（15才以上）の交通手段別割合を示す。東京都にあてはまるものを**ア～ウ**から1つ選び，記号で答えなさい。

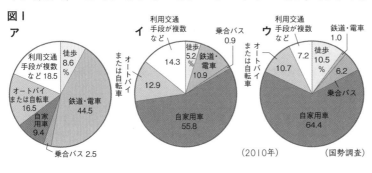

図1

ア
鉄道・電車 44.5
利用交通手段が複数など 18.5
徒歩 8.6%
オートバイまたは自転車 16.5
自家用車 9.4
乗合バス 2.5

イ
オートバイまたは自転車 12.9
徒歩 5.2%
鉄道・電車 10.9
利用交通手段が複数など 14.3
乗合バス 0.9
自家用車 55.8

（2010年）

ウ
オートバイまたは自転車 10.7
利用交通手段が複数など 7.2
徒歩 10.5%
鉄道・電車 1.0
乗合バス 6.2
自家用車 64.4

（国勢調査）

図2

（2020年版「データでみる県勢」）

(4) **図2**は，観光・レクリエーションを目的とした宿泊旅行者数の上位10都道府県（2018年）を示したものである。これを見て，次の問いに答えなさい。

① 次の**X・Y**の文は**図2**で示された都道府県のいずれかを説明したものである。**X・Y**の説明にあてはまる都道府県名をそれぞれ答えなさい。

> **X** 明石市には，日本の標準時子午線である東経135度の経線が通過している。
> **Y** 大河川の河口に日本有数の漁港があり，テーマパーク・レジャーランド数が全国一である。また，海水浴場やゴルフ場の数はそれぞれ全国2位で多くの観光客が訪れている。

② 世界遺産は重要な観光資源である。**図2**に示された10都道府県のうち，世界遺産のない都道府県名を千葉県以外に2つ答えなさい。

(1)	B		D		E	
(2)						
(3)		(4)① X		Y		② ・

2 次の文を読んで，あとの問いに答えなさい。

A 徳川氏は幕府を開き，全国の大名を都合のよいところに配置した。外様大名の毛利氏の領地は現在の▢▢▢県一帯であった。

B 源頼朝の弟である義経たちに率いられた源氏の軍は，壇ノ浦で平氏をほろぼした。

C 薩摩藩の西郷隆盛や長州藩の木戸孝允らが中心となり，幕府をたおす計画を進めた。

D 聖武天皇は都に大仏をつくることを命じた。大仏づくりのために使われた銅の多くは，現在の▢▢▢県美祢市にあった長登銅山から送られた。

E 多くの文化人が戦乱をさけて，大内氏が治める▢▢▢に集った。大内氏は中国や朝鮮とも貿易を行い，幕府をしのぐ経済力をもった。

F 日清戦争に勝利した日本は，下関で清と条約を結び，遼東半島や多額の賠償金を得た。

(1) A〜F の文を年代の古い順に並べかえて，記号で答えなさい。

(2) A・D・E の文中の空欄▢▢▢に共通してあてはまる地名を答えなさい。

(3) 次の①〜④の文は A〜F の文の表す時代のどれと関係が深いか，記号で答えなさい。関係の深い文がないときは G と答えなさい。

① リトアニアの日本領事館にいた杉原千畝は，ユダヤ人たちが日本を通って安全な国へ行けるよう，ビザ(通過証)を発行し続けた。

② 琉球王国は薩摩藩に攻められ，政治を監督されるとともに年貢を取られるようになった。

③ 北里柴三郎は伝染病研究所をつくり，野口英世などの医学者を育てた。

④ 遣唐使や留学生・僧が中国の進んだ文化や学問・技術を学び，中国からは鑑真らが来日した。

(4) A の文について，毛利氏の城下町を次の**ア〜エ**から１つ選び，記号で答えなさい。

ア 萩　**イ** 福岡　**ウ** 鹿児島　**エ** 金沢

(5) B の文について，源頼朝によって国ごとに置かれ，軍事・警察の仕事にあたった御家人のことを何というか，答えなさい。

(6) C の文について，木戸孝允が師事した吉田松陰の私塾を何というか，答えなさい。

(7) D の文について，この大仏のある寺の名を答えなさい。

(8) E の文について，大内氏の保護のもと中国にわたり，水墨画を学んだのはだれか，答えなさい。

(9) F の文について，この条約を結んだにもかかわらず，日本は遼東半島の領有をあきらめた。それはなぜか，答えなさい。

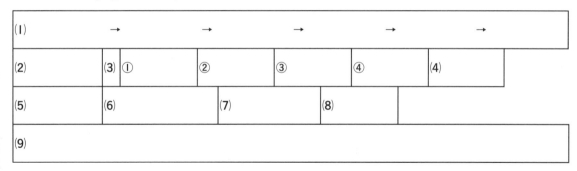

(1)		→		→		→		→		→	
(2)		(3) ①		②		③		④		(4)	
(5)		(6)		(7)		(8)					
(9)											

3 次の文を読んで，あとの問いに答えなさい。

> a内閣は，b内閣総理大臣とc国務大臣によって構成され，全員が出席する　X　において，政策を決定する。そして，内閣の出す命令である　Y　を定めるなど，さまざまな仕事をしている。その下には1府d12省庁，その他の機関があり，これらの機関で働いている人を国家公務員という。内閣は，国会の信認にもとづいてつくられ，国会に対し，連帯して責任を負っている。したがって，内閣不信任決議案が　Z　されたときには，衆議院を解散するか，e総辞職しなければならない。

(1) 空欄　X　～　Z　にあてはまる最も適当な語句を，漢字でそれぞれ答えなさい。

(2) 下線部 a について，内閣の仕事について述べた文として正しいものを次のア～カからすべて選び，記号で答えなさい。

　ア　法律案をつくって，衆議院へ必ず先に提出する。　　イ　外国と結んだ条約を承認する。
　ウ　予算案をつくって，衆議院へ必ず先に提出する。　　エ　憲法の改正を発議する。
　オ　天皇の国事行為への助言と承認を行う。　　　　　　カ　最高裁判所の長官を任命する。

(3) 下線部 b の選び方について述べた文として最も適当なものを次のア～エから1つ選び，記号で答えなさい。

　ア　衆議院議員の中から国会が任命する。　　イ　参議院議員の中から国会が指名する。
　ウ　文民の中から国会が任命する。　　　　　エ　国会議員の中から国会が指名する。

(4) 下線部 c について述べた文として誤っているものを次のア～エから1つ選び，記号で答えなさい。

　ア　過半数は国会議員でなければならない。　　イ　17名以下でなければならない。
　ウ　国会によって指名され，天皇が任命する。　エ　文民でなければならない。

(5) 下線部 d について，次の1～4の仕事をになう省をあとのア～クから1つずつ選び，それぞれ記号で答えなさい。

　1　行政・地方自治・情報通信・選挙　　2　土地の利用・開発や道路の整備，気象
　3　医療・福祉の発展，雇用や働き方　　4　資源の確保やエネルギー・貿易

　ア　外務省　　　　イ　経済産業省　　ウ　文部科学省　　エ　総務省
　オ　国土交通省　　カ　法務省　　　　キ　厚生労働省　　ク　環境省

(6) 下線部 e について，内閣が総辞職しなければならない場合として正しいものを次のア～エから1つ選び，記号で答えなさい。

　ア　衆議院議長もしくは参議院議長が辞職した場合。
　イ　衆議院議員総選挙のあと，特別国会が召集された場合。
　ウ　ほかの国務大臣が死亡した場合，あるいは病気で入院して仕事ができない場合。
　エ　内閣がつくった法律案や予算案が否決された場合。

(1)	X		Y		Z		(2)		(3)		(4)	
(5)	1		2		3		4		(6)			

第1章 地 理

1 世界と日本

■ステップ1 まとめノート　　本冊 → p.6〜p.7

1
① 太平洋　② ユーラシア　③ 赤道
④ 明石市

2
⑤ 環太平洋造山帯　⑥ ナイル川
⑦ ロシア連邦　⑧ バチカン市国　⑨ 中国

3
⑩ 200海里　⑪ 南鳥島　⑫ 沖ノ鳥島
⑬ 竹島　⑭ 尖閣諸島　⑮ 38　⑯ 少子高齢
⑰ 過密　⑱ 過疎

4
⑲ 消防署　⑳ 工場　㉑ 図書館　㉒ 病院
㉓ 畑　㉔ 果樹園　㉕ 広葉樹林
㉖ 針葉樹林　㉗ 急　㉘ ゆるやか
㉙ 扇状地　㉚ 三角州

解説

1 ①**太平洋**は，三大洋の中で最も広い。

②**ユーラシア大陸**は，六大陸のうち最も広い大陸で，アジア州とヨーロッパ州が位置している。

2 ⑤**環太平洋造山帯**に属する山脈には，北アメリカ大陸の**ロッキー山脈**や南アメリカ大陸の**アンデス山脈**などがある。

⑦ロシア連邦の国土面積は日本の国土面積の約45倍もある。

⑧バチカン市国はイタリアの首都ローマ市内にあり，その面積は約0.44 km²で，東京ディズニーランド（0.52 km²）よりもせまい。

3 ⑩1海里は約1.85 kmで，海岸線から12海里までを**領海**，海岸線から200海里以内の領海を除いた水域を**排他的経済水域**という。

⑰・⑱過密化が進んだ大都市では，交通渋滞・大気汚染・ごみ問題などの都市問題が発生している。
過疎地域の中でも，65才以上の高齢者の割合が人口の50％をこえ，社会的な共同生活の維持が困難な状況にある集落のことを**限界集落**という。

4 ㉗・㉘等高線の間隔がせまいほどかたむきが急，間隔が広いほどかたむきはゆるやかになる。

㉙扇状地は水はけがよいため，稲作には適さず果物などの栽培に利用されることが多い。

レッツトライ！ 〜中学入試頻出問題〜

13 時間 30 分

■ステップ2 実力問題　　本冊 → p.8〜p.9

1
(1) A—ア　B—ウ　C—エ
(2) イギリス　(3) ウ　(4) 南極大陸
(5) 竹島

2
(1) A—ア　B—オ
(2) C—北方領土　D—ロシア連邦
　G—東京都
(3) E—択捉　F—与那国　H—沖ノ鳥

3
(1) エ　(2) A—イ　B—ウ　C—ア

4
(1) 3分　(2) エ　(3) ア

解説

1 (1) Bの経線は明石市を通る東経135度より東にあるので東経140度となる。

(2) Aは経度0度の経線で**本初子午線**といい，イギリスのロンドンにある旧グリニッジ天文台を通っている。

2 (3) 沖ノ鳥島の護岸工事は，島が海面下にしずむと，半径が200海里の円の面積とほぼ等しい広大な**排他的経済水域**が失われることを防ぐために行われた。

3 (2) 人口ピラミッドは，多産多死の**富士山型**(C)，社会が成熟してくると，**つりがね型**(A)を経て，少産少死の**つぼ型**(B)に変化する。

⚠ ココに注意

(1) 日本など先進国では少子高齢化が進んでいるが，アフリカなどの発展途上国では人口爆発と呼ばれる急激な人口増加が見られる。

---

4 (3) 駐車場と学校の間には駐車場より標高が高い斜面があるので，学校は見えない。

✔ チェック！自由自在

① 日本の領土問題

領 土	道県	内 容
北方領土	北海道	**ロシア連邦**が不法占拠している。
竹 島	島根県	**韓国**が領有権を主張。現在，警備隊を置いて不法占拠。
尖閣諸島	沖縄県	**中国**が領有権を主張。日本は領土問題の存在を認めず，2012年に国有化。

② 排他的経済水域では，石油などの海底資源や魚介類などの水産資源は，沿岸国が利用する権利をもっている。

③ 主曲線（細い線）は，2万5千分の1地形図では10 mごと，5万分の1地形図では20 mごとに引かれている。

① (1) ア　　(2) キ　　(3) ウ

② (1) ア　　(2) ウ　　(3) イ

　(4) フィリピン

③ (1) ア

　(2) (例) 合併後に公共サービスが減り, そ
　　の近くの高齢者が利用しにくくなった。

④ (1) ア　　(2) A—ア　B—エ　C—ウ

解説

①(1) 地図2は南極を中心とする正距方位図法の地図
　で, A国は南アメリカ大陸に位置する**ア**である。
　(2) 緯線の長さは赤道が最も長くなるので, 赤道上
　にある**キ**が最も長い。

⚠ ココに注意

(3) 方位ときょりが正しい正距方位図法は航空図に利用され, 緯線と経線が直角に交わるメルカトル図法は航海図に利用されている。

②(1) 四国は北海道よりも小さく, 東西方向のきょり
　は北海道と比べて短い。
　(2) 与那国島は沖縄県に属し, 島民のほか, 自衛隊
　員とその家族が住んでいる。また, 南鳥島の領
　土をめぐって**エ**のような事実はない。
　(3) **X**と沖ノ鳥島の緯度の差は約14度なので, 直線
　きょりは, 40000×14÷360＝1555.55… より, **イ**
　の約1550 km となる。
　(4) 与那国島の南にはフィリピンがある。

③(2) 市町村の合併にともない, 公共サービスも統廃
　合され, 廃止された公共サービスの近くの高齢
　者が利用しにくくなった。

④(2) **C.** 原寸の地図上で3 cmなので, 実際のきょり
　は 3×25000＝75000(cm)＝750(m) となる。し
　たがって, 最も近い**ウ**の 800(m)を選ぶ。

📖 なるほど! 資料

📖 面積の広い国・人口の多い国

	面積の広い国(万 ㎢)		人口の多い国(億人)	
1位	ロシア連邦	1709.8	中　国	14.34
2位	カナダ	998.5	インド	13.66
3位	アメリカ合衆国	983.4	アメリカ合衆国	3.29
4位	中　国	960.0	インドネシア	2.71
5位	ブラジル	851.6	ブラジル	2.11

(面積は 2017 年。人口は 2019 年)　(2019/20 版「世界国勢図会」)

2　日本の自然と特色のある地域

① ① フォッサマグナ　② 4 分の 3(75%)
　③ 奥羽山脈　④ 木曽山脈　⑤ 阿蘇山
　⑥ カルデラ　⑦ 最上川　⑧ 信濃川
　⑨ 利根川　⑩ 琵琶湖　⑪ 庄内　⑫ 越後
　⑬ 関東　⑭ リアス海岸　⑮ 三陸海岸

② ⑯ 温帯　⑰ 季節風　⑱ 黒潮(日本海流)
　⑲ 親潮(千島海流)　⑳ やませ
　㉑ 対馬海流　㉒ 南東　㉓ 北西　㉔ 梅雨
　㉕ 台風　㉖ フェーン現象

③ ㉗ 抑制　㉘ 輪中　㉙ 防風林　㉚ 酪農

解説

①① フォッサマグナの西の端にあたる糸魚川市(新潟)
　と静岡市(静岡)を結ぶ線を糸魚川-静岡構造線と
　いう。
　④ **日本アルプス**は, 北から飛騨山脈・木曽山脈・赤
　石山脈の 3 つの山脈が連なり「日本の屋根」とも
　呼ばれる。
　⑧ 信濃川は国内最長の河川で, 下流には越後平野が
　広がっている。
　⑩ 琵琶湖は滋賀県の総面積の約 6 分の 1 をしめる。
　琵琶湖の水は瀬田川, 宇治川, 淀川を流れ, 大阪
　湾に注ぐ。
　⑬ 関東平野には火山灰が積もってできた**関東ローム**
　が広がっている。

②⑱・⑲ **黒潮**と**親潮**がぶつかる三陸沖には, 養分が豊
　富な**潮目**(潮境)ができ, よい漁場となっている。
　⑳ 初夏〜夏に東北地方の太平洋岸では, **やませ**と呼
　ばれる冷たい北東風の影響で気温が上がらず, **冷
　害**を引きおこすことがある。
　㉖ **フェーン現象**は, しめった風が山地をこえるとき,
　高温の乾燥した風となってふき下ろし, 気温が異
　常に上がる現象である。

③㉗ 夏でもすずしい気候を生かして, 野菜などの出荷
　時期をおくらせる栽培方法を**抑制栽培**という。ま
　た, 宮崎平野や高知平野などでは, 冬でも暖かい
　気候を生かして, 出荷時期を早める**促成栽培**が行
　われている。

🏃 レッツトライ! 〜中学入試頻出問題〜

① 讃岐平野　　② ため池

ステップ2 実力問題　本冊 → p.14～p.15

① (1) X—石狩平野　Y—奥羽山脈
　　 Z—信濃川
　 (2) A—エ　B—ア　C—ウ　D—イ

② イ・エ

③ ウ

④ (1) 75　(2) ウ　(3) ア

解説

① (2)雨温図の**イ**は夏に**降水量が多い**ので太平洋側の気候，**エ**は冬に**降水量が多い**ので日本海側の気候である。降水量が少ない**ア**と**ウ**のうち，気温差が大きい**ア**が中央高地の気候である。

② **ア**．オホーツク海沿岸には**流氷**が流れてくるが，夏に濃霧が発生するのは，親潮が流れる太平洋岸の地域なので誤り。**ウ**．日本アルプスの3つの山脈は，1000 mではなく，3000 m級の山々が連なっているので誤り。

③ **ウ**．**やませ**は，西ではなく北東からふく冷たい風なので誤り。

⚠ ココに注意

③ 夏に冷害がおこる地域…北海道の太平洋岸では濃霧が発生して冷害がおこる場合がある。東北地方の太平洋岸ではやませの影響で冷害がおこることがある。

④ (2)台風による強風を防ぐために，家の周りが石垣で囲まれている**ウ**である。**ア**は岐阜県の白川郷などで見られる合掌造りの民家，**イ**は東南アジアなどで見られる高床式の住居。
(3)**ア**．抑制栽培は，長野県や群馬県の高原などで行われている，夏でもすずしい気候を生かし，出荷時期をおくらせる栽培方法である。

✔ チェック！自由自在

① 6気候区の特徴

気候区	特徴
北海道	平均気温が低く，1年を通じて降水量も少ない。
太平洋側	夏に雨が多い。
日本海側	冬に雨や雪が多い。
中央高地	1年を通じて降水量が少なく，夏冬，昼夜の気温差が大きい。
瀬戸内	1年を通じて降水量が少なく，温暖。
南西諸島	1年を通じて気温が高く，雨が多い。

ステップ3 発展問題　本冊 → p.16～p.17

① (1) イ　(2) イ・エ
　 (3)① フォッサマグナ　② ア
　 (4)(例)すぐに海に流れ出して(10字)

② (1)高田—オ　名瀬—ウ
　 (2) A—緯度　B—梅雨　C—北西
　　　D—南東　E—大きい　F—中国
　　　G—四国
　 (3)(例)海からのきょりが遠いため，上空の水蒸気量が少なく晴れる日が多いから。
　 (4)ため池

③ オ

解説

① (1)小笠原諸島付近では，フィリピン海プレートと太平洋プレートとが接している。
(2)**ア**．能登半島より佐渡島の方が北に位置する。
ウ．黒部川より庄内平野の方が北に位置する。
オ．男鹿半島より下北半島の方が北に位置する。
(3)② **A**の側から，越後山脈があり，**B**に近づくにつれて関東平野が広がるので**ア**となる。

⚠ ココに注意

(4)日本は山がちなため，日本の川は外国(大陸)の川と比べて，長さが短く，流れが急である。

② (2)北海道は緯度が高いため，平均気温が低く，沖縄は緯度が低いため，平均気温が高い。季節風がふく方向は，夏は南東，冬は北西である。
(3)海からのきょりが遠いため，空気にふくまれる水蒸気の量が少なくなるため，年間の降水量が少なく，晴れた日が多くなる。
(4)香川県の**讃岐平野**は，瀬戸内の気候のため降水量が少なく，水不足に備えるため，古くから**ため池**が多くつくられてきた。しかし，ため池だけでは水不足が解消しないため，吉野川から水を引く**香川用水**が1978年につくられた。

③ **X**は鳥取県で県庁所在地の鳥取市は日本海沿岸なので，冬に降水量が多い日本海側の気候となるので冬の降水量が最も多い**C**。**Y**は兵庫県で県庁所在地の神戸市は瀬戸内海沿岸なので，1月の降水量が少なく，比較的温暖な**A**となる。**Z**は奈良県で県庁所在地の奈良市は内陸部に位置しているので，1年を通して降水量が少なく，1月と7月の気温の差が大きい**B**となる。

3 日本の農業・水産業と食料生産

ステップ1 まとめノート 本冊 → p.18～p.19

1
① 集約(的)農業　② 食糧管理　③ 東北
④ 日本の米ぐら(穀倉地帯)　⑤ 減反政策
⑥ 近郊農業　⑦ 促成　⑧ 抑制　⑨ りんご
⑩ みかん　⑪ ぶどう　⑫ 甲府　⑬ 静岡県
⑭ てんさい　⑮ い草　⑯ 乳牛　⑰ 肉牛

2
⑱ 潮目　⑲ 大陸棚　⑳ えび　㉑ 沖合漁業
㉒ 遠洋漁業　㉓ はえなわ漁法
㉔ 定置あみ漁法　㉕ 銚子　㉖ 焼津
㉗ 排他的経済水域　㉘ かき

3
㉙ 地産地消　㉚ トレーサビリティー

解説

1 ①アメリカ合衆国などでは，広大な土地で大型機械を使って大規模な農業をしている。
⑦冬でも暖かい気候の宮崎平野や高知平野などでさかんである。ピーマンやなすなどを栽培。
⑧夏でもすずしい気候の八ケ岳山ろくの野辺山原や群馬県の嬬恋村などでさかんである。おもにレタスやキャベツ，はくさいなどの高原野菜を栽培している。

2 ⑱三陸沖の黒潮と親潮がぶつかるところで，よい漁場となっている。
⑲東シナ海などに広がっている，深さが約200mくらいまでのかたむきがゆるやかな海底。プランクトンが繁殖して，よい漁場となっている。
⑳ベトナムからの輸入が最も多く，次いでインド，インドネシアの順となっている(2017年)。
㉑10t以上の中型船を使って，200海里以内の近海で行われる。
㉓遠洋漁業でまぐろをとるために用いられる。
㉕利根川の河口に位置する。
㉖水産加工会社の大型冷凍倉庫が立ち並んでおり，水産加工業もさかんである。
㉗海岸線から200海里までの海域で，沿岸国が水産物や鉱産資源を利用できる権利をもつ。

3 ㉙地元の農林水産業を支援するだけでなく，輸送時に使われる化石燃料も少なくてすむため，地球にやさしいと考えられている。

レッツトライ！ ～中学入試頻出問題～

A

ステップ2 実力問題 本冊 → p.20～p.21

1 (1) 庄内平野　(2) たな田
(3) ① A―促成　B―早く
　　C―抑制　D―おそく
　② エ　③ 地産地消
(4) ① A―長野　B―千葉　② ウ

2 ア

3 (1) 沿岸漁業
(2) (例)人工的に卵をかえして稚魚を育て，海や川に放流したのち，成長したものをとる漁業。
(3) D　(4) エ　(5) イ

解説

1 (1)最上川の流域に広がる庄内平野では，「はえぬき」という銘柄の米の生産がさかんである。
(3)②アメリカ合衆国からは小麦やとうもろこし，ブラジルからは肉類やコーヒー豆，タイからは魚介類などの輸入が多い。

2 近年，労働が大変なことや外国産の安い肉や畜産物の輸入が増えていることなどから，酪農家の戸数は減少傾向にある。

3 (1)Aは沖合漁業，Bは遠洋漁業，Cは沿岸漁業である。
(4)遠洋漁業が衰退した理由は，排他的経済水域の設定で漁場が制限されたことが大きい。

ココに注意

(1)沿岸漁業は10t未満の小型船，沖合漁業は10t以上の中型船，遠洋漁業は数百t以上の大型船を使って行われる。

チェック！自由自在

① 石狩平野―石狩川，秋田平野―雄物川，庄内平野―最上川，仙台平野―北上川，越後平野―信濃川，筑紫平野―筑後川，などを覚えておこう。
② バナナ…フィリピン，エクアドル
オレンジ…アメリカ合衆国，オーストラリア
グレープフルーツ…南アフリカ共和国，アメリカ合衆国
レモン・ライム…アメリカ合衆国，チリ
③ **かき…広島湾，仙台湾**
のり…有明海
ほたて貝…サロマ湖，陸奥湾
真珠…英虞湾・宇和海

ステップ3 発展問題　本冊 → p.22〜p.23

1 (1) ウ　(2) エ　(3) イ
(4)（例）高齢化が進み，高齢者が農作業を行うことが大変になったり，農家1世帯あたりの農業就業者が年々減少し，人手不足になったりしているため。

2 (1) イ　(2) ウ

3 (1) 大豆—エ　牛肉—ウ
(2) アメリカ合衆国　(3) みそ

解説

1(1) Xは北海道が1位で，宮崎や鹿児島が上位に入っていないので乳牛である。Yは鹿児島・宮崎が上位なのでぶたとなる。

(2) Bは愛知県である。**ア．**長野県や群馬県などの高原地域で行われる。**イ．**扇状地は，おもに果物づくりに利用されている。**ウ．**キャベツとうもろこしを組み合わせた輪作が行われている。

(4)農業就業人口の60％以上が65才以上で，農作業が困難になってきていることや，若い世代の農業従事者の減少が著しく，人手不足になっていることなどが考えられる。

2(1) 静岡県と山梨県にまたがる**富士山**が世界文化遺産に登録されている。また，静岡県伊豆の国市には，**明治日本の産業革命遺産**として世界文化遺産に登録された韮山反射炉がある。

(2) **ア．**1995年の漁業生産量の合計は約700万tである。**イ．**ピーク時が約700万t，2018年は約200万tなので4分の1以下にはなっていない。**エ．**遠洋漁業は，ピーク時の約400万tから10分の1以上減っている。

3(1)大豆の自給率は約7％（2017年）で**エ**，牛肉はぶた肉よりも低い**ウ**。**ア**は米，**イ**はとり肉。

なるほど！資料

■おもな農産物の生産割合

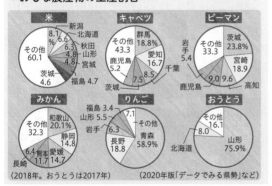

（2018年。おうとうは2017年）　（2020年版「データでみる県勢」など）

4　日本の工業

ステップ1　まとめノート　本冊 → p.24〜p.25

1 ① 鉄鋼業　② 石油化学コンビナート
③ せんい工業　④ 食料品工業
⑤ 貿易摩擦　⑥ 現地生産
⑦ ベルトコンベア　⑧ 溶接　⑨ 関連工場
⑩ ジャスト・イン・タイム
⑪ ハイブリッドカー　⑫ 燃料電池
⑬ 西陣織　⑭ 輪島塗　⑮ 岩手県

2 ⑯ 300　⑰ 下請け　⑱ 太平洋ベルト
⑲ 印刷業　⑳ 豊田　㉑ よう業　㉒ 四日市
㉓ 中小工場　㉔ 八幡製鉄所　㉕ 倉敷
㉖ 静岡県　㉗ 浜松　㉘ 製紙・パルプ
㉙ 化学工業　㉚ 工業団地

解説

1①日本の近代鉄鋼業は，福岡県につくられた**八幡製鉄所**の操業(1901年)により始まった。

②石油精製工場と石油化学工場がパイプラインで結ばれ，電力を供給する火力発電所もつくられている。石油を運んでくるタンカーが接岸しやすい太平洋側の臨海部に形成されている。

⑥**貿易摩擦**をさけるためにとられた手段で相手国に工場を建設し，現地の人をやとうことで，現地の人の働く機会が増えるという長所がある。

⑧危険をともなう作業であるため，近年は**産業用ロボット**によって作業を行うことが多い。

2⑲首都の東京は，多くの情報が集まるため，出版社などが多く集まっている。そのため，ほかの府県よりも印刷業の割合が高くなっている。

⑳自動車会社の本社があり，周辺に関連工場が立ち並ぶ。市の産業の大部分がこの自動車会社関連でしめられる**企業城下町**である。

㉑瀬戸焼などの陶磁器の生産がさかんである。

㉔鉄の生産に必要な鉄鉱石の輸入先である中国に近く，石炭も地元から豊富に産出されたことが，北九州につくられた大きな理由であった。

㉘富士山の豊富なわき水を利用している。

㉙市原市を中心に石油化学コンビナートが広がる。

㉚多くが高速道路沿いにつくられている。

レッツトライ！〜中学入試頻出問題〜

① 地場（産業）　② ウ

■■ ステップ2 実力問題　　本冊 → p.26〜p.27

1 (1)イ　　(2)B—イ　E—エ　　(3)ウ
　　(4)A—中京工業地帯
　　　B—京浜工業地帯
　　　C—関東内陸(北関東)工業地域

2 (1)9　　(2)ウ　　(3)エ
　　(4)石油化学コンビナート

3 エ

4 a—キ　b—ウ　c—イ

解説

1 (1)ア．ボーキサイトの精製が難しいため，アルミニウム工業は限られたところで行われている。
　ウ．石灰石はほぼ国内で自給できている。
　エ．現在，化学せんいの生産の方が天然せんいよりも多くなっている。
(3)半導体(IC)工場は，東北や九州地方の高速道路沿いの内陸部にも進出している。
(4)出荷額が最も多いAは愛知県。製造品出荷額合計にしめる割合が高く，製造品出荷額合計がBより少ないCが群馬県である。

2 (1)茨城・千葉・埼玉・神奈川・静岡・愛知・三重・大阪・兵庫の9府県である。

3 出荷額はほぼ半々なので，従業者数が多い中小工場の方が1人あたりの出荷額は小さくなる。

!ココに注意

3 大工場は，工場数や従業者数は少ないが，出荷額の合計や1人あたりの出荷額は中小工場よりも大きい。

4 aは佐賀県，bは石川県，cは岩手県の伝統的工芸品。

✓チェック!自由自在

① 鉄鋼…ほとんどが太平洋ベルトの沿岸部に分布しているが，北海道の室蘭にも見られる。
　IC…九州地方や東北地方の内陸部にも見られる。
　石油化学…太平洋ベルトの沿岸部のみに見られる。
　自動車…東海地方と関東地方内陸部に特に集中している。
② 中小工場は設備が小規模で大量生産はできないが，高い技術力を生かして，大工場ではつくり出せない，少量でも品質の高い製品を生産しているところがある。
③ 織物…西陣織(京都府)，小千谷ちぢみ(新潟県)
　陶磁器…九谷焼(石川県)，清水焼(京都府)，備前焼(岡山県)，有田焼(佐賀県)
　漆器…輪島塗(石川県)，津軽塗(青森県)
　その他…南部鉄器(岩手県)，天童将棋駒(山形県)

■■ ステップ3 発展問題　　本冊 → p.28〜p.29

1 (1)(例)輸出を制限したり，現地生産を行ったりするようにした。
　(2)エ
　(3)記号—ウ
　　理由—(例)化学のしめる割合が特に高いため。

2 (1)① 北陸　② 豊田
　(2)A—福井県　B—愛知県　C—大阪府
　(3)① イ　② オ
　(4)Ⅰ—ウ　Ⅱ—イ　Ⅲ—ア

3 (1)X—鹿児島県　Y—神奈川県
　　Z—広島県
　(2)A—ウ　B—オ　C—ア

解説

1 (2)北海道の室蘭など，太平洋ベルト以外の地域にも製鉄所が見られるので，エは誤りである。

2 (2)Aはめがねフレームから福井県。
(3)①水だけを排出するのは燃料電池自動車。
　②近年，自動車の生産や輸出はそれほど大きな変化はないので，Yが自動車。割合がいちばん高いaが生産台数である

3 (1)Xは大島つむぎから鹿児島県，Yは小田原・箱根から神奈川県，Zは熊野筆から広島県。
(2)イは島根県，エとカは山口県，キは沖縄県の伝統的工芸品である。

📖なるほど!資料

■工業地帯，工業地域の製造品出荷額等の構成

	機械	金属	化学	食料品	その他
京浜工業地帯	49.4%	8.9	17.7	11.0	13.0
中京工業地帯	69.4%		9.4	6.2	10.3
阪神工業地帯	36.9%	20.7	17.0	11.0	14.4
北九州工業地帯(地域)	46.6%	16.3	5.6	16.9	14.6
瀬戸内工業地域	35.1%	18.9	21.8	8.1	16.1
関東内陸工業地域	45.9%	11.6	9.6	15.1	17.8
東海工業地域	51.7%	7.8	11.0	13.7	15.8
北陸工業地域	40.7%	16.8	12.8	9.4	20.3
京葉工業地域	13.1%	21.5	39.9	15.8	9.7

(2017年)　　(2020年版「日本のすがた」)

5 日本の運輸・貿易と情報産業

ステップ1 まとめノート　本冊 → p.30～p.31

1
① エネルギー革命　② 地球温暖化
③ バイオエタノール(バイオ燃料)
④ 再生　⑤ 放射能　⑥ 石灰石
⑦ レアメタル　⑧ モーダルシフト
⑨ 高速道路　⑩ 宅配便　⑪ タンカー
⑫ コンテナ船　⑬ 電子部品(半導体)
⑭ ハブ空港

2
⑮ 需要量　⑯ 加工貿易　⑰ 産業の空洞化
⑱ 貿易摩擦　⑲ 食料自給率　⑳ 中国
㉑ 原油(石油)　㉒ アメリカ合衆国
㉓ ブラジル　㉔ オーストラリア
㉕ 成田国際空港　㉖ 自動車

3
㉗ 携帯電話(スマートフォン)
㉘ インターネット　㉙ マスメディア
㉚ マスコミュニケーション(マスコミ)

解説

1 ③燃やしても植物が吸収していた二酸化炭素を放出するだけという考えから環境にやさしいとされる。また,新しいエネルギー資源として,**シェールガス**も注目されている。

④自然界で再生し,くり返し利用できるエネルギーのことで,**自然エネルギー**ともいう。二酸化炭素を排出しないという長所がある一方,発電の効率が悪いなどの問題点もある。

⑤ 1986年,ウクライナの**チェルノブイリ原子力発電所**で事故がおこり,大量の放射性物質が拡散した。

2 ⑮需要量と供給量が一致したときの市場価格を**均衡価格**という。

⑱特にアメリカ合衆国との間で,自動車をめぐって深刻な**貿易摩擦**がおこった。

⑳中国は輸出・輸入の金額がともに最大で,日本が大幅な貿易赤字となっている。

3 ㉗スマートフォンなどによる**SNS(ソーシャル・ネットワーキング・サービス)**が普及している。

㉙新聞・テレビ・ラジオ・雑誌などがある。インターネットの普及にともない,新聞の発行部数は減少傾向にある。

レッツトライ! ～中学入試頻出問題～

A―成田国際空港　　B―横浜港

ステップ2 実力問題　本冊 → p.32～p.33

1 (1) ア　　(2) ア
2 (1) 鉄鉱石―ウ　木材―イ　　(2) 加工
(3) (例)輸出品を鉄道やトラックに積みかえるのに便利である。
(4) ア　　(5) カ
3 (1) ウ　　(2) ウ

解説

1 (1)現在,発電エネルギー源の大部分をしめているのは**火力発電**である。**原子力発電**については,2011年の**東日本大震災**後,全国の原子力発電所が順次稼働を停止し,2012年5月にはすべて停止状態となった。2019年末時点では,新基準での審査に合格した15基のうちの9基が再稼働しているが,その割合は大きく低下している。

(2)**ア**は原子力,**イ**は太陽光,**ウ**は風力,**エ**はバイオマス発電である。

2 (1)鉄鉱石と石炭の輸入はオーストラリアが最も多く,次いでブラジルが多いものが鉄鉱石である。建築資材として使われる木は針葉樹が多く,冷帯地域で針葉樹が多く見られるカナダやロシア連邦などからの輸入が多い。

(3)港から各地へ運ぶ必要があるが,その際,コンテナごとにトラックなどに積みかえればよいので便利である。

(4)かつてはせんい品の輸出が多かったが,高度経済成長期以降,自動車などの機械類の輸出が増加した。また,近年は,海外で現地生産した製品の輸入が増えたことから,輸入品目も機械類が最も多くなっている。

(5)Xは,輸送するきょりが長いことから航空である。鉄道は,自動車よりも一度に多くの貨物を運ぶことができることから,1tあたりのきょりがZよりも長いYである。

ココに注意

(4)日本の貿易は,現在,輸出入とも機械類の割合が最も高く,鉱産資源の輸入では原油のしめる割合が高い。

3 (1)2000年以降,急激に増加している**イ**がインターネットである。**ア**はテレビ,**ウ**は新聞,**エ**はラジオである。

(2)**ウ**.大きな事故や災害などが発生したとき,誤った情報がツイッターなどのSNS上で拡散する場合がある。

第1章　第2章　第3章　第4章　第5章　第6章　中学入試予想問題

✔チェック!自由自在

① 各発電方法の長所と短所

	長　所	短　所
火力発電	・発電所の建設費用が比較的安い ・発電量を調整しやすい	・燃料に限りがある ・二酸化炭素を発生させ，地球温暖化の原因となる
水力発電	・二酸化炭素を発生させない	・発電所の建設費用が高い ・ダム建設によって環境が破壊される
原子力発電	・二酸化炭素を発生させない ・大きなエネルギーを発生させる	・大事故をおこす危険性があり，放射性廃棄物の処理にも課題がある
風力・太陽光発電	・二酸化炭素を発生させない	・発電量が不安定 ・費用がかかる

② アジアの国々は，日本と比べ，1人あたりの賃金が非常に安く，また，人口が多く労働力が豊富なため。

③ 各交通の長所と短所

	長　所	短　所
自動車	・自由に移動できる ・目的地まで積みかえや乗りかえの手間がいらない	・運べる量が少ない ・大気汚染や渋滞の原因となる ・地球温暖化を加速
鉄道	・エネルギー効率がよく，環境にやさしい ・時間に正確	・鉄道のある地域しか輸送できない ・積みかえや乗りかえの手間がかかる
船舶	・重量のあるものを大量に運ぶことができる ・輸送費が安い	・移動速度がおそい ・港から港までしか輸送できない
航空機	・移動速度が速い	・輸送費が高い ・重量のあるものや大型の物は運べない ・近きょりの移動では利用できない

④ インターネットを使う場合の問題点

・**コンピューターウイルス**…ほかのパソコンを攻撃したり，データをこわしたり，不正な働きをするプログラム。

・**個人情報の流出**…個人を特定する氏名などが流出する危険がある。

・**プライバシーの侵害**…個人の私生活などの情報が勝手に公開されることがある。

・**サイバー犯罪**…コンピューターネットワーク上で行われる犯罪。

ステップ3　発展問題　　　　本冊 → p.34〜p.35

1 (1) (例)火力発電所は，原油(石油)などの原料を輸入するのに便利な臨海部に多いので●である。

(2) エ

2 (1) (例)多量の貨物を運ぶためのエネルギー消費量が少なく，二酸化炭素の排出量も少ないため環境によいという点。

(2) A─韓国　B─アメリカ合衆国　C─フランス

3 A─イ　B─エ　C─オ　D─ウ　E─ア

4 エ

解説

1 (1)水力発電所は，山間部にダムを建設する必要があるので，内陸部に分布している■である。火力発電所は，鉄鋼業や石油化学工業が発達し，石油などを輸入するのに便利な臨海部に多くつくられている。

(2)**エ**．太陽光や風力よりも石油火力の方が，発電にかかる費用は高い。

2 (1)鉄道による輸送は自動車輸送に比べエネルギー効率がよく，二酸化炭素の排出も少なく環境にやさしいことなどから，見直されてきている。

(2)韓国は，日本と同じく輸入相手国がアメリカ合衆国などきょりが遠い国が多いので平均輸送きょりが長い**A**である。アメリカ合衆国は食料輸入量が日本に次いで多い**B**，フランスは同じヨーロッパのドイツと平均輸送きょりがほぼ同じ**C**と判断する。

3 選択肢の国を先に判断する方がよい。選択肢の**ア**は，「多くの日本人の移住」から**ブラジル**，**イ**は**アメリカ合衆国**，**ウ**は「メッカ」から**サウジアラビア**，**エ**は「経済特区」から**中国**，**オ**は「儒教」から**韓国**と判断する。表中の**A**は輸出入の金額が多く，**航空機**を輸入していることからアメリカ合衆国，**B**は輸出入の金額が最も多いことから中国，**D**は原油からサウジアラビア，**E**は**鉄鉱石**と**コーヒー**からブラジル，残った**C**は韓国と判断する。

4 **ア**．現在，医療ネットワークで**遠隔医療**や**在宅医療**が行われている。**イ**．災害が発生した際には，**緊急地震速報**などが発信される。**ウ**．インターネット上の情報には根拠のない不正確な情報も多い。

8

なるほど！資料

■おもな国の発電割合

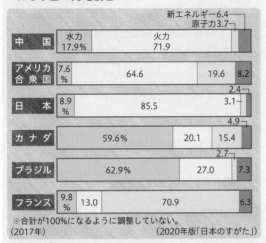

※合計が100%になるように調整していない。
（2017年）　（2020年版「日本のすがた」）

■日本のおもな輸入品と輸入先

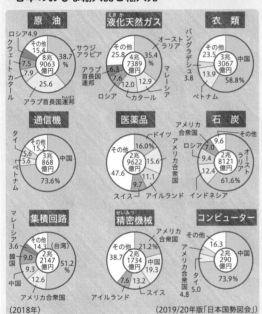

（2018年）　（2019/20年版「日本国勢図会」）

■日本のおもな輸出品と輸出先

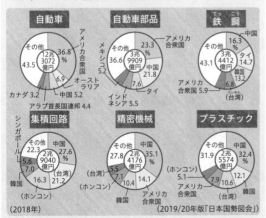

（2018年）　（2019/20年版「日本国勢図会」）

---

6 国土の環境保全

ステップ1 まとめノート　　本冊 → p.36〜p.37

1　① 津波　② 冷害　③ 干害
④ ハザードマップ（防災マップ）
⑤ 緑のダム（自然のダム）　⑥ 間伐

2　⑦ 足尾銅山　⑧ 騒音
⑨ 有機水銀（メチル水銀）　⑩ 水俣病
⑪ 亜硫酸ガス　⑫ 四日市ぜんそく
⑬ カドミウム　⑭ イタイイタイ病
⑮ 阿賀野川　⑯ 温室効果
⑰ フロン（フロンガス）　⑱ オゾン

3　⑲ 公害対策基本法　⑳ 環境庁
㉑ 環境基本法
㉒ 環境影響評価法（環境アセスメント法）
㉓ ストックホルム　㉔ 国連人間環境会議
㉕ リオデジャネイロ
㉖ 国連環境開発会議（地球サミット）
㉗ 京都議定書　㉘ ラムサール
㉙ 世界遺産条約
㉚ ナショナルトラスト運動

解説

1　⑥間伐で伐採された木は割りばしなどに利用される。

2　⑦渡良瀬川に流出した鉱毒で，川の魚が死んだり作物がかれたりするなどの被害がおきていた。
⑰かつては，エアコンや冷蔵庫の冷媒や電子部品の洗浄，ヘアスプレーなどに広く用いられていた。

3　㉗2008年から2012年までの間に先進国全体で温室効果ガスの排出量を，1990年度に比べて5％以上削減することを目標とした。
㉘2019年現在，日本では52か所が登録されている。
㉙1972年の**ユネスコ**（国連教育科学文化機関）総会で採択，1975年に発効した。2019年現在，日本では世界自然遺産に次の4か所が登録されている。
・**知床**…貴重な生態系が残されている。
・**白神山地**…ぶなの原生林が広がっている。
・**屋久島**…縄文すぎとも呼ばれる屋久すぎが自生。
・**小笠原諸島**…固有生物・植物が多く見られる。

レッツトライ！ 〜中学入試頻出問題〜

① ハザードマップ（防災マップ）
② ウ

1 (1)イ　(2)間伐(かんばつ)
2 ウ
3 (1)Ｘ—富山　Ｙ—熊本　Ｚ—三重
　(2)神通川(じんづう)　(3)カドミウム
　(4)阿賀野川(あがの)
　(5)Ａ—イタイイタイ病　Ｂ—水俣病(みなまた)
4 (1)リオデジャネイロ
　(2)Ｄ・エ　(3)ウ

解説

1 (1)イ．日本の森林面積にしめる割合(わりあい)は，人工林より天然林の方が大きい。
(2)間伐をすることで樹木へ日光が届(とど)くようにして森林の生長をうながす。

2 2017 年における公害に対する苦情(くじょう)は，騒音(そうおん)に関するものが最も多く，以下，**大気汚染・廃棄物の投棄(あくしゅう)・悪臭(すいしつおだく)・水質汚濁**の順になっている。

3 (1)Ａ は，激しい痛みがあることから**イタイイタイ病**といわれ，**富山県**で発生した。Ｂ は，工場からの廃水中の物質(有機水銀)(げんいん)が原因となって，**熊本県**で発生した**水俣病**である。新潟水俣病はその後，1965 年に確認(かくにん)された。Ｃ は，石油化学コンビナートから出たけむりにふくまれる亜硫(ありゅう)酸ガスが原因となって，**三重県の四日市市(よっかいち)**で発生した**四日市ぜんそく**である。
(2)・(3)イタイイタイ病は神通川上流の鉱業所(こうぎょう)から流れ出た**カドミウム**が原因である。
(4)阿賀野川流域(りゅういき)で発生した**新潟水俣病**である。

!ココに注意

(2)・(4)イタイイタイ病は神通川流域，新潟水俣病は阿賀野川流域で発生した。

4 (1)このとき開かれた国際会議(こくさい)は，**国連環境開発会議(地球サミット)**(かんきょう)である。1972 年にスウェーデンのストックホルムで開かれた国際会議は**国連人間環境会議**。
(2)南太平洋上のさんご礁(しょう)の小さな島国のツバルやキリバスなどは，海面上昇(じょうしょう)で水没(すいぼつ)する危機にある。
(3)大分県の八丁原(はっちょうばる)には，火山の熱を利用した**地熱発電所(のう)**がある。また，太陽光発電などの**再生可能エネルギー**は，二酸化炭素(にさんかたんそ)を排出(はいしゅつ)しないが，天候に左右されることが多く，安定した電力が供給(きょうきゅう)できないことなどが課題となっている。

✔チェック!自由自在

① 四大公害病

	発生場所	原因物質(げんいんぶっしつ)	症状(しょうじょう)
水俣病(みなまた)	八代海沿岸(やつしろかいえんがん)	有機水銀(メチル水銀)	手足のしびれなど
イタイイタイ病	神通川流域(じんづうりゅういき)	カドミウム	骨(ほね)がもろくなり，折れやすくなる
四日市ぜんそく(よっかいち)	三重県四日市市	亜硫酸ガス(ありゅうさん)など	呼吸困難(こきゅうこんなん)になる
新潟水俣病	阿賀野川流域	有機水銀(メチル水銀)	手足のしびれなど

② 地球環境問題
・酸性雨(さんせいう)…ヨーロッパや北アメリカ，中国などの工業が発達した地域。
・熱帯林の減少(げんしょう)…東南アジアやブラジルなど赤道周辺の熱帯地域。
・砂漠化(さばく)…北アフリカのサハラ砂漠周辺やユーラシア大陸内部など。
・地球温暖化(おんだんか)は地球全体に影響(えいきょう)をおよぼす。

---

1 (1)阪神・淡路大震災(はんしんあわじだいしんさい)
　(2)(例)防災対策(ぼうさいたいさく)が進み，災害による大きな被害(ひがい)が少なくなっている。
2 洪水(こうずい)—イ　津波(つなみ)—ウ　土砂災害(どしゃ)—ア
3 オ
4 (1)ナショナルトラスト
　(2)ラムサール条約(じょうやく)　(3)ユネスコ
　(4)① エ
　　②Ａ—リデュース　Ｂ—リユース
　　Ｃ—リサイクル
　　③イ

解説

1 (2)1960 年以降(いこう)，自然災害に対し，**堤防や砂防ダム(ていぼうさぼう)**などの防災対策が進められたため，それまでよりも災害による大きな被害が減少(げんしょう)した。しかし，近年，**阪神・淡路大震災**や**東日本大震災**，2019 年の台風 15 号による暴風雨(ぼうふうう)，台風 19 号による洪水被害など，想像をこえるほどの大きな被害をもたらす自然災害が多くなっている。

2 **ア**は山の斜面(しゃめん)一帯が黒くなっているので**土砂崩(くず)れ**，**イ**は海岸線から内陸部まで広範囲(はんい)に黒くなっているので，川の氾濫(はんらん)による**洪水**の被害，**ウ**は

河口付近の標高の低い地域が黒くなっているので、**津波**の被害予想区域と判断する。

③ Ⅰの水俣病は、熊本県と新潟県で発生した。Ⅲの四大公害病をめぐる訴訟に関して、水俣病では、企業の責任だけではなく、2004年に最高裁判所で政府の責任を認める判決が出された。

④(4)①**エ**。小売店がわたすレジ袋を使わず、持参したマイ・バッグを使用しようという環境保護運動(マイ・バッグ運動)が、自治体や小売業者などの間で推進されている。

③**イ**。国連環境開発会議(地球サミット)では、「環境と開発に関するリオ宣言」、気候変動枠組条約などが採択された。先進国に対して、温室効果ガスの総排出量や、国別の削減目標が定められたのは、1997年の地球温暖化防止京都会議で採択された**京都議定書**である。

なるほど！資料

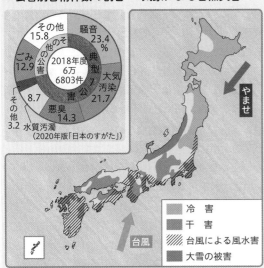

■公害別苦情件数の割合　■気象による自然災害

2018年度 6万6803件
騒音 23.4%
大気汚染 21.7
悪臭 14.3
水質汚濁 8.7
その他 3.2
ごみ 12.9
その他 15.8
他の公害（典型7公害）
(2020年版「日本のすがた」)

やませ
台風
冷害
干害
台風による風水害
大雪の被害

■近年の日本でおきたおもな災害

年	災害名	おもな被害内容
1993	北海道南西沖地震	奥尻島で津波による犠牲
1995	阪神・淡路大震災	家屋の倒壊・火災による犠牲
2004	新潟県中越地震	上越新幹線の脱線事故 柏崎刈羽原子力発電所の火災
2011	東日本大震災	津波による甚大な犠牲 福島第一原子力発電所の放射能もれ事故
2016	熊本地震	多くの家屋が倒壊
2017	7月九州北部豪雨	集中豪雨により多くの犠牲
2019	九州北部豪雨	集中豪雨により多くの犠牲
2019	台風15号	暴風雨による被害
2019	台風19号	河川氾濫による犠牲
2020	令和2年7月豪雨	集中豪雨により多くの犠牲

🛠️ 思考力/記述問題に挑戦！

本冊 → p.42〜43

1 (1)① 米—ア　ぶた—イ
② (例) 1月から2月にかけての寒い時期に出荷量が多いため。
(2) 静岡県　(3) 牛肉—オ　小麦—イ
(4) A—ア　B—エ　　(5) イ

2 (1) A—イ　B—ウ　C—ア
(2) Ⅰ—京葉　Ⅱ—東海　Ⅲ—瀬戸内

3 (例) 円高は輸出には不利になるため、海外で生産するために工場の海外移転が増加するから。

解説

1 (1)①米の生産地上位は、新潟県、北海道、秋田県。畜産は、北海道や九州南部、関東地方でさかんで、ぶたの飼育頭数が多いのは鹿児島県、宮崎県、千葉県などである。
②**高知平野**では、冬でも温暖な気候を利用した**促成栽培**がさかんである。普通、夏に出荷量が多いが、冬から春にかけて多く出荷している。
(2)静岡県の**焼津港**は、全国有数の遠洋漁業の基地となっている。日本のまぐろの水あげ量の3分の1が焼津港で日本一である。
(3)牛肉の輸入相手国上位3国は、オーストラリア、アメリカ合衆国、カナダである。小麦の輸入相手国上位3国は、アメリカ合衆国、カナダ、オーストラリアである(2018年)。野菜・魚介類は中国、とうもろこし・大豆はアメリカ合衆国が最大の輸入相手国である(2018年)。
(4)日本における貨物の輸送手段は、自動車が最も多く、次いで船舶、鉄道、航空の順になる。
(5)Y。温室効果ガスの最大排出国はアメリカ合衆国ではなく、中国である。

2 (1)2018年現在、日本の最大の輸出相手国は中国、次いでアメリカ合衆国、韓国である。最大の輸入相手国は中国、次いでアメリカ合衆国、オーストラリアの順になっている。
(2)Ⅰの市原市と君津市は千葉県、Ⅱの浜松市は静岡県、Ⅲの福山市と呉市は広島県。

3 円高は輸出に不利、輸入に有利である。人件費が安いことや円高が進んだことで、工場の海外移転が増加し、その結果、国内の産業がおとろえる**産業の空洞化**がおこる。

7 九州，中国・四国地方

■ステップ1 まとめノート　本冊 → p.44〜p.45

1
① カルデラ　② 屋久島　③ クリーク
④ 筑紫　⑤ 宮崎　⑥ 促成　⑦ シラス台地
⑧ い草　⑨ 大陸棚　⑩ 長崎
⑪ 八幡製鉄所　⑫ シリコンアイランド
⑬ 水俣病　⑭ さとうきび
⑮ アメリカ軍用地(基地)

2
⑯ 山陰　⑰ 瀬戸内海　⑱ 四万十
⑲ 竹島　⑳ ため池　㉑ 香川用水
㉒ 促成　㉓ みかん　㉔ 境　㉕ かき
㉖ 瀬戸内工業地域　㉗ 倉敷　㉘ 瀬戸大橋
㉙ 明石海峡大橋　㉚ しまなみ海道

解説

1 ①**カルデラ**とは，火山の噴火で溶岩などが大量に流出したことで，山頂付近が落ちこんだり，ふき飛んだりしてできたくぼ地のこと。

③機械化が進むにつれ，**クリーク**は埋め立てられ，整備されて直線化している。

⑦水もちが悪く，稲作には適さない土地のため，**畑作や畜産に利用**されることが多い。

⑧畳表の原料となり，**熊本県**が全国有数の生産地である。

⑪日清戦争の賠償金の一部でつくられた。

⑫シリコンはICの原材料，アイランドは島という意味の英語。アメリカ合衆国のIC産業がさかんな地域がシリコンバレーと呼ばれることによる。

⑭近年，作付面積は減少傾向にある。

2 ⑯中国地方は，中国山地の北側の**山陰地方**と南側の**山陽地方**に分けられる。

⑳最大のため池は空海(弘法大師)がつくったと伝えられる満濃池である。ため池の数は，香川用水完成後は減少しつつある。

㉓かつて**愛媛県**はみかんの生産量が全国一であったが，生産量が減少し，近年，**和歌山県**が全国一となっている。

㉘岡山県の倉敷市児島と香川県の坂出市を結んでいる。

㉙明石海峡大橋は兵庫県の神戸市と淡路島を結んでいる。

レッツトライ！ 〜中学入試頻出問題〜
① ウ　② 今治市

■ステップ2 実力問題　本冊 → p.46〜p.47

1 (1) 屋久島　(2) 八幡製鉄所
(3) 促成栽培
(4) (例)山が少なく大きな川もないため，降った雨がすぐに海へ流れ出してしまうため。
(5) A—エ　B—ア　C—ウ　D—イ

2 (1) X—ウ　Y—ア　Z—イ　(2) 赤潮
(3) ア　(4) ウ　(5) イ　(6) ウ
(7) C—オ　E—イ

解説

1 (1)屋久島には縄文すぎと呼ばれる大樹が自生する。

(2)日清戦争後の軍備拡張のため，軍需工業の中心となる鉄の自給を目ざして福岡県につくられた。

(3)宮崎平野では，なすやピーマンの促成栽培がさかんである。

(4)沖縄県は高い山や大きな川がないため，降った雨がすぐに海へ流れ出してしまい，降水量が多いわりに水不足になることが多い。

(5)面積が最も大きいCが鹿児島県，人口が最も少ないDが佐賀県，人口が最も多いBが福岡県である。沖縄県は，**観光業や商業などの第三次産業**の割合が高いという特徴がある。

2 (1)Xは**日本海側の気候**なので，冬に降水量が多い**ウ**，Yは**瀬戸内の気候**なので，中国山地と四国山地にはさまれ，1年を通して降水量の少ない**ア**，Zは**太平洋側の気候**なので，夏に降水量が多い**イ**である。

(2)海水の汚れや水温の上昇でプランクトンが大量発生し，海の色が赤褐色に変色する。養殖の魚が死ぬなど大きな被害をあたえることがある。

(3)Pの広島湾では**かき**の養殖がさかん。Qの宇和海では**真珠**・まだいなどの養殖がさかんである。

(4)山口県の宇部市や山陽小野田市は，古くからセメント工業で知られてきたが，現在は，石油化学工業なども発達している。

(5)今治市は愛媛県，境港市は鳥取県，倉敷市は岡山県，呉市は広島県，坂出市は香川県にある。

(7)Cの広島県は製造品出荷額が多く，特に自動車工業がさかんであることから**オ**，オに次いで製造品出荷額が多い**エ**はDの岡山県，**ウ**はAの山口県である。**ア**と**イ**のうち，タオルの生産がさかんで，せんいの出荷額が多い**イ**がEの愛媛県と判断する。

!ココに注意

⑹ 促成栽培は，宮崎平野・高知平野・渥美半島など，抑制栽培は野辺山原・嬬恋村でさかんである。

✓チェック!自由自在

① 九州地方の農業
・筑紫平野…稲作がさかん。
・宮崎平野…野菜の促成栽培がさかん。
・シラス台地…畑作や畜産に利用されている。
・工芸作物…熊本県でい草，鹿児島県で茶の生産量が多い。

② 瀬戸内工業地域の特色
瀬戸内工業地域は，阪神工業地帯と北九州工業地帯（地域）の中間地点に位置し，海陸の交通が便利であるうえに，軍用地や塩田のあと地などを工業用地として利用できたことから発達。自動車工業や鉄鋼業，石油化学工業がさかんである。ほかの工業地帯・地域と比べると化学工業の割合が高い。

③ 本州四国連絡橋
・児島—坂出ルート…瀬戸大橋によって岡山県と香川県を結ぶ。自動車と鉄道が利用できる。
・神戸—鳴門ルート…淡路島を経由して兵庫県と徳島県を結び，明石海峡大橋と大鳴門橋がかけられている。
・尾道—今治ルート…広島県と愛媛県を10余りの橋で結ぶ。自転車・歩行者専用道路が併設されている。

ステップ3 発展問題　本冊 → p.48〜p.49

1 ⑴ 対馬海流　⑵ イ　⑶ 阿蘇山
⑷ 地熱発電　⑸ ア
2 ⑴ イ
⑵ （例）沿岸部や高速道路の周辺につくられている。
⑶ （例）中国などアジアの国々に輸出するのに便利なため。
3 ⑴ カルスト地形
⑵ ① a—徳島　b—吉野　c—香川
② 讃岐平野
⑶ ウ
⑷ A—オ　B—ア　C—イ　D—ウ
E—ケ　F—キ

解説

1 ⑵ 干拓地は干上げて塩分をぬき水田などの農地に，埋め立て地は工場や住宅地に利用されることが多い。
⑷ 大分県の八丁原には大規模な地熱発電所がある。

⑸ 畜産の割合が高いアとウが③の宮崎県か④の鹿児島県と考えられるが，野菜の割合が高いウが宮崎県となり，アが鹿児島県である。なお，イは熊本県，エは佐賀県である。
2 ⑴ 輸出が最も多い製品は自動車である。
⑵ 工場は，輸出に便利な港のある沿岸部や，輸送に便利な高速道路の周辺に多く見られる。
⑶ 自動車の輸出先となる中国などのアジア諸国に輸出するのに便利なため。
3 ⑶ まず，機械の割合が最も高いオが中京工業地帯，化学の割合が最も高いイが京葉工業地域とわかる。残りのア・ウ・エのうち化学の割合が最も高いウが瀬戸内工業地域である。なお，アは京浜工業地帯，エは関東内陸工業地域である。
⑷ Aの北部の高原とは蒜山高原のことで，ぶどうの栽培もさかんなことから岡山県。Cはしじみの漁獲量が多いことから宍道湖のある島根県。Dは砂丘地帯から鳥取県。Fはオリーブの栽培から香川県。残りのBとEのうち，暖流が沿岸部を流れているのは，対馬海流が流れる山口県で，Eが徳島県である。なお，Bの文中の「かつての遠洋・沖合漁業の基地」があるのは山口県の下関市。下関市はかつては沖合・遠洋漁業の基地として栄え，1966年には日本一の水あげ量を記録した。また，Bの文中の「夏みかん」が生産されているのは山口県の萩市である。

なるほど!資料

■九州，中国地方の世界遺産

「神宿る島」宗像・沖ノ島と関連遺産群
原爆ドーム
石見銀山遺跡と、その文化的景観
厳島神社
長崎と天草地方の潜伏キリシタン関連遺産（◆印はこの遺産のほかの所在地）
明治日本の産業革命遺産（★印はこの遺産のほかの所在地）
屋久島※（※印は自然遺産）
琉球王国のグスクおよび関連遺産群
（2019年現在）

8 近畿，中部地方

ステップ1 まとめノート
本冊 → p.50〜p.51

1
- ① 琵琶湖
- ② 紀伊山地
- ③ 近郊農業
- ④ みかん
- ⑤ 阪神工業地帯
- ⑥ 中小
- ⑦ 関西国際空港

2
- ⑧ 北陸地方
- ⑨ 東海地方
- ⑩ 信濃川
- ⑪ 越後平野
- ⑫ 若狭湾
- ⑬ 日本アルプス
- ⑭ 濃尾平野
- ⑮ 輪中
- ⑯ 甲府盆地
- ⑰ りんご
- ⑱ 抑制栽培
- ⑲ 電照ぎく
- ⑳ 茶
- ㉑ 焼津
- ㉒ 浜名湖
- ㉓ 豊田
- ㉔ 四日市
- ㉕ 製紙・パルプ工業
- ㉖ 浜松
- ㉗ 地場産業
- ㉘ 水力発電所
- ㉙ 原子力発電所
- ㉚ 中部国際空港

解説

1 ①**琵琶湖**は，滋賀県の面積の約6分の1をしめる日本最大の湖である。

②紀伊半島には，高くて険しい**紀伊山地**がある。温暖で雨が多いため森林がよく育ち，江戸時代からすぎやひのきなどの針葉樹が植林されてきた。

④和歌山県のみかん・うめ・かきの生産量はいずれも全国第1位，ももの生産量は全国第5位である（2018年）。

⑦騒音の心配の少ない，海上の人工島につくられている。

2 ⑩上流の長野県では千曲川という。

⑮現在では，排水設備が整備されて畑作も行われているが，河川の堤防も大きくじょうぶなものがつくられ，輪中そのものは少なくなってきている。

⑲秋ごろから電灯をつけることによって，明るい時間の長さを調節し，開花時期を花の少ない年末や1〜4月ごろまでおくらせる。

㉑**焼津港**は南太平洋などへかつお・まぐろをとりに出かける遠洋漁業の根拠地で，水あげ量は日本有数である。

㉔**石油化学コンビナート**を形成している。

㉕富士山の豊富なわき水を利用している。

㉚**中部国際空港**は，知多半島の常滑市沖合の人工島につくられた。セントレアという愛称で呼ばれている。

レッツトライ！〜中学入試頻出問題〜

A—エ　B—ア　C—イ　D—ウ　E—オ

ステップ2 実力問題
本冊 → p.52〜p.53

1
(1) X—紀伊半島　Y—志摩半島
(2) 黒潮（日本海流）
(3) ウ
(4) （例）歴史的景観を守るために，電線を地中に埋めて電柱をなくしている。
(5) （例）24時間離発着による騒音公害に対応するため。
(6) ウ

2
(1) 北陸新幹線
(2) ① （例）季節風が日本海で水蒸気を多くふくみ，山にぶつかって大量の雪を降らせるため。
   ② A—ア　B—ウ　C—イ
(3) ウ　(4) ウ
(5) E—ウ　F—イ　G—ア

解説

1 (3)**志摩半島**などで見られる**リアス海岸**は，津波の被害を受けやすい地形でもある。

(4)京都市では，歴史的景観を保護するため，条例でさまざまな制限が課せられている。

(5)特に夜間の離発着時の騒音対策として海上に建設された。

(6)外国人宿泊者が多い**エ**は国際空港がある**C**の大阪府，観光地が多く，次に外国人宿泊者が多い**ウ**が**B**の京都府と判断する。**ア**は**D**の奈良県，**イ**は**A**の兵庫県。

2 (1)1997年10月に高崎〜長野間が「長野新幹線」として部分開業した。

(2)①冬の北西の季節風が日本海を通るとき大量の水蒸気をふくみ，それが山脈にぶつかって雲を発生させて日本海側に大雪を降らせる。

②**ア**の輪島市は**A**の石川県にある。米の収穫量が全国1位の県は**C**の新潟県である。**B**の富山県はチューリップの球根栽培で有名である。

(3)降水量が少ない**ウ**と**エ**のうち，夏と冬の気温の差が大きい**ウ**が**中央高地の気候**。**ア**は北海道の気候，**イ**は太平洋側の気候，**エ**は瀬戸内の気候である。

ココに注意

(4)ぶどう・ももの生産量1位は山梨県で，次いで長野県がぶどう，福島県がももと区別する。

✔ チェック！自由自在

① 近畿地方の世界文化遺産

- 法隆寺地域の仏教建造物…奈良県
- 姫路城…兵庫県
- 古都京都の文化財…京都府・滋賀県
- 古都奈良の文化財…奈良県
- 紀伊山地の霊場と参詣道…奈良県・和歌山県・三重県
- 百舌鳥・古市古墳群…大阪府

② おもな貿易港の輸出入品目

成田国際空港					
輸出品目	百万円	%	輸入品目	百万円	%
科学光学機器	705 569	6.2	通信機	1 912 858	14.0
金(非貨幣用)	595 975	5.2	医薬品	1 586 029	11.6
集積回路	504 595	4.4	集積回路	1 296 841	9.5
電気回路用品	490 237	4.3	コンピューター	1 040 189	7.6
半導体製造装置	460 196	4.0	科学光学機器	864 165	6.3
計	11 458 775	100.0	計	13 703 989	100.0

関西国際空港					
輸出品目	百万円	%	輸入品目	百万円	%
集積回路	791 577	15.0	医薬品	727 973	18.4
科学光学機器	409 306	7.8	通信機	674 580	17.1
電気回路用品	350 854	6.7	集積回路	237 385	6.0
個別半導体	331 777	6.3	科学光学機器	200 459	5.1
通信機	188 535	3.6	衣類	118 946	3.0
計	5 266 042	100.0	計	3 947 767	100.0

名古屋港					
輸出品目	百万円	%	輸入品目	百万円	%
自動車	3 116 513	25.0	液化ガス	452 890	8.5
自動車部品	2 186 874	17.5	衣類	380 122	7.1
金属加工機械	544 339	4.4	石油	356 532	6.7
内燃機関	522 551	4.2	アルミニウム	294 566	5.5
電気計測機器	437 793	3.5	絶縁電線・ケーブル	245 145	4.6
計	12 484 522	100.0	計	5 336 835	100.0

横浜港					
輸出品目	百万円	%	輸入品目	百万円	%
自動車	1 707 075	22.1	石油	434 558	9.1
自動車部品	381 860	4.9	液化ガス	247 395	5.2
内燃機関	329 030	4.3	アルミニウム	215 471	4.5
プラスチック	278 029	3.6	衣類	171 447	3.6
金属加工機械	247 101	3.2	有機化合物	146 925	3.1
計	7 718 697	100.0	計	4 753 762	100.0

東京港					
輸出品目	百万円	%	輸入品目	百万円	%
自動車部品	414 417	6.9	衣類	1 009 028	8.7
コンピューター部品	333 393	5.5	コンピューター	565 980	4.9
内燃機関	319 524	5.3	魚介類	539 107	4.6
プラスチック	272 789	4.5	肉類	503 529	4.3
電気回路用品	198 555	3.3	音響・映像機器	384 052	3.3
計	6 039 750	100.0	計	11 656 455	100.0

大阪港					
輸出品目	百万円	%	輸入品目	百万円	%
集積回路	520 366	12.3	衣類	750 623	15.1
コンデンサー	287 538	6.8	肉類	334 381	6.7
プラスチック	208 039	4.9	家庭用電気機器	165 588	3.3
個別半導体	171 401	4.0	金属製品	150 809	3.0
科学光学機器	167 866	4.0	鉄鋼	145 211	2.9
計	4 242 687	100.0	計	4 971 306	100.0

(2018年)　(2019/20年版「日本国勢図会」)

③ 中部地方の農業

- 北陸地方…越後平野で稲作，富山県でチューリップの球根の栽培がさかん。
- 中央高地…長野県の野辺山原でレタスなどの野菜の抑制栽培がさかん。山梨県の甲府盆地でぶどうやももの栽培がさかん。長野県の長野盆地・松本盆地でりんごの栽培がさかん。
- 東海地方…濃尾平野では稲作がさかん。渥美半島では，近郊農業による電照ぎくや温室メロンを栽培。静岡県の牧ノ原で茶，温暖な傾斜地でみかんの栽培がさかん。

本冊 → p.54～p.55

📊 ステップ3 発展問題

1 (1) 紀伊山地　(2) 外来魚　(3) エ

(4) ① ウ　② エ

2 (1) ウ

(2) ① ウ

② (例)夏に出荷量が多く，ほかの地域の生産量が少ない時期に栽培したものを出荷していると考えられるので，イである。

(3) ウ　(4) 輪中

(5) ① (例)大都市に近いことを生かして，都市向けの農産物を栽培する農業。

② a―イ　b―ア

(6) イ

解説

1 (2) 琵琶湖では，1970年代後半からブラックバスやブルーギルなどの**外来魚**が増加し，ふなやあゆなどの在来種に大きな被害をあたえた。

(3) 完全養殖とは，人工ふ化した稚魚を親魚まで育て，その親魚から卵をとり，人工ふ化させて次の世代を生み出していく技術。天然の卵や幼魚にたよらないで，持続的に養殖を行う。

(4) ① 阪神工業地帯は，**鉄鋼・金属**の割合が高い。

② ア．大阪府の金属製品の出荷額は約1.6兆円。イ．1.5倍ではなく，約0.9倍。ウ．4倍ではなく，約3倍。

2 (2) ② 長野県は**レタス**の**抑制栽培**で普通より時期をおくらせて出荷している。

(3) 最も人口が多い**イ**が愛知県，**D**の静岡県は静岡と浜松が**政令指定都市**であることから**ウ**と判断する。

(5) ② **ア**はバラ，**イ**はきくについての説明である。夏に本数が減っている**b**がバラである。

🏛 なるほど！資料

近畿，中部地方の県が生産量上位の農産物

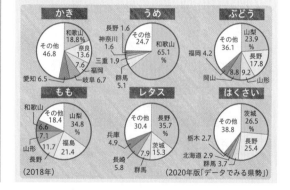

(2018年)　(2020年版「データでみる県勢」)

■ステップ1 まとめノート　本冊 → p.56〜p.57

1 ① 関東平野　② 利根川　③ 越後山脈
④ 房総半島　⑤ 近郊農業　⑥ 銚子
⑦ 成田国際空港

2 ⑧ 奥羽山脈　⑨ 最上川　⑩ 庄内平野
⑪ 三陸海岸　⑫ 仙台平野　⑬ 白神山地
⑭ やませ　⑮ フェーン現象　⑯ りんご
⑰ おうとう(さくらんぼ)　⑱ 潮目(潮境)
⑲ シリコンロード　⑳ 原子力発電所
㉑ 南部鉄器

3 ㉒ 日高山脈　㉓ 石狩平野　㉔ 十勝平野
㉕ 根釧台地　㉖ 流氷　㉗ 客土　㉘ 酪農
㉙ 栽培漁業

解説

1 ①日本最大の平野で，火山灰土の**関東ローム**におおわれた丘陵や台地が多く，武蔵野・相模原などの畑作地帯が広がる。中央部は利根川・荒川・多摩川などがつくる沖積平野で，水田が広がる。
②流域面積が日本最大，信濃川に次いで2番目に長い川である。
⑥利根川の河口に位置し，冬には沖合に潮目(潮境)が移動してくる。

2 ⑧日本で最も長い山脈で，「日本の背骨」と呼ばれている。
⑨最上川・富士川・球磨川は日本三大急流といわれている。
⑩ブランド米「**はえぬき**」のおもな生産地である。
⑬世界最大級の**ぶなの原生林**がほぼ手つかずの状態で残っている。

3 ㉗耕地の土壌改良のため，ほかの場所から性質の異なる土を運んできて混入すること。**石狩平野**は泥炭地であったが，**客土**によって北海道有数の稲作地帯となった。
㉘チーズやバターなどの乳製品をつくることを目的に乳牛などを飼う農業。**根釧台地**や十勝平野などでさかんである。
㉙さけは生まれた川に産卵のためにもどってくるので，**栽培漁業**に適した魚種である。

レッツトライ！ 〜中学入試頻出問題〜

① やませ　② C

■ステップ2 実力問題　本冊 → p.58〜p.59

1 (1) ウ　　(2) イ
(3) ① ○　② ×　③ ○

2 (1) A—奥羽山脈　B—庄内平野
C—最上川
(2) D—エ　E—イ　F—カ　(3) やませ
(4) ア・ウ　　(5) ウ

3 (1) X—石狩川　Y—知床半島
(2) A—ウ　B—ア　C—イ　D—エ
(3) エ
(4) ① 酪農
② (例)牛乳は傷むのが早いので，東京に近い地域でつくらないと，すぐに賞味期限が過ぎてしまうから。

解説

1 (1)東京に隣接する県は，学校や会社が多い東京へ通勤・通学する人が多いので，**昼間の人口は夜間の人口よりも少なくなる**。昼間人口と夜間人口の差が最も大きい**ウ**が埼玉県である。
(2)CはBの埼玉県の北側にあるので群馬県。群馬県の太田市は自動車工業がさかんである。
(3)②利根川は信濃川に次いで2番目に長い川である。

⚠ ココに注意

(1)Bは，南部が東京都に近いと考えられるので埼玉県である。

---

2 (2)Dは津軽平野。りんごの栽培がさかんで，日本最大の産地となっている。Eは山形盆地。おうとうを中心に，りんご・ぶどう・ももなどの栽培もさかんである。Fは福島盆地。ももをはじめ，日本なし・おうとうなどの栽培がさかんである。
(3)太平洋側は，初夏〜夏に冷たくしめった北東風の**やませ**がふき，雲や霧を発生させることで低温や日照不足を招き，**冷害**になりやすい。
(4)南部鉄器は岩手県，有田焼は佐賀県，会津塗は福島県，美濃和紙は岐阜県，西陣織は京都府，加賀友禅は石川県の伝統的工芸品である。
(5)地熱発電所は奥羽山脈沿いの内陸部に多い。

3 (3)北海道は食料品工業のしめる割合が最も高い。**ア**は岡山県，**イ**は神奈川県，**ウ**は栃木県である。
(4)②三大都市圏などの大消費地は，きょりが遠いこともあり，すぐに傷む牛乳は，北海道から遠い地域にはあまり出荷されていない。

✓ チェック！自由自在

① 関東地方の工業地帯・地域の特色

・**京浜工業地帯**…戦前から発展している東京都と神奈川県に位置する総合工業地帯。ほかの工業地帯・地域と比べて**印刷業**の割合が高い。臨海部では重化学工業，内陸部では機械工業もさかん。現在は，周辺部に工場が移転し，そこに新たな工業地域が形成されている。

・**京葉工業地域**…東京湾東部に拡大した千葉県の工業地域。**石油化学コンビナート**と製鉄所が中心。

・**関東内陸工業地域**…内陸部に拡大した埼玉県・群馬県・栃木県の工業地域。かつては製糸業がさかんであったが，現在は高速道路沿いに工業団地が形成され，**自動車の部品工場**などが多い。

・**鹿島臨海工業地域**…砂浜海岸にほりこみ式の人工港を造成した茨城県の工業地域。**石油化学コンビナート**や製鉄所を誘致した。

② 東北地方のおもな伝統的工芸品

青森県―津軽塗　秋田県―大館曲げわっぱ
岩手県―南部鉄器　山形県―天童将棋駒
宮城県―宮城伝統こけし　福島県―会津塗

⤴ 大館曲げわっぱ

⤴ 南部鉄器

⤴ 天童将棋駒

③ 北海道の農業の特色

・日本の耕地面積の約**4分の1**を北海道がしめており，農家1戸あたりの耕地面積が広く，大規模経営を行っているため，農業を主たる収入としている主業農家が多い。農業生産額は日本全体の約14％（2017年）をしめている。

・**石狩平野**…泥炭地を客土によって改良。稲作がさかん。

・**十勝平野**…火山灰土で稲作に適さず，日本有数の畑作地帯。てんさい，じゃがいも，大豆，あずきなどを栽培。畜産もさかん。

・**根釧台地**…パイロットファームがつくられるなど，日本有数の酪農地帯。

📊 ステップ3 発展問題　本冊 → p.60〜p.61

1 (1)① イ　② エ　③ カ
　　④ オ　⑤ ウ　⑥ ア
　(2) オ　　(3) W―エ　Z―ア

2 (1) ウ　　(2) カ　　(3) ウ・オ

3 (1) エ　　(2) イ
　(3) (例)経営規模が大きい販売農家の割合は増加している

解説

1 (1)①は群馬県の嬬恋村で野菜の抑制栽培がさかん。②は**関東内陸工業地域**で機械工業が中心。③は**鹿島臨海工業地域**で日本初の原子力発電所がつくられた**東海村**がある。④は**京浜工業地帯**で印刷業がさかん。⑤は**京葉工業地域**で化学工業のしめる割合が高い。⑥は下総台地でらっかせいの栽培がさかんである。

(2)茨城県・千葉県は近郊農業がさかんで，野菜の生産額が多いことから**エ**か**オ**と考えられる。耕地面積が広い**オ**が茨城県と判断する。

2 (1)北緯40度の緯線が秋田を通るので，青森県が入る緯度を考える。

(2)**青森県のねぶた祭，秋田県の竿燈まつり，宮城県の七夕まつり**を東北三大祭りといい，これに**山形県の花笠まつり**を加えて東北四大祭りという。

(3)**ウ**．秋田県ではなく宮城県。**オ**．神奈川県などは半数をこえている。

3 (1)**A**は**石狩平野**で稲作がさかん。**B**は**十勝平野**で日本有数の畑作地帯。**C**は**根釧台地**で日本有数の酪農地帯。

(3)50ha以上の販売農家数は増加している。

🏛 なるほど！資料

■三大都市圏中心部への流入人口と割合

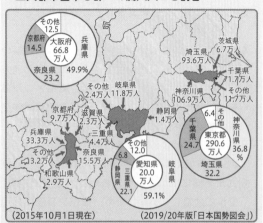

（2015年10月1日現在）　（2019/20年版「日本国勢図会」）

1 (1) ウ　　(2) イ・エ　　(3) イ

(4) X─ラムサール条約　Y─淀

(5)（例）ほかの都道府県と比べて，公共交通機関があまり発達していないため。

(6) 高知県

2 (1) 石狩川　　(2) A・F　　(3) 庄内平野

(4) ア　　(5) ア

(6)（例）水もちが悪く，稲作に適さない火山灰土のシラス台地が広がっているため。

① 大豆　② 遠洋漁業　③ 京浜工業地帯
④ 中京工業地帯　⑤ 京葉工業地域
⑥ 小麦　⑦ 石炭　⑧ 成田国際空港

解説

1 (1) A は面積が最も広い北海道である。**冷帯（亜寒帯）**に属し，森林の多くが**針葉樹**である。

(2) B は面積が 2 位の岩手県で，三陸海岸南部は**リアス海岸**の地形となっている。

(3) C は大阪府，D は神奈川県，E は愛知県である。大阪が中心となる阪神工業地帯は，**金属**の割合が高いことが特徴であることから**イ**となる。**ア**は愛知県，**ウ**は神奈川県。

(4) X は愛知県の説明。藤前干潟は渡り鳥の飛来地として有名で，2002 年に**ラムサール条約**に登録された。Y は大阪府。**淀川**は琵琶湖から流れ出たいくつかの川が合流して大阪湾に注ぐ。

(5) 東京都には多くの私鉄や JR が開通しているが，福井県などでは，**過疎地域**も多く，公共の交通機関がそれほど発達していないため，自動車での移動が不可欠となっている。

(6) 東京から最も遠いのは，A（北海道）の札幌市，2 番目に遠いのは，F（高知県）の高知市。

2 (1) **石狩川**は長さが 3 位，流域面積は 2 位である。

(2) E は長野県。A の新潟県や F の愛知県など 8 つの県と接する。

(4) イ．天然林の伐採は少ない。ウ．家畜の飼料のほとんどは輸入にたよっている。エ．東北地方に次いで米の生産量が多いのは，関東と山梨県を合わせた地域である。オ．千葉県では遠洋・沖合漁業が中心である。

(5) C の東京都がふくまれる京浜工業地帯は，**イ**に次いで機械工業の割合が高い**ア**となる。

(6) 九州南部に広がる**シラス台地**は水もちが悪く，稲作には適していないため，畑作や畜産に利用されている。

解説

① 輸入**大豆**はサラダ油の原料などに使われる。大豆は収穫量の変動が激しく，機械化が難しいために，作付農家が増えていない。おもに**アメリカ合衆国**やブラジルから輸入している。

② 各国が**排他的経済水域**を設定したことで，漁場が制限されたことや，**石油危機**により船の燃料の価格が上がったことなどから，1970 年代以降，漁獲量は大幅に減少した。

③ 古くからの総合工業地帯であるが，都心部の地価の高騰などによって，周辺地域に工場が多数移転し，全国にしめる生産割合は低下している。

④ 日本の産業の中心である**自動車工業**がさかんである。また，鉄鋼業・せんい工業・よう業などもさかんで，工業出荷額は全国一となっている。特に機械工業の割合が飛びぬけて高いことが特徴である。

⑤ 東京湾の東側の臨海部に新たに形成された工業地域で，**石油化学コンビナート**や製鉄所が立ち並んでいる。機械工業の割合は低く，化学工業の割合が高い特徴的なグラフなので出題されやすい。

⑥ 表中の 3 国が貿易相手国の大半をしめている。入試問題での出題率が高いので，大豆や木材の輸入相手国との見分けがつくようにしておきたい。

⑦ **オーストラリア**からの輸入割合が特に高い。地下資源の輸入相手国に関する統計問題の出題率は非常に高く，鉄鉱石・液化天然ガス・原油と対比されることが多いので，見分けられるようにしておきたい。

⑧ 千葉県にある，**貿易額が日本最大**の貿易港（空港）である。貿易品目は，小型・軽量・高価なものが中心である。鮮魚も世界から到着し，「成田漁港」と呼ばれることもある。

第2章 政治

1 憲法とわたしたちの生活

■ステップ1 まとめノート
本冊 → p.66〜p.67

1 ① 最高法規　② 11月3日　③ 5月3日

2 ④ 国民主権　⑤ 基本的人権

3 ⑥ 国民　⑦ 象徴　⑧ 国事行為

4 ⑨ 法の下　⑩ 身体　⑪ 精神　⑫ 経済活動
　⑬ 生存権　⑭ 勤労　⑮ 団結権
　⑯ 団体交渉権　⑰ 団体行動権　⑱ 文化的
　⑲ 被選挙権　⑳ 裁判　㉑ 公共の福祉
　㉒ プライバシー　㉓ 自己決定権　㉔ 納税

5 ㉕ 9　㉖ PKO

6 ㉗ 3分の2　㉘ 国民投票　㉙ 過半数

解説

1 ②・③現在，11月3日は文化の日，5月3日は憲法記念日となっている。

2 ⑤基本的人権に関し，日本国憲法は第11条で，「国民は，すべての基本的人権の享有（生まれつきもっていること）を妨げられない。この憲法が国民に保障する基本的人権は，**侵すことのできない永久の権利**として，現在及び将来の国民に与へ（え）られる。」と定めている。

3 ⑧天皇は主権者でないため，政治についての権限をもたず，**内閣の助言と承認**の下，形式的な**国事行為**を行う。

4 ⑰団体行動権は**争議権**ともいう。団体行動権・団結権・団体交渉権の3つをまとめて労働三権という。
㉑医師の国家試験に合格した者しか医師として職業につくことができないなど，**経済活動の自由**は，公共の福祉による一定の制限を受ける場合がある。

6 ㉗改正案の発議のためには，衆議院と参議院の「**各議院**」が，それぞれ「**出席議員**」でなく，「**総議員**」の，しかも「過半数」でなく「**3分の2以上**」の賛成が必要という厳しい条件が定められている。これは，憲法が国家の**最高法規**であるので，その時々で，都合により容易に憲法の改正がされないようにするためである。

■ レッツトライ！ 〜中学入試頻出問題〜

バリアフリー

■ステップ2 実力問題①
本冊 → p.68〜p.69

1 (1) 5月3日
(2) a—平和　b—象徴　c—主権
　d—国権　e—戦力　f—交戦
　g—最低限度
(3) エ　(4) エ　(5) ウ

2 (1) 最高法規
(2) (例)車いすを利用する人などでも使いやすいようにするため。
(3) ア　(4) エ　(5) 個人情報保護法
(6) シビリアンコントロール

解説

1 (1)大日本帝国憲法の改正という形式で，当時の**貴族院**と**衆議院**で審議された日本国憲法は，1946年11月3日に公布され，1947年5月3日から施行された。
(3)皇室典範は，皇位継承や皇族の身分などを定めており，大日本帝国憲法下では，憲法と同じく最高位にあった。
(5)ウは国会が行う。

！ ココに注意

(1)1945年8月15日に太平洋戦争が終わり，その翌年に日本国憲法が公布され，公布から半年後の5月3日から施行された。

---

2 (2)だれもが自動販売機を使えるなど，すべての人が普通に生活ができる社会を築いていこうという**ノーマライゼーション**の考えを実践したものである。
(3)イは**請求権**，ウは自由権の中の**経済活動の自由**，エは自由権の中の**身体の自由**にあてはまる。
(4)社会権には，**生存権**，労働基本権，勤労の権利，教育を受ける権利があてはまる。アは自由権の中の精神の自由，イとウは**参政権**である。
(5)**プライバシーの権利**とは，個人の私生活を他人からみだりに侵されない権利。

！ ココに注意

(3)精神の自由は，「心の思い」や「頭での思考・学習」に関連するものであり，思想及び良心の自由，学問の自由のほか，信教の自由，表現の自由，集会・結社の自由などがふくまれる。なお，信教の自由には，宗教を信じる自由と信じない自由，国などが宗教的教育をしてはならないこと（政教分離）がふくまれる。

① 大日本帝国憲法下では，天皇の地位は「**主権者**」であり，政治の最終決定権をもつ者であった。また，**軍隊を指揮する権利**をもっていた。

② 日本国憲法の公布後，経済や社会生活が急速に変化したため，憲法に規定がなくとも基本的人権として認めることが必要となってきた。そのため，憲法第13条の「**幸福追求権**」や，憲法第25条の「**生存権**」を根拠として認められるようになった。新しい人権には，**環境権，知る権利，プライバシーの権利，自己決定権**（インフォームド・コンセントをふくむ）などがある。

① **ユニバーサルデザイン**とは，すべての人が使いやすいようにくふうしてデザインされたものである。**バリアフリー**とは，障がい物（バリア）をなくし，障がい者や高齢者が安心してくらせる環境をつくっていこうという考え方，**ノーマライゼーション**とは，障がいの有無にかかわらず，すべての人が普通に生活できる社会を築いていこうという考え方である。

② 1985年に制定された**男女雇用機会均等法**は，職場での男女平等を確保するための法律である。

■■ **ステップ2 実力問題②**　　本冊 → p.70〜p.71

1 (1) a—選挙　b—自由　c—戦争
　　　 d—主権

(2) もたず，つくらず，もちこませず

(3) 権利—イ　義務—キ

(4) (例)目が不自由な人でも，ギザギザの印の有無でシャンプーとリンスの区別がつくようにしているため。

2 (1) 職業選択

(2) b → a → c

(3) ① イ　② イ　③ 労働基準法

解説

1(3) E は子どもには**教育を受ける権利**がある。「義務」の語句が関係するのは，「**普通教育を受けさせる義務**」であり，これは父母など，子どもの保護者にある義務である。H は義務ではなく権利である。

⚠ **ココに注意** -------------

(2)「**もちこませず**」であり，「もちこまず」でないことに注意する。

2(2) b(1946年に制定，公布) → a(1948年) → c(1989年)の順である。なお，**世界人権宣言**は法的な拘束力がなかったため，1966年に**国際人権規約**として条約化された。

(3)① ア. 仕事をやめる場合が減っていると考えられる。イ. 10才ぐらい，結婚年齢がおそくなっていると考えられる。ウ. 進学率が高くなったためと考えられる。エ. 育児が終わったため，職場に復帰した可能性の方が高い。

③ **労働三法**とは，**労働基準法，労働組合法，労働関係調整法**の3つである。

■■ **ステップ3 発展問題**　　本冊 → p.72〜p.73

1 (1) 国民主権　(2) ウ　(3) 公共の福祉

(4)① エ
　　② (例)男性はズボンをはき，女性はスカートをはいているのが当然であるという，性による区分をしてしまっている点。

2 (1) エ　(2)① イ　② ウ　(3) エ

(4) (例)日本国の最高法規であり，すべての法律のもととなっているから。

解説

1(1) 3つの原則とは，**国民主権，基本的人権の尊重，平和主義**である。図の「日本国民はぜんたいの意見で」→「に行わせる」から，国民が主体であると考えられる。

(4)① 憲法第21条で「集会，結社及び言論，出版その他一切の表現の自由は，これを保障する。」として，**エ**の**集会の自由**も保障している。

② 資料から，ズボンとスカートの人物がわかる。また，男性は青色(黒色)，女性は赤色(ピンク色)で示されることが多い。このように，性別によるイメージで，「男性」と「女性」を区別し，役割なども決めてしまうのが「**ジェンダー**」である。それを取りはらい，「男らしさ」，「女らしさ」にとらわれない生き方をしようという考え方(ジェンダーフリー)が広がっている。

2(1) X. 自衛隊の最高指揮権と監督権は，**内閣総理大臣**がもっている。**防衛大臣**は任務分担として，内閣総理大臣の仕事を代わりに受けもっている。Y. 自衛隊は，戦闘機やミサイルなども備えているため誤り。Z. PKOとしての最初の自衛隊派遣国は1992年の**カンボジア**であるので誤り。

(2)① Y. **勤労の義務**の明記は正しいが，現在の憲

法，法律の下では強制労働させることはできない。

②アは1959年に制定された，賃金の最低額の保障を定めた法律。イは1999年に制定された，職場や政治の場，地域社会などあらゆる場で，男女が平等に活動できる社会を目ざす法律。

(3)図のように，他人によってインターネットに出された不都合な個人情報は，消すことが困難であるが，近年，消し去ることが主張されてきている。ウは，新しい人権の１つ。テレビや新聞などに参加し，意見を述べるなどの権利である。

⚠ ココに注意

(2)②男女共同参画社会基本法は，職場をふくめたあらゆる場で男女平等の社会形成を目ざす法律であり，男女雇用機会均等法は，職場での昇給などで男女差別を禁止する法律である。ともに平等権の考えから制定された法律であるが，そのちがいに注意する。

---

2 政治のしくみとはたらき ①

ステップ1 まとめノート　本冊 → p.74〜p.75

1 ① リンカン　② 間接

2 ③ 最高機関　④ 立法機関　⑤ 25
　⑥ 解散　⑦ 常会（通常国会）
　⑧ 臨時会（臨時国会）
　⑨ 特別会（特別国会）　⑩ 内閣総理大臣
　⑪ 両院協議会　⑫ 3分の2

3 ⑬ 行政　⑭ 国務大臣　⑮ 指名　⑯ 総辞職
　⑰ 40　⑱ 30

4 ⑲ 最高裁判所　⑳ 高等裁判所　㉑ 原告
　㉒ 被告　㉓ 検察官　㉔ 被告人　㉕ 控訴
　㉖ 上告

5 ㉗ 違憲立法審査　㉘ 弾劾裁判　㉙ 世論
　㉚ 国民審査

解説

1 ②間接民主制は，議会制民主主義，代議制ともいう。

2 ⑦常会は，毎年１回，１月中に召集される。
　⑨特別会が召集されると内閣は総辞職し，内閣総理大臣の指名が議題の中心となる。
　⑪両院協議会は，衆議院と参議院の意見が一致しないとき，意見を調整するために開かれる会議。

3 ⑭国務大臣の過半数は，国会議員でなければならな

い。そのため，国会議員でない国務大臣も存在は可能である。

4 ⑳高等裁判所は札幌市，仙台市，東京都，名古屋市，大阪市，高松市，広島市，福岡市に置かれている。

5 ㉘弾劾裁判は，すべての裁判官が対象となる。
　㉚国民審査は，最高裁判所裁判官のみが対象となる。

🏃 レッツトライ！ 〜中学入試頻出問題〜

裁判員制度

ステップ2 実力問題　本冊 → p.76〜p.77

1 (1)A―エ　B―キ　C―カ
　(2)b―条約　c―予算　(3)ウ　(4)エ
　(5)(例)審議を慎重に行うため。（11字）

2 (1)A―任命　B―内閣総理大臣
　　C―過半数　D―軍人　E―閣議
　(2)① エ　② イ　③ オ

3 (1)(例)公正な裁判が行われていることを示すため。
　(2)A―原告　B―被告　(3)家庭裁判所
　(4)上級の裁判所―高等裁判所　記号―エ

解説

1 (1)Bの委員会では，予算や重要な歳入法案の審議の際には，公聴会を必ず開かなければならない。
　(3)エは，衆議院の解散中に内閣の求めで開かれる参議院のみの集会である。
　(5)異なった選出方法によって選ばれた２つの議院の国会議員が，同一事項を２回審議することで，異なった考えが示され，より慎重な審議が行われることが期待されている。

2 (2)アは選挙や消防，放送，郵便などに関連した仕事をあつかう。ウは国土開発や交通，観光，気象に関連した仕事をあつかっており，国土地理院は地形図の作成などを行っている。

3 (2)お金の貸し借りをめぐる裁判なので，人と人の間のもめ事を裁く民事裁判となる。民事裁判にうったえた方は原告，うったえられた方は被告となる。
　(4)民事裁判も三審制が行われ，少額の場合は第一審が簡易裁判所，第二審が地方裁判所，第三審が高等裁判所となる。高等裁判所は各地方の中心都市に置かれており，アは東北地方，イは九州地方，ウは四国地方，オは北海道地方の中心都市である。中部地方は名古屋市に高等裁判所が置かれているため，エは誤りである。

(2)民事裁判と刑事裁判で，うったえた方とうったえられた方の用語が異なることに注意する。

	うったえた方	うったえられた方
民事裁判	原 告	被 告
刑事裁判	検察官	被告人

✓ チェック!自由自在

① 国会の種類

常 会 (通常国会)	・毎年 1 回，1 月に召集 ・会期 150 日間　・次年度の予算審議
臨時会 (臨時国会)	・内閣が必要と認めたとき ・どちらかの院の総員の 4 分の 1 以上の要求があったとき
特別会 (特別国会)	・衆議院解散による総選挙の日から 30 日以内に召集 ・新しい内閣総理大臣を指名
参院院の 緊急集会	・衆議院解散中，緊急の必要の場合に召集 ・次の国会開会後，10 日以内に衆議院の同意が必要

② 1 府 12 省庁の仕事

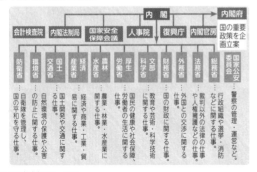

③ 三審制のしくみ

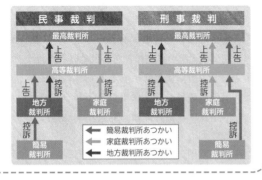

■■ ステップ3 発展問題　　本冊 → p.78～p.79

1 (1)(例)衆議院が出席議員の 3 分の 2 以上の賛成で再可決した場合。

(2)ウ　(3)エ　(4)イ　(5)議院内閣制

2 (1)イ　　(2)エ　　(3)ア

3 (1)弾劾裁判所

(2)(例)裁判所がもつ，国会が定めた法律が，憲法に違反していないかどうかを審査する権限。(39 字)

(3)エ

(4)(例)(国の権力が) 1 つの機関に集中すると人権の侵害などがおこるため，三権がそれぞれ，ほかの権力の行き過ぎをおさえるように監視するため。

解説

1 (1)衆議院の優越が適用されることがらの中で，法律案のみ，衆議院の再議決が必要である。

(2)ウのみ参議院の説明として正しい。なお，衆議院は議員の任期は 4 年で，解散がある。

(3)X. 内閣総理大臣は，国会が国会議員の中から指名するため，衆議院議員，参議院議員のどちらからの指名も可能である。Y.「衆議院議員の中」は誤りであり，「国会議員の中」が正しい。

(4)イ. 会計検査院ではなく，財務省が正しい。

(1)衆議院の優越することがらの，参議院へ議案が移ったあとの進め方を区分しておく。

② (1)民事裁判の第一審は，**簡易裁判所，家庭裁判所，地方裁判所**のいずれかで始まる。**イ**は第一審から始まり，第二審を経たあと**最高裁判所**で裁判が行われているので家庭裁判所である。**ウ**は，**エ**からの第二審の役割を受けもつことから**地方裁判所**，**エ**が簡易裁判所，**ア**が高等裁判所である。

(2)**エ**の**三審制**は，裁判を3回「受けなければならない」のではなく，判決に不満な場合，裁判を3回まで「受けることができる」制度である。

(3)**ウ**は「すべて」が誤り。罰金刑などの軽度の刑事裁判は**簡易裁判所**で行われ，その場合は裁判員裁判は行われない。

⚠ ココに注意
(3)裁判員裁判は，地方裁判所を第一審とする重大な刑事裁判のみで**実施**される。

③ (2)**違憲立法審査権**についての内容を答える。

(3)**Z**には**イ**や**ウ**があてはまり，**ア**は国会の仕事である。**ア**～**ウ**はすべて衆議院と参議院がもつ権限であるが，**ア**と**イ**は**衆議院の優越**が適用され，**ウ**は両院対等である。

(4)権力の1か所への集中による，独裁化，権力の濫用，基本的人権の無視を防ぐねらいがある。

3 政治のしくみとはたらき ②

■ ステップ1 まとめノート　本冊 → p.80～p.81

1 ① 直接税　② 間接税　③ 所得税
④ 消費税　⑤ 累進課税　⑥ 国債
⑦ 公債金　⑧ 社会保障関係費　⑨ 国債費
⑩ 地方交付税交付金　⑪ 社会保険
⑫ 介護保険　⑬ 公的扶助

2 ⑭ 18　⑮ 普通　⑯ 被選挙　⑰ 比例代表制
⑱ 小選挙区比例代表並立制
⑲ 期日前投票　⑳ 一票の格差　㉑ 与党
㉒ 野党

3 ㉓ 学校　㉔ 30　㉕ 25　㉖ 首長　㉗ 条例
㉘ 50分の1　㉙ 3分の1
㉚ 選挙管理委員会

解説
1 ⑧**社会保障関係費**には，**社会保険**のための費用のほか，生活保護，社会福祉，失業対策，衛生対策などの費用がふくまれる。

⑫**介護保険**は，**40才以上**の人がかけ金を積み立てる。

② ⑮年齢のみが選挙権の条件となるのが**普通選挙**である。**25才以上の男子**にのみ認められていた選挙権が，1946年には**20才以上**という年齢の条件となり，また，**女性にも選挙権**が認められたため，男女ともに完全な普通選挙となった。2016年からは**18才以上**となった。

⑱衆議院の選挙で立候補者は，小選挙区制と比例代表制の両方に立候補できることから，**小選挙区比例代表並立制**という名で呼ばれる。

⑳「**一票の格差**」は，憲法に規定された「**法の下の平等**」に反するという意見があり，最高裁判所も違憲判決を出したことがある。

③ ㉓生活に身近な地方公共団体の地方自治を通して，民主主義のあり方を実践することが国の民主主義につながるということから，「**地方自治は民主主義の学校**」といわれる。

🏃 レッツトライ！～中学入試頻出問題～

X—税金(租税)　　Y—国債費

■ ステップ2 実力問題　本冊 → p.82～p.83

1 (1)① 所得税　② 法人税　③ 消費税
④ 相続税　⑤ 関税
(2)(例)所得にしめる税金の負担割合が大きくなる
(3)**エ**

2 (1)X—**エ**　Y—**イ**
(2)① 公職選挙法　② イ　③ 3(人)
(3)① A—条例　B—民主主義
C—解職　D—監査
② 30(才以上)　③ 国庫支出金

解説
1 (2)所得税の税率は，所得金額により表のように変化することから，**累進課税**と呼ばれるしくみとなっており，高所得者ほど多くの税金を支はらうようになる。しかし，消費税などの**間接税**は，所得にかかわらず同額の税金を支はらうことになるため，低所得者ほど負担が大きくなることから，「**逆進性**」の税金となる。

(3)**エ**の消費税(**C**)は，間接税である。

⚠ ココに注意
(3)国税であり，直接税であるのが所得税，法人税，相続税など，国税であり，間接税であるのが消費税，酒税，関税などである。

2 (2)①公職選挙法に，選挙権年齢や被選挙権年齢，選挙制度などが定められている。

②選挙の４つの原則とは，**普通選挙**，**平等選挙**，**直接選挙**，**秘密選挙**であるので，**イ**はあてはまらない。

③18才以上に選挙権があるため，18才，41才，42才の３人。

(3)③義務教育や道路の整備などのために使いみちが指定されているのが**国庫支出金**，使いみちが指定されていないのが**地方交付税交付金**である。地方交付税交付金は，**地方公共団体間の財政格差を小さくするため**，地方税収の少ない地方公共団体には多く支給され，地方税収入の多い地方公共団体への支給額は少ない。

✔ チェック!自由自在

① 税金の種類

名称	内容
所得税	個人が会社などに勤めて給料を得たときなどにかかる税金。
法人税	会社が利益を得たときにかかる税金。
住民税	市(区)町村の住民がはらう税金。
固定資産税	土地や建物をもっている人にかかる税金。
消費税	ものを買ったときにかかる税金。

② 選挙権年齢の移り変わり

実施年	選挙権	全人口比
1890年	直接国税15円以上25才以上の男子	1.1％
1902年	直接国税10円以上25才以上の男子	2.2％
1920年	直接国税3円以上25才以上の男子	5.5％
1928年	25才以上の男子	19.8％
1946年	20才以上の男女	48.7％
2016年	18才以上の男女	83.9％

③ 地方公共団体の歳入・歳出の種類

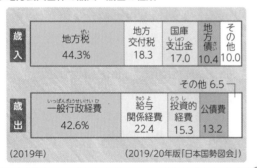

(2019年)　　　　　　(2019/20年版「日本国勢図会」)

ステップ3 発展問題　　　本冊 → p.84〜p.85

1 (1) イ
(2)① イ
② (例)高齢化が進んでいるため。

2 (1) ア
(2) (例)当選者以外の候補者の得票数の合計数の方が多いが，政治に反映されにくい(34字)
(3) 4 (名)　　(4) イ

3 (1) エ　　(2) A—オ　B—イ

解説

1 (1) A は，常に金額が大きいので所得税である。B は，1995年と2000年の間で大きく増加し，2010年と2015年の間でも大きく増加している。これは，消費税の税率が，それぞれ3％から5％へ増加(1997年)，5％から8％へ増加(2014年)たためである。C は，2010年の前に大きく減少している。これは，2008年のアメリカ合衆国でリーマン‐ブラザーズという企業の倒産をきっかけに，世界中に広まった不景気(**世界金融危機**)の影響と考えられる。

(2)① A は増加傾向であるので**社会保障費**，B は A (社会保障費)，**国債費**に次いで割合が高いので**地方財政費**，C は公共事業費，D は**平和主義**の日本では，主要歳出の中で最も割合の低い防衛費である。

! ココに注意

(2)① 国の歳出のうち，上位3つは社会保障関係費，国債費，地方財政費(地方交付税交付金など)である。

---

2 (1) **ア**は，「一貫して低下している」とはいえないので誤りである。

(2) 小選挙区制は，立候補者の中から最多得票者が1人だけ当選する制度である。この模擬投票の場合，当選者の得票数(10票)に対して，ほかの候補者の得票数の合計は25票で，「○○○○」候補者を支持しない者の方が多い。この落選した候補者に投票された25票は，「**死票**」と呼ばれる。小選挙区制では，死票が多く，その意見や考えが政治に反映されにくいなどの欠点がある。

(3) **比例代表選挙**は，日本では**ドント式**によって行われている。これは，各政党の得票数を1，2，3…の自然数で割っていき，商の大きい順に定員数まで決めていく方法で，次の表のようになる。

政党	一中党	農大党	世田谷党
得票数	210000	330000	90000
1で割る	210000②	330000①	90000⑥
2で割る	105000⑤	165000③	45000
3で割る	70000	110000④	30000
4で割る	52500	82500⑦	22500

定数7名の場合：①〜⑦は当選順位

この結果，一中党からは2人，農大党からは4人，世田谷党からは1人が当選することとなる。

(4)**イ**．衆議院の比例代表選挙は，日本全国を11の選挙区に分ける。日本全国を1つの選挙区とするのは，参議院の比例代表選挙である。

3 (1)**X**．住民による投票で，過半数の賛成を得ることが必要である。**Y**．都道府県知事は，住民の投票による選挙で直接選ばれる。

(2)条例の制定・改廃請求や監査請求には有権者の50分の1以上の署名が，また，議会の解散や首長・議員の解職請求（リコール）には，有権者の3分の1以上の署名が必要である。

📖 なるほど！資料
■住民による直接請求

直接請求権	必要署名数	請求先	請求後
条例の制定・改廃請求	有権者の50分の1以上	首長	議会で採決し結果を発表
監査請求	有権者の50分の1以上	監査委員	監査を実行し結果を発表
解散請求	有権者の3分の1以上*	選挙管理委員会	住民投票にかけ，過半数の同意があれば解散，解職
解職請求	有権者の3分の1以上*	選挙管理委員会	

（*有権者数が40万人をこえる場合は必要署名数が緩和された。）

🧠 思考力/記述問題に挑戦！

本冊 → p.86〜87

1 (1)**ウ**　(2)**被告人**　(3)**裁判員**
(4)**イ**
(5)（例）審理予定日数が長期化しているため，出席率が低下し，辞退者が増加している点。（37字）

2 （例）資料1と資料2から，ますます<u>高齢</u>化が進んでいくことが，資料3から，医療費や介護，<u>年金</u>などの福祉費が増加傾向にあり，若い人の<u>負担</u>がさらに重くな

ることが予想される。また，資料4から，高齢無職世帯では年金などの<u>収入</u>のみでは約6万円不足しており，生活に困る状態である。これらの解決策として，資料5に見られるように65才以上も働きたいとする人が約26％，働けるうちは働きたいと希望する人が約29％もあるので，働く意欲のある高齢者には<u>仕事</u>につく機会をあたえて収入が得られるようにし，それにより，64才以下の者の高齢者への生活を支えるという負担感も解消することができる。（278字）

解説
1 (1)2件の裁判がともに同じ裁判所で行われており，2件目の裁判では**裁判員裁判**が行われていることから地方裁判所である。
(4)警察や検察が行う取り調べは，だれでもが見ることができるようには公開されていない。ただし，密室で行われるので，人権を守るためにも，裁判員裁判になる事件と，検察が独自に捜査した事件については，取り調べの録音，録画による「可視化」が義務化された。

2 キーワードを3つ以上使わなければならないので，それぞれの資料が，キーワードのどれに関係するかを考えながら見てみることが必要である。そのうえで，問題点と解決策をわかりやすく示す。

精選　図解チェック&資料集（政治）

本冊 → p.88

①**厚生労働省**　②**財務省**　③**総務省**
④**国会**　⑤**内閣総理大臣**　⑥**国民審査**
⑦**国税**　⑧**直接税**　⑨**間接税**

解説
②国の財政，すなわち予算の原案を作成することも重要な仕事である。
③情報通信，郵政事業などの仕事も行う。
④・⑤・⑥その他の矢印の項目もふくめて，理解・確認しておくこと。
⑧・⑨税を負担する人と納める人が同じ税は直接税，異なるのは間接税である。

第3章 歴 史

1 日本のあけぼのと貴族の世の中

ステップ1 まとめノート 本冊 → p.90〜p.91

1 ① 岩宿遺跡 ② たて穴 ③ 三内丸山
④ 吉野ヶ里 ⑤ 金印 ⑥ 卑弥呼
⑦ 邪馬台国

2 ⑧ はにわ ⑨ 大王(大王)

3 ⑩ 摂政 ⑪ 冠位十二階 ⑫ 十七条の憲法
⑬ 法隆寺 ⑭ 中臣鎌足(藤原鎌足)
⑮ 天智 ⑯ 天武 ⑰ 大宝律令 ⑱ 口分田
⑲ 防人

4 ⑳ 国分寺 ㉑ 正倉院 ㉒ 鑑真
㉓ 古事記

5 ㉔ 平安京 ㉕ 摂関 ㉖ 藤原道長
㉗ 平等院鳳凰堂 ㉘ 寝殿造 ㉙ 清少納言
㉚ かな文字

解説

1 ①相沢忠洋が**打製石器**を関東ロームから発見したことで，日本にも旧石器時代が存在したことが証明された。
⑤江戸時代の1784年に，「**漢委奴国王**」と刻まれた金印が，志賀島(福岡県)で発見された。

2 ⑨大王は豪族に対し，氏(血のつながった一族)ごとに姓(朝廷での役職)をあたえた。

3 ⑭中臣鎌足は死の直前に，天智天皇から藤原の姓をあたえられた。
⑯天武天皇は天智天皇の弟，敗れた大友皇子は天智天皇の子である。
⑰大宝律令は，文武天皇の命を受けた**藤原不比等**らによって作成された。

4 ㉑西アジアやローマから**シルクロード**を通って中国に伝えられた品が，**遣唐使**によって日本にもたらされた。
㉒鑑真は，日本の僧の求めに応じて，何回も失敗の末に来日した，唐の高僧である。
㉓神話もふくまれた歴史書の作成によって，天皇が国を統治する根拠が示された。

5 ㉕天皇が女性や幼いときは摂政，天皇が成人したあとは関白となり，天皇にかわって政治を行った。
㉙**藤原道長**の娘の彰子に仕えたのが**紫式部**，道長の姪の定子に仕えたのが**清少納言**であった。

レッツトライ！ 〜中学入試頻出問題〜

① 労役

② X—イ Y—エ

ステップ2 実力問題① 本冊 → p.92〜p.93

1 (1) 卑弥呼 (2) ア (3) イ
(4) 小野妹子 (5) エ (6) ウ (7) イ
(8) ウ (9) 十二

2 (1)① (蘇我)馬子 ② ア
(2)① (藤原)道長
② (例)娘を天皇にとつがせ，生まれた子を天皇にして天皇と強いつながりをもったから。
③ 『源氏物語』

解説

1 (2)卑弥呼は魏から「**親魏倭王**」の称号と金印，銅鏡100枚を授かった。
(5)**白村江の戦い**は，中大兄皇子が唐・新羅の連合軍と戦って敗れた戦乱，天智天皇は天武天皇の兄，文武天皇は大宝律令の制定を命じた天皇，**桓武天皇は平安京遷都を行った天皇**である。
(8)**ア**の租は国司のもとに納められる税，**イ**の大仏づくりに協力したのは**行基**，**エ**の『**万葉集**』は歌集。なお，日本最古の歴史書は『古事記』である。

① ココに注意
(7)和同開珎がつくられたあと，和同開珎をふくめて12種類の貨幣(皇朝十二銭)がつくられたが，あまり流通せず，取り引きはおもに物々交換で行われていた。

2 (1)①聖徳太子の死後，政治の実権をにぎっていた蘇我氏は645年，中大兄皇子らにほろぼされた。なお，系図AのⅡは(蘇我)蝦夷，Ⅲは(蘇我)入鹿である。
②エは603年，アは604年，イとウは607年である。
(2)②藤原道長は4人の娘を全員天皇にとつがせ，生まれた子を天皇にした。

✓ チェック！自由自在

① 弥生時代の中国の歴史書

書物	時期	内容
漢書	紀元前1世紀	倭に100余りの国がある。
後漢書	1世紀	奴国の王に皇帝が**金印**を授けた。
魏志	3世紀	邪馬台国を女王**卑弥呼**が治めた。

26

② **聖武天皇**は乱れた世を仏の力で治めようと考え，全国に**国分寺・国分尼寺**を建立し，**東大寺**には**大仏**をつくった。また，東大寺の**正倉院**には西アジアの宝物などが多数保管されている。おもに聖武天皇の時代に栄えた**天平文化**は**仏教文化**であり，**国際色豊かな文化**でもあった。

③ 系図 **A** の蘇我氏は，**中臣鎌足**(系図 **B** の藤原氏の祖先)らにほろぼされた。両氏ともに一時は天皇をしのぐ権力をもった。

✔ チェック！自由自在

① 奈良時代につくられた『**万葉集**』には，重い税に苦しみながら貧しい生活をする農民のくらしをよんだ歌も収められている。山上憶良の「貧窮問答歌」では，食べるものもないのに里長に税を取り立てられるようすが歌われている。また，「**防人の歌**」の中には，子どもだけを残し，北九州に向かう父親のようすを歌ったものがある。

② **渡来人**はかんがい用の水路やため池をつくるための**土木工事**，古墳をつくる技術，また，のぼりがまを使って**須恵器**を焼く技術などを伝えた。漢字や**儒教**，暦なども渡来人によって伝えられたもので，日本の文化に大きな影響をあたえた。

③ 釈迦の死後 2000 年がたつと末法の世に入り，世の中は乱れて災いがおこるという，**末法思想**が平安時代後期に広がった。そこで，人々は阿弥陀仏にすがれば**極楽往生**できるという**浄土教**を信仰するようになった(**浄土信仰**)。六波羅蜜寺の空也像(右上の絵)の口からは，「**南無阿弥陀仏**」の念仏が阿弥陀像となって現れるようすが表現されている。

ステップ2 実力問題 ②   本冊 → p.94〜p.95

1 (1) 710
(2) (例)碁盤目状に整備された道など似ているところが多いことから，平城京は唐の都をまねてつくられた。
(3) 米
(4) (例)米をつくるためには，長期にわたり共同作業をする必要があるから。
(5) 稲荷山   (6) ウ

2 (1) 百済   (2) エンタシス   (3) ウ
(4) A ─最澄   B ─真言宗   C ─比叡山
   D ─金剛峯寺

解説

1 (1)**元明天皇**が藤原京から遷都した。
(2)当時の日本は，都だけでなく，政治や文化などいろいろな面で唐のものを取り入れた。
(4)大陸から稲作が伝わり，人々の生活は大きく変化した。水の得やすい低地にたて**穴住居**をつくってそこに住んだ。集団で農耕を行い，稲作に適した土地や稲作に必要な水をめぐる**争い**もおこるようになった。
(6)「**大王**」の文字があることから，**大和朝廷**の大王，つまり倭の王の名が記されていることがわかる。

2 (1)仏教は**百済**の**聖明王**から 538 年(552 年説もある)に正式に伝えられた。
(4)**空海**は弘法大師，**最澄**は伝教大師の別名もある。ともに遣唐使船で唐にわたった留学僧である。**密教**が広まった平安時代初期の文化を弘仁・貞観文化という。

ⓘ ココに注意

(4) 630 年に第 1 回が送られて以降 894 年に停止されるまで遣唐使は十数回派遣され，その間，唐の進んだ制度や文化が取り入れられた。

ステップ3 発展問題   本冊 → p.96〜p.97

1 (1) エ   (2) 銅鐸
(3) うすときねを使って，もみすり(14字)
(4) ① 前方後円墳   ② イ
(5) ア→ウ→イ   (6) ウ
(7) (例)唐を経由して西アジアからもたらされた宝物が正倉院に残されていることからわかる。
(8) 藤原京   (9)① イ   ② イ   ③ 安

解説

1 (1)弥生時代には，大陸から**稲作**と**金属器**(鉄器と**青銅器**)が伝わり，人々の生活と社会が大きく変化した。**ア**の**高床倉庫**は，稲を保管するのに利用された。**イ**の**石包丁**は，稲の穂先をつみ取るための石器。**ウ**の銅鏡は，青銅器の 1 つである。**エ**は打製石器で旧石器時代(先土器時代)のもの。
(3)木うすに稲穂を入れて，たてぎねでたたき，もみからもみがらを取り除いた。
(4)②**大和朝廷**は，豪族の連合政権である。大王は豪族に氏と姓をあたえ，それぞれに土地と人民を支配させた。地方に朝廷から役人が派遣されたのは，

27

律令体制下でのことである。

(5)ア(710年)→ウ(712年)→イ(759年)の順。

(8)藤原京は持統天皇が造営した日本で最初の本格的な都である。

(9)②『万葉集』には万葉がなが用いられた。

⚠ ココに注意

(6) 新羅は唐と手を結び，高句麗・百済をほろぼし，676年に朝鮮半島を統一した。907年に唐がほろぶと，936年には新羅にかわって高麗が朝鮮半島を統一した。

📖 なるほど！資料

📷 関連写真

⇧法隆寺金堂(左)と五重塔(右)

⇧東大寺大仏殿

⇧平等院鳳凰堂

2 武士の世の中 ①

◼ ステップ1 まとめノート
本冊 → p.98〜p.99

1
① 平将門の乱　② 上皇　③ 平清盛
④ 太政大臣　⑤ 宋　⑥ 厳島神社
⑦ 壇ノ浦

2
⑧ 源 頼朝　⑨ 御家人　⑩ 北条政子
⑪ 執権　⑫ 後鳥羽　⑬ 六波羅探題
⑭ 御成敗式目(貞永式目)　⑮ 草木灰
⑯ 二毛作　⑰ 北条時宗　⑱ 高麗
⑲ てつはう　⑳ 元寇　㉑ (永仁の)徳政

3
㉒ 平家物語　㉓ 金剛力士像　㉔ 法然
㉕ 一向　㉖ 一遍　㉗ 道元

4
㉘ 後醍醐　㉙ 吉野　㉚ 足利義満

解説

1①平将門は自らを新皇と名乗った。
②白河天皇は子の堀河天皇に天皇の位をゆずり，自らは上皇となって，院で政治を行った(院政)。

⑦一ノ谷の戦い(兵庫県)→屋島の戦い(香川県)→壇ノ浦の戦い(山口県)の順に平氏を追いつめた。

2⑪執権は将軍を補佐する役職で，初代執権には北条政子の父である時政がついた。
⑫北条政子の演説で団結した幕府軍に敗れ，後鳥羽上皇は隠岐に流された。
⑳2度目の襲来に備え，幕府は御家人に石塁を築かせた。
㉑御家人の借金を帳消しにしたが，その後借金ができなくなり，御家人の生活はさらに苦しくなった。

3㉔法然は，「南無阿弥陀仏」の念仏を唱えると，だれでも極楽に往生できると説いた。

4㉘後醍醐天皇は倒幕に失敗して隠岐に流されたが，再び倒幕を目ざし，成功した。
㉙京都には，足利尊氏が光明天皇をたてた。
㉚足利義満によって南北朝が統一されたあとは，北朝と南朝が交互に皇位につくと約束されたが，実現しなかった。

🏃 レッツトライ！〜中学入試頻出問題〜

① 元　② ウ

◼ ステップ2 実力問題
本冊 → p.100〜p.101

1 (1) Ⅰ—白河　Ⅱ—平清盛　Ⅲ— 源 頼朝
(2) 人物—Ⅱ　寺社—エ　(3) 院政
(4) (例)血のつながりのある人を天皇の位につけて天皇とのつながりを強め，天皇にかわって政治を行った。

2 (1) 守護　(2) 御成敗式目(貞永式目)
(3) エ　(4) イ

3 (1) A—オ　B—ウ　C—ア　D—エ
(2)① C ② B ③ A　(3) 運慶・快慶

4 (1) A—奉公　B—恩賞
(2) (例)徳政令を出し，御家人の借金を帳消しにした。

解説

1(2)安芸国とは現在の広島県である。厳島神社は世界文化遺産に登録されている。
(3)院政は藤原氏に政治的打撃をあたえた。
(4)どの政治も，天皇と血縁関係をもつことで権力をにぎった者によって行われた。

2(1)史料中に「警備」，「犯罪人を逮捕」などの文言があるので，国ごとに置かれ，軍事・警察の仕事をした守護の職務について書かれているとわかる。

(2)・(3)承久の乱のあと，土地をめぐる争いが増え
たため，北条泰時が 1232 年に御成敗式目を定めた。
(4)ア・ウ．2 代執権北条義時のときなので，御成敗
式目制定以前のできごとである。エ．後醍醐天
皇は政権をにぎれず，幕府を開いた足利尊氏が
政治の実権をにぎったので，誤りである。

⚠ ココに注意
(1)国ごとに置かれた守護に対し，地頭は公領や荘園ごと
に置かれ，年貢の取り立てを行った。

---

3 (1)法然は浄土宗，栄西は臨済宗を開いた。
4 (1)幕府と御家人との間は，御恩と奉公の主従関係
で成り立っていたが，元寇では新たな土地が得
られたわけではなかったため，御家人に対して
十分な恩賞をあたえることができず，幕府と御
家人との間の主従関係がくずれた。

✔ チェック!自由自在
① 鎌倉幕府のしくみ

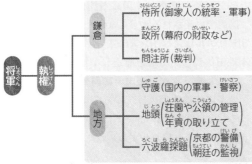

② 1221 年に後鳥羽上皇が政権を取りもどそうと承久の
乱をおこした。乱後，当時執権を務めていた北条義時
は，朝廷による反乱が再びおきないよう，朝廷と西国
御家人を監視することを目的に，六波羅探題を京都に
置いた。

■ ステップ3 発展問題
本冊 → p.102〜p.103

1 (1)ウ　　(2)① E　② A　③ E
(3)(例)娘を天皇にとつがせ，その子を天
皇にして政治的地位を強化した。
(4)エ

2 (1)A—地頭　B—守護　C—侍所
D—政所
(2)イ　　(3)ア・ウ　　(4)エ
(5)(例)恩賞を十分にもらえなかったから。
(16字)

[解説]
1 (1)平治の乱で平清盛は源頼朝の父である源義朝
を破った。源義経は頼朝の弟である。
(2)①奥州藤原氏は 1189 年，源頼朝にほろぼされた。
②白河上皇が院政を始めたのは 1086 年。
③守護と地頭は，源義経を捕らえる名目で，
1185 年に全国に配置された。
(3)藤原氏と同じ方法で権力をにぎった平氏のやり
方は，武士だけでなく，貴族の反感も買った。
(4)地図中 a は富士川の戦い，b は倶利伽羅峠の戦い。
2 (1)鎌倉には，幕府の財政などを担当する政所，裁
判を行う問注所，御家人の統率や軍事を行う侍
所が置かれた。
(2)イ．御成敗式目は，武家社会における慣習や道
理をもとにつくられた。天皇や朝廷を支配する
ためにつくられたものではない。
(3)ア．元はモンゴル民族の国である。また，従え
たのは新羅ではなく，高麗である。ウ．集団戦
法と火薬兵器で戦ったのは，元軍である。

⚠ ココに注意
(5)承久の乱の後，幕府は上皇方の領地を没収し，功績の
あった御家人を新たに地頭に任命した。この結果，幕
府の支配力が全国に広がった。一方，元寇後は，幕府
から十分な恩賞が得られなかったため，幕府と御家人
との信頼関係がくずれていった。

🔍 なるほど!資料
■ 御恩と奉公

■ 承久の乱と北条政子
承久の乱がおこったとき，北条政子は御家人に対
して頼朝の御恩を説いて御家人を団結させ，幕府
方を勝利に導いた。「頼朝殿が幕府を開いてから
の御恩は山よりも高く……上皇方につきたいと思
う者は申し出なさい」とうったえた。

■ 関連写真
左は元軍(集団戦法)，
右は御家人の竹崎季長。
中央には火薬兵器の
「てつはう」がえがか
れている。

⬆「蒙古襲来絵詞」

3 武士の世の中 ②

ステップ1 まとめノート　本冊 → p.104〜p.105

1
① 足利尊氏　② 管領　③ 倭寇　④ 勘合
⑤ 応仁の乱　⑥ 銀閣　⑦ 下剋上
⑧ 宋銭　⑨ 座　⑩ 寄合　⑪ 惣(惣村)
⑫ 正長の土一揆　⑬ 分国法(家法)
⑭ 雪舟

2
⑮ 種子島　⑯ (フランシスコ=)ザビエル
⑰ 今川義元　⑱ 比叡山延暦寺
⑲ 長篠の戦い　⑳ 安土　㉑ 関所
㉒ 楽市・楽座　㉓ 明智光秀　㉔ 大阪城
㉕ 刀狩(令)　㉖ 明

3
㉗ 天守　㉘ 姫路城　㉙ 障壁画　㉚ 千利休

解説

1②管領には細川・斯波・畠山の三家が交代でついた。
③・④倭寇と正式な貿易船を区別するために勘合が
用いられたため、勘合貿易とも呼ばれる。
⑦身分が下の者が上の身分の者を実力でたおす風潮
をいう。
⑫近江の馬借が土倉・酒屋をおそった。
⑭雪舟は明にわたって水墨画を学んだ僧侶である。

2⑮種子島に中国の貿易船が漂着した。
⑱織田信長は比叡山延暦寺や一向一揆など敵対する
仏教勢力と戦い、キリスト教を保護した。
⑲柵や堀で騎馬隊からの攻撃を防ぎ、多くの鉄砲を
用いて戦った。長篠の戦いで足軽による鉄砲隊が
初めて本格的に活躍した。
㉒座を廃止し、市の税をなくした。
㉕大仏をつくるという名目で農民から武器を取り上
げ、一揆の防止と兵農分離を進めた。

3㉘姫路城は、世界文化遺産に登録されている。

レッツトライ! 〜中学入試頻出問題〜

X—ポルトガル　　Y—織田信長

ステップ2 実力問題　本冊 → p.106〜p.107

1 (1) ア　　(2) イ　　(3) イ
2 (1) A—鉄砲　B—本能寺　C—検地
　　D—刀狩
　(2) 人物—豊臣秀吉
　　目的—(例)武士と農民の身分を分ける
　　　ことと一揆を防止すること。

(3) (フランシスコ=)ザビエル
(4) 人物—織田信長　政策—座を廃止した。
(5) 南蛮(貿易)
(6) 名まえ—足利義満　記号—エ

解説

1(1)明智光秀は本能寺の変で織田信長を自害に追い
こんだあと、山崎の戦いで豊臣秀吉に敗れた。
イは織田信長と今川義元、ウは織田信長と武田
勝頼、エは織田信長・徳川家康と浅井長政・朝
倉義景との戦い。
(2)武田信玄と上杉謙信は、北信濃の土地をめぐっ
て川中島で5度戦ったが、決着がつかなかった。
(3)観阿弥と世阿弥は、室町幕府3代将軍の足利義
満の保護を受けた。イは天守をもつ城なので、
桃山文化の建築物。なお、アは茶道、ウは石と
砂で自然を表現した枯山水の庭園、エは能の合
間に演じられる狂言である。

2(1) A. 鉄砲が伝わった当時の日本は戦国時代であ
ったため、またたく間に鉄砲は日本に広がり、
国内で生産されるようになった。
(3)ザビエルはスペイン人の宣教師である。
(4)織田信長は、関所を廃止して物資の流通をさか
んにした。また、楽市・楽座令を出して安土の
城下町では座に入っていなくても自由に商売す
ることを認めた。
(6)加賀の一向一揆がしずめられたのは、1580年。

⚠ ココに注意
(2)太閤検地によって、農民は土地を耕作する権利を認め
られたが、年貢を納める義務を負わされた。

✓ チェック!自由自在
① 室町文化は貴族と武家の文化がまじり合い、禅宗の影
響を受けた簡素で深みのある文化であった。また、お
伽草子など民衆の文化も発達した。

北山文化	東山文化
足利義満のころ	足利義政のころ
北山に金閣(3層)	東山に銀閣(2層)
能、狂言	書院造、水墨画、枯山水の庭園、茶の湯、生け花

② 朝鮮に出兵した大名たちは多くの朝鮮人を強制的に連
行し、このとき連行された陶工によってすぐれた技術
が伝えられ、有田焼などが生まれた。一方、国内では、
武士や農民が重い負担に苦しみ、大名間の不和も表面
化し、豊臣氏の没落を早めた。

ステップ3 発展問題　本冊 → p.108〜p.109

1 (1)① ア　② ウ　(2)① エ　② オ

2 (1)① (例)分国法(家法)を定め，下剋上がおこらないようにした。
② (例)戦乱から町を守るため。
③ エ
(2)権力者─イ　説明─キ

解説

1 (1)①明からの倭寇取りしまりの要求に応じ，足利義満は明との貿易を開始した。貿易は日本が明の家臣として朝貢する形式で行われた。
②朱印船貿易が行われたのは，豊臣秀吉のころからである。**銅銭や生糸は明からの輸入品，日本からは刀剣や銅が輸出**された。
(2)②鉄砲の産地としては，滋賀県の**国友**や大阪府の**堺**が知られる。鉄砲が伝わったことで，**山城から平城へと築城法が変化**した。また，鉄砲が本格的に使用された**長篠の戦い**以降，**足軽**が戦力として活躍するようになった。

① ココに注意

(2)①**大友宗麟・有馬晴信・大村純忠**ら3名のキリシタン大名はローマ法王のもとに少年使節を派遣したが，使節団が帰国するころには豊臣秀吉が**バテレン追放令**を出しており，**日本ではキリスト教が禁止**されていた。

2 (2)豊臣秀吉は1590年に天下を統一し，朝鮮出兵中の1598年に亡くなっている。

なるほど！資料

■関連写真・人物

⇧現在の能

⇧東求堂同仁斎の書院造

⇧ザビエル

⇧織田信長

⇧豊臣秀吉

⇧長篠の戦い

⇧検地のようす

---

4 江戸幕府の政治

ステップ1 まとめノート　本冊 → p.110〜p.111

1 ① 関ヶ原の戦い　② 武家諸法度
③ 参勤交代　④ 五人組

2 ⑤ 日本町　⑥ 天草四郎(益田時貞)
⑦ ポルトガル　⑧ 出島　⑨ 鎖国　⑩ 対馬
⑪ 朝鮮通信使

3 ⑫ ほしか　⑬ 蔵屋敷

4 ⑭ 朱子学　⑮ 生類憐みの令　⑯ 徳川吉宗
⑰ 上げ米の制　⑱ 公事方御定書
⑲ 目安箱　⑳ 株仲間　㉑ 松平定信
㉒ 囲い米　㉓ 大塩平八郎の乱
㉔ 水野忠邦

5 ㉕ 百姓一揆　㉖ 打ちこわし

6 ㉗ 近松門左衛門　㉘ 本居宣長
㉙ 解体新書　㉚ 寺子屋

解説

1 ②武家諸法度が最初に出されたのは，2代将軍徳川秀忠のときである(1615年)。
④農民は**本百姓**と水のみ百姓に分けられ，本百姓だけが年貢納入を義務づけられた。
2 ⑩対馬藩の**宗氏**が朝鮮との窓口になった。
4 ㉑松平定信は祖父の**徳川吉宗**が行った**享保の改革**を手本に，農村の立て直しと倹約をはかった。
5 ㉕百姓一揆は天災などでききんがおこると，発生件数が増加した。一揆の首謀者が特定されないように，連判状は円形に署名されることもあった。
6 ㉘仏教や儒教の影響を受ける前の日本人古来の考え方を明らかにする学問を**国学**という。
㉙杉田玄白と前野良沢らが，オランダ語に訳されたドイツの解剖書『ターヘル-アナトミア』を翻訳し，『解体新書』と名づけて出版した。

レッツトライ！〜中学入試頻出問題〜

① 浮世絵(錦絵)　② ウ

ステップ2 実力問題①　本冊 → p.112〜p.113

1 (1)① ア　② 近松門左衛門
(2)イ　(3)ウ

2 (1)① ウ　② 宿場町
③ A─徳川家光　B─武家諸法度
C─参勤交代

（2）① 清(中国)・オランダ

② (例)鎖国政策をとっている間も長崎での交易以外に，朝鮮とは対馬藩を通して交流があり，朝鮮通信使が将軍の代がわりごとに江戸にあいさつに来ていたから。

解説

1(1)①大阪夏の陣で豊臣氏がほろぼされたのは1615年で，2代将軍徳川秀忠のときである。徳川家康は大阪夏の陣の後，死亡した。

②近松門左衛門は人形浄瑠璃や歌舞伎の脚本家。『曽根崎心中』が代表作である。

(2)百姓(おもに農民)は全人口の約85％をしめた。

！ココに注意

(2)幕府は，武士と百姓・町人に身分を区別した。武士は百姓や町人を支配し，政治を行う高い身分とされた。町人よりも，年貢を負担する百姓が重要視された。

2(1)①「加賀100万石」と呼ばれる外様大名である。

③3代将軍徳川家光は参勤交代を制度化し，鎖国を完成させるなど幕藩体制の土台を築いた。

(2)①島原・天草一揆後，幕府は鎖国と禁教を強化し，1639年にはポルトガル船の来航を禁止した。そして，1641年にはオランダ商館を出島に移し，幕府と海外との交易はキリスト教の布教を行わない清(中国)とオランダに限った。

②朝鮮とは，豊臣秀吉が行った朝鮮出兵以降国交がとだえていたが，対馬藩の雨森芳洲が交渉にあたって国交が回復した。鎖国中も朝鮮からは将軍の代がわりごとに江戸に通信使が送られ，通交があった。対馬藩の宗氏には朝鮮との交易，薩摩藩の島津氏には琉球との交易，松前藩にはアイヌの人々との交易が認められていた。江戸時代は鎖国の時代といわれるが，長崎だけでなく，対馬藩，薩摩藩，松前藩と海外に開いた4つの窓があった。

✔チェック!自由自在

① 全人口の10％にも満たなかった武士には，名字を名乗ること，刀を差すこと，切捨御免などの特権があたえられていた。

② 全国の約4分の1にもおよぶ幕領と旗本・御家人の領地を治め，残りの土地を大名に分けあたえて支配させた。外様大名は江戸から遠い場所に，譜代大名は重要地に配置することでたがいに監視させた。

---

③ 長崎以外の外交窓口

対馬藩	朝鮮との交易を認められた。
薩摩藩	琉球を制圧して属国とした後，交易を認められ，琉球王国を通して中国の文物を入手。
松前藩	蝦夷地のアイヌの人々との交易を認められた。

ステップ2 実力問題②　本冊 → p.114～p.115

1(1) A─ア　B─オ　C─エ　D─ウ
　　　 E─キ

(2) ウ　(3)イ

(4) 江戸─将軍のおひざもと
　　大阪─天下の台所

(5) エ

(6) (例)幕府は年貢米を売ることでお金を得ていたが，米は天候などで収穫量が安定しなかったため。(42字)

(7) Ⅰ→Ⅲ→Ⅱ→Ⅴ→Ⅵ→Ⅳ

2(1) 歌川広重　(2) ウ

(3)① ア

② (例)人質にしている大名の妻が江戸からにげ出さないように，女性が厳しく取り調べられた。

解説

1(1) A．8代将軍徳川吉宗は享保の改革で，幕府の収入を増やすために上げ米の制を行った。B．5代将軍徳川綱吉のあと，政治を担当した新井白石は長崎貿易を制限した。C．老中の水野忠邦は天保の改革で上知令を実施しようとしたが，大名らの反対に合って失脚した。D．田沼意次は商人の経済力を利用して，幕府の財政を立て直そうとした。E．松平定信は，祖父の吉宗にならい厳しい改革を行ったが反感を買い，失脚した。

(2)アは徳川吉宗，イは松平定信，エは徳川家光の政策を説明している。

(6)幕府の財政が年貢米に支えられていたので，収入を増やすために，徳川吉宗や松平定信は農村の立て直しに力を注いだ。

！ココに注意

(5)アは五人組，イは両替商，ウは飛脚，エは株仲間の説明。五人組は，幕府や藩が本百姓5戸ずつぐらいで1つの組をつくらせ，年貢納入や犯罪の防止などについて連帯責任をとらせた制度。両替商や飛脚は江戸時代

になり，商業が発展したことで生まれた。

2 (2)**伊能忠敬**は天文学を学び，日本を歩いて測量して正確な日本地図をつくった。

(3)①**五街道**とは東海道・奥州街道・日光街道・中山道・甲州街道。徳川家康をまつった**図3**の日光東照宮に行くために，日光街道が整備された。

⚠ ココに注意 ------------------

(3)②江戸時代の関所は江戸の防備が目的であった。そのため，「入り鉄砲に出女」が厳しくチェックされた。

✓ チェック!自由自在

①〈国内統治〉**参勤交代**を**武家諸法度**に追加し，大名に経済的な負担を負わせて大名が強大化することを防いだ。また，キリスト教を厳しく取りしまり，宗門改めによってすべての人をどこかの寺院に所属させ，仏教徒であることを証明させた。
〈対外政策〉**朱印船貿易**を終了し，ポルトガル船の来航も禁止した。オランダ商館を**長崎の出島**に移してオランダと清(中国)にのみ長崎での貿易を許し，幕府が外交と貿易を独占する**鎖国**を完成させた。
②田畑の売買を禁止して，年貢の納入と犯罪防止に連帯責任をとらせる**五人組**を本百姓につくらせた。
③主従関係や上下関係を大切にする**朱子学**が，徳川綱吉のころから重視された。綱吉は湯島聖堂に学問所を置き，朱子学を学ばせた。松平定信は朱子学を幕府の正学とし，湯島聖堂の学問所(のちの**昌平坂学問所**)では朱子学以外の学問を教えることを禁じた(**寛政異学の禁**)。

📊 ステップ3 発展問題 　　本冊 → p.116〜p.117

1 (1) ア
(2) ① 平戸　② イ→ア→エ→ウ
　　③ (例)キリスト教徒を見つけ出すために踏ませた。
(3) ① X—城　Y—結婚　Z—参勤
　　② (例)江戸への参勤や土木工事で外様大名ほど大きな経済的負担を負うようにし，反乱を防いだ。
(4) ① 名まえ—田沼意次，記号—エ
　　② (例)なまこもあわびも乾燥させた。乾燥すると小さく軽くなるため，輸送に便利なうえ，日もちするからである。
(5) オ

解説

1 (1)史料は，**生類憐みの令**である。この法令を出した徳川綱吉が政治を行ったころ，上方(大阪・京都)の町人を中心とする**元禄文化**が栄えた。アは菱川師宣の「見返り美人図」(元禄文化)，イは狩野永徳の「唐獅子図屏風」(桃山文化)，ウは杉田玄白らが出版した『解体新書』(江戸時代後期)，エは葛飾北斎の「富嶽三十六景」(化政文化)である。

(3)②外様大名は領地が江戸から遠いため，参勤するのにばく大な費用がかかった。また，土木工事にも人件費や材料代が必要で，大きな負担となった。幕府は大名に大きな**経済的負担を負わせ**，反乱を防いだ。

(4)①**老中**は，幕府の政治全般を統括する常任の最高職であった。なお，組織図中のアは**京都所司代**，イは**若年寄**，ウは**勘定奉行**である。
②乾燥させたなまこやあわびは俵につめて輸出されたことから，**俵物**と呼ばれた。

(5) a は寛政の改革(松平定信)，c は天保の改革(水野忠邦)で実施された。

⚠ ココに注意 ------------------

(2)①徳川家康のころなので，商館が置かれたのは出島ではなく平戸である。

ℹ なるほど!資料

■ 江戸幕府の外交

⬆ 朝鮮通信使　　　　　　⬆ 出島

■ 関連人物・写真

⬆ 徳川吉宗　　⬆ 松平定信　　⬆ 水野忠邦

⬆「見返り美人図」　⬆「ポッピンを吹く女」　⬆『解体新書』
　　　　　　　　　　　　　　　　　　　　のとびら絵

本冊 → p.118〜119

1 (1) Z
(2) (例)人や物が自由に往来できるように
なり，商人の活動が活発になった。
(3) (例)唐から攻撃される可能性があると
考え，せめられにくいよう少しでも内
陸に移動する必要があったから。
(4) イ　(5) エ　(6) エ
(7) (例)三方が山，一方は海に面しており，
せめられにくく守りやすい地形であっ
たこと，また，源氏の氏神である鶴岡
八幡宮もあるから。
(8) ① C　② B
2 (1) ウ　(2) ウ→ア→エ→イ

解説

1 (1) X. 島原・天草一揆は島原半島(長崎県)と天草
諸島(熊本県)の農民らが厳しい年貢の取り立て
とキリスト教の取りしまりに対しておこした一
揆である。Y. 保元の乱・平治の乱は，京都でお
こった内乱である。**平治の乱で源氏は敗れ，平
清盛が政権をにぎった。**Z. 鎌倉幕府3代将軍の
源 実朝は，源氏の氏神である鶴岡八幡宮(神奈
川県)で甥の公暁に暗殺された。これにより源氏
の血は絶え，**北条氏**が**執権**として幕府の実権を
にぎった。したがって，Zが誤り。Zは長篠の戦
い(愛知県)がおこった場所を指している。
(2) 通行税を取り立てる**関所を廃止**したことで，人
や物の移動が自由になり，商人の活動がさかん
になった。
(3) 中大兄皇子は百済の再興を助けるため，唐・
新羅の連合軍と**白村江**で戦ったが，敗れた(663
年)。その後，北九州には**大宰府**を置いて**防人**を
配備するなど，防備に力を入れていることから，
大津宮への遷都も唐からの攻撃に備えたものと
考えられる。
(4) アは10才ではなく，6才以上の誤りである。ウ
は庸，エは調について説明している。
(5) アは京都府宇治市の**平等院鳳凰堂**(平安時代)，
イは京都市東山の**銀閣**(室町時代)，ウは奈良県
生駒郡の**法隆寺**(飛鳥時代)，エは奈良市の**東大
寺**(奈良時代)である。
(6) 表より，**平清盛**が行った貿易なので**日宋貿易**と

判断できる。
(7) 鎌倉には源氏の氏神である鶴岡八幡宮があること
(源氏と鎌倉との関係)，鎌倉が守りやすくせめづ
らい地形であること(地理的条件)をまとめる。

!ここに注意

(8) ① 貴族が政治を行っていた10世紀，土地を守るため
に有力な農民が武装するようになった。武芸に優れた
者は朝廷や国司に仕えて警備などを行い，武士と呼ば
れた。しだいに力をつけた武士は中央に進出し，表C
の平治の乱で勝利した平清盛が武士として初めて政権
をにぎった。その後，本格的な武家政権を確立したの
は鎌倉幕府を開いた源頼朝である。1221年，後鳥羽
上皇は政権を取りもどそうと承久の乱をおこしたが失
敗し，その後も武家政権は続いた。

2 (1) 史料のわたしは江戸幕府3代将軍の徳川家光で
ある。したがって，**ウ**が正しい。**ア**は8代将軍
徳川吉宗，**エ**は老中松平定信の政策について説
明している。**イ**について，家光は**鎖国**を完成さ
せたが，鎖国中でも幕府が貿易を行ったのは，
ポルトガルではなく**オランダ**である。**ポルトガ
ル船は1639年に来航を禁じられた。**
(2) **ア**は弥生時代の稲の穂をつみ取るための**石包丁**，
イは室町時代に始まった茶道で使用される**茶筅**，
ウは縄文時代につくられた**縄文土器**，**エ**は古墳
時代につくられた**はにわ**である。

5 明治からの世の中 ①

📊ステップ1 まとめノート　本冊 → p.120〜p.121

1 ① ペリー　② 日米和親条約　③ 井伊直弼
④ 日米修好通商条約　⑤ 生糸
⑥ 尊王攘夷　⑦ 薩長同盟　⑧ 大政奉還
⑨ 戊辰戦争
2 ⑩ 五箇条の御誓文　⑪ 版籍奉還
⑫ 廃藩置県　⑬ 解放令　⑭ 徴兵令
⑮ 地租改正　⑯ 富岡製糸場　⑰ 太陽暦
⑱ 福沢諭吉
3 ⑲ 岩倉使節団　⑳ 征韓論
㉑ 樺太・千島交換　㉒ アイヌ
4 ㉓ 西郷隆盛　㉔ 西南戦争　㉕ 板垣退助
㉖ 自由党　㉗ 立憲改進党　㉘ 伊藤博文
㉙ 大日本帝国憲法　㉚ 15

解説

1 ②アメリカ合衆国の船に薪・水・食料を補給することと下田に領事を置くことを認めた。

④朝廷の許可を得ないままに結ばれた条約だった。

⑥天皇を尊ぶ尊王論と外国勢力を排除しようという攘夷論が結びついた。

⑦薩摩藩は西郷隆盛・大久保利通，長州藩は木戸孝允が藩の中心となっていた。

⑧徳川慶喜は政権を天皇に返上し，新しい政権の中で主導権を維持しようと考えていた。

⑨戊辰戦争において，新政府軍の**西郷隆盛**は旧幕府側の**勝海舟**と会談し，江戸への総攻撃をやめるかわりに，江戸城を無抵抗で明けわたさせた。

2 ⑩明治天皇が神にちかう形で，会議を開き，世論にもとづいて政治を行うことなどの政治方針を示した。人々に対しては**一揆やキリスト教の禁止**など，江戸時代と変わらない内容の五榜の掲示（五枚の立て札）を示した。

⑪元の藩主が自らの支配する土地（版）と人民（籍）を朝廷に返上した。しかし，知藩事としてそのまま政治を行ったため，新政府が中央集権の近代国家をつくるうえで不十分な内容であった。

⑭免除規定が多くあったので，実際に兵役についたのは農家の二男や三男が多かった。

⑯フランスの技術が導入された。士族の娘が工女として集められ，その技術を各地に伝えた。

⑰1日は24時間，1週は7日間となり，学校などに日曜日の休みが導入された。

3 ⑲公家の**岩倉具視**を団長に，**木戸孝允・大久保利通・伊藤博文**ら政府の主要人物の多くが使節団に加わった。条約改正交渉は成功しなかったが，欧米社会を視察することで，近代化の必要性を痛感し，富国強兵策をさらに推し進めることとなった。

⑳鎖国政策をとっていた朝鮮に対し，武力を使ってでも開国させようという考え。帰国した大久保利通らに反対され，西郷隆盛や板垣退助は政府を去った。

㉑ウルップ島以北の**千島列島全島と樺太を交換**する条約。択捉島・国後島・色丹島・歯舞群島の北方領土は，日露和親条約で日本の領土とされていた。

㉒アイヌの人々の土地や漁場をうばっただけでなく，日本風の名まえへの変更など，独自の文化や風習を否定した。

4 ㉖フランス風の急進的な考え方の政党であった。

㉗イギリス風の穏健な考え方の政党であった。

㉙**主権者は天皇**で，憲法の中で国民は「臣民」とされていた。

レッツトライ！　～中学入試頻出問題～

① エ　　② a—エ　b—ア

ステップ2 実力問題①　本冊 → p.122～p.123

1 (1) 1—**勝海舟**　2—**西郷隆盛**

　　　3—**ペリー**

(2) X—ア　Y—ウ　Z—エ

(3) 京都府　(4) Ⅰ—エ　Ⅱ—キ

(5) イ・オ　(6) ① エ　② 生糸

(7) ウ

(8) ① （例）幕府の政策に反対する大名や公家を処罰する安政の大獄を行った。（30字）

② 桜田門外の変

(9) 2番目—D　4番目—A

解説

1 (4) Ⅰは横浜。外国人が居留地から遠くに行くことは禁じられていた。生麦事件は薩摩藩主の父である島津久光が江戸から京都へ帰る途中，乗馬中のイギリス人男女が行列を横切ったことからおこった。Ⅱは下関。尊王攘夷を唱えていた長州藩は関門海峡に面する下関に砲台を築き，イギリスなどの船を攻撃した。

(5) イは函館，オは下田である。

(6) ①エ．農村でおこるのは一揆，都市部でおこるのは打ちこわしである。米騒動は大正時代（1918年）のできごとである。

②開港した5港のうち**最も貿易額が大きかったのは横浜港，最大の貿易相手国はイギリス**である。生糸の価格は高騰したが，人々の生産意欲を刺激し，東日本を中心に生産量が増大した。

(7) ウ．領事裁判権は外国人が罪を犯したとき，その国の法律でその国の判事が裁くというもので，「認められた」のではなく「認めさせられた」が正しい。輸入品にかける関税率は，日本とアメリカ合衆国が相互に相談して決定し，独自に決めることはできなかった。

(8) ②井伊直弼は，**安政の大獄**で水戸藩の藩主と前藩主を処罰していた。

(9) C（1853年）→ D（1858年）→ B（1866年）→ A（1868年）。Aの文中に「旧幕府軍」とあることからも，Aが明治時代であることがわかる。

✓チェック!自由自在

① 戊辰戦争
・鳥羽・伏見の戦い（京都府）
↓
・江戸城の無血開城（東京都）
↓
・会津の戦い（福島県）
↓
・五稜郭の戦い〔函館戦争〕（北海道）

② 日米和親条約と日米修好通商条約

日米和親条約		日米修好通商条約
1854 年	結ばれた年	1858 年
下田・函館	開港地	函館・神奈川(横浜)・新潟・兵庫(神戸)・長崎
食料・水・薪の補給。下田に領事を置く。	内容	貿易を行う。領事裁判権を認める。関税自主権がない。

■ステップ2 実力問題② 本冊 → p.124～p.125

1 (1) A―長州　B―五箇条の御誓文
C―1890
(2) ① 文明開化　② 横浜　③ エ
(3) エ
(4) 人物―岩倉具視　記号―エ
(5) ① 人物―板垣退助
理由―(例)征韓論を反対されたから。
(12 字)
② エ
(6) ① ドイツ(プロシア, プロイセン)
② ウ
(7) 直接国税を 15 円以上納める満 25 才以上の男子。

解説
1(2)③エのラジオ放送の開始は, 大正時代の 1925 年。
(3)ア. 義務教育は満 6 才以上の男女が対象で, 小学校の授業料が原則廃止になったのは 1900 年である。イ. 兵役の義務を課せられたのは満 20 才以上の男子である。ウ. 地租は地価の 3 ％を土地の所有者が現金で納めるものであった。
(4)エ. 戊辰戦争がおこったのは 1868～69 年, 岩倉

使節団が派遣されたのは 1871～73 年である。
(6)②ウ. 条約を結ぶ権利も主権者の天皇にあった。

① ココに注意

(5) ②このころの政府は, 倒幕の中心勢力であった薩摩藩・長州藩・土佐藩・肥前藩の出身者と少数の公家が政治の実権をにぎる藩閥政府であった。

✓チェック!自由自在

① 文明開化による生活の変化
・ちょんまげを切ったザンギリ頭が流行した。
・太陰暦にかわって太陽暦が採用され, 1 日が 24 時間, 1 週間が 7 日, 日曜日は休日となった。
・新聞, 雑誌が次々と創刊された。
・衣食住が変化した。

衣	ズボン, スカート, 帽子, シルクハット, 洋傘, ワイシャツ, 靴
食	牛なべ, 牛乳, バター
住	ガス灯, レンガ造りの家, ガラス窓

② 地租改正による税の変化

	地租改正前	地租改正後
税の種類	年 貢	地 租
税の基準	収穫高	地 価
土地所有者の納税方法	米	現 金
税 収	不安定	安 定
小作料	米	米

③ 岩倉使節団に参加した人々
・岩倉具視・木戸孝允・大久保利通・伊藤博文ら
・女子留学生の津田梅子など

④ 政党の特色

自由党		立憲改進党
板垣退助	党首	大隈重信
フランス流急進的国民主権	主張	イギリス流穏健議会政治
士族農民	支持層	知識階級資本家

■ステップ3 発展問題 本冊 → p.126～p.127

1 (1) ① 木戸孝允　② ウ　(2) ア　(3) ア
(4) ウ
2 (1) 西南戦争　(2) 領事裁判権(治外法権)

(3) 北海道・沖縄県

(4) B―(例)政府は10年後の国会開設を約束した

E―(例)新聞記者などの言論を取りしまるために

F―(例)大日本帝国憲法が発布された

解説

①(2)**ア**．幕府は金の外国への流出を防ぐために，金の割合を低くした小判を発行したため貨幣の価値が下がり，物価がさらに上がった。このころ，米の価格が急激に上がったのは，幕府が2度にわたって長州征伐を行い，各藩が兵糧米として米を備蓄したことも一因である。

(3)**イ**．太平洋戦争後の農地改革の内容。**ウ**．廃藩置県によって**府知事**や**県令**が政府から派遣され，中央集権化が強まった。**エ**．端島炭鉱は長崎県にある。また，国が開発したものではない。

(4)**ウ**．軍隊を指揮・監督する最高の権限を**統帥権**という。統帥権は天皇にあった。

ⓘ ココに注意

(2) 日本の金と銀の交換比率は1：5であったが，外国の金と銀の交換比率は1：15で，日本では銀の価値が外国に比べて高かった。外国人が金を自国で銀に両替し，その銀を日本で金と両替すれば金は3倍に増える。したがって，外国から大量の銀がもちこまれ，日本の金が流出した。

②(2)**領事裁判権**(外国人が日本で罪を犯した場合，日本の法律で裁くことができない)は，幕末に幕府と修好通商条約を結んだアメリカ合衆国・イギリス・フランス・ロシア・オランダの国民に適用された。ビゴーは領事裁判権が撤廃された改正条約が発効する1か月前に帰国している。

(3)衆議院議員総選挙において，北海道に選挙法が施行されたのは1902年(区部限定)，沖縄県に施行されたのは1912年であった。

(4)**資料4**は国会開設の**詔**で年表中の**資料ア**，**資料5**は大日本帝国憲法で**資料ウ**，**資料6**は**伊藤博文**らが憲法草案を作成する際に，君主権の強いドイツの憲法を手本にしたことを皮肉った風刺画(**ビスマルク**はドイツの首相)であることから**資料イ**があてはまる。

B．図の**A**には**資料4**から「天皇が国会を開きたいと詔を出されたので」と入り，**B**には政府の対応を文章化する。

E．**資料2**の風刺画でさるぐつわをされた新聞記者が並んでおり，(注2)に「絶対の沈黙を守るよう」と書かれている。結果「保安条例を制定した」という文章を受ける形で，保安条例の目的を文章化する。

🏛 なるほど！資料

■関連人物・写真

⚜ ペリー

⚜ 井伊直弼

⚜ 坂本龍馬

⚜ 西郷隆盛

⚜ 大久保利通　⚜ 木戸孝允　⚜ 板垣退助　⚜ 大隈重信

⚜ 富岡製糸場

⚜ 明治初期の小学校の授業

6 明治からの世の中 ②

📊 ステップ1 まとめノート　本冊 → p.128～p.129

1 ① 帝国　② 欧化　③ ノルマントン号
④ 日清　⑤ 陸奥宗光　⑥ 小村寿太郎
⑦ 甲午農民戦争　⑧ 遼東　⑨ 下関
⑩ ロシア　⑪ 義和団事件　⑫ イギリス
⑬ 幸徳秋水　⑭ 与謝野晶子
⑮ ポーツマス　⑯ 樺太　⑰ 孫文

2 ⑱ 八幡製鉄所　⑲ 田中正造
⑳ 北里柴三郎　㉑ ラジオ

3 ㉒ ベルサイユ　㉓ 国際連盟
㉔ シベリア出兵　㉕ 原敬

4 ㉖ 民本主義　㉗ 普通選挙法
㉘ 治安維持法　㉙ 平塚らいてう
㉚ 全国水平社

解説

①③イギリス人乗組員は全員無事だったが，日本人乗客は全員死亡した事件。責任を問われたイギリス人船長に対し，イギリス領事が下した判決は最初

が無罪, 2度目も軽い刑罰であったため, 国内に**領事裁判権(治外法権)の撤廃**を求める声が高まった。

⑤イギリスとの間に日英通商航海条約を結んだ。

⑥アメリカ合衆国との間で関税自主権の完全回復を実現した。

⑩日本が清に遼東半島を返還した後, ロシアは日本が返還した遼東半島に位置する**旅順**と**大連**を清から租借した。

⑪義和団は北京の各国公使館を包囲し, 清の軍隊も義和団と行動をともにした。

⑭ロマン主義の歌人で, 「君死にたまふことなかれ」は日露戦争に出征した弟の身を案じてよんだ。

⑮ポーツマスはアメリカ合衆国東海岸に位置する都市。

⑯**樺太・千島交換条約**でロシア領となっていた。

② ⑱1901年に官営工場として操業を開始した。

⑲衆議院議員として帝国議会で問題提起を行い, その後, 国会議員を辞職し天皇に直訴しようとした。

③ ㉒敗戦国のドイツはすべての植民地と領土の一部を失い, 多額の賠償金の支はらいを命じられた。日本はこの条約でドイツの中国での権益を受けつぐこととなったが, 中国で**五・四運動**と呼ばれる反日運動がおきた。

㉓本部は**スイスのジュネーブ**にあった。提唱国の**アメリカ合衆国**は議会の反対で加盟しなかった。

㉕藩閥出身ではなく, 「平民宰相」と呼ばれた。

④ ㉖大日本帝国憲法で**主権は天皇にある**と定められているため, 民主主義とは区別した。

㉙1911年, 婦人解放をめざす**青鞜社**を結成し, 雑誌「青鞜」を発行した。1920年には女性の政治参加を求める**新婦人協会**を設立した。

レッツトライ! ～中学入試頻出問題～

エ→ウ→ア→イ

ステップ2 実力問題①   本冊 → p.130～p.131

1 (1)①ノルマントン号事件 ②ア
(2)①ア ②下関 ③ウ
(3)①エ ②イ ③ア
2 (1)X—足尾 Y—田中正造 (2)ア・ウ

解説

1(2)③I. 第一次世界大戦中の経済状況である。

(3)①エ. 満州を勢力下に置こうとするロシアをけん制するために, 1902年に**日英同盟**を結んだ。

②イ. 遼東半島を清に返すよう要求した**三国干渉**は, **ロシア・フランス・ドイツ**によるもの

である。なお, **ア**はアメリカ合衆国, **ウ**はイギリス, **エ**はロシアについて述べた文である。

③**ア**. 日清戦争で台湾, 日露戦争で樺太の南半分を獲得した。なお, 朝鮮半島は1910年に併合しており, 樺太全島を領土にしたことはない。

⚠ ココに注意

(3)③樺太・千島交換条約で樺太はロシア領となったが, ポーツマス条約で樺太の南半分が日本にゆずられた。

2(2)ア. 学校では日本語や日本の歴史を教えて, 日本人に同化させようとしており, 朝鮮語の授業を減らすなど, 朝鮮の文化を教えることを厳しく制限した。**ウ**. 土地調査事業では, 土地の所有権が明確化されたが, 所有権のあいまいな土地は没収され, 土地を失う農民も多かった。

✓ チェック!自由自在

① 条約改正の道のり

年	できごと
1871	岩倉使節団が条約改正交渉に出発
1883	鹿鳴館を建設
1886	ノルマントン号事件(条約改正の声が高まる)
1889	大日本帝国憲法発布
1894	イギリスとの間で領事裁判権の撤廃に成功
1894	日清戦争がおこる
1904	日露戦争がおこる
1910	韓国併合
1911	アメリカ合衆国との間で関税自主権の完全回復に成功

② 日清戦争・日露戦争の条約の比較

戦争	日清戦争	日露戦争
講和条約	下関条約 (山口県)	ポーツマス条約 (アメリカ合衆国)
日本代表	伊藤博文, 陸奥宗光	小村寿太郎
内容	朝鮮の独立を認める。台湾, 遼東半島(のちに返還)などを日本へ割譲。日本へ賠償金を支はらう。	朝鮮での日本の優位。樺太の南半分を日本へ割譲。旅順・大連の租借権。賠償金なし。

③ 戦争継続が困難になった理由
・日本…兵力や戦費の不足
・ロシア…国内で革命の動き

④ おもな官営工場
・**富岡製糸場**(群馬県)…1872年操業。フランスの技術を導入し, 生糸を生産。
・**八幡製鉄所**(福岡県)…1901年操業。筑豊炭田の石炭や中国から輸入した鉄鉱石を利用し, 鉄鋼を生産。

ステップ2 実力問題② 本冊 → p.132～p.133

1 (1) イギリス (2) 原敬

(3) X―カ Y―ア (4) エ (5) イ

(6) ① ア・エ ② ウ

(7) (例)戦場となったヨーロッパからの輸出が止まったアジア・アフリカ地域への輸出が増えたから。(大戦で好景気となったアメリカ合衆国への生糸の輸出が増えたから。)

2 (1) W―オ X―エ Y―イ Z―ウ

(2) ア

解説

1 (1)義和団事件後に満州に軍隊をとどめたロシアをけん制するために1902年に結ばれた**日英同盟**は，相手国が2か国以上の国と戦争となった場合，参戦することが定められていた。第一次世界大戦後のワシントン会議で四か国条約が結ばれたことによって，日英同盟は解消された。

(2)**立憲政友会**総裁の原敬が組織した内閣は，陸軍・海軍・外務大臣以外の大臣はすべて，立憲政友会の党員である議員で構成されていた。原敬は「平民宰相」として人気を集めたが，普通選挙法の制定には消極的で，納税額を3円以上に引き下げるにとどまっている。

(4)ア．1911年に平塚らいてうらが設立した女性解放をかかげた文芸団体。**イ**．1922年に設立された部落解放を目ざす団体。**ウ**．1903年に幸徳秋水らが設立した社会主義の団体。

(5)ア．関東大震災がおこったのは1923年，**ラジオ放送の開始は1925年**である。正確な情報伝達ができなかったことによるデマの流布が**イ**の朝鮮人や中国人が殺される事件と結びついた。

ウ．農地改革は，太平洋戦争後，GHQの指示によって実施された農村の民主化政策である。

(6)①ア．**民本主義**を唱えたのは**吉野作造**である。

エ．選挙権があたえられたのは満25才以上の男子のみで，女子には選挙権は認められなかった。

！ ココに注意

(3)ドイツは敗戦国であることから，ソ連は国際連盟設立当初はまだ建国されておらず，建国後も社会主義国家であることから，当初は加盟を認められなかった。

2 (1)明治時代後期～大正時代，自然科学分野において世界的な業績を上げる研究者が多く現れた。

✔ チェック!自由自在

① **米騒動がおこった理由**

・シベリア出兵を見こした米商人が，米の売りおしみや買いしめをしたため米価が急に上がった。

・富山県の漁村の主婦らが米の安売りを求めた事件が新聞で報道され，全国的な暴動に拡大した。

② **大正時代の社会運動**

・**労働争議**…労働者が労働条件の改善を求める。

・**小作争議**…小作農が小作料の引き下げを求める。

・**差別からの解放**…**全国水平社**が結成される。

・**女性**…女性の参政権獲得を目ざし，**新婦人協会**が結成される。

③ **明治・大正期の学校教育**

・私立学校の設立

女子英学塾(現津田塾大学)…津田梅子

慶應義塾(現慶應義塾大学)…福沢諭吉

東京専門学校(現早稲田大学)…大隈重信

同志社英学校(現同志社大学)…新島襄

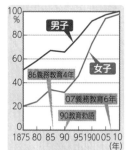

⬆ 小学校の就学率の変化

ステップ3 発展問題 本冊 → p.134～p.135

1 (1) W―津田梅子 X―樋口一葉

Y―与謝野晶子 Z―平塚らいてう

(2) 鹿鳴館

(3) ① ア

② (例)ポーツマス条約で賠償金を得られなかったことに**不満**が高まった。

(4) ① イ

② A―天皇 B―民本主義

③ (例)農村の人々が都市に移り住み，工場労働者となった。

④ エ

(5) ① X―普選 Y―婦選

② エ

(6) ア

解説

1 (1)W．**岩倉使節団**に7才で随行し，アメリカ合衆国に留学。帰国後，女子教育に力をつくし，女子英学塾(現津田塾大学)を設立した。

(2)日本が文明国であることを欧米諸国に知ってもらうため，鹿鳴館での舞踏会に代表されるような，制度や文化に欧米の風習を取り入れる極端

な**欧化政策**がとられた。この政策は一定の成果
をあげたが，欧米人にはこっけいに映ることも
あったうえに，国民にも受け入れられなかった。

(3)①アの朝鮮半島でおこった農民反乱(**甲午農民戦
争**)をきっかけにおきた戦争は日清戦争。日露
戦争は朝鮮半島と満州をめぐる日本とロシア
の争いで，**義和団事件**鎮圧後もロシアが軍隊
を満州にとどめていたことが発端となった。

②多額の賠償金を得た日清戦争に比べ，日露戦
争は戦死者も戦費も多かった。戦死者の多さ
は国民の犠牲であり，戦費の多さは国民が重
税を負担していることにつながることから，
賠償金が得られなかったことに国民は不満を
もった。

(4)①**ア**．日本の産業革命は軽工業から始まった。
　　ウ．資本家は利益を追求するため，労働者を
　　低賃金で長時間労働させる傾向にあった。
　　エ．工場法は，工場労働者保護のため資本家
　　を規制する法律。米価や自作農とは関係がない。

②美濃部達吉は**天皇機関説**，吉野作造は**民本主
義**を唱えた。

③産業の発達により現金支出が増えたことから，
土地を失う農民が増えた。農業だけでは生活で
きず，小作人の二男・三男や娘などが工場に働
きに出かけ，やがて一家で都市に移り住む人々
も増えた。都市は貧しい人々がくらす劣悪な環
境の地域が増え，都市問題がおこった。

④**エ**．Ⅰは1918年，Ⅱは1911年，Ⅲは1912～
13年のできごとである。

(5)②**エ**．普通選挙法と同じ年に制定された法律と
は**治安維持法**で，共産主義を取りしまるため
に制定され，のちには社会運動全般を取りし
まるために用いられるようになった。なお，
アは1938年に制定された**国家総動員法**，**イ**は
1940年に設立された**大政翼賛会**，**ウ**は1943年
以降に行われた**学徒出陣**の内容である。

(6)**ア**．第一次世界大戦中，戦場とならなかった日
本に対して戦争に必要な鉄鋼や船舶の注文が増
大し，さらに，アメリカ合衆国への生糸の輸出
などが好調となったことで，輸出が輸入を上回
り，好景気となった。

⚠️ ココに注意

(5)①普通選挙法が制定されたものの，婦人には選挙権が
あたえられなかったことを表している。

📖 なるほど！資料

■ 関連図表・写真

実施年	1890年	1902年	1920年	1928年	1946年
制限制度 直接国税	15円以上	10円以上	3円以上	普通選挙	
年齢性別	25才以上の男子				20才以上の男女

△ 有権者数の増加

△ 雑誌「青鞜」

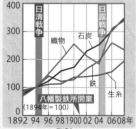

△ おもな工業製品の生産高の変化

△ 全国水平社の演説会

■ 青鞜社宣言文

元始，女性は実に太陽であった。真正の人であった。
今，女性は月である。他によって生き，他の光によって
輝く，病人のようなあお白い顔の月である。…わた
くしどもは，隠されてしまったわが太陽を今や取りも
どさなければならぬ。もはや女性は月ではない。

---

7 戦争と新しい日本

📘 ステップ1 まとめノート 本冊 → p.136～p.137

1 ① 世界恐慌　② ヒトラー　③ 満州
④ 国際連盟　⑤ 五・一五事件
⑥ 二・二六事件　⑦ 国家総動員法
⑧ 日独伊三国同盟　⑨ 真珠湾
⑩ 学童疎開(集団疎開)　⑪ 沖縄
⑫ ポツダム宣言　⑬ 広島　⑭ 原子爆弾

2 ⑮ 極東国際軍事裁判(東京裁判)　⑯ 財閥
⑰ 農地改革　⑱ 日本国憲法

3 ⑲ 国際連合　⑳ 朝鮮戦争　㉑ 警察予備隊
㉒ サンフランシスコ平和条約
㉓ 日米安全保障条約　㉔ 日ソ共同宣言

4 ㉕ 高度経済成長　㉖ 日韓基本条約
㉗ 日中共同声明　㉘ 日中平和友好条約

5 ㉙ 石油危機(オイルショック)
㉚ バブル経済　㉛ 難民

第1章
第2章
第3章
第4章
第5章
第6章
中学入試予想問題

解説

1 ①世界恐慌に対し，アメリカ合衆国は**ニューディール政策**，植民地を各地に有するイギリスやフランスは**ブロック経済**を実施した。

②ヒトラーは**ナチス**を率い，ベルサイユ条約を破棄した。**ユダヤ人を迫害**し，ドイツ民族の優秀さを強調することで，国民から圧倒的な支持を得た。

④リットン調査団による調査結果は，満州国を認めず，日本に軍隊の引き上げを勧告するものだった。

⑥二・二六事件は軍の力で鎮圧されたが，その後，軍部の政治的発言力がさらに強まった。

⑦政府が議会の承認を得なくても，戦争に必要な物資や人員を自由に動員できるようになった。

⑨真珠湾にはアメリカ合衆国の海軍基地があり，そこを奇襲することで，アメリカ海軍の太平洋艦隊の戦闘能力を一時的にうばった。

⑩ 1944 年にアメリカ合衆国が**サイパン島**をうばい，飛行場を建設したことによって，日本全国の都市が**空襲**されるようになった。

⑪地上戦が展開され，多くの沖縄県民が犠牲となった。

⑫日本に対し，**無条件降伏を勧告した宣言**である。

2 ⑮太平洋戦争開戦時の首相だった**東条英機**などの政治家や軍人が戦争犯罪人として，「平和に対する罪」を問われた。

⑯独占禁止法も制定された。

⑰農地改革によって**自作農**が増えた。

3 ⑲本部はアメリカ合衆国の**ニューヨーク**にある。

⑳朝鮮は日本の植民地支配から解放されたが，**北緯38 度線**を境に，北はソ連，南はアメリカ合衆国によって分断統治された。1948 年，北は朝鮮民主主義人民共和国（北朝鮮），南は大韓民国（韓国）として独立したが，1950 年に南北統一を目ざす北朝鮮が韓国へ侵攻して朝鮮戦争が始まった。

㉑日本に駐留していたアメリカ軍が朝鮮戦争に出動したため，GHQ は日本の治安維持のために警察予備隊を創設することを指示した。

㉒**ソ連などの社会主義国は平和条約への調印を拒否**したため，資本主義諸国である 48 か国との単独講和となった。なお，中国は会議に招かれなかった。

㉓アメリカ軍の軍事基地が日本に引き続き残されることを認めた。

㉔ソ連との国交回復がこの宣言によって実現し，国際連合加盟への道が開けた。なお，領土問題が解決していないため，平和条約の締結は現在も行われていない。

㉖韓国を朝鮮半島の唯一の合法政府であると認めた。

5 ㉚実体のないままに株価と土地の価格が急激に上昇した不健全な好景気で，バブル経済崩壊後，景気は長く低迷した。

㉛戦争や紛争，宗教的な迫害などを理由に他国にのがれた人々。経済的な理由などで，よりよい環境を求めて自国を出国した人々は**移民**という。

レッツトライ！ 〜中学入試頻出問題〜

イ

ステップ2 実力問題　本冊 → p.138〜p.139

1 (1) **オ**　(2)① **イ・ウ**　② 沖縄県
(3)① **イ**　② **ウ**　(4) **ウ**

2 (1) X—ドイツ　Y—社会
(2) (例)戦火を交えていない(から。)(9字)
(3) **ア・エ**　(4) 平和維持活動

解説

1(1) Ⅰ は**五・一五事件**で 1932 年 5 月 15 日，Ⅱ は 1933 年，Ⅲ は 1932 年 3 月のできごとである。五・一五事件で暗殺された**犬養毅**首相は，満州国の承認には消極的であった。

(2)①太平洋戦争は 1941〜45 年。**イ**の**学童疎開**は空襲が激化した 1944 年から始められた。**ウ**の**学徒出陣**は戦況が厳しくなった 1943 年から実施された。**ア・エ**は 1938 年の**国家総動員法**にもとづいて行われた。

(3)①**イ**．1945 年に選挙権をあたえられたのは満 20 才以上のすべての男女である。満 18 才に年齢が引き下げられたのは 2015 年の公職選挙法の改正で，2016 年から適用されている。

②日本が占領されていた期間は 1945 年 8 月〜1952 年 4 月である。**X**．朝鮮戦争は 1950 年におこったが，国連軍はアメリカ合衆国を中心とした軍で韓国側として戦った。したがって**X** は誤り。**Y**．1949 年に**毛沢東**が率いる中国共産党が内戦に勝利し，中華人民共和国を建国した。

(4)**ア**は 1956 年，**イ**は 1972 年，**ウ**は 1964 年のできごとである。

ココに注意

(4)日ソ共同宣言に署名したことでソ連との国交が回復した。この結果，日本の国際連合加盟を拒否していたソ連が支持に回り，日本の国連加盟が実現した。

(4) エ　　**(5) エ**

3 (例)占領下で流通していたドルが本土復帰によって使えなくなったため，円と両替している。(40字)

解説

1 (1)**ア**のブラジルへの移民の開始は1905年，**ウ**の南樺太の領有は1905年の**ポーツマス条約**によるもの，**エ**の日露戦争の開始は1904年でいずれも明治時代のできごとである。

(2)植民地とした台湾や朝鮮の人々に徴兵義務を課したのは1944年，朝鮮で特別志願兵制度が始まったのが1938年，台湾で特別志願兵制度が始まったのが1942年であり，1930年代の支配地拡大の過程において，**ウ**の兵士の獲得は目的ではなかった。日本が実権をにぎっていた**満州**は石炭や鉄などの地下資源が豊富であり，不景気で生活が困窮している農民の救済策として，政府は満蒙開拓団を満州に送りこんだ。

（!）ココに注意

(1)日中戦争の開始は1937年7月。国際連盟の脱退は1933年で，国際連盟が満州国を承認しなかったことが脱退の理由であり，左目の「世界を無視」という語句と結びつく。

2 (1)日中戦争が長期化し，日本は，戦争継続に必要な石油やゴムなどの資源を確保するとともにアメリカ合衆国やイギリスの中国支援のルートをたち切るために，東南アジアへ進出しようとした。地図中**a**のインドシナ半島北部に日本が進出したのは1940年9月で，これはインドシナ半島を植民地としていたフランスが5月にドイツに降伏していたことが大きい。日本は9月に**日独伊三国同盟**を結び，翌年4月にインドシナ半島の南部に軍を進めた。

(2)**Ⅰ**の**日独伊三国同盟**は1940年，**Ⅱ**の**盧溝橋事件**は**日中戦争**のきっかけとなったできごとで1937年，**Ⅲ**の**国家総動員法**は日中戦争の長期化にともない，政府が議会の承認なしに労働力や物資を動員できるように定めた法律で1938年，**Ⅳ**の**真珠湾攻撃**は太平洋戦争開戦時の奇襲攻撃で1941年である。

(3)報道機関は，日本軍の公式発表(大本営発表)にもとづきニュースを報じた。戦局がさらに悪化しても，誇張された戦果を発表し続けた。

---

2 (1)X. 敗戦後，4か国に分割管理されたドイツは1949年に東西2つの国家として分離独立した。東ドイツ内に位置する首都ベルリンも分割管理されていたため，西ベルリンは西ドイツの飛び地となり，対立が深刻化した1961年に**ベルリンの壁**が設けられた。

(3)**ア**の湾岸戦争は，1990年にイラクがクウェートに侵攻したことをきっかけに1991年に始まった戦争，**エ**のイラク戦争は，イラクが大量破壊兵器を保有しているという理由で，2003年，アメリカ合衆国がイギリスとともにイラクを攻撃し，フセイン政権をたおした戦争である。

✔ チェック！自由自在

① 五・一五事件と二・二六事件

	五・一五事件	二・二六事件
年月日	1932年5月15日	1936年2月26日
主導	海軍青年将校	陸軍青年将校
内容	犬養毅首相の暗殺	大臣の殺害と東京中心部の占拠
影響	政党政治の終わり	軍部の政治的発言力が強化

② 1945年のおもなできごと

3月　東京大空襲
4月　アメリカ軍の**沖縄本島上陸**
5月　ドイツの敗北
6月　沖縄での組織的戦闘終了
7月　ポツダム宣言の発表
8月　**広島に原子爆弾投下(6日)**
　　　ソ連が日本に宣戦布告(8日)
　　　長崎に原子爆弾投下(9日)
　　　ポツダム宣言の受諾を発表(15日)

③ 近隣諸国との国交回復

・ソ連…日ソ共同宣言(1956年・鳩山一郎内閣)
・韓国…**日韓基本条約**(1965年・佐藤栄作内閣)
・中国…**日中共同声明**(1972年・田中角栄内閣)
　　　　日中平和友好条約(1978年・福田赳夫内閣)

④ 高度経済成長期に開催された国際的な行事

・東京夏季オリンピック(1964年)
・日本万国博覧会(1970年)
・札幌冬季オリンピック(1972年)

ステップ3 発展問題　　本冊 → p.140～p.141

1 (1)イ・オ　　(2)ウ
2 (1)イ　　(2)エ
　　(3)(例)国民の戦意を高めるために，アメリカ合衆国にあたえた損害を大きく，

(4) 1944 年 7 月にサイパン島を占領し，基地をつくったことによって，アメリカ軍は日本のほぼ全域を爆撃できるようになった。

(5) **ア**．連合国軍総司令部の指示で 1950 年に創設されたのは**警察予備隊**である。**イ**．日本が国際連合に加盟したのは，ソ連との**日ソ共同宣言**が発表された 1956 年である。**ウ**．1968 年に日本の国民総生産はドイツをぬいて世界第 2 位になった。

⚠ ココに注意

(5) **ア**．警察予備隊は，1952 年に**保安隊**，1954 年に**自衛隊**に改組された。

---

3 1972 年に沖縄は本土に復帰した。**C** の 1971 年の写真の貼り紙には「ドルサヨナラセール」，**B** の 1972 年の写真の貼り紙には「五月十九日までドルで売ります」と書かれていることから，本土復帰と同時にドルが使えなくなったことがわかる。

📖 なるほど！資料

■関連人物・写真

⬆ 犬養毅

⬆ ヒトラー

⬆ 杉原千畝

⬆ 吉田茂

⬆ リットン調査団

■国力の比較

航空機生産量(機)	5088	26277
	-28.7	
石油産出量(万kL)	22295.4	
鉄鉱石生産量(万t)	84	5756
国家予算(億円)	165.4	565.5

☐日本 ☐アメリカ合衆国
(1941 年。鉄鉱石生産量は 1939 年)

■農地改革による変化

面積の割合
1940 年　小作地 45.5　自作地 54.5%
1950 年　小作地 9.9　その他 0.2　自作地 89.9%

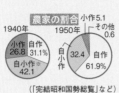
農家の割合
1940 年　小作 26.8　自小作 42.1　自作 31.1%
1950 年　小作 5.1　その他 0.6　自小作 32.4　自作 61.9%

※自小作は，農家の耕地面積のうち，自己所有の耕地が 10％以上 90％未満。
「完結昭和国勢総覧」など

■戦後日本の経済成長

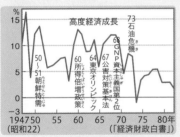
高度経済成長
50～51 朝鮮特需
60 所得倍増政策
64 東京オリンピック
67 公害対策基本法
68 GNP 資本主義国第 2 位
73 石油危機
1947 50(昭和22) 55 60 65 70 75 80 年
「経済財政白書」

⚙ 思考力/記述問題に挑戦！

本冊 → p.142〜143

1 (1) **ア**　(2) **カ**　(3) **イ**　(4) **ウ**

2 (1) （例）日中戦争が長期化し，経済封鎖も受けるようになって，戦争を継続するための鉄などの資源が不足したから。

(2) （例）**A** の長針が示しているのがフィリピンであるのに対し **B** は沖縄で，フィリピン・沖縄ともに日の丸が折れており，アメリカ合衆国が占領したことが見てとれるから。

解説

1 (1) a．**日米和親条約**によって開港されたのは下田と函館である。なお，兵庫(神戸)の開港は**日米修好通商条約**によるもので，その際，兵庫以外に神奈川(横浜)・長崎・新潟も新たに開港し，神奈川の開港 6 か月後に下田は閉鎖することが決められた。

b．1863 年，長州藩が下関海峡を通過する外国船を砲撃したため，翌年，イギリス・アメリカ合衆国・フランス・オランダの四国連合艦隊が報復攻撃を行い，下関砲台を占領・破壊した。

(2) c．軍隊を統率する権限も天皇にあった。

d．**八幡製鉄所**が操業を開始したのは 1901 年であり，1880 年代のできごとにはあてはまらない。

(3) a．日本は**日英同盟**にもとづいて連合国側に立ってドイツと戦った。

c．1925 年に**普通選挙法**によって選挙権をあたえられたのは満 25 才以上の男子である。女性が選挙権を獲得したのは第二次世界大戦後の 1945 年である。

(4) a．講和会議が開かれた**サンフランシスコ**は，アメリカ合衆国西海岸に位置する都市である。

d．**日中平和友好条約**が結ばれたのは 1978 年，**日韓基本条約**が結ばれたのは 1965 年で，いずれも 1940 年代後半〜1950 年代のできごとにはあてはまらない。また，日本と中国は 1972 年の**日中共同声明**で国交を正常化した。

2 (1) 1937 年に盧溝橋事件をきっかけに始まった**日中戦争**は，アメリカ合衆国やイギリスが中国を支援し，長期化した。日本は石油や鉄などの資源をアメリカ合衆国からの輸入にたよっていたが，フランス領インドシナへの戦線の拡大を行う日

本に対し，経済制裁の姿勢を強めるアメリカ合衆国にイギリスやオランダも足並みをそろえ，経済封鎖が行われた(ABCD包囲網)。

(2) 1945年3月にアメリカ軍が沖縄に上陸し，県民も巻きこむ激しい地上戦が展開された。6月に組織的な戦闘は終結したが，12万人以上の沖縄県民が亡くなった。

⊙ ココに注意

(2) 時計のAとBでは，文字盤の10時と11時の島名がちがっていることに注目し，それぞれの島にささっている日本の国旗が折れていることから，連合国の支配下に入ったことを意味すると考える。

精選 図解チェック＆資料集（歴史）

本冊 → p.144

① 平等院鳳凰堂　② 姫路城　③ 十七条の憲法
④ 刀狩令　⑤ 応仁の乱　⑥ 長篠の戦い
⑦ 織田信長　⑧ 伊藤博文

解説

① 平等院鳳凰堂は，11世紀に**藤原頼通**が京都の宇治に建てた阿弥陀堂である。平安時代後期，正しい仏の教えがおとろえ，世の中が混乱する時代が来るという**末法思想**が広まった。そのような風潮の中，念仏を唱えて阿弥陀仏にすがり，極楽浄土に生まれ変わろうという**浄土教**の信仰(**浄土信仰**)が人々の間に広まり，貴族たちは阿弥陀仏をおさめる阿弥陀堂を競って建てた。

② 姫路城は兵庫県姫路市にある，江戸時代以前に建てられた**天守**が残る平山城で，江戸時代初期に池田輝政が大規模に拡張した。安土桃山時代，大名らは自らの権威を示すために高くそびえる天守をもつ城を築き，内部の書院造の大広間には**狩野永徳**らの筆によるはなやかなふすま絵や屏風絵，柱や欄間を精巧な彫刻でかざった。

③ 604年に天皇中心の政治秩序を確立する目的で**聖徳太子**がつくったとされる，**役人の心得**を示した法。仏教や儒教の考え方が取り入れられている。

④ 1588年に**豊臣秀吉**が出した，一揆を防止するために農民から武器を取り上げることを命じた法令。集めた武器は方広寺の大仏造立に用いるとされた。秀吉は刀狩と検地を行うことで**兵農分離**を徹底させ，身分制社会の基礎を築いた。

⑤ 1467年に8代将軍**足利義政**のあとつぎ問題などを
きっかけに京都でおこった戦乱。有力守護大名の山名氏と細川氏の勢力争いが結びつき，戦乱は全国の守護大名を巻きこんで11年間続いた。この戦乱で室町幕府の権威は地に落ち，**下剋上の風潮**が全国に広がった。

⑥ 1575年におこった，織田信長・徳川家康の連合軍と武田勝頼軍との戦い。**武田の騎馬隊に対し，馬の進入を防ぐ濠や柵，大量の鉄砲を効果的に用いた。**この戦い以降，鉄砲は主要な武器となり，築城方法にも変化が見られるようになった。

⑦ 尾張の戦国大名。有力守護大名であった今川義元を**桶狭間の戦い**で破り，その後，**天下布武**の印章を用いて天下統一を目ざした。室町幕府をほろぼし，**比叡山延暦寺や一向一揆**などの仏教勢力を弾圧するなど，旧勢力を一掃し，安土を本拠地として，関所の廃止や**楽市・楽座**などの積極的な経済政策を行ったが，1582年，家臣の明智光秀に背かれ，自害に追いこまれた(**本能寺の変**)。

⑧ 長州藩出身で，明治政府において中心的な役割を果たした人物。岩倉使節団に参加し，その後，**大日本帝国憲法**の草案づくりを中心になって行った。**初代内閣総理大臣**，初代枢密院議長，初代貴族院議長，**初代韓国統監**などに任じられた。立憲政友会をつくり，初代総裁も務めた。1909年，ハルビン駅頭で朝鮮人活動家の安重根に暗殺された。

第4章 国 際

1 日本とかかわりの深い国々

ステップ1 まとめノート　本冊 → p.146〜p.147

1 ① 黄河（ホワンホー） ② 一人っ子政策（せいさく） ③ 経済特区（けいざい）
④ ハングル ⑤ ASEAN（アセアン） ⑥ 米
⑦ BRICS（ブリックス）

2 ⑧ ロッキー ⑨ ヒスパニック
⑩ 適地適作（てきちてきさく） ⑪ サンベルト
⑫ シリコンバレー ⑬ タイガ
⑭ アマゾン ⑮ ポルトガル ⑯ バイオ

3 ⑰ アボリジニ

4 ⑱ フィヨルド ⑲ 偏西風（へんせいふう） ⑳ キリスト
㉑ ロンドン ㉒ 本初子午線 ㉓ アルプス
㉔ パリ ㉕ ベルリン ㉖ ルール
㉗ ポルダー ㉘ ユーロポート ㉙ EU

5 ㉚ サハラ ㉛ アパルトヘイト

解説

1 ②少子高齢化（こうれい）が激（はげ）しくなったため，一人っ子政策は廃止（はいし）され，2016年1月以降，二人の子ども（みと）をもつことが認められるようになった。
⑤東南アジア諸国（しょこく）連合には，東ティモールを除（のぞ）く東南アジア10か国が加盟（かめい）している。

2 ⑨メキシコなど，スペイン語を話す国々からの移民（いみん）。
⑮ポルトガル語が公用語となっているのは，ポルトガルが植民地支配（しはい）したことによる。南アメリカ大陸のブラジル以外の多くの国々は，スペインが植民地支配したため，スペイン語が公用語となっている。

3 ⑰ニュージーランドの先住民は**マオリ**である。

4 ⑳ゲルマン民族の多い北西ヨーロッパでは**プロテスタント**を，ラテン民族の多い南ヨーロッパでは**カトリック**を，スラブ民族の多いロシア連邦（れんぽう）や東ヨーロッパでは**正教会**を信仰（しんこう）している人が多い。
㉕1989年に**ベルリンの壁（かべ）**が崩壊し，翌年に東西ドイツが統一（とういつ）され，首都はベルリンと定められた。

5 ㉛アフリカ人の抵抗（ていこう）と，世界的な非難（ひなん）を受け，**アパルトヘイト**は1991年に廃止され，1994年には黒人のマンデラ大統領（だいとうりょう）が誕生（たんじょう）した。

レッツトライ！〜中学入試頻出問題〜

① ヨーロッパ連合 ② ベルギー
③ ア

ステップ2 実力問題　本冊 → p.148〜p.149

1 (1)① A ② ウ ③ ア
(2)① 一人っ子政策（せいさく） ② イ

2 (1)① ウ ② ウ
(2)(例)移民（いみん）としてブラジルにわたった日本人やその子孫が多く住んでいるため。

3 ウ

4 (1)ウ
(2)(例)それまではおもに西ヨーロッパの国々（かめい）が加盟していたが，EU発足（ほっそく）後は，東ヨーロッパの国々が加盟している。
(3)ア

解説

1 (1)① B はイラン，C はインド，D はモンゴル。
②**イスラム教**では，**ぶた肉**を食べることを禁（きん）じている。
(2)② Y はシンチャンウイグル自治区で，少数民族の1つである**ウイグル族**が住んでいる。また，少数民族の**チベット族**は，**チベット高原**にあるチベット自治区を中心に住んでいる。

2 (1)①**ウ**．日本の面積は約38万km²，アメリカ合衆（がっしゅう）国の面積は約980万km²である。**ア．ミシシッピ川**は，大西洋の一部である**メキシコ湾（わん）**に注（ぎ）いでいる。**イ**．東部と西部が逆である。
②**ウ**．北部の五大湖周辺は工業地帯であり，綿花の栽培（かさいばい）がさかんな地域（ちいき）は南部である。**ア．「世界のパンかご」**は小麦輸出（めんゆしゅつ）がさかんなところからの呼び名であり，**「世界の食料庫」**とも呼ばれる。
(2)ブラジルには，日本が1908年から始めた移民政策により，日本人の子孫である**日系人（にっけいじん）**が約200万人居住（きょじゅう）している。

ココに注意

(1)アメリカ合衆国のおもな地形の位置のほか，ワシントンD.C.，ニューヨーク，ヒューストン，ロサンゼルスなどおもな都市の位置とおもな産業を確認（かくにん）しておく。

- - - - - - - - - -

3 **ア**．オーストラリア大陸には，国家としてはオーストラリアしか存在（そんざい）しない。**イ**．世界で最も長い河川（かせん）はナイル川で，アフリカ大陸を流れる。**エ**．オーストラリア大陸で最も割合（わりあい）が高い気候帯は乾燥帯（かんそうたい）であり，約70％である。

4 (3)EUに未加盟（みかめい）の国として，ノルウェーのほかにスイスやバチカン市国などがある。

✓チェック!自由自在

① 三大宗教のおもな信仰地域

宗 教	地 域
キリスト教	南北アメリカ, ヨーロッパ, オセアニアなど。
イスラム教	西アジア, アフリカ北部など。
仏 教	東アジア, 東南アジアなど。

② アメリカ合衆国の農業地域と農産物の生産量割合

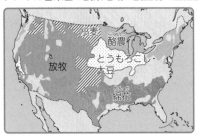

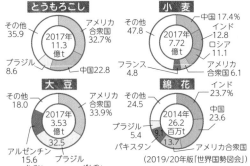

とうもろこし
2017年 11.3億t
その他 35.9
アメリカ合衆国 32.7%
ブラジル 8.6
中国22.8

小麦
2017年 7.72億t
その他 47.8
中国 17.4%
インド 12.8
ロシア 11.1
アメリカ合衆国 6.1
フランス 4.8

大豆
2017年 3.53億t
その他 18.0
アメリカ合衆国 33.9%
ブラジル 32.5
アルゼンチン 15.6

綿花
2014年 26.2百万t
その他 24.5
インド 23.7%
中国 23.6
アメリカ合衆国 13.7
パキスタン 9.1
ブラジル 5.4
(2019/20年版「世界国勢図会」)

③ EU加盟の長所, 現在の問題点

長 所	・人や物の移動が自由。 ・共通通貨を導入している加盟国が多く, 両替の必要がない。
問題点	・以前からの加盟国と東ヨーロッパの加盟国間の経済格差問題。 ・移民や難民問題。

ステップ3 発展問題　本冊 → p.150〜p.151

1 (1) 2.5(倍)　(2) 4.6(倍)
(3) (例)国内総生産額は高いが, 1人あたり国民総所得額は低い。
(4) ウ

2 (1) エ　(2) ウ・エ

3 (1) ウ　(2) エ
(3) (例)実在するものをえがくと特定の国を尊重することになり, 争いの原因となる可能性があるから。

4 エ

解説

1 (4) Y. 中国はアメリカ合衆国に次いで世界第2位である。なお, 日本は第3位である。Z. 中国はインドなどとともにBRICSの1つである。**ア** アジアNIESは, 韓国, シンガポール, ホンコン, 台湾のことである。

① ココに注意

(1) 中国は1990年代から工業化が急速に進み,「世界の工場」と呼ばれる。国内総生産(GDP)は2010年に日本をぬき, 世界第2位となった。

2 (1) **エ**. 自動車専用道路は一部有料のところもあるが, ほとんどは無料である。
(2) **ウ**. ヒンドゥー教ではなく, **儒教**が正しい。**エ**. 沖縄県の尖閣諸島ではなく, 島根県の**竹島**が正しい。尖閣諸島の領有権を主張しているのは, 中国や台湾である。

3 (1) **X**. EUとそのもとのECを組織したのは, ソ連と対立する**資本主義諸国**であり, それらの国々は, 東側諸国に対して**西側諸国**と呼ばれる。
(2) **ア**. おもな農産物は価格が統一されていたが, 現在, その制度の見直しが進んでいる。また, 工業製品の価格は統一されていない。**イ**. 日本時間の2020年2月1日にEUから離脱したのはイギリスである。**ウ**. EU加盟国内ではパスポートのチェックは不要であるが, 日本などEU加盟国外からの入国に際しては, チェックがある。
(3) 第一次世界大戦と第二次世界大戦は, 人種, 民族, 国と国の対立などがもとで, ヨーロッパで始まった戦争である。そのような対立の原因となるものを, できるだけ避けようとしていると考えられる。

4 **ア**は, 人口増加率が4か国中でただ1つマイナスであるので, 少子高齢化による減少が見られる日本である。**イ**は, 4か国中で人口が最多であるのでアメリカ合衆国である。**エ**は, 人口増加率が高いが, 医師の数が少なく, 5才未満で亡くなる人数が多いことから発展途上国のエチオピアである。残る**ウ**がインドネシアである。

① ココに注意

4 日本やアメリカ合衆国など先進工業国は医療技術が発展し, 人口増加率が低い。それに対して発展途上国は, 医療技術がおくれているため死亡率が高く, 農業などに労働力としての人間が必要であるため, 人口増加率が高くなる。

2 世界平和と日本の役割

ステップ1 まとめノート　本冊 → p.152〜p.153

1
① 冷たい戦争　② マルタ　③ 湾岸
④ テロ　⑤ PTBT　⑥ 核兵器

2
⑦ 国際連合　⑧ ニューヨーク　⑨ 193
⑩ アフリカ　⑪ 総会　⑫ 安全保障理事会
⑬ アメリカ合衆国　⑭ 拒否権
⑮ 国際司法裁判所　⑯ UNESCO
⑰ UNICEF　⑱ UNHCR　⑲ UNCTAD
⑳ PKO　㉑ 世界人権宣言
㉒ 国際人権規約
㉓ 児童(子ども)の権利条約
㉔ かけがえのない　㉕ 地球
㉖ 京都議定書　㉗ 非核三原則　㉘ ODA
㉙ 南北問題

解説

1 ①冷戦(冷たい戦争)の期間は, 1945 年の**ヤルタ会談**から, 1989 年の**マルタ会談**まで(「ヤルタからマルタまで」)といわれる。

2 ⑨国連の未加盟国, 地域としては, バチカン市国, パレスチナなどがある。
㉗日本政府の核兵器に対する基本方針。1967 年, 佐藤栄作首相が国会で初めて表明した。

レッツトライ！ 〜中学入試頻出問題〜

イ

ステップ2 実力問題　本冊 → p.154〜p.155

1 (1) ウ　(2) X ― 戦争　Y ― 平和
(3) ① ウ　② エ

2 (1) X ― ニューヨーク　Y ― 安全保障
Z ― 教育科学
(2) 非政府組織　(3) ウ
(4) (例)アジアやアフリカでは, 植民地から独立国となった国々が加盟し, ヨーロッパ・旧ソ連では, ソ連が解体したので, ソ連の一員であった国々が加盟したため。(71 字)
(5) (例)常任理事国 5 か国がもつ, 1 国でも反対すると議案が成立しない権限。

解説

1 (1)アは国連児童基金(UNICEF), イは国連難民高等

弁務官事務所(UNHCR), エは世界貿易機関(WTO)の仕事である。

(3)①パレスチナ紛争は, パレスチナの地域での宗教, 領土をめぐっての対立である。パレスチナの地にユダヤ人(ユダヤ教を信仰する人々)がイスラエルを建国したことをきっかけに, 周辺のアラブ諸国(アラブ人:イスラム教を信仰する人々が多い)との間で, 第 1 次中東戦争が 1948 年に始まり, 1973 年の第 4 次中東戦争まで続いた。今日, 大規模な戦争はおこっていないが, 航空機やミサイルによる爆撃, 戦車の侵攻による砲撃, テロなどは続いている。

2 (3)**ウ**. 1 期の 2 年間を務めたあとは退任となり, 2 期連続して務めることはできない。

(4)1960 年にアフリカで 17 の国が独立し, 「**アフリカの年**」と呼ばれた。これらの国々が, その後, 国連に加盟した。また, 1991 年にソ連が解体し, ソ連を構成していた 15 か国が独立, その後, それぞれの国が国連に加盟した。

(5)安全保障理事会の常任理事国 5 か国が, 責任をもって世界平和を築いていこうという, 「**五大国一致の原則**」の考え方が, 拒否権を認める根拠となっている。

✓ チェック！自由自在

① ユネスコとユニセフ

	ユネスコ	ユニセフ
略称	UNESCO (ユネスコ)	UNICEF (ユニセフ)
正式名称	国連教育科学文化機関	国連児童基金
活動内容	教育・科学・文化を通して, 平和な社会を築いていくことを目ざす。世界的に貴重な自然や建物などを世界遺産として登録し, 保護する活動も行っている。	発展途上国や紛争地域で飢えに苦しむ子どもに食料や医薬品などを提供。子どもの基本的人権の保障の実現や, 親への啓発なども目標に活動している。

② 難民とは, 人種・宗教などを理由に自国の政府から迫害を受けた人々や, 紛争でそれまでの居住地にくらすことのできない人々などをいう。難民を保護, 救済する国際的な組織には, **国連難民高等弁務官事務所(UNHCR)** がある。

③ 安全保障理事会のはたらき

国際平和と安全を守るため, それらをおびやかす国に対して, 経済制裁や軍事行動をおこすことを加盟国に求めることができる。

1 (1) エ　　(2) 核拡散防止(核不拡散)

　　(3) フランス　　(4) IAEA

2 (1) (例)戦争のない平和な世界をつくる願い(16字)

　　(2) (例)冷戦が終わり，常任理事国のアメリカ合衆国とロシア連邦などとの対立が減ったため。

　　(3) エ　　(4) イ　　(5) 中国

解説

1 (1) エ．「核なき世界」を主張したのはオバマ大統領(在任期間 2009 年 1 月〜17 年 1 月)であり，現在の日本政府が会議を欠席した理由との関係はない。

(2) 核兵器拡散防止条約ともいう。

(3) 現在の国連の，安全保障理事会の常任理事国すべてが核保有国である。

(4) 国際原子力機関(IAEA)が査察を行う。

2 (1)「銃」があることから，単なる「争い」ではなく，「戦争」ととらえる。その銃が発射できないようになっていることから考える。

(2) 冷戦時代は，資本主義国で常任理事国のアメリカ合衆国・イギリス・フランスと，社会主義国で常任理事国のソ連(現ロシア連邦)・中国との対立から，拒否権が行使されることが多く，決議が成立しないことが多くあった。今日も，冷戦時代ほどではないが拒否権の行使が見られる。なお，中国とは，1971 年までは資本主義の中華民国のことであり，それ以降は，社会主義の中華人民共和国のことである。

(3) エ．二酸化炭素の最大排出国は中国であり，アメリカ合衆国は第 2 位である。

(4) Y．国際緊急援助隊は，国際協力機構(JICA)を通じて地震などによる自然災害地へ派遣される，日本の組織である。

(5) 国連の運営のための分担金は，加盟国の経済状況に応じて支はらい義務が生じる。近年，急速に経済が発展している中国が，2019 年からはアメリカ合衆国に次ぐ負担割合となった。

ココに注意

(2) 安全保障理事会の重要事項の決議は，5 常任理事国と 10 非常任理事国の合計 15 か国のうち，14 か国が賛成しても，1 か国の常任理事国が拒否権を行使すれば成立しないことに注意しておく。

なるほど！資料

国連で採択されたおもな人権に関する条約・宣言

年	条約・宣言	内　容
1948	世界人権宣言	全人類共通の人権基準として国連総会で採択。人間は生まれながら自由・平等であり，人種・はだの色・性別・宗教などで差別されないことなどを宣言するもの。
1965	人種差別撤廃条約	条約を結んだ国に，あらゆる種類の人種差別の撤廃を求めた条約。
1966	国際人権規約	世界人権宣言に法的拘束力をもたせるためのもので，社会権規約と自由権規約の 2 つの規約に分かれている。
1979	女子差別撤廃条約	条約を結んだ国に，女性差別を禁止するように求めた条約。
1989	児童(子ども)の権利条約	18 才未満の子どもを対象に，子どもたちに自由に自己の意見を表明する権利などを保障している。
2006	障害者権利条約	あらゆる障害者の人権を保護し，障害者の社会参加を促進することを目的としている。

地球環境問題

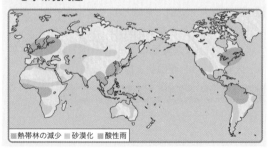

■熱帯林の減少　■砂漠化　■酸性雨

思考力/記述問題に挑戦！

本冊 → p.158〜159

1 P—イ　R—ア

2 (1) I

(2) 表 1 —(例)国連加盟国数は増えているが，常任理事国数は増えておらず，非常任理事国数もほとんど変化がない。

　　表 2 —(例)アフリカ，アジア・太平洋地域は国連加盟国数が多いのに，常任理事国がほとんどない。

(3) ウ

(4) ① ✕　② ○　③ ✕

1 S は人口から中国，Q も人口から日本と判断できる。EU と ASEAN では，ドイツやフランスなど先進工業国が多い EU の方が国内総生産も多くなると考えられるので，R が EU，残る P が ASEAN となる。

！ココに注意

1 EU 加盟国で，人口最大の国はドイツの約 8350 万人，国内総生産最大の国もドイツで約 3.7 兆ドルであり，1 か国では国内総生産は日本や中国におよばない。また，アメリカ合衆国の人口は約 3.3 億人，国内総生産は 19.5 兆ドルであり，アメリカ合衆国，カナダ，メキシコ 3 か国の，合計人口は約 4.9 億人，22.3 兆ドルである(人口は 2019 年，国内総生産は 2017 年)。

2 (1)自衛隊は 1999 年から東ティモールで PKO を行った。アメリカ同時多発テロで攻撃を受けた世界貿易センタービルは，首都のワシントン D.C. ではなくニューヨークにあった。

(2)表 1 は，国連加盟国数に対して，常任理事国が発足時の 5 か国のままでよいのか，また，非常任理事国が 10 か国で十分なのか，という点が問題となる。表 2 は，西欧・北米の国連加盟国数が 29 と少ないにもかかわらず，常任理事国が 3 か国(イギリス・フランス・アメリカ合衆国)と最も多く，アフリカ，アジア・太平洋地域は加盟国数が多いにもかかわらず，常任理事国がほとんどない点が問題となる。

(3)ウ．2015 年に日本に保護を求めた難民数は約 8000 人であり，カナダが保護を認めた難民数は 9171 人である。なお，2018 年末現在で難民発生数の多い国はシリア(665 万人)，アフガニスタン(268 万人)，南スーダン(229 万人)などであり，難民受け入れの多い国はトルコ(368 万人)，パキスタン(140 万人)，ウガンダ(117 万人)などである。

(4)①イタリアなどは増加しているので，誤りである。

③2018 年の 1 人あたりの，アメリカ合衆国の金額は約 100 ドル，イギリスの金額は約 300 ドルとなるので，誤りである。

精選　図解チェック＆資料集（国際）

本冊 → p.160

①総会　②安全保障理事会　③アフリカ
④UNESCO　⑤UNICEF　⑥UNHCR
⑦かけがえのない　⑧地球

①総会はすべての加盟国が出席し，1 国 1 票の議決権をもつ。

②安全保障理事会は拒否権をもつ 5 常任理事国と，拒否権のない 10 非常任理事(任期 2 年，毎年半数ずつ改選)からなる。

③1960 年には加盟国数が 26 しかなかったが，1980 年には加盟国数が 51 と 2 倍近くに増えている。これは，この期間にアフリカの多くの国が独立を果たしたからである。1960 年にはアフリカの 17 か国が独立を達成し，「アフリカの年」と呼ばれた。これによって，アフリカ大陸の独立国は 9 か国から一気に 26 か国に増えた。この年以降もアフリカ諸国の独立が進み，ルワンダ，ブルンジ，ウガンダ，ケニアなどが独立を果たした。

④・⑤国連教育科学文化機関(UNESCO)は国際連合の経済社会理事会の下に置かれた専門機関，国連児童基金(UNICEF)は国際連合総会の補助機関。まぎらわしい用語なので混同しないように注意しよう。

⑥アルファベット略語では，UNHCR(国連難民高等弁務官事務所)のほか，PKO(平和維持活動)，WHO(世界保健機関)，EU(ヨーロッパ連合)，ASEAN(東南アジア諸国連合)，NGO(非政府組織)，NPO(非営利組織)，ODA(政府開発援助)なども覚えておこう。

⑦国連人間環境会議は，1972 年，スウェーデンのストックホルムで開かれた，環境に関する初めての国連会議。「かけがえのない地球」をスローガンに初めて環境問題について議論され，「人間環境宣言」が採択された。

⑧国連環境開発会議は，1992 年，ブラジルのリオデジャネイロで開かれた国連会議。地球サミットとも呼ばれる。「環境と開発に関するリオ宣言」やそのための行動計画としての「アジェンダ 21」，気候変動枠組条約(地球温暖化防止条約)や生物多様性条約などが採択された。

1 地形図を使った問題 地理

本冊 → p.162〜p.163

1 (1) 南西
(2) イ
(3) ウ
2 (1) エ
(2) C
(3) ウ

解説

1(1)方位は原則として上が北である。上が北になっていない地図では，方位記号を使って北の方位を表す。

(2)**等高線**の間隔が広いところは傾斜がゆるやかであり，間隔がせまいところは傾斜が急になっている。ア〜エのうち，等高線の間隔が最もせまくなっているのは**イ**である。

(3)**ア**．北東部にあった住宅地はほとんどなくなっている。

イ．北東部に石炭の歴史村があり，炭鉱町だったことがわかる。

ウ．Aで見られる鉄道が，Bではなくなっており，ゆうばり駅も廃止されているので誤り。

エ．冷水山の山頂付近とふもとを結んでいる線はスキーのリフトである。

2(1)Xの範囲の標高300m等高線は太い計曲線で示されているので，計曲線の形のものを選ぶ。

(2)絵には電線のようなものが見えていることに注目する。A地点からは，北側から西側にかけて空港の滑走路などが見えるはずである。B地点は空港内にあり，すぐ近くは滑走路になっている。D地点は北側がすぐ山で南には比較的大きな道路が東西に走っている。C地点の近くに発電所・変電所があるので，絵で見える電線はそこからの送電線と考えられる。よって，**C**がかかれた地点となる。

(3)**ア**．空港の中に交番(X)はあるが郵便局(⊖)はない。

イ．鉄道ではなく道路の一部が空港の下を通っている。

エ．池が多いが，周りを山に囲まれている地形なので，海ではなく，山を開発してつくられたと考えられる。

ウ．実際のきょりは，**地形図上の長さ×縮尺の分母**で求めることができる。岡山空港の滑走路の実際のきょりは，
12×25000＝300000(cm)＝3km となり正しい。

2 統計資料に関する問題 地理

本冊 → p.164 〜 p.165

1 (1) エ
(2) Y・イ
(3) b—ウ
　　c—オ
　　e—ア
(4) B
2 (1) A—福岡市
　　B—札幌市
　　C—広島市
(2) (例)2018年の輸出額は1960年の輸出額の約56倍増加しているため，鉄鋼業のしめる割合が減少したことだけで，鉄鋼業がさかんでなくなったとはいえないから。
(3) カ

解説

1(1)**ア**．減り続けているのは北陸と東海のみ。

イ．九州・沖縄とともに，北海道も畜産の割合が最も高い。

ウ．農業産出額にしめる米の割合が最も高いのは，東北地方ではなく北陸地方である。

(2)レタスは基本的にすずしい時期のものなので，6月から9月にかけて出荷量が少ないXとYは普通に栽培されている地域で茨城県か静岡県になる。XとYのうち，茨城県の方が静岡県より比較的冷涼なことから，出荷時期が早いYが茨城県となる。**長野県**は，夏でもすずしい気候を利用した**抑制栽培**により，ほかの地域の出荷量が少ない夏に出荷している。また，長野は標高が高い**ウ**，茨城県は静岡県より高緯度に位置しているので**イ**となる。

(3)**b**は野菜の割合が最も高く，畜産の割合も高いことから**近郊農業**がさかんな**茨城県**(鉾田市)の**ウ**と考えられる。**c**は大部分が**畜産**であることから**宮崎県**(都城市)の**オ**である。**e**は大部分が果実で，**りんご**の栽培がさかんな**青森県**(弘前市)

のアである。aは電照ぎくなどの花きの栽培がさかんな**愛知県**(田原市)の**エ**，dは米の割合が50％以上をしめているので，水田単作地帯である**新潟県**(新潟市)の**イ**となる。

2 (1)三大都市圏以外で人口が多い3つの都市は，**札幌市**，**広島市**，**福岡市**である。Aは2番目に人口が多い北九州市がある福岡市，Bは**食料品**の割合が高いので北海道の**札幌市**，Cは**輸送用機械器具**の割合が高い**広島市**である。

(2)1960年の鉄鋼の輸出額は約1400億円，2018年の鉄鋼の輸出額は約3兆4200億円で，約24倍になっており，必ずしも鉄鋼業がおとろえたとはいえない。

(3)台湾からのきょりが最も近い那覇空港が**X**，韓国からのきょりが最も近い福岡空港が**Y**，残った**Z**が関西国際空港と判断する。

3 図表を使った問題・正誤問題 政治

本冊 → p.166～p.167

1 (1) a —**文化**
　　b —**団結**
　　c —**団体行動(争議)**
(2) **環境権(日照権)**
(3) ① **ア**
　　② **弾劾裁判所**
　　③ A —**エ**
　　　 B —**ア**
　　　 C —**イ**
　　④ **イ**
(4) **ウ・コ**
2 (1) **イ**
(2) **ア**
(3) **ウ**
(4) **エ**
(5) **ウ**
(6) **イ**

解説

1 (1)**生存権**は日本国憲法**第25条**で，**教育を受ける権利**は第26条で，**勤労の権利**は第27条で，**労働三権**は第28条で，それぞれ保障されている。

(3)①**ア**．国会議員の身分は憲法で保障されており，罷免にあたるものとして，国会での懲罰による除名があるが，内閣が国会議員を罷免させることはできない。

②審査にかかわった議員(衆議院・参議院から7名ずつ選出)のうち，3分の2以上が罷免に賛成すれば，裁判官は罷免される。

③**C**．最高裁判所の裁判官のみを対象とする**国民審査**があてはまる。

④**イ**．最高裁判所長官の任命は，天皇が行う(国事行為)。

(4)Bの島根県とCの鳥取県，Hの高知県とIの徳島県が合区されてそれぞれ1つの選挙区となり，2016年の**参議院議員選挙**から適用されるようになった。

2 (1)**Y**．基本的人権は「**侵すことのできない永久の権利**」であるので，全国民に対しての，いっせいの停止は不可能である。

(3)**X**．閣議決定に国会は従う義務はない。

(4)**X**．副大臣は内閣に属さず，また，閣議の構成員ではない。
　　Y．閣議は非公開が原則である。

(5)**X**．例年，若年層(20才代)の投票率は低い。年齢が上昇するにつれて投票率も上昇し，60才代の投票率が高い。

(6)**Y**．近年，歳出において，**社会保障関係費**のしめる割合が最多で約30％，次いで**国債費**の約20％，**地方交付税交付金**の約15％の順となっている。**防衛関係費**は約5～7％程度である。

4 外交史に関する問題 歴史

本冊 → p.168～p.169

1 (1) (例)これまでは家臣の立場で皇帝の権威を借りようとしていたのが，対等な外交関係を結ぼうとするようになった。
(2) **エ**
(3) 阿倍仲麻呂
(4) (例)日本の一騎打ち戦法に対し，元軍は集団戦法や火薬を用いたから。
(5) **イ**
(6) **イ**
(7) 鎖国
(8) 日清戦争
(9) 1910
(10) 伊藤博文
(11) **エ**
(12) 小泉純一郎
(13) **ア**

51

解説

1(1)アジアでは，中国の皇帝が朝貢してきた国に対してその統治を認めるという君臣関係を結んでおり，日本でも奴国の王は「漢委奴国王」，邪馬台国の卑弥呼は「親魏倭王」の称号をあたえられた。聖徳太子は「天子」の語句を並べることで対等の外交関係を求め，中国と君臣関係をもつ朝鮮諸国に対して優位を示そうとした。

(2) A．仏教を正式に日本に伝えたのは百済の聖明王である。

B．百済の再興を目ざした白村江の戦いである。この戦いに敗れたのち，中大兄皇子は都を内陸部の近江に移すとともに各地に城を築き，唐・新羅の攻撃に備えた。

(4)島国の日本は他国から侵略を受けた経験がほとんどなく，御家人たちは国内での戦争経験しかなかったため，他国の戦法に対応できなかった。

(5)イ．足利義満は明に対して朝貢形式で貿易を行った。おもな輸入品は銅銭で，これによって日本に貨幣経済が浸透した。なお，アは平清盛が平安時代末期に始めた日宋貿易の説明，ウの鉄砲は1543年に種子島に漂着した中国船に乗っていたポルトガル人から入手した。その後，ポルトガル人やスペイン人との南蛮貿易が始まった。

エ．15世紀，倭寇は朝鮮沿岸部でも海賊行為を行っており，その取りしまりのため朝鮮政府は対馬の宗氏などと貿易を始めたが，しだいにしめつけを厳しくしたことから，暴動事件がおきた（三浦の乱）。

(6)イ．有田焼を始めた朝鮮陶工は李参平。なお，アの九谷焼は現在の石川県で江戸時代に始まった焼き物，ウの備前焼は現在の岡山県，エの常滑焼は現在の愛知県でつくられてきた日本古来の焼き物である。朝鮮陶工が日本でつくった焼き物としてはほかに，萩焼（山口県）・唐津焼（佐賀県）・薩摩焼（鹿児島県）などがある。

(8)甲午農民戦争は朝鮮でおきた内乱である。朝鮮政府がこれをしずめるために清に援軍を求めたことに対して，清に対抗して日本も朝鮮に軍隊を送ったことから日清戦争が始まった。

(9)・(10)初代韓国統監だった伊藤博文が朝鮮人運動家の安重根に殺害された翌年の1910年，日本は韓国併合を行い，朝鮮総督府を置いて，植民地支配を行った。

(11)エ．五・一五事件（1932年）→二・二六事件（1936年）→日中戦争開始（1937年）→太平洋戦争開始（1941年）である。1931年の満州事変，1933年の国際連盟脱退，1938年の国家総動員法の制定，1940年の日独伊三国同盟の締結などとともに流れを把握しておきたい。

(12)このときの北朝鮮の首脳は金正日で，日朝平壌宣言では日本人拉致問題の解決や日朝国交正常化などがもりこまれたが，実現には至っていない。

(13)イの佐藤栄作は1965年に日韓基本条約を締結し，1972年には沖縄復帰を実現した。ウの吉田茂は1951年にサンフランシスコ平和条約と日米安全保障条約を締結，エの池田勇人は所得倍増を唱え，高度経済成長政策を推進した。

5　史料に関する問題 歴史

本冊 → p.170～p.171

1(1)吉野ヶ里遺跡

(2)卑弥呼

(3)ア

(4)ウ

(5)荘園

(6)東大寺

(7)イ

(8)御恩と奉公

(9)御成敗式目（貞永式目）

(10)座

(11)織田信長

(12)イ

(13)イ

(14)(例)騒動をおこした人物が幕府の元役人だったから。

(15)版籍奉還

(16)ア

(17)イ・オ

解説

1(1)吉野ヶ里遺跡は二重の濠で囲まれた大規模な集落遺跡で，矢が刺さった人骨なども発見されている。弥生時代に激しい戦闘がくり返されたことがうかがえる遺跡である。

(2)卑弥呼はうらないによって政治を行い，中国の皇帝から『親魏倭王』の称号をあたえられたと，中国の歴史書の『魏志』倭人伝は伝えている。

(3)イは5世紀に倭王武（ワカタケル大王）が中国に使いを送り，朝鮮半島南部での軍事的指揮権を

認めてもらおうとしていたこと，**ウ**は紀元前１
世紀に日本が100余りの国に分立していたこと，
エは１世紀に中国の皇帝が奴国の王に**金印**をあ
たえたことを伝えている。

(4)**Ⅱ**は奈良時代に編纂された『**万葉集**』に収めら
れた防人の歌。**ウ**の地租は，明治時代の**地租改
正**によって土地に課せられるようになった税で
ある。なお，**ア**は地方での60日以下の労役，**イ**
は国に納める布，**エ**は３年間，九州での防備に
あたった兵士。

(5)743年に出された**墾田永年私財法**によって，公
地公民の原則は崩壊した。

(8)御恩は御家人の領地の支配権を認め，戦功があ
れば恩賞として新たな土地をあたえたり，守護
や地頭に任命したりすること，奉公は都や鎌倉
の警備にあたり，戦いになれば将軍のために命
がけで戦うことを指す。

(9)1232年に３代執権北条泰時が制定した**御成敗式
目**は，長く武家の根本法として重んじられた。

(10)寺社や貴族に税を納めるかわりに，営業の独占
権を得ていた。

(12)**Ⅳ**の**楽市令**が定められた時代の文化は桃山文化。
アは江戸時代前期の元禄文化，**ウ**は室町時代後
期の東山文化，**エ**は江戸時代後期に発達した蘭
学の説明である。

(13)**ア**は18世紀前期に**享保の改革**を行った８代将軍，
イは19世紀中期に**天保の改革**を行った老中，**ウ**
は18世紀中期に商人の経済力を利用して財政再
建を目ざした老中，**エ**は18世紀後期に**寛政の改
革**を行った老中である。

(14)騒動をおこした幕府の元役人は陽明学者の**大塩
平八郎**である。

(16)**Ⅵ**の版籍奉還が行われたのは明治時代の1869年。
アの関東大震災は1923年で大正時代のできごと
である。なお，**イ**は1911年，**ウ**は1885年ので
きごとで，せんい中心の産業革命は明治時代前
期におきた。

(17)日清戦争直前の国際情勢を風刺したもので，**A**
は朝鮮，**B**は清(中国)，**C**はロシアを表してい
る。朝鮮の支配権をめぐって対立していた日本
と清は，朝鮮でおきた**甲午農民戦争**をきっかけ
に日清戦争を始めた。この戦争に勝利した日本
は清から**遼東半島**を獲得したが，ロシア・フラ
ンス・ドイツによる三国干渉を受け，清に返還
した。

---

6 **社会経済史に関する問題** 歴史

本冊 → p.172〜p.173

1 (1)① 大宝律令　② エ
(2) 聖武天皇
(3) イ
(4) (例)租を納めることを免除される権利
(5) ウ
(6) ウ
(7) 足軽
(8)① 鎌やくわなどの農具
　② (例)豊臣秀吉の刀狩以降，農民が
　　武器をもたない身分であると認識
　　されるようになっていたから。
(9) (例)年貢を確実に取り立てるため。
(10) 五人組
(11) 地価

解説

1 (1)①文武天皇の命令によって，刑部親王，藤原不
比等らが唐の律令にならってまとめ，制定し
たものである。
②**ア**は庸，**イ**は租，**ウ**は出挙についての説明で
ある。女子の負担が租だけであったのに対し，
男子は庸・調以外に，年間60日以内の労役で
ある雑徭や兵役があり，負担が重かった。

(2)聖武天皇は，仏教の力で国を治めようと国ごと
に**国分寺・国分尼寺**をつくり，総国分寺として
東大寺を建立した。

(3)古代，中央政権に服従しない人々を蝦夷と呼び，
北陸・関東・東北地方に住む人々を指した。
人々は朝廷に対して激しく抵抗したが，しだい
に朝廷の勢力下に置かれた。平安時代初期，朝
廷は**坂上田村麻呂**を征夷大将軍に任じ，大軍を
東北地方に派遣し，支配を拡大した。

(4)朝廷や国司に税を納めなくてもよい権利を**不輸
の権**，国司の使者が荘園へ立ち入ることをこば
む権利を**不入の権**という。

(5)**ウ**. 平安時代，地方の政治は**国司**に任せきりに
なり，不正をして自分の収入を増やそうとする
者や，代理の人間を任命された国に送る者が増
えた。史料は国司の不正を朝廷にうったえてい
る。なお，**ア**は「地頭」という語句が見えるこ
とから，鎌倉時代の史料である。**イ**は奈良時代
に編纂された『**万葉集**』に収められている山上

憶良がよんだ「貧窮問答歌」である。

(6)**ウの千歯こき**は脱穀のための農具で，江戸時代に広く普及した。

(7)足軽は戦国時代になると，鉄砲ややりなどの武器ごとに隊が編成され，集団戦で重要な役割を果たすようになった。

(8)②豊臣秀吉の**刀狩令**には，「諸国の百姓が刀，脇差，弓，やり，鉄砲，そのほかの武具をもつことはかたく禁止する。」とあり，刀狩以前の農民はそれらの武具を所持していたことが読み取れる。織田信長と戦った一向一揆勢力は刀や弓のみならず，鉄砲隊も組織していた。

(9)百姓は土地を耕作する権利を手に入れたが，土地を勝手にはなれることができなくなり，年貢を納める義務を負わされた。

(10)五人組は**本百姓**で組織され，年貢の納入や犯罪の防止について連帯責任を負わせられた。

(11)**富国強兵**を実現するために，明治政府は財政の安定をはかった。これまで収穫高を課税基準にして年貢米を納めさせていたが，米価の変動などによって財政は安定しなかった。地租改正によって**地価の3％を金納とする**ことで，安定的な税収を見こむことができ，国家予算が立てやすくなった。しかし，税の負担感は江戸時代と変わらず，反対一揆が多発したため，のちに税率は2.5％に引き下げられた。

7 図表を使った問題・正誤問題 国際

本冊 → p.174〜p.175

1 (1) **ウ**
(2) **南スーダン**
(3) **ア・エ**
(4) **イ・エ**
(5) **エ**
2 **ウ**
3 (1) **0**
(2) **1**
(3) **2**

(解説)

1 (1)**BRICS**の5か国とは，B(**エ**のブラジル)，R(**ア**のロシア連邦)，I(インド)，C(**イ**の中国)，S(南アフリカ共和国)である。**ウ**はメキシコであるため，あてはまらない。

(2)2011年にスーダンの南部10州が，南スーダンとして分離独立を果たしたが，独立後も内戦がおこるなど国内の混乱が続いている。

(3)**ア**．ビーフンは米が原料であり，米の多くとれる中国南部や，東南アジアで多く食べられている。

エ．ウイグル族は西部のテンシャン山脈周辺のシンチャンウイグル自治区に住んでいる。また，中国の西部には砂漠やチベット高原が広がり，草原地帯とはいえず，誤りである。

(4)**イ**．**オゾン層の破壊**は，南極や北極の上空で特に進んでいる。

エ．伐採により多くの森林が失われているのは，南アメリカや東南アジアなどの**熱帯林**の地域である。

2 **Y**．日本ではなくフランスが正しい。

Z．争っている両国の合意があったときに裁判が開かれる。

3 (1)日本の国連加盟は1956年である。この年に調印された**日ソ共同宣言**によりソ連と戦争状態を終結させて国交を回復したことで，それまで拒否権を行使し，日本の国連加盟に反対していたソ連が賛成に回り，日本の国連加盟が実現した。2019年の国連分担金の1位はアメリカ合衆国，2位が中国，3位が日本である。

(2)太平洋戦争終了直後の日本は，ユニセフの支援を受けた。ユネスコの活動の基本的な考えは**ユネスコ憲章**にもとづいている。1989年に国連で採択された児童(子ども)の権利条約を基本的な考えとするのは，ユニセフである。

(3)青年海外協力隊は，日本のODAの1つで，**国際協力機構(JICA)**が行う海外ボランティア派遣事業である。

1 地理編 ①

本冊 → p.176〜p.177

1 (1)羅臼岳—ウ
　　中央山—キ
(2)イ・エ
(3)(例)Xのグループの国々は，平均的な数値の国々と比べて，面積が広く，人口が少ないため，1人あたりの水資源量が多い。

2 (例)排他的経済水域の設定による漁場の制限や魚介類の減少などに影響されず，計画的に生産ができるため。

3 (1)A—アメリカ合衆国
　　D—イギリス
(2)(例)農業従事者が減少傾向にあり，若い世代が減って，高齢化が進んでいること。

4 (1)(例)農家数が減少しているが，耕地面積は増加していることから，1農家あたりの耕地面積が増加してきている。
(2)(例)冬から春にかけては比較的温暖な愛知県などから出荷され，夏から秋にかけては夏でもすずしい群馬県などから出荷されているため。

解説

1 (1)羅臼岳—北緯40度の緯線と北緯45度の緯線の間に位置する。
　中央山—東経140度の経線と東経145度の経線の間に位置する。
(2)ア．新潟県は日本海に面している。また，栃木県は海に面していない内陸県である。
　ウ．夏の季節風はしめった風である。
(3)日本とほぼ同じ降水量でも1人あたりの水資源量が特に多いのは，日本と比べて，面積が広く，人口が少ないためと考えられる。

2 養殖は，リアス海岸の湾内などで行われているため，漁場が制限されることもなく，さまざまな環境要因で漁獲量が左右される天然漁と異なり，計画的に育てることができるので，一定の生産量が確保できる。

3 (1)どの年も最も高いのはBでカナダである。Aは

1990年と2000年ではCより低く，2010年と2013年では高くなっているので，Aがアメリカ合衆国，Cがフランスである。
(2)まず，農業で働く全体の人数が減り続けていることがわかる。また，30〜59才の割合が減り，60才以上の全体にしめる割合が高くなっていることから高齢化が進んでいることが課題となっている。

4 (1)農家数は減少しているのに，耕地面積は増加していることから，1農家あたりの耕地面積が広くなっていることが考えられる。

2 地理編 ②

本冊 → p.178〜p.179

1 (1)太平洋ベルト
(2)(例)原料，資源エネルギーの輸入や，製品の輸出に船を使うのに便利だから。
(3)(例)自動車の部品が，必要なときに必要なだけ関連工場から届くので，効率的に生産ができる。

2 (1)(例)海外からオリンピックに参加する選手が，選手村まで短時間で移動できるようにするため。
(2)①(例)舗装道路の長さは延び，貨物輸送量も増えている。
　②(例)線路の長さは延びているが，貨物輸送量は減少している。

3 (1)(例)どの国も国土面積が広く，小麦の生産量と輸出量のどちらとも，上位10か国に入っている。(41字)
(2)(例)中国の小麦の生産量は世界で最も多いが，人口も多いため生産した小麦の多くが国内の消費に使われることから，輸出するだけの余裕がないと考えられる。(70字)

4 (例)インターネットの普及によって，紙を使って情報を提供する新聞や書籍などの販売数が減少しているため。

解説

1 (1)関東地方から九州地方北部まで，帯のように工業地帯・地域が連なる地域を太平洋ベルトという。日本の総人口・工業出荷額の約60〜70％がこの地域に集中している。

(2) エネルギー資源や原材料の輸入，また，生産した製品を輸出するときは大型の船を使うため，大きい港が必要となる。

(3) 自動車工場は，部品の在庫をできるだけ少なくするため，必要なときに必要なだけの部品を関連工場に注文している。関連工場は，決められた日時に従って自動車工場に注文どおりの品物を納めている。このようなしくみを**ジャスト・イン・タイム**という。

2 (1) オリンピックでは，多くの選手が訪れる。そのため，東京国際空港（羽田空港）から選手村まで短時間で移動できるように首都高速道路がつくられた。

(2) 道路や鉄道ともに整備が進んだが，鉄道が線路のある地域にしか輸送できず，自動車のように小回りがきかないのに対して，自動車は工場まで直接荷物を届けることができるため，現在，**貨物輸送の中心は自動車**となっている。

3 (2) 中国は世界最大の小麦の生産国であるが，資料3から，人口が多く消費量も多いため，生産した小麦の大部分が国内で使われていることがわかる。

4 近年，インターネットの普及にともない，紙を使う新聞や書籍の販売数は減少傾向にある。

---

3 歴史編 ①

本冊 → p.180〜p.181

1 (例) 稲作が広まり，家畜の飼育などによって，食料が安定して得られるようになったため。

2 (1) イ
(2) 資料1—(例) 近畿地方には，ほかの地方よりも多くの豪族がいた。
資料2—(例) 近畿地方の豪族は，ほかの地方の豪族より大きな力をもつ者が多かった。

3 (1) 天平文化
(2) (例) 交易路を通じて伝えられた西アジアなどの文化や唐の影響を受けた，国際色豊かな文化。

4 (1) (例) 時代の古い順に案内することになる。
(2) (例) これらの建物は，その当時，政治の中心となっていた人物によって建てられたこと。

---

(3) (例) 足利義満は，朝廷を意識して武士でありながら，貴族と同等な高い地位についた。

解説

1 縄文時代は**狩猟**や，木の実などの**採集**が生活の中心であったが，弥生時代には，稲作や畑作，家畜の飼育が始まったことなどから食料が安定して得られるようになったため，人口も増加した。しかし，一方で，**水や食料をめぐる争いも**おこるようになった。

2 (1) **ア**は縄文土器，**ウ**は土偶，**エ**は銅鐸である。
(2) 近畿地方で，豪族の連合政権である**大和朝廷**が誕生した。権力の強さの象徴として大規模な古墳がつくられたが，大和朝廷の支配地が広がるにつれて，各地に古墳がつくられるようになった。

3 (1) 奈良時代の**聖武天皇**のころに最も栄えた文化を**天平文化**という。
(2) 天平文化は，西アジアなどの文化が中国の唐に伝わり，さらに遣唐使によって唐から日本に伝えられた，**国際色豊かな仏教文化**である。

4 (1) **ア**の**金閣**は室町時代，**イ**の**法隆寺**は飛鳥時代，**ウ**の**東大寺**は奈良時代に建てられたことから，時代の古い順となる。
(2) **ア**の3代将軍は足利義満。聖徳太子，聖武天皇とともに，みな，当時政治を行った中心人物である。
(3) 1394年，足利義満は政治の実権をもったまま，将軍職を息子にゆずり，太政大臣となった。太政大臣は貴族の最高位であり，これによって義満は貴族と武士の両方を支配する力をもつようになった。

---

4 歴史編 ②

本冊 → p.182〜p.183

1 (1) X—楽市・楽座　Y—検地（太閤検地）
Z—刀狩
(2) (例) キリスト教が広まり，信者による反乱がおこることをおそれたため。（キリスト教の教えが，幕府が行う政治とは相反するものであったため。）
(3) (例) 大名を厳しく統制し，幕府の支配を強めるため。

② ⑴ 化政文化

⑵ (例)観光旅行をかねて，神社へお参りすることが流行していた。

③ ⑴ A―生糸　B―綿糸　C―綿花
　　D―(例)綿糸を生産して輸出している

⑵ (例)日清戦争後，日本の国際的地位が高まり，欧米諸国と同じ列強の一員となった。

解説

①⑵織田信長は，仏教勢力をおさえるためにキリスト教を保護した。徳川家康は最初のころ，キリスト教を黙認していたが，キリスト教が広まり，信者が反乱をおこすことをおそれたことからキリスト教を禁止した。また，キリスト教の教えが幕府がとる身分制や封建制に合わなかったことや，キリスト教を布教するポルトガルやスペインによって侵略されることをおそれた。

⑶幕府は，朝廷や大名，農民を厳しく統制し，力をもたせないようにした。

②⑴17世紀の終わりから18世紀にかけて，大阪など上方で発達した文化を**元禄文化**，18世紀末から19世紀にかけて江戸で発達した文化を**化政文化**という。それぞれの文化で活躍した人物や作品は必ず覚えておこう。

⑵江戸時代には，おかげ参りと呼ばれる，伊勢神宮に参拝することが流行した。「東海道五十三次」などの浮世絵は，こうした参拝と観光をかねた旅行の案内書にもなった。

③⑴日本では，19世紀の終わりごろから軽工業を中心に**産業革命**が始まり，製糸業はアメリカ合衆国向けの輸出産業として発達し，日露戦争後には世界最大の輸出国となった。

⑵国際的な地位が低かった日本は，日清戦争後からその地位が高くなり，列強の仲間入りを果たした。

5 テーマ編

本冊 → p.184〜p.185

① ⑴ ウ

⑵ (例)関東・近畿地方には，大きな国際空港が整備され，各地を結ぶ交通機関も発達しており，東京・大阪・京都など日本を代表する観光地も多いため。

② (例)総人口は減少し，高齢者の割合はさらに高くなるため，歳出にしめる社会保障関係費の割合がいっそう高くなると考えられる。

③ 1文目―(例)工業化を早くから進めた国々の二酸化炭素の排出量は全体の80％以上をしめている。

2文目―(例)多くの二酸化炭素を排出し，地球温暖化の原因をつくり出したのは工業化を早くから進めた国々である。

解説

①⑴ア. 2018年の中国人旅行者の消費額は約1兆5450億円である。

イ. 旅行者の数は約2.3倍，消費額は約2.2倍である。

エ. 2018年を見ると，2倍以上ではなく，約1.6倍になっている。

⑵関東は**東京大都市圏**，近畿は**大阪大都市圏**を形成しており，東京，大阪には大きな**国際空港**があって空港から各地へ移動する交通の便がよい。また，関東・近畿地方には，日本を代表する観光都市も多く，大都市には宿泊施設も多いため，移動の拠点としても便利である。

② 現在の日本は，**少子高齢化**が進行し，今後もその傾向は続くと考えられる。そのため，**医療**や**年金**などの高齢者に対する**社会保障関係費**が現在よりさらに増加していき，歳出にしめる割合はますます高くなっていくと考えられ，そのための財源をどう確保するかが大きな課題となっている。また，少子化によって，将来，若い世代が負担する税金が増加することも考えられ，これも課題の1つである。

③ 1文目は，グラフ中に記述がある「工業化を早くから進めた国々80.1％」をふまえて，文章化する。また，グラフから，二酸化炭素排出量合計の80％以上が先進国でしめられていることが読み取れる。このことをふまえて，2文目を文章化する。なお，地球温暖化対策における**温室効果ガス**の削減について，**先進国**は自国の生産性が低下すること，**発展途上国**は経済成長が抑制されることを心配し，世界的にまとまって解決策を見出すことが難しい状況にある。

1
(1) ウ
(2) ウ→ア
(3) ウ
(4) ウ→イ
(5) A→Y
(6) カ
(7) ウ
(8) ア

配点：各4点＝32点【(2)・(4)・(5)各完答】

2
(1) イ・カ
(2) 調
(3) 約400年間
(4) イ
(5) ウ
(6) ① 北条政子
② 御成敗式目(貞永式目)
(7) ア
(8) (例)応仁の乱後，室町幕府の力はおとろえ，戦乱が続いたから。
(9) ア・オ
(10) 歌川広重

配点：各4点＝44点【(1)・(9)各完答，順不同可】

3
(1) ウ
(2) エ
(3) オ
(4) イ
(5) ア
(6) ウ

配点：各4点＝24点

解説

1(1)戦後，米ばなれ現象と食生活の洋風化が進んだことから，1人1日あたりの供給量が大幅に減少しているⅠが米，増加しているⅢが肉類と考える。

(2)イは国土が広大な国が多く，アメリカ合衆国への依存率が高いことから，大規模農業で安価に生産されるとうもろこし，ウはアジア諸国ばかりであることから安価な労働力によって生産される衣類である。残ったアは魚介類で，中国からはおもにうなぎや貝類，アメリカ合衆国やチリからはさけ・ます類，ロシア連邦からはかに

類の輸入が多い。

(3)ア・イは新潟県に河口があり，エは山梨県を通っている。なお，アは流域で新潟水俣病が発生した川，イは日本で最も長い川，エは日本三大急流の川の1つである。

(4)アは北海道や鹿児島県・宮崎県に彩色があることから農業産出額であることがわかる。イとウは彩色されている都道府県が似通っているが，イは東京都に彩色がなく，ウは彩色があることから，ウが人口であると判別できる。

(5)移動する場合の交通手段として，**近距離は乗用車，中距離は鉄道，遠距離は航空機を利用**することが多い。大阪府―北海道間で利用割合が最も高い**Z**が航空機，大阪府―東京都間で利用割合が最も高い**Y**は**東海道新幹線**の利用で鉄道となることから，**X**が乗用車であることが導き出せる。大阪府―広島県間には**山陽新幹線**が通っているが，大阪府―福井県間には在来線しかないことから，**Y**(鉄道)の利用割合が高い**A**が広島県であることが導き出せる。

(6)稲作に不向きな火山灰土(**シラス**)が広がる鹿児島県・宮崎県が上位の**A**はぶた，筑紫平野や熊本平野が広がる福岡県・熊本県が上位の**B**は米，冬でも温暖な気候を利用して**促成栽培**がさかんな宮崎県・熊本県が上位の**C**はきゅうりである。

(7)長野市の多くは**中央高地の気候**に属し，まわりを山に囲まれているため，季節風の影響を受けにくく，年間降水量は少ない。また，札幌市は**北海道の気候**で冬に降雪が多く，青森市・富山市は**日本海側の気候**で**北西の季節風**の影響によって冬に大雪が降ることからも区別できる。

(8)タオルの生産がさかんなのは愛媛県今治市である。

2(1)7世紀は601〜700年で，飛鳥時代である。アは8世紀(743年に大仏造立の詔が出され，752年に完成)，イは7世紀(645年)，ウは5世紀，エは3世紀，オは8世紀(710年)，カは7世紀(607年)のできごとである。

(2)**租**は収穫量の約3％の稲を納める税，**庸**は10日間の労役のかわりに布を納める税である。租・調・庸の内容を混同しないように注意しよう。

(3)桓武天皇が平安京に都を移してから，鎌倉幕府が成立するまでの期間を平安時代という。なお，平安京遷都は794年であり，鎌倉幕府の成立時期については，近年，源頼朝が全国に守護・地

頭を置いた 1185 年とする説が有力である。

(4)**イ**の平等院鳳凰堂を建てたのは，藤原道長の子の頼通で，平安時代中期にあたる。

(5)**ウ**の油かすや干したいわしは金肥と呼ばれ，江戸時代に利用されるようになった。鎌倉時代に肥料として用いられたのは草木灰である。

(6)①源頼朝の死後，北条政子は尼となり，源氏の直系の滅亡後は将軍職の代行をしたため「尼将軍」と呼ばれた。

②**御成敗式目**は 3 代執権北条泰時によって制定され，長く「武士の根本法」とされた。

(7)下線部 g のあとに「撃退したときに暴風がふいた」とあることから**元寇**（文永の役・弘安の役）とわかる。高麗を従えた元軍が九州北部の博多湾に襲来した。

(8)応仁の乱によって，どのような社会の状況になったのか，また，室町幕府の権威がどのようになっていたかをまとめよう。

(9)**ア**．キリスト教に対しては，織田信長は保護する立場を取り，比叡山延暦寺の焼き打ちや**一向一揆**の弾圧など，反抗する仏教勢力に対して厳しい姿勢を示した。

オ．全国統一を成しとげたのは豊臣秀吉である。**長篠の戦い**は織田信長と徳川家康の連合軍が，大量の鉄砲や馬防柵，堀などを利用して武田の騎馬隊を破った戦いであり，徳川家康が豊臣家から政治の実権をうばったのは**関ヶ原の戦い**である。

(10)「東海道五十三次」と作者の歌川広重はセットで覚えておくこと。ほかに風景画を得意とした浮世絵師として，「富嶽三十六景」など富士山の風景をえがいた葛飾北斎がいる。

3(1)**ウ**．特別会が召集されるのは総選挙後 30 日以内である。

(2)**エ**．国会の召集は天皇の国事行為の１つである。

(4)**イ**．裁判員制度の対象となるのは，**地方裁判所で審理される刑事裁判**の第一審であり，民事裁判は対象とならない。また，刑事裁判すべてが対象ではなく，死刑や無期懲役，禁固にあたる罪か，犯罪行為によって被害者を死亡させた事件をあつかう裁判に限られる。

(5)**ア**．都知事の被選挙権は 30 才以上である。

(6)**ウ**．安全保障理事会の非常任理事国は 5 か国ではなく 10 か国である。

第1章
第2章
第3章
第4章
第5章
第6章
中学入試予想問題

1 (1) B—大阪市
　　D—札幌市
　　E—さいたま市

(2) (例)東京都心部への通勤・通学者が多いため。

(3) ア

(4) ① X—兵庫県
　　　 Y—千葉県
　　② 長野県・神奈川県

配点：各 4 点＝32 点【(4)②完答，順不同可】

2 (1) D → B → E → A → C → F

(2) 山口

(3) ① G
　　② A
　　③ F
　　④ D

(4) ア

(5) 守護

(6) 松下村塾

(7) 東大寺

(8) 雪舟

(9) (例)ロシア・フランス・ドイツから遼東半島を清に返還するよう強く要求されたから。

配点：(1)(9)各 4 点，(2)〜(8)各 3 点＝38 点【(1)完答】

3 (1) X—閣議
　　Y—政令
　　Z—可決

(2) ウ・オ

(3) エ

(4) ウ

(5) 1—エ
　　2—オ
　　3—キ
　　4—イ

(6) イ

配点：(1)(3)(4)(6)各 3 点，(2)4 点，(5)各 2 点＝30 点【(2)完答，順不同可】

解説

1 (1)表中の A は東京 23 区に次いで人口の多い横浜市，C は名古屋市である。

(2)昼夜間人口比率とは，ある1つの地域における夜間人口（常住人口）を100とした場合の昼間人口（常住人口に他地域からの通勤・通学してくる人口を加え，さらに他地域に通勤・通学する人口を引いたもの）の比率。表中1位の東京23区の昼夜間人口比率が129.8％と高いこと，また，都外からの通勤・通学者数が約262.5万人と，ほかの都市と比べて突出して多いことから答えを導き出すことができる。

(3)東京都は鉄道やバスなどの公共交通機関が発達している。また，交通渋滞で時間通りに目的地に到着することが困難であること，駐車場の確保が難しいことなどから，鉄道・電車の割合が高く，自家用車の割合が低い**ア**であると判断できる。なお，**イ**と**ウ**の2つのグラフは非常に似ているが，**イ**は乗合バスの割合が低く（0.9％），**ウ**は鉄道・電車の割合が低い（1.0％）ことに着目する。沖縄県は太平洋戦争の際の地上戦などで鉄道が破壊され，アメリカ合衆国統治下で鉄道が再整備されることがなかった。現在，那覇市の那覇空港駅と浦添市のてだこ浦西駅を結ぶモノレールが唯一の鉄道であることから，鉄道・電車の割合が低い**ウ**が沖縄県であると判断する。

(4)① **X**．世界各国が，それぞれ基準となる経線をもとに定めている時刻を標準時という。日本の場合，兵庫県明石市を通る東経135度の経線上に太陽が来たときの時刻を標準時としている。

　Y．大河川は**利根川**，日本有数の漁港は**銚子港**である。千葉県は東京ディズニーランドをはじめとするテーマパーク・レジャーランドが充実しており，その数は全国一である（2018年3月末現在）。また，**九十九里浜**などの砂浜海岸が続くことから海水浴場も多く，その数は長崎県に次いで全国2位である（2018年3月末現在）。

② 北海道には**知床**，栃木県には日光の社寺，東京都には**小笠原諸島**とル・コルビュジエの建築作品（国立西洋美術館），静岡県には富士山と明治日本の産業革命遺産，京都府には古都京都の文化財，大阪府には百舌鳥・古市古墳群，兵庫県には姫路城がある。

2 (1)**A**は江戸時代初期，**B**は平安時代末期，**C**は江戸時代末期，**D**は奈良時代，**E**は室町時代，**F**は明治時代である。

(3)① 1939年，ドイツがポーランドに侵攻したのをきっかけに，第二次世界大戦が始まった。ポーランドのユダヤ人たちはナチス・ドイツの迫害からのがれるため，ソ連と日本を通過してアメリカ合衆国を目ざそうとした。リトアニアの日本領事館に勤めていた杉原千畝がビザを発行したのは1940年で，昭和時代の太平洋戦争前のできごとである。

② 薩摩藩の琉球王国への侵攻は1609年で，江戸幕府の**鎖国**政策はまだ始まっておらず，徳川家康は薩摩藩に対し，琉球から税を取る権利を認めた。琉球王国は幕府から使節の派遣を強要され，将軍の代がわりごとに慶賀使，琉球国王の代がわりごとに謝恩使が江戸に派遣された。

③ 北里柴三郎はドイツに留学し，破傷風の血清療法を世界で初めて発見し，帰国後，福沢諭吉らの援助を受けて，東京の芝に伝染病研究所を設立するなど，日本で医学の発展に貢献した。北里のもとには，野口英世をはじめ，赤痢菌を発見した志賀潔など，多くの若い医学者が集まった。

④ 遣唐使の派遣は630年（飛鳥時代）から始まり，894年（平安時代前期）に菅原道真が派遣の停止を建議するまで，十数回にわたって派遣された。遣唐使船の派遣は特に奈良時代に活発で，鑑真は753年に幾多の苦難を乗りこえ，遣唐使船に同乗して薩摩半島（鹿児島県）に到着し，大宰府を経て翌年，平城京に入った。

(5)荘園や公領ごとに置かれ，年貢の取り立てや土地の管理にあたった**地頭**と混同しないようにする。なお，守護と地頭は1185年，源頼朝と対立した源義経をとらえることを名目に，朝廷に設置を認めさせたものである。

(6)吉田松陰は**安政の大獄**でとらえられ，江戸に送られて，翌年，死刑に処せられた。松下村塾は，松陰のおじが長州（山口県）の萩城下に開いた私塾で，松陰がこれを継ぎ，弟子の教育にあたった。その門人には，高杉晋作や伊藤博文，山県有朋など，幕末から明治維新に活躍する多くの人材がいた。

(8)**E**の文中の戦乱は**応仁の乱**を指す。

(9)下関条約によって，日本が遼東半島を得たことに対し，ロシアがドイツとフランスをさそって遼東半島の返還を要求してきた。これを**三国干**

渉という。これに対抗する力のなかった日本はやむなく三国の要求を受け入れ，遼東半島を返還し，その代償として3000万両(当時の約4500万円)を受け取った。満州への進出をねらっていたロシアは，日本に遼東半島を返還させた後に満州での鉄道敷設権を獲得し，遼東半島の旅順・大連の2都市を清から租借した。日本ではロシアに対する国民感情が悪化し，日露戦争への原動力の1つとなった。

3(1)**Z**．内閣不信任の決議を行うことができるのは衆議院のみの権限である。

(2)**ア**．法律案の作成は内閣と国会議員どちらにも権限があり，作成した法律案は衆議院・参議院のどちらにでも先に提出できる。

イ．国会の仕事である。内閣は外国と条約を結ぶ。

エ．国会の仕事である。**憲法改正の発議には，両議院の総議員の3分の2以上の賛成が必要で**，これまでに憲法改正の発議が行われたことはない。

カ．天皇の**国事行為**の1つである。内閣は最高裁判所長官を指名する。「任命」，「指名」の語句には注意をはらう必要がある。

(3)内閣総理大臣を任命するのは天皇の国事行為の1つである。

(4)**ウ**．国務大臣の任免権をもつのは内閣総理大臣である。天皇は国務大臣を認証する。なお，国務大臣は内閣法で原則14名，必要であればさらに3名任命できるとされているが，特別法によって増員されることがある。特別法により，東京オリンピック・パラリンピック競技大会推進本部が置かれている期間は，16名以内，19名までとなっている。

(6)**イ**以外で，内閣が総辞職するのは，①内閣不信任決議案が可決，または，内閣信任決議案が否決されて10日以内に衆議院が解散されない場合，②内閣総理大臣が何らかの理由で欠けた(死亡など)場合，③内閣が自発的に総辞職した場合である。

第1章
第2章
第3章
第4章
第5章
第6章
中学入試予想問題

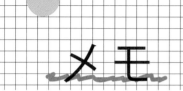

メモ

自由自在問題集 中学入試 社会

解答解説